U0671027

鲁迅评传

叶圣陶题

◆ 作者《鲁迅评传》于1981年出版后颇获佳评，辽宁一家出版社有再版之议。作者乃请求叶圣陶先生题写书名，叶圣老欣然题写多幅，此其一。后再版之议因故作罢，叶圣老手书未能刊用。现发表以志纪念，并向叶圣老致迟到的深沉的敬意与谢忱

定安同志尊鑒：蒙
賜大著《魯迅評傳》，已
於昨日敬領。目衰不能閱
覽，將令孫輩徐徐為我誦之，
藉受教益。書此敬伸謝
悃，言不盡意。順候
撰安。

葉聖陶啟
三月五日上午

◆ 叶圣陶先生为题写《鲁迅评传》给作者的亲笔复信

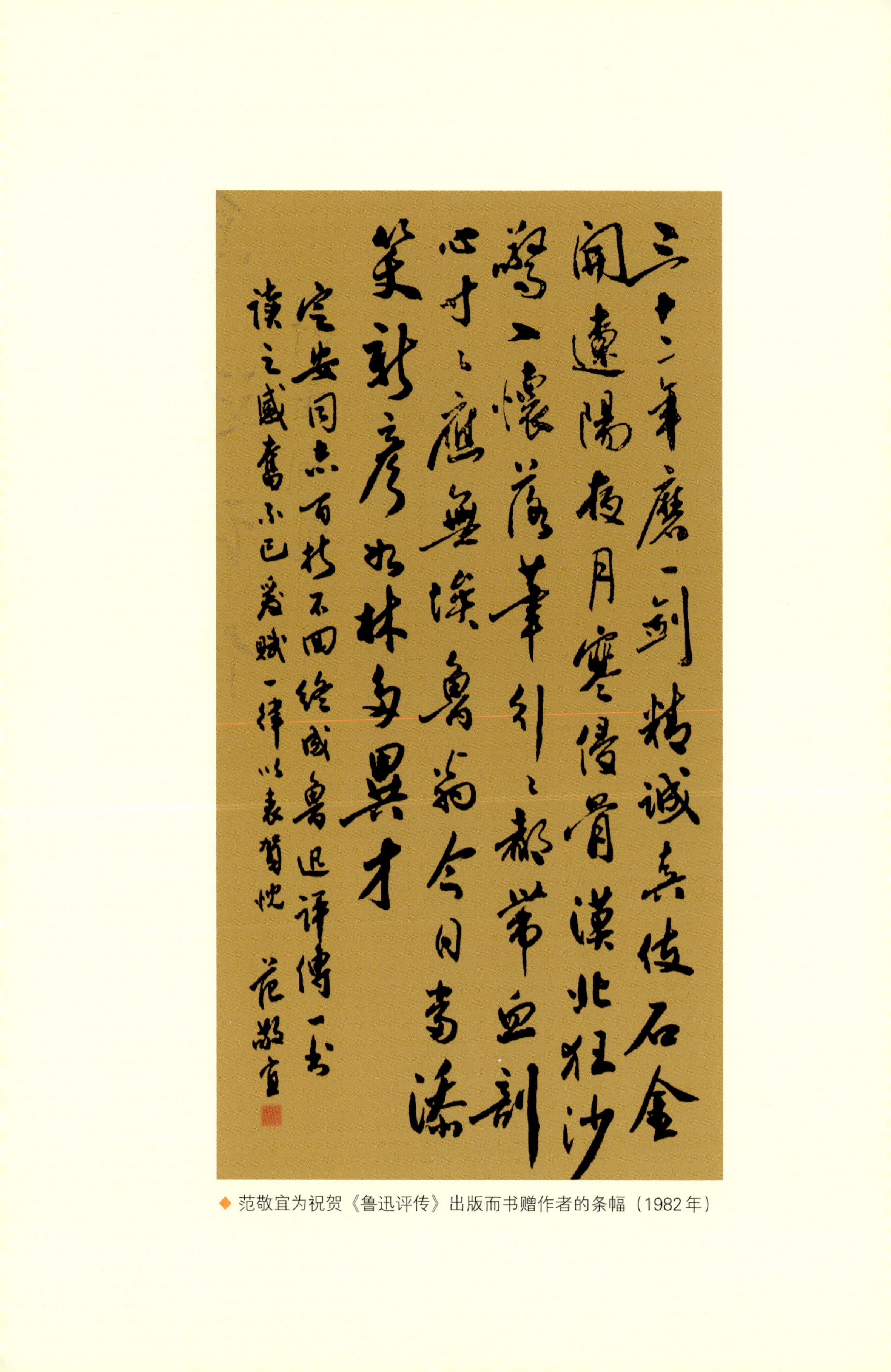

◆ 范敬宜为祝贺《鲁迅评传》出版而书赠作者的条幅（1982年）

◆ 撰写《鲁迅评传》（1980 年，抚顺龙凤矿招待所）

◆ 浙江绍兴，鲁迅故居前（2011 年）

◆ 作者（前排左三）北上求学之前，与欢送的二野四兵团文工团同志合影（1949年8月，江西吉安）

3

鲁迅评传

彭定安文集

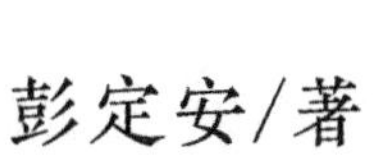

彭定安/著

东北大学出版社

·沈 阳·

图书在版编目（CIP）数据

彭定安文集. 3，鲁迅评传 / 彭定安著. -- 沈阳：东北大学出版社，2021.8
ISBN 978-7-5517-2722-8

Ⅰ. ①彭… Ⅱ. ①彭… Ⅲ. ①社会科学—文集②鲁迅（1881-1936）—人物研究—文集 Ⅳ. ①C53 ②K825.6-53

中国版本图书馆CIP数据核字（2021）第155673号

出 版 者：东北大学出版社
地址：沈阳市和平区文化路三号巷11号
邮编：110819
电话：024-83680267（社务部） 83687331（营销部）
传真：024-83683655（总编室） 83680180（营销部）
网址：http://www.neupress.com
E-mail:neuph@neupress.com
印 刷 者：辽宁一诺广告印务有限公司
发 行 者：东北大学出版社
幅面尺寸：170 mm × 240 mm
插　　页：4
印　　张：25.5
字　　数：416千字
出版时间：2021年8月第1版
印刷时间：2021年8月第1次印刷
责任编辑：孙德海
责任校对：项　阳
封面设计：潘正一
责任出版：唐敏志

ISBN 978-7-5517-2722-8　　定价：115.00元

出版说明

INTRODUCTORY NOTES OF A BOOK

本书于1982年问世。有评论认为，在当时已出版的数部鲁迅传记中，属上乘之作，具有新的考证和论述，特别是不同一般的叙述与评论结合的论述范型，以及具有“个人情怀”而独具特色。有评论称，这是“鲁迅传记中一株有特色的新花”，“作了一些新的探索和追求，论点闪光新颖、尖锐深刻，文笔活泼，富于感情，从内容到形式在有些问题上有创新和突破。”

次年，辽宁一家出版社曾有再版之议，作者欣然接受，并恭请叶圣陶先生题写书名。叶圣老欣然应允，题写了书名并亲笔复函。但再版之议未能实行，愧对叶圣老。现特将叶圣老所题书名及复函刊出，以为纪念并向叶圣老致歉与深表谢忱。

彭定安

2021年6月

鲁迅先生（摄于1930年9月，上海）

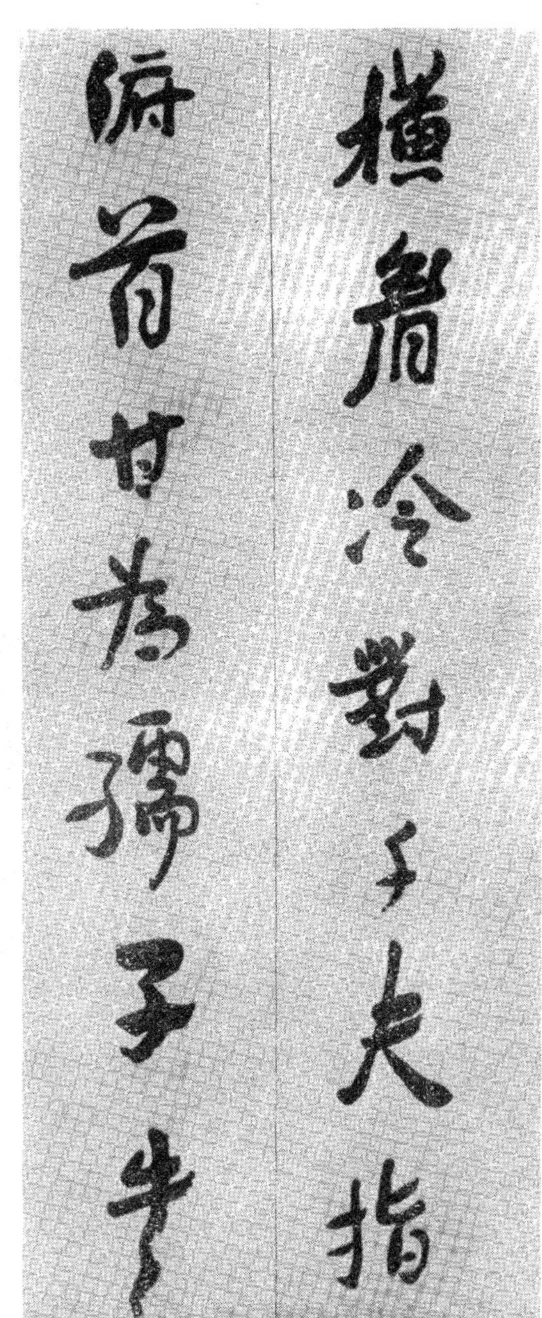

鲁迅先生手迹：
横眉冷对千夫指
俯首甘为孺子牛

许广平全家合影（1965年）

鲁迅与俄国盲诗人爱罗先珂等合影（1923年4月15日，北京）

鲁迅与宋庆龄、蔡元培、萧伯纳、史沫特莱、伊罗生、林语堂合影（1933年2月17日，上海）

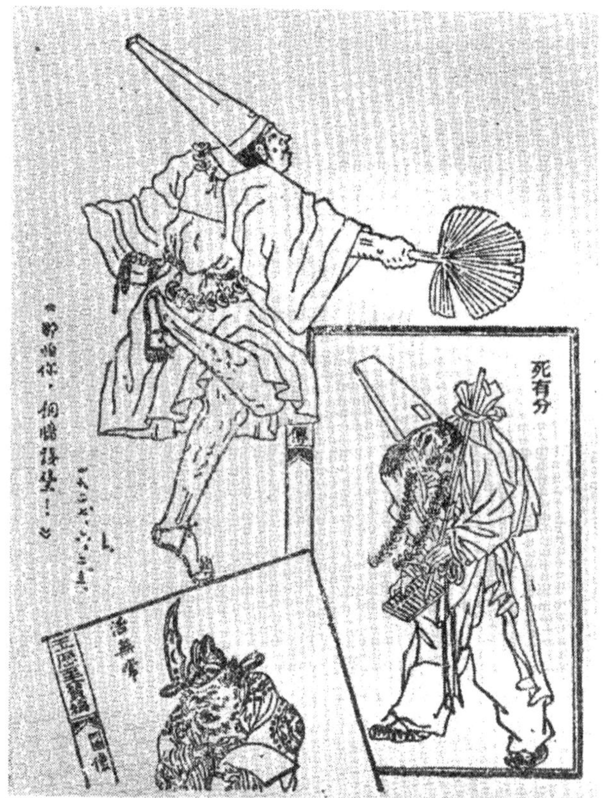

无常（《朝花夕拾·后记》插图）。左上一幅为鲁迅所画，下面两幅为影描

左图：科金俄译的《阿Q正传》的封面（1929年）

右图：王希礼俄译的《阿Q正传》的封面（1929年）

目录

CONTENTS

第一章　在从小康坠入困顿的途中成长

1881年（1岁）—1898年（18岁）

绍兴—南京

有谁从小康人家而坠入困顿的么，我以为在这途路中，大概可以看见世人的真面目。

——《呐喊·自序》

一、世界与家庭

在19世纪80年代初，鲁迅来到了世间。这期间，整个世界和中国，都处在纷扰、动荡与激变之中。鲁迅的家庭，像沧海中的一叶扁舟，经受着历史波涛的震荡和时代风雨的吹拂，迅速衰落。而鲁迅就在这样的世道环境中，形成着自己的思想与性格。历史和时代就是这样造就它的健儿的；而伟大的历史人物也正是在感受这种历史风雨、经受这种锻炼的过程中成长起来的。

鲁迅的幼年、少年时代和青年时代的初期，正处在19世纪的最后20年中，这是一个剧变的时代，而且紧接着进入20世纪初，正是被列宁称为揭开了“全世界历史的一个新的阶段”的时期，其标志就是包括中国在内的亚洲的觉醒。……

动荡激变中的世界与中国

19世纪的最后20年，波涛滚滚的历史长河，开辟着新的道路，进入新的天地。世界在变，中国也在变。

在世界史上，正是在这20年中，自由资本主义转向了垄断资本主义。帝国主义怪兽伸出了魔爪，施行掠夺，瓜分世界。它们不仅向国外倾销商品，而且不断扩大着资本输出；不仅仍旧扼住老殖民地的喉管，而且冲向世界各地。就在这时期，俄国人从北方侵入了我国黑龙江流域，葡、西、荷、英、法、德、美，各个帝国主义国家，一齐以炮舰冲开了我国东南沿海的大门。于是，洋货涌进了中国市场，以沾着血迹的金元作为吸血的资本，吸吮着中国劳动者的血汗。同时，物质的鸦片和精神的鸦片（宗教与帝国主义文化）也一同渗入，麻痹、毒害着中国人民的肉体与精神。中国社会发生了一系列的动荡与变化：封建经济在解体，本国资本主义的发展既受到刺激又受到排挤，大批的农民与手工业者破产，流入城市。一个封建社会，演变成一个半封建社会。在这20年中，侵华战争接连发生，不平等条约一个接一个签订，成千上万两白银被运走了，大片大片的土地被割让了；“领事裁判权”和“租界”的出现，使中国的主权被肆意践踏。一个独立国家，变成了半殖民地半封建国家。

中国社会在短时期内，发生了剧烈变化。

马克思非常深刻、形象而又贴切地描述了这个变化：

“英国的大炮破坏了中国皇帝的威权，迫使天朝帝国与地上的世界接触。与外界完全隔绝曾是保存旧中国的首要条件，而当这种隔绝状态在英国的努力之下被暴力所打破的时候，接踵而来的必然是解体的过程，正如小心保存在密封棺材里的木乃伊一接触新鲜空气便必然要解体一样。”①

中国封建社会的解体是一个痛苦的过程。中华大地吹进了欧风美雨，长江黄河渗进了英国泰晤士河、美国密西西比河里流淌的工厂残渣废水和工人的血泪。英格兰女工织造的洋布，击败了中国农妇的手织布，致使中国农民的农业和家庭手工业紧密结合的解体。美国美孚石油垄断资本的血爪伸进了中国市场，逐渐深入穷乡僻壤。外国金融资本家开始掌握中国的经济命脉。

但是，在同时，中国的官僚资本主义和民族资本主义也出现了，发展了。在鲁迅诞生的这一年（1881年），中国统治阶级中的洋务派正从“自强”转到“求富”上来。在鲁迅出生后的10年里，李鸿章、张之洞在上海、广州开设了机器织布局、机器五金厂以及缫丝局、制钱局等工

---

① 马克思：《中国革命和欧洲革命》，载马克思、恩格斯：《马克思恩格斯选集》第二卷，人民出版社，1972，第3页。

厂。李鸿章还聘请外国技师修筑了津沽铁路，全长75公里。同欧美比较，这种发展是微不足道的，并且带着很大的封建性。但是，中国的资本主义究竟有了新的发展。新的生产力、生产关系和新的阶级，都产生了，发展了。

自然，无论是帝国主义在本国吮吸着劳动者的血汗，还是对殖民地、半殖民地人民的敲骨吸髓；也无论是中国官僚资本的膨胀，还是民族资本的发展，统统都搅和着劳苦大众和全体人民的血与泪。

但是，苦难孕育了仇恨，鞭笞促成了反抗，压制激起了斗争。世界人民与中国人民都在斗争中求生存，在求生存中进行斗争。欧洲工人阶级在19世纪70年代就举行了巴黎公社这样的革命“演习”，虽然失败后沉寂了10年，但在80年代初，又掀起了新的斗争高潮。在鲁迅出生后的第五年（1886年）5月1日，美国芝加哥20万工人起来斗争，为争取八小时工作制而举行声势浩大的罢工，从此迎来了一个全世界工人阶级团结斗争的光辉节日——五一国际劳动节。

在中国，斗争也展开了：旧的斗争带着新的内容和新的色彩，新的斗争也逐渐在发展。正像马克思所说，鸦片之所以要麻醉该国人民，是为了使他们觉醒。帝国主义者大量输入的鸦片虽然麻醉过中国人民，但是，人民通过苦难的折磨，逐步从麻木中觉醒了，起来斗争了。三元里平英团的志士们，举起刀枪打得义律等英国侵略者抱头鼠窜。不久之后，又掀起了震惊世界的太平天国运动。这场波澜壮阔、气势磅礴的农民起义，撼动了封建帝国的根基，打击了帝国主义的侵略锋焰，张扬了中国人民的威势和民族的气节。然而不幸的是，这些斗争都失败了。外国侵略者步步深入，封建统治者节节败退，中国呻吟在苦难之中。

然而，这一切怎样波及绍兴，又怎样袭击鲁迅的家庭呢?

绍兴的变化与台门的败落

绍兴是座古城。但“五口通商”口岸之一的宁波，就在它的附近，这里是最先受到欧风美雨冲击的地区之一。在绍兴城里，除衙门、庙宇、庵堂之外，出现了尖顶的教堂、洋房；在油盐米店、杂货铺、药店、当铺之中，出现了新奇的照相馆；在家学私塾之外，添了洋学堂。在和尚、道士、尼姑之外，冒出了神甫。虽然当时的绍兴人民对这一切还不能理解，但却是他们不可回避的现实。这些历史的冲击波所引起的国家民族的衰败、社会生活的变化，确实影响到这里的每个家庭。鲁迅的家庭，同样像沧海中的一叶扁舟，在经受这种时代风雨的吹打，飘荡，颠簸。

对鲁迅的家族来说，太平天国运动这场农民起义的狂飙，有直接的巨大的影响。据记载，周氏家族，曾经有过“购地建屋，设肆营商，广置良田”的煊赫繁华的时期。鲁迅出生地的新台门周府大宅，就是在这种繁荣时期，由于覆盆桥西的旧台门的房屋不够使用而添置的。[①]但是，绍兴府治是太平军在江南的主要活动地区之一，起义农民在这里给了封建制度和地主阶级以沉重的打击，周氏家族就是在这时期开始衰落了。太平天国后期重要军事将领之一的忠王李秀成之子李容发殿下，就曾驻扎在这里。鲁迅的曾祖父在太平军来到时，携一家大小逃到农村。鲁迅的一个曾叔祖周一醇在逃奔时死去。地主们的财产，在兵荒马乱中损失很大，台门周家各房族在这场农民起义的冲击下一蹶不振，有的流离失所，有的卖地典屋，有的陷入贫寒。

就是在这场历史风暴结束后的20来年，鲁迅出生了。这时，他的家境已经下降为只有四五十亩水田的小康之家了，其他有些房族，更陷入了穷愁潦倒的地步。他们这个家族的没落，正反映了农民起义对封建制度的基础起了撼动的作用，反映了地主阶级没落的命运。这种家庭的变故，自然决定了鲁迅今后的生活道路。可以说像一粒酵母投进了心灵，以后，将由于种种不同的主客观条件而酿出不同的思想感情的汁液。

家庭的衰落，使他成为比较能够接近贫苦农民的小康人家的子弟，并易于同穷苦人的思想感情相通。这就为他后来能够与农民结下情谊打下了物质的与思想的基础。这一点我们以后还要详述。

绍兴的社会生活也在发生着变化。

洋教堂的出现，惊扰了人们的生活。信教的，当然是“把灵魂出卖给洋鬼子”了。就是不信教的，对于“洋鬼子”，也总不免提心吊胆。

---

① 周家原籍湖南道州，始祖周逸斋，务农，家境较贫困，明正德年间携二子（寿一、寿二）徙居绍兴城内竹园桥后，始弃农经商，渐富裕。六世祖周韫山中举，始由商家而变为封建士大夫阶层。七世祖周乐庵于乾隆十九年（1754）迁居覆盆桥。乐庵与其子熊占开当设典，广积家财。熊占又在老屋附近新建宅第两处：一处在覆盆桥堍、张马河南岸，屋前有桥，故名“过桥台门”；一处在老宅西百余步，为“新台门”。周熊占生三子，为致、中、和三房，致房又分智、仁、勇三支，智房又分兴、立、诚三房，鲁迅家属兴房。

流传着许多神秘的、可怕的传说。比如说，“洋鬼子”是会挖人眼睛的，这据说是一位曾经在教堂里当过女工的老妈子亲眼看到的，而且，挖下来的眼睛就放在坛子里像腌咸菜似的渍起来。那用途，据说是拿来照相的——人的瞳孔里不是照见一个它瞅着的人吗？还有的说，“洋鬼子”能寻宝。——这大概是那时已经有不少清政府请来的外国技师和侵略者的先遣队在探矿这件事，在民间传说中的反映。为什么“洋鬼子”有这种本领呢？据说，那是因为他们挖了人的心拿去熬了油，用这“人心油”点灯去寻宝，一遇到地下宝物，灯焰就向下，因为人心是贪财的呀。这些故事，反映了那时人们的愚昧与落后，同时也反映了他们对于洋人的怀疑、戒备与拒斥。这是狭隘的排外主义的思想基础，也是恐洋病的病根。这些，鲁迅后来都在自己的作品中用幽默的笔调，含着讥刺地介绍给国人了，那代号用“S城人”。

照相馆是洋人带进来的怪物。它在老式店铺之中，引人注目、驻足，人们看着它，觉得新奇，而又有些畏惧，感到难于理解。有人说，半身像是照不得的，那好像是被腰斩了；头像更不可照，那像是砍脑袋，这都是不吉利的。只有少数新式的人才进去照一照。那大玻璃橱窗也很吸引人，有一个时期，就是鲁迅幼年时期吧，那里挂着曾、左、李[①]三位大人尊容的相片。

“长大了要学他们！”

这是长辈的训诲。

少年鲁迅不懂得这训诲的对错。不过，他想的却是，“也得再有‘长毛’起来才行。”

那时候绍兴还出现了洋学堂。诗云子曰之外，还学洋文，学声光化电。这种新鲜东西，当然是要为守旧的人们所反对的。他们编造了许多故事来贬斥它。然而，学堂却逐渐地也受到了愿意进步的人们的欢迎。鲁迅自己便是不满于S城人的落后与愚昧，而进了洋学堂的。

农村也在变化。自给自足的小农经济，经受着洋货的冲击。许多带洋字的东西出现了：洋火、洋钉、洋布、洋袜、洋油、洋伞、洋船、洋房……封建经济在资本主义的袭击下经历着痛苦的解体过程，它表现于社会生活中就是大批农民和小手工业者的破产，陷入悲惨的命运。秀丽

① 指曾国藩、左宗棠、李鸿章。

的江南水乡，笼罩着悲惨的乌云，飘荡着农民们的呻吟与哀叹。他们或者像闰土那样，“辛苦麻木而生活”；或者像阿Q一样，失去了田园土地，流落村镇，出卖劳动力；或者家破人亡，只身流浪，沿街乞讨，流入城市。有的像祥林嫂那样，由乡而城，由求生到苟活，到惨死；或者像单四嫂子那样，连最微末的希望也难得满足。这时的城市里，拥进许多无业的游民和谋生的力工，而城市也在社会变化中，“分泌”出大批“多余的人”：或出自没落的台门与地主府第，或由小商小贩、手工业者演变而成。台门周宅里，就走出了不少这样的破落户子弟。

绍兴城便是这样地随着世界与中国的变化而变化着。鲁迅的家庭这一叶扁舟，也随着这时代的潮流而飘荡，变化着自己的发展方向，改变着自身的命运，由此而及于它的每一个成员。鲁迅是封建社会的最后一代知识分子，他之所以能成为这“末一代”，只因为他处在中国封建社会的末世，而同时新世纪的曙光也喷薄欲出了。

家族的亲人们

家族的人们呵！每一个人都以自己的思想、感情、品格、性情、趣味，向周围的亲人渗透、侵蚀，发生潜移默化的作用，影响深入灵魂，远及终生。在以后的发展中，它们是酵母，是根苗，是种子，或发展壮大，或经过改造，或被抑制、扼杀、抵消，优或劣，好或坏，它们在发生着作用……作为社会关系的总和的每一个人，对别人发生的影响，都是“执行”时代的历史的任务，反映着时代、历史的作用。这也是每个人受历史、时代影响的一个方面。

新台门周家，是一个名门望族。台门，本来就是对于这种富豪之家的尊称。“新台门”真不算小，它的全部房屋面积有1100多平方米。这里面一共住了六个房族：它们的名号是礼、义、信，叫里三房；还有兴、立、诚，叫外三房。

我们现在已经看不到完整的新台门周宅的古老建筑了。它历经风霜，数易其主，直到解放后才被政府买下，归到人民手里。不过，如今大部分旧房已经拆去，为一幢高大的现代建筑所代替了。它原来的风貌是这样的：宅第坐北朝南，走进台门，有一个铺着石板的天井，穿过天井就是大厅。这是聚族而居的人们聚众议事的“大礼堂”。穿过这礼堂走进去，就是各房的住宅了。向西走去，有一排五间楼房，由西往东数的第二间楼下，那便是鲁迅的诞生地。

鲁迅的生日是：1881年9月25日，即清光绪七年八月初三日。

当这个兴房的长孙出世的消息，传到在京城做官的祖父那里时，正有一位姓张的贵客莅临，于是，祖父便说："取名阿张吧。"正式命名为樟寿，字豫山，但是因为同"雨伞"的音相近，后来又改为豫亭，以后再改为豫才。小豫才出生后，就在这个尚称小康的书香官宦之家，一天天成长起来。他首先是接受着这个大家族的熏陶与影响。

祖父周福清，原名致福，字介孚，考中进士后，被选为翰林院庶吉士，后被外放江西金豀县（今金溪县）任知县。后来当京官，任内阁中书[①]。他是一个有学问的人，也是一个耿直的人。他以喜欢"骂人"出名。所谓"骂"，不过是指责与批评。这就容易遭人嫉恨了。他在金豀县知县任上，就因为同抚台大人闹别扭，遭弹劾，被改为教官。他在家很好骂人，入狱以后，更是上自昏太后、呆皇帝（指慈禧太后和光绪皇帝），下至本家子侄们，他都痛骂。可是，他却是一个思想比较开明的官僚。他并不强迫儿孙们去钻研科举八股，却主张小孩子应该先念一点历史书，好对史事有一个简括的了解。然后，可以看《西游记》，因为容易懂，小孩子喜欢看。接着，可以看《诗经》，这也是比较好懂的。他写过一张《示樟寿诸孙》的字条，至今还保存在北京鲁迅博物馆里，上面写道：

> 初学先诵白居易诗，取其明白易晓，味淡而永。再诵陆游诗，志高词壮，且多越事。再诵苏诗，笔力雄健，辞足达意。再诵李白诗，思致清逸。如杜之艰深，韩之奇崛，不能学亦不必学也。

他对孙辈的读书指导，表现了他的爱好和格调。他主张读白居易、李白、陆游、苏轼的诗，而不主张学杜甫和韩愈的诗。他对白、陆、李、苏诗的评价都是颇具见地的。这个专门写给鲁迅等孙儿们的"意见书"，对于鲁迅当然有直接的指导作用，而且在思想上有久远的影响。大概就是在他的指导下，鲁迅开蒙读书，但不像一般人那样念《百家姓》《三字经》，而是读《鉴略》。同样，有祖父这种开明的家风，鲁迅

---

① 翰林之名始于唐代，辽代置翰林院。清沿明制，翰林为正三品门，掌管制诰史册文翰之事。当时享有很高的荣誉。庶吉士是挑选入翰林院庶常馆肄习学问的新进士。内阁中书，掌管撰写、草拟、翻译、缮写之事，官从七品。

幼年时候才有机会阅读《西游记》之类的“闲书”。

1900年正月，鲁迅从南京回家过春节，路过杭州，曾经去狱中探望祖父。祖父交给他两件东西带回家中，一是浙江求是书院章程，一是《圣武记》十本。祖父还在信中说：求是书院明年正月二十日招考儒童60人，可以去考。这求是书院是当时维新运动中产生的一个新式学堂。祖父身在狱中，还念念不忘地叫孙儿去投考，可见他对维新运动的态度了。《圣武记》是清代地主阶级进步思想家魏源的著作，它记述了清朝初期到道光年间的军事史实。其中有关于鸦片战争的可靠史料。祖父还写有《恒训》，教育子弟要有恒心。《恒训》中还有这样的故事：有兄弟三人，老大当官；老二开大店铺；老三最次，开豆腐坊。可是，后来，当官的败落了，开店的倒闭了，生活没有出路，都到老三的豆腐坊来做工为生了。老祖父讲述这样的故事，表达了他的认识：官商二家的荣华富贵不可靠；小本买卖、劳动为生，虽苦却安全可靠。这反映他经历了宦途坎坷和家族衰败后的忧心忡忡。鲁迅在南京时，曾经手抄了《恒训》，可见他对这本家庭生活和道德教科书的重视，也可见这《恒训》对他思想上的影响了。

当然，这部《恒训》中，有许多一般处世格言，还有旅行须防匪人、勿露钱财、勿告姓名之类，其中有的教条，反映出封建保守思想，如警戒后人不要相信西医“戴冰帽”，他认为谁戴谁就要死。这一点，鲁迅后来直接违反了祖父的遗训，对西医十分推崇，并且一度想用西医来推动维新运动。

祖父的性格和他的庭训，很明显地在鲁迅思想上留下了痕迹。他后来的坚决不走科举道路，去上被人看作把灵魂卖给洋人的新学堂，以及后来思想中最早的倾向进步的因素，都和祖父的影响有着不可忽视的因缘①。

鲁迅的父亲叫周伯宜，本名凤仪，后又改名文郁、仪炳，是个秀才，但乡试却多次未中，只好赋闲在家。

---

① 鲁迅的家族在太平天国农民起义的冲击下没落后，他的曾祖母戴老太太即主张儿子不去应科举做官为宦，而以株守家业为好。她认为儿子秉性耿直，不善奉承，即使做官，也难得好下场。所以她常说：“做官如不能赚钱，便要赔钱。”但周福清却刻苦攻读，考中进士。当这喜报送到台门周家时，戴老太太却在里间闻声而哭，她说：“拆家者，拆家者。”她认为儿子的金榜题名将引来拆家败业的结果，后来，她的话竟不幸言中了。这件家事，大概对鲁迅有一定影响。以后，父亲的得病与早逝，也与科举有关。这种三代人的痛苦经历，自然要引起鲁迅对科举的厌恶。

关于他，由于鲁迅在《朝花夕拾》里的《五猖会》中的那段描述：正当全家兴高采烈，准备去看迎神赛会时，他突然勒令鲁迅背书。因此，人们一般都认为他是一位威严凌厉难于接近的父亲。其实不然。他虽然严厉，寡言笑，却很和善。他从来没有打骂过孩子，这在封建社会是不可多得的。他有时喝酒，高兴起来，会把孩子们叫到跟前，给他们讲故事。他同鲁迅的祖父一样，也有着比较开明的思想。1894年中日甲午战争时，他曾经为战事和国运担忧。他还说过，现在有四个儿子[①]，将来可以派一个往西洋，一个往东洋，去做学问。在距维新运动的兴起还有好几年的时候，他就有了这样的想法，可说是颇为进步的了。不过，后来由于他的父亲入狱（这入狱的原因又同他有关），家庭败落，自己又被取消了应考资格，病魔也趁机纠缠住他，他的脾气就坏起来，萎缩了那和善的一面，而恶性地发展了严厉的一面了。他不迷信，不怕鬼。他坚持说世上没有鬼，自己死了也不会变成鬼，甚至在他逝世时，他也申明什么也没有看见。他还有一个照鬼的故事。那是光绪初年的一天，他在亲戚家吃酒，半夜才归，提着一盏灯笼，独自个儿走着。来到一个僻静的弄堂，忽然看见一个东西：身子只有三尺长，脸狭长，有一尺多，长长的头发披散在两边。这是“鬼”，一个“矮子鬼”。他没有害怕，他迎着“鬼”走去，倒有点庆幸自己有运气，能够真正见识一下“鬼”。他走上去，“鬼”并不退避。他走近了，举起灯笼在“鬼”面上一照，那“鬼”呼的一声逃跑了。原来，那是一匹马，从一个废园的倒塌的墙的缺口，伸出头来观望。他后来常常给人讲述这个故事，并且说：“我好容易见到了马面鬼，就只可惜是一匹真的马。”他讲的这个故事，给了鲁迅很大影响。他后来也有一个在坟场踢“鬼”（一个盗墓者）的故事。他讲给别人听，然后说：“鬼是怕踢的。”父亲的不迷信，不信鬼，并且打“鬼”，这样的思想、性格，也给了儿子以一定的影响。

鲁迅对父亲的感情是很好的。有的传记和有关文章中，完全依据《五猖会》的记述或者更加上自己的臆测，把鲁迅说成不理解父亲，甚至把父亲当作封建礼教的维护者，而产生疏远、厌恨的感情，这是一种

① 鲁迅有3个弟弟，其中最小的弟弟在6岁时就死去了。

误解[①]。鲁迅来到日本留学，最初决定学医，其原因之一，正如大家所知道的，就是“救治象我父亲似的被误的病人的疾苦”。

父亲后来的脾气变得坏了，他自己痛苦，家人也痛苦，这痛苦并没有使鲁迅对父亲产生怨恨，那时他就已经能够理解父亲的苦衷了。这痛苦的记忆，却使鲁迅日后约束着自己不纵饮；醉酒了，也不向别人发作。

母亲，总是使儿女怀着永生的依恋与怀念，母爱，往往是留在人们心中向上学好的一粒种子。因此，母亲对子女的影响是深远的。鲁迅的母亲，人们往往只是写上鲁迅说过的“以自修得到能读书的能力”这句话，就算介绍过了。这是多么不够呵，这对于我们探索鲁迅思想性格的渊源，也是一个大的疏忽。

周老太太单名瑞，她是名门闺秀，父亲鲁希曾，号晴轩，是个举人，当过户部主事[②]。但是不久就告假回家，“息影山林”，在乡下过着半隐居的生活。当女儿鲁瑞与周伯宜订婚时，他已经是“蠖屈已将廿载了”。他的两个儿子，即鲁迅的大舅和二舅——怡堂与寄湖，都是秀才[③]。大概是受到“女子无才便是德”的封建礼教影响吧，父亲并没有让她读书，而她自己却靠自修达到能够看书的文化水平。这也说明她性格的一面了。她也同样具有开明的思想。早在清朝末年，也许可以说在中国妇女放足的第一代人中，便有这位大家闺秀。妇女们扯下了又臭又长的裹脚布，解放了自己的脚骨，反对党、顽固派的流言蜚语散布开了。有个绰号“金鱼”的本家说道：“某人放了大脚，要去嫁给外国鬼子了。”

鲁瑞蔑视“金鱼”，她冷冷地说：“可不是么，那倒真是很难说的呀。”

---

① 乔峰（周建人）在《略讲关于鲁迅的事情》中说：“我为了求事实的真相明白起见，我想指出：鲁迅说的‘我至今一想起，还诧异我的父亲何以要在那时叫我来背书’的话，据我了解，是在形容过去当时所感到不快意，甚至于后来追想起来犹如此。其实，鲁迅不会真的不理解：在那时候，真是严厉的家庭，迎神赛会，根本就不会许可小孩去看的……鲁迅的父亲只要鲁迅把功课背出了便许可他去看五猖会，在那时，已经要算比较的‘民主’了。”（载鲁迅博物馆、鲁迅研究室、《鲁迅研究月刊》选编《鲁迅回忆录》中册，北京出版社，1999，第742页）

② 户部，掌管天下户口、田赋，一切经费悉为统理。清代，六部之中，户部居主要地位，是唯一的财政总机构。主事为尚书、侍郎、郎中等官职下面的一个官职。

③ 鲁迅尚有两位姨母，一嫁阮家，一嫁郦家，两家与鲁迅后来的关系是很密切的。

她的战法，表现了她的坚强与自信，也具有自己的风格。接过攻击者或论敌的论点，并不叫屈、申辩，却是回答道：是的，要如此，那又怎样呢？于是，论敌倒是哑口无言了。她的儿子鲁迅后来在文化思想战线上，不也常常运用这种战法吗？这可能有一点母亲性格上的影响。周老太太晚年到了北京，看见女孩儿们剪发了，她也决然剪短了头发；她看见年轻人织毛衣，也开始学起来，70岁的高龄，还像小姑娘一样苦学，终于成功了。儿子鲁迅都佩服了，说："我的母亲如果年轻二三十年，也许要成为女英雄呢。"

她断文识字之后，读的是弹词、唱本、传奇。但在迁居北京期间，她开始读报纸了，每天看大小日报两三份。她明辨是非，站在进步的方面，常常向邻居老妪谈讲时事，她对于段祺瑞、张作霖、蒋介石这些新老军阀都有批评。

她的思想开明，她的性格坚强，具有战斗性、韧性。她把自己的性格和思想的遗产，传给自己的儿子了，成为他的伟大思想性格的最初的因素和种子。

母亲是一位感情丰富的人，而且诚挚、深沉、锲而不舍。鲁迅还有一个四弟，名叫椿寿，1893年出生。这是个不幸的孩子，他4岁时，父亲去世了，而当他长到6岁时，他自己也逝去了。这个白白胖胖的可爱的孩子，他的逝去简直等于摘去了刚刚丧夫的母亲的心。母亲为了排除触景生情的哀恸，把房间的板壁移动了，自己搬进朝北的套房里去住，桌椅摆设也都变了样。她还请一位画师画了一幅孩子的画像。她把画像挂在墙壁上，凝望他的笑影，慰藉自己的哀伤。这画像一直跟着她，整整挂了45个年头，直到她逝世。这爱子之情，是何等执着，何等深沉、久远。这种性格的特点同样遗留给鲁迅了。他日后，用同样的丰厚、深沉、执着、久远的感情，爱着人民，爱着祖国，爱着共产主义事业。

鲁迅的外婆家在安桥头。那是一个江南水乡的小村，住的全是鲁姓人家。可贵的是，外祖父长期隐居，家道衰落，使他的女儿比较地能接近贫苦的农民。鲁迅幼年时，曾跟母亲一起到安桥头外婆家短住，这给了鲁迅以接近农村生活和结交农民的机会。

鲁迅有三位祖母。一位是他的亲祖母，姓孙，她在鲁迅的父亲出生后不太久就去世了。第二位祖母姓蒋。孙氏、蒋氏祖母的家，一个在偏门外跨湖桥，一个在昌安门外的鲁墟。对于亲祖母，因为没有见到过，鲁迅自然没有留下什么印象。第二位祖母，倒是有密切关系。这位祖母，曾经给幼年鲁迅讲过故事，那“猫是老虎的师父”“水漫金山”等有趣的故事，便都是她讲的。她于1910年逝世，终年69岁。那时，鲁迅29岁，已经从日本留学回来，在杭州浙江两级师范学堂教书了。他奔丧回故乡，亲自为祖母穿衣入殓，那情景，他后来写入了小说《孤独者》中，把自己的事，安在主人公魏连殳身上了。

祖父有个妾，姓潘。她在名分上也是鲁迅的祖母。她是一个不幸的女性。关于她，在这里无可多说。她对鲁迅的影响，大概只有她的不幸的命运和她给家庭带来的不和，引起了鲁迅的同情，并由此想到这一类不幸女子；也使鲁迅对封建家族制度及礼教更加愤恨。

鲁迅有两位姑母。大姑母死于一次翻船事故。小姑母生于1868年，是庶祖母蒋氏所生，只比鲁迅大13岁。她性情温和，能讲故事，和小侄们很要好，常在一起玩耍，做游戏。因此，当她出嫁那一天，小侄们竟不愿意让她走，有的甚至要跟她坐轿子一起去。她嫁到东关镇金家。因为有了她，鲁迅他们才有机会到东关镇去看五猖会。她1894年死于难产。鲁迅对小姑母的死很伤感，13岁的鲁迅就给亲爱的小姑母写了祭文。在后来的日记上，还记着小姑母的忌日，可见，他是久久地记忆着这位亲人的。

最后，我们还要写到鲁迅的曾祖母，因为曾祖父排行第九，所以人称她为九太太。在名分上，她是这一家中的长者、尊者。然而她并不地位煊赫，威势逼人。她是个老好人，整年的端坐在房门口的一把硬椅子上。她老了，什么也不管，耳朵又聋，就这样通年地坐着，打发着她的不多的、冷寂的剩余岁月。据说，幼年鲁迅有时候和老人逗乐取笑，故意装作跌倒，老人便喃喃而语：

“啊呀，阿宝，衣裳弄脏了呀。”

她大概没有给鲁迅留下什么值得一提的影响。然而我们在《风波》中的九斤老太身上，似乎看到这位老人的影子。

鲁迅的家庭成员就是这样一些人：曾祖母、祖母（包括继祖母、祖父的妾）、祖父、父亲、母亲、两个姑母。他们有各自的命运，在人生的一段旅程上，他们各以自己的思想、性格、生活习惯，给鲁迅以一定的影响。我们在这里集中地加以叙述，也许，能够使人们从中窥见那个社会、那个时代的一角，看到早年生活和亲族成员给鲁迅留下了些什么，从而理解他的伟大历程的起点。

二、在世界的海边

古老美丽的绍兴

世界像浩瀚的大海，展现在每个来到人世的孩童面前。他们在它面前，惊叹，欢喜，诧异，探寻，嬉戏于它的万千变化的景色之中。绍兴，是这个浩瀚世界的美丽的一角。碧水盈盈，波光潋滟，青山隐隐，绿染大地。浩渺的钱塘江水，缓缓地流淌，曹娥江的波浪，翻卷奔腾。分流的双水，在东去的路上，拥抱着，奔进大海。平坦的江南平原，被河湖港汊分割，河道穿绕在绍兴城的胸脯上，"路"是水铺的，巷是小溪，进店铺要上岸走码头，出门就可以洗菜。卧波桥，点缀在各处，它们拱着腰，把倒影映在绿水中，构成一幅美丽的图画。小河里，小船来来往往，有橹在船后尾，人侧身站着摇的，有双桨像翅膀一样在两旁"飞扬"的，还有的是人坐在船尾用脚踩着船桨。走出城，东湖、鉴湖，水面辽阔，碧波荡漾，渔舟点点，菱叶田田，那青山秀水啊，真是令人心旷神怡。大自然陶冶着人的性格。

幼年的鲁迅，生活在这湖光山色之中，陶醉在美好的大自然的怀抱中。不过他的经常嬉游的天地，他的乐园，却是他家的后园——百草园。鲁迅来到百草园，这是一个万花筒般的世界，这是一个声与色交融的沸沸扬扬的天地。这里有碧绿的菜畦、光滑的石井栏、高大的皂荚树、紫红的桑椹。何首乌的藤和木连藤缠绕在一起。木莲，有莲蓬一样的果实，"何首乌有拥肿的根"[1]。大自然的乐曲美妙动听：鸣蝉躲在树叶里长吟，油蛉低唱，蟋蟀弹琴。这里充满了生气：肥胖的黄蜂伏在菜花上采粉，轻捷的叫天子（云雀）会忽然从草间直窜上云霄；还有蜈蚣在爬行，斑蝥在"变戏法"：你用手指按住它的脊梁，它便会啪的一声，从后窍喷出一阵烟雾。有时，鲁迅会用竹竿打下桑椹，紫红色，沁甜。有时，会去采覆盆子，它像珊瑚珠攒成的小球，吃起来，又酸又甜，无论颜色，还是味道，都比桑椹好多了。……

① 《朝花夕拾·从百草园到三味书屋》。

山灵钟秀，地灵人杰。大自然以她的秀美辽阔、丰富多彩、变化万千的姿色，呈现在每一个生活于其中的人的眼前。养育着人们的情趣与性格。尤其是儿童，怀着一颗无牵无挂、天真无邪的童稚之心，和自然融汇在一起。青山绿水，一草一木，苍穹，原野，春燕秋雁，夏蝉冬雀，都被认为是通灵性的与自己一样的生物。孩童们爱它们，与他们一同生长。这种自然因素的作用，潜移默化，因人而异。鲁迅以他从小就具有的敏感的特质，感受着湖光山色的美秀风光，深入于百草园充满生机的欢欣的热闹世界中。这使他热爱自然，受到自然的陶冶。这些，深深印刻在他的思想中，以至几十年后，当他在短暂的战斗休憩期，“旧事重提”时，便用优美的笔触，写下了动人的篇章——《从百草园到三味书屋》，来讴歌他儿时的乐园，对它作了那么引人入胜的描写。在他的不朽之作的小说中，那么真实而精练地勾画了江南水乡的风貌。这些，没有艺术功力，固然做不到，但如不是描写对象稔熟于心，也是不能够奏效的。

绍兴不仅美丽，而且古老。它的性格倔犟。“会稽乃报仇雪耻之乡，非藏污纳垢之地”，鲁迅曾经多次引用过这句歌颂自己故乡的名言。的确，从越国的十年复仇，到南宋的抵抗金人，明末的反抗清兵，都反映了浙东人民的英勇、刚强。从越王勾践时代到清代，多少英雄豪杰、学士文人，在这里扮演了动人的活剧，留下了感人的故事。

在绍兴县城东南边三十里的会稽山下，有禹王庙和禹穴。大禹治水是我国流传千古的英雄传说，它反映了我国古代的自然状况，歌颂了中华民族艰苦奋斗、百折不挠、战胜自然的宏伟气魄，也赞颂了大禹这样的公而忘私的民族英雄。相传，禹王在会稽山治水成功，人民便在山下建起禹王庙来纪念他。但有的传说更动人。它说大禹为了治水巡行天下，当历尽艰险来到会稽时，他不幸倒下了。他的遗骨就埋在会稽山下，禹穴就是他的墓地。古老故事中英雄的业绩、民间传说中英雄的悲壮故事，流传在人民的口碑上，深入于人们的心灵中。历代都有不少人，来这里游览、凭吊。少年鲁迅从长辈口中，早就听说过同禹王庙的古迹相联系的故事，春朝秋夕，他来到这里，以无限敬仰的心情，观赏禹王庙的建筑，禹穴的碑文，特别是禹王的塑像。这塑像有三丈多高，巍巍然，庄严、肃穆，令人敬畏。

城里的越王台，绿树环绕，芳草芊芊，传说越王勾践曾在这里点兵。台前有一棵古柏，传说勾践正是在这棵树下卧薪尝胆。台自空寂树已枯，但这遗迹，无论真假，都使游人们睹物怀人，想起往古千载越王为报仇复国而发愤图强的情形，而激励了昂扬的斗志。这古迹就在城里，离得不远，鲁迅更是常来游玩，凭吊故乡先贤①。

“小筑聊须傍兰渚”（陆游：《旅游》），“兰亭路上换春衣”（陆游：《春游》），兰渚是绍兴的又一个名胜古迹，我国首屈一指的晋代书法家王羲之曾在这里聚会文人，留下了《〈兰亭集〉序》名文一篇。兰渚，也是鲁迅常来游玩的地方。

南宋爱国诗人陆游，在绍兴城乡留下了几处遗迹。鲁迅的祖父曾经告诉鲁迅要读陆游的诗，原因之一就是他的诗中多记与绍兴有关的事。禹寺、禹穴、兰渚、兰亭在他的诗里都有记录，而且作了诗意的描绘。在离水西门十多里，靠近鉴湖的地方，有一个快阁，这里曾经是陆游的读书处，鲁迅的两个祖母的家乡都在这附近。当来到快阁，遥想当年陆游的苦读和他的忧国忧民、坎坷潦倒的一生，鲁迅内心的触动是可想而知的。沈园在城里。陆游和他的表妹就在这儿洒下了遗恨终生的离别之泪，一曲《钗头凤》，诉说了缠绵的深情，表露了反抗的心曲。鲁迅游历沈园遗址，对诗人不幸的婚姻，他又将作何感想呢？

绍兴如此众多的名胜古迹，牵连着英雄伟业的记录、文人学士的故事、诗人词客的恋情，使人无限钦敬、爱戴、追思、怀想。鲁迅后来收集、校勘、写作了不少与绍兴的古人古事有关的著述，显然是在童年、少年时候留下了种子。

忘情于知识之宫的入口

旺盛的求知欲是儿童的天性。不过，有的得到很好的满足，有的得到平常的收获，有的却被拒于知识之宫的门外。鲁迅应该算是幸运的吧，他生长在文化比较发达的江浙地区，又出身书香之家，给了他接受文化教养的条件。但最早的知识从何而来？保姆长妈妈的谈话，祖母、姑妈的讲神话、说故事，是他最早的精神食粮。民间的年画——那时叫

① 鲁迅在《〈会稽郡故书襍集〉序》中，曾经说到他收集故乡文化遗产的动因和目的。他说，他在从日本回到绍兴后，见到“禹勾践之遗迹故在”，但“士女敖嬉，睇睨而过，殆将无所眷念”。因此他决定收集遗文，以使后人有思古之情，唤起人们的爱国之心。于此可见他早年对此古迹的印象之深。

花纸，进一步满足了他幼年的求知欲望。那虽是木板刻画印制而成的，线条不准确，遇到弧线，往往出现棱角，色彩简陋没有光泽。但是，在那时儿童的眼里，它却是看不够的稀罕物。

《八戒招赘》，虽然也是图画，鲁迅并不是十分喜欢，而《老鼠成亲》却引起他极大的兴趣："自新郎新妇以至傧相，宾客，执事，没有一个不是尖腮细腿，像煞读书人的，但穿的都是红衫绿裤。"[①]这人而鼠、鼠而人的形象，在生活里是见不到的，但这正符合了儿童的心理。鲁迅看着画，发挥着自己的想象力：老鼠如何出来，如何打扮，如何举行仪式，如何红红绿绿，排着长队，走过街市。

按照周家的惯例，孩子长到7岁就开蒙读书了。鲁迅也是这样。他首先到远房叔祖玉田的家学里读书，按照祖父的意见，第一本读的是《鉴略》。这本书，讲的是历史，但他读不懂，觉得没趣味。12岁上，他进了三味书屋。

书塾的生活刻板得很：上午读书，正午习字，晚上对课。说笑就是犯禁，玩耍一律不许。私塾不是学习的天地，倒像是儿童的囚笼。

当初进三味书屋时，他怀着一个好想头：听说塾师寿镜吾老先生是个博学之士，那么，能够向他寻求一点有趣的知识啦。记得东方朔说过有一种虫名叫"怪哉"，是冤气所化，用酒一浇就消释了，先生一定知道得详细。于是，一次先生讲完书，将要退下时，他问道：

"先生，'怪哉'这虫，是怎么回事？"

"不知道！"先生很不高兴地回答说。

这种"杂学"，在当时的私塾里是不许知道的。只好仍然读那读不懂的书了。在寂寞枯燥的生活中，孩子们只有看看书上头的画，或者偷着玩纸糊盔甲来排遣。鲁迅也玩这种游戏。但更多的时候，他自个儿画画：用一种薄薄的荆川纸，蒙在小说绣像上，描画下来。日积月累，他画了成套的《荡寇志》《西游记》，都是一大本。这样，他便爱上了图画书。

图画书，家里也还有些，比如劝善惩恶的《文昌帝君阴骘文图说》《玉历钞传》之类，是可以公开在长辈面前看，而不会遭到呵斥的。然而，这里面都画着阴间赏善罚恶的故事，雷公电母站在空中，牛头马面

---

① 《朝花夕拾·狗·猫·鼠》。

布满地下，鬼多人少，阴森森，不招人喜欢。有一位长辈，赠给他一本图画本子：《二十四孝图》。这是他最早得到的一本图画书。上面是图，下面是说明，说的是人间事，鬼少人多，他很高兴。但后来对那内容发生了反感。他最喜爱的是关于花草的图画书——“花书”和画谱。“我那时最爱看的是《花镜》，上面有许多图。”[①]

在同族的一位叔祖父那里，能够看到很多图画书。鲁迅经常到那里去看书。有一次，这位老人说：“曾经有过一部绘图的《山海经》画着人面的兽，九头的蛇，三脚的鸟，生着翅膀的人，没有头而以两乳当作眼睛的怪物……”[②]鲁迅听了非常高兴，恨不得马上拿到这本书。然而老人说：“可惜现在不知道放在那里了。”[③]失望充满了鲁迅的心头。

回到家里，他经常地念叨这本书，惋惜着得不到它。后来，保姆长妈妈居然给买来了一部。

《山海经》，这是我国古代的地理名著。但它的内容，远远超出了地理的范围，也是一本故事书、神话集。

它说在东山之东二百里，“曰姑媱（音遥）之山，帝女死焉，其名曰女尸，化为䔄草……其实如菟丘，服之媚于人。”

“又东南一百二十里曰洞庭之山……帝之二女居之，是常游于江渊，……出入必以飘风暴雨。”这是《山海经·中山经》中的记载。

在《海外西经》中，有“一首而三身”的“三身国”人，有一臂一目一鼻孔一手的“一臂国”人。在《大荒西经》中有脚长三丈的“长胫国”人，在《海外东经》中有“八首八面八足八尾”的怪物。

这些引人入胜的故事，见所未见的怪物，再加上图画，更是迷人了。鲁迅爱不释手。这本书，教给他知识，启发他思索，引导他想象。

自从得了《山海经》以后，“我就更其搜集绘图的书”。于是，在过年时才能得到的一点压岁钱，他都拿去买书了。放学回家，也常去书铺买书，这是他的生活中的一件乐事。知识随着读书的增多而日渐增长，书成了他的寂寞童年的伴侣，他从中得到慰藉和欢欣。他看了《毛诗草木鸟兽虫鱼疏》，这是一本讲解《诗经》中写到的各种动植物的书，各样动物、植物的生态、习性都加以介绍。他还看了《南方草木状》《兰蕙同心录》《广群芳谱》《毛诗品物图考》这些讲草木虫鱼的书。以后，

①②③ 《朝花夕拾·阿长与〈山海经〉》。

又买了许多有图的书和画谱，如《海仙画谱》《百好图》《点石斋丛画》《诗画舫》《古今名人画谱》《海上名人画稿》《天下名山图咏》《梅岭百鸟画谱》，等等。

每到晚上，他就坐在母亲房里的桌前，用心地看起图画书来。他爱看书，也很爱惜书。

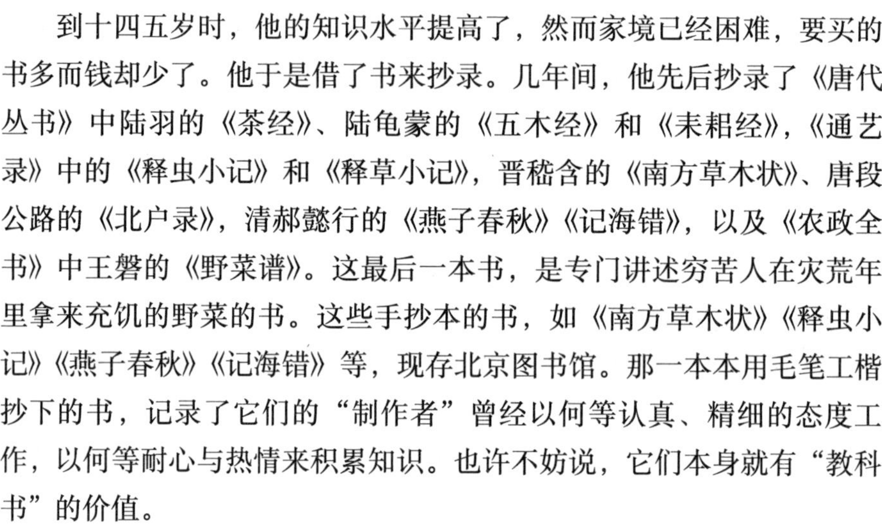

到十四五岁时，他的知识水平提高了，然而家境已经困难，要买的书多而钱却少了。他于是借了书来抄录。几年间，他先后抄录了《唐代丛书》中陆羽的《茶经》、陆龟蒙的《五木经》和《耒耜经》，《通艺录》中的《释虫小记》和《释草小记》，晋嵇含的《南方草木状》、唐段公路的《北户录》，清郝懿行的《燕子春秋》《记海错》，以及《农政全书》中王磐的《野菜谱》。这最后一本书，是专门讲述穷苦人在灾荒年里拿来充饥的野菜的书。这些手抄本的书，如《南方草木状》《释虫小记》《燕子春秋》《记海错》等，现存北京图书馆。那一本本用毛笔工楷抄下的书，记录了它们的“制作者”曾经以何等认真、精细的态度工作，以何等耐心与热情来积累知识。也许不妨说，它们本身就有“教科书”的价值。

从这些讲动植物的图画书中，在影画、抄写古书的过程中，少年鲁迅学习了动物知识，熟悉了神话故事和民间传说，练习了写字、画画，并且，培养了美术欣赏和艺术想象的能力。

他从爱读书，喜欢植物，更进到自种花草，并且通过自己的实践，来对证、订正书上的记载：他在最喜爱的书《花镜》上看到这样的记载，映山红“须以本土壅始活”。但他通过自己的栽培实践，有了新的发现，便在书上批注道：映山红“性喜燥，不宜多浇，即不以本土栽亦活”。

随着年岁和知识的增长，他由喜欢图画书进到阅读文史、杂记等类书，如《郑板桥集》《徐霞客游记》《阅微草堂笔记》《淞隐漫录》《唐人合集》《金石存》《酉阳杂俎》，等等。

他从阅读大自然这无字的书，到看图画书，再到读文字书，在知识宫殿的入口处，怀着炽烈的热情、饥渴的情怀，学习着知识，他得到不少当时私塾里学不到的动植物知识，培养了对自然科学的浓厚兴趣，也养成了珍爱书，读书认真，一丝不苟的严谨作风。

民间艺术的熏陶

“你知道吗，猫是老虎的师父。”祖母这样说。祖母常常给鲁迅讲故事。夏夜在庭院里乘凉时，她又这样开始了。原来，老虎从前什么也不会，它投奔到猫的名下来学艺。猫便教它扑、捉、吃，像自己捕鼠一样。老虎把这些本领学会了，于是想：只要把猫吃掉，那么，世间就数我强了。老虎想到得意处，猛地向猫扑去。但是，猫纵身一跳，上了树。这项本事，老虎从来没有学，它只好瞪着眼睛干着急。

夏夜的凉风，阵阵吹来。这个寓意深远的民间故事，使人想起很多事情。首先，应当庆幸，猫留了一个心眼，要不，从树上跳下来的就会是老虎，而不是猫了。而作弟子的老虎，竟然这样地对待自己的老师，真是“人心莫测”了。

祖母还讲过青蛇、白蛇的故事，那是一个多么优美、曲折而又能启发思考人生哲理的江南民间故事呵。这个故事，深深打动了少年鲁迅的心，他同情许仙和白娘子，痛恨法海。

《二十四孝图》，也是讲故事的，鲁迅最早是喜欢它的，但后来又厌恶它了。其中一些孝子的故事，如子路负米、黄香扇枕、陆绩怀橘等，倒还可以，让人看到亲子之情。可是哭竹生笋就可疑了，哭不出来怎么办呢？还有卧冰求鲤，更有生命危险。还有一个70多岁的老头，穿着儿童穿的花衣服，手里拿着婴儿玩的“摇咕咚”，还假装跌倒，——为的是引起坐在堂上的双亲欢乐。这虚伪的“老莱娱亲”，使鲁迅觉得很不舒服。他讨厌这种做作。

曹娥为了找寻父亲的尸体，投江而死，背着父尸上来了。——据说，有人发出不敬的议论了，于是尸体又沉了下去，再浮上来时，曹娥与父亲的尸体是背对着背。这孝女的不幸的死，使鲁迅感到哀伤与同情；她死后，人们那些卫道的、卑劣的议论，又使鲁迅为之心寒。郭巨埋儿的故事十分残忍，使鲁迅感到恐惧。他说，从此总怕听到父母愁穷，也怕看见自己白发的祖母，“总觉得她是和我不两立，至少，也是一个和我的生命有些妨碍的人。”[①]

鲁迅的这种烦恼、惧怕、厌恶和痛恨，是他对封建道德、封建礼教

① 《朝花夕拾·〈二十四孝图〉》。

的最初的反抗，是反封建思想在他的幼小心灵中最早的萌芽。

我国民间有着非常丰富的戏曲艺术传统。这是千百年来人民群众的智慧结晶，这里有许多劳动人民创造的艺术形象。鲁迅在少年对代，广泛地接触了这些民间艺术，他热爱它们，受到艺术上的感染，思想上的启发。

在迎神赛会中，鲁迅认识了“活无常”。这是一个生动活泼、生长于劳动人民之中的艺术形象。在迎神赛会的长长的行列中，活无常如鹤立鸡群，十分活跃，跳跃着前进。他自述自己的履历，原来他是这样一个“人”：

> 大王出了牌票，叫我去拿隔壁的瘌子。
> 问了起来呢，原来是我堂房的阿侄。
> …………
> 我道nga阿嫂哭得悲伤，暂放他还阳半刻。
> 大王道我是得钱买放，就将我捆打四十！

对于这误解和惩罚，他很不满。“一提起，就使他更加蹙紧双眉，捏定破芭蕉扇，脸向着地，鸭子浮水似的跳舞起来。”

在冤苦不堪的悲凉的音乐声中，他唱道：

> 难是弗放者个！（现在是不放的了）
> 那怕你，铜墙铁壁！
> 那怕你，皇亲国戚![1]

活无常是这么坚决，这么铁面无私了！但他却又这么富有人情。就在这与“下等人”一同欣赏无常的过程中，年轻的鲁迅逐渐认识到、理解到劳动人民的情趣和思想。民间艺术成了他与人民之间感情相通的桥梁。30多年后，他旧事重提时，以专题来描述了无常，把他介绍给全国读者，并且，自己亲笔画下了一幅逼真的生动的无常像。

“身既死兮神以灵，魂魄毅兮为鬼雄”。劳动人民在反抗压迫的愿望促使下，创造了复仇的艺术形象。由于是在大石底下萌生的花朵，不得不从人世转入阴间，由鬼神来扮演反抗的勇士。“女吊”便是这样的形

① 《朝花夕拾 · 无常》。

象。少年鲁迅在故乡看社戏时，结识了这个“带复仇性的，比别的一切鬼魂更美，更强的鬼魂”①。

女吊这个生动的、特出的形象，她的复仇的性格，也给了鲁迅非常深刻的印象，直到他临近逝世的时日还在念念不忘。

目连戏，是鲁迅少年时代接触到的另一种民间艺术。②它表演长篇的目连救母的故事。在表演目连救母的过程中，串演着许多有趣的故事。这些故事，是真正的农民和手工业工人的作品。它们“比起希腊的伊索，俄国的梭罗古勃的寓言来，这是毫无逊色的”③。

伟大的文学家、艺术家，都从民间文学艺术中吸取思想营养和艺术营养，这是孕育他们的作品的民族风格的源泉，也是他们的作品赢得人民喜闻乐见的原因。鲁迅接触到的民间文学艺术种类很多，如民间花纸、民间故事、民间戏曲、小说绣像，以及迎神赛会上的化装表演、图画书上的传统神话故事，他都有广泛的接触。这是他幼年和少年时代的文化教养和精神生活的重要组成部分。鲁迅在少年时代所受到的民间艺术的熏陶，对他后来思想艺术的影响，是很明显的。他在杂文名篇《再论雷峰塔的倒掉》（《坟》）中引用了祖母给他讲的来自《义妖传》等民间口头文学中的白蛇与许仙的故事，在《无常》（《朝花夕拾》）和《女吊》（《且介亭杂文末编》）中，他兴趣盎然地描述了这两个各有特色、为人民所喜爱的鬼魂的形象，并且借此发挥了深刻的思想。他在重要著作《门外文谈》（《且介亭杂文》）中，对穿插于目连戏中的“折子戏”给予了高度的思想与艺术的评价。他在关于创作的论述中，称赞了民间画纸白描的特点，并说这是他写小说所效法的艺术手段。

幼年时期，鲁迅也有过他的“艺术生活”。有一个时期，上床后，他便把兄弟们招到一起讲今说古，更多的是“说仙山”。描述想象中的一座仙山，那里有楼台亭阁，有巨蚁名叫阿赤阿黑，演化出许许多多的自编的神话故事，可以连续几晚地讲下去。大家通过想象进入一种

① 《且介亭杂文末编·女吊》。

② “‘大戏’和‘目连’，虽然同是演给神，人，鬼看的戏文，但两者又很不同。不同之点：一在演员，前者是专门的戏子，后者则是临时集合的Amateur——农民和工人；一在剧本，前者有许多种，后者却好歹总只演一本《目连救母记》。”（《且介亭杂文末编·女吊》）

③ 《且介亭杂文·门外文谈》。

“仙”的境界中。这也许可算是最早的艺术创造吧，那些图画书、《山海经》中的神话故事，以及祖母、长妈妈讲的民间故事，都供给了他“创作”的题材和蓝本。

鲁迅和小朋友们还自编自演过剧——我们不妨叫它活报剧。这是根据生活中的一些人和事编演的，在其中，表达了孩子们对某些人事的喜爱与厌恶。

鲁迅还画画。除画了《射死八斤》的漫画外，还画了许多别的画。

这是鲁迅最早的艺术生活，它包括戏剧、童话、美术几个领域。这种最初的兴趣和尝试，大概许多人的童年生活中都存在过吧，它培养了最初的艺术趣味和能力。当然，要有所成就，还赖于日后的继续学习、培养、发展以及其他种种条件。

三、师友们

每一个儿童来到世上以后，就由他周围的人组成他的老师和朋友的队伍，给他以各种各样的、好的或不好的影响，自觉或不自觉地引导他走上人生的道路，影响他的发展方向。这是一个虽然常常不被注意却不可忽视的现象。

鲁迅少年时代的师友可谓不少。有的，是名义上的师，但既不是老师也不是朋友；有的既是师又是友，像朋友那么亲密，又像老师那么给他教益；有的是给他教益的老师，但不是朋友；有的是用友情的温暖，慰藉了他在童年生活中感到寂寞的心。

1882年，当鲁迅两岁的时候，父亲把他送到绍兴城里长庆寺，拜了一个和尚为师父。这就算是舍给寺里，出家了。据说，这样就可以避免灾难，得以长大。

鲁迅的第一个真正的老师，要算是保姆阿长（即长妈妈）吧。她把鲁迅带大，给鲁迅讲故事。她讲过老百姓怎样给菠菜取了一个“红嘴绿鹦哥”的好听名字，就使得皇帝终年老老实实地吃菠菜。鲁迅后来从这民间故事中，悟到了皇帝会施行愚民政策，老百姓也会实行愚君政策。她给鲁迅买了带图的《山海经》，使鲁迅得到了第一本自己心爱的书。直到几十年后，鲁迅还深情地追忆这件事。她是一个劳动妇女。她连真名字也不为人所知，但她的勤劳艰辛的一生、纯净的灵魂和朴素的爱，却使鲁迅对她怀着深厚的感情，30多年后，他这样写道：

仁厚黑暗的地母呵，愿在你怀里永安她的魂灵！[①]

鲁迅开蒙读书的第一个先生，是远房叔祖周兆兰。他字玉田，小名兰，孩子们都管他叫兰爷爷。他是个秀才，在同族长辈中算是个有学问而且有艺术趣味的人。他读书多，藏书也不少，自己还写点诗词古文。他长得胖胖的，为人和蔼。他家里种了许多花木，有珠兰、茉莉，还有据说是从北边带回来的马缨花。由于受到他的影响，鲁迅也自己栽种花木。

兰奶奶跟兰爷爷正相反，不要说她对兰爷爷的书不感兴趣，就是对他的花花草草也不爱惜。有时，她把晒衣服的竹竿放在珍贵的珠兰花的枝条上，把花枝压断了，她还要骂一声兰爷爷："这死尸！"所以兰爷爷是一个孤独的老人，他因此愿意侄孙们到他家里来慰他的寂寞，亲切地叫他们作"小友"。

他家里的藏书很多，而且还有别人家里没有的"闲杂"书。鲁迅简直把这里当作自己的图书馆，时常来借书。

1892年，鲁迅离开家塾，到三味书屋读书。这里的寿镜吾老先生，算起来是第四个教他读书的先生。他是一位学问高深、为人正直而又和气的人。他的为人和品德深为鲁迅所敬重，也许使鲁迅受到了潜移默化的影响。他父子均以教私塾为业，不事权贵，安贫守拙。一件长衫，挂在那里，父子三人出外时轮着穿。老先生不喜八股文，却深爱汉魏六朝文学，时常诵读并且抄写。鲁迅耳濡目染，也喜读汉魏文章。鲁迅在三味书屋一直读到1897年17岁，寿先生的影响似乎也就这一点点吧，但却是颇为宝贵的。

鲁迅在幼年的时候，便"混进了野孩子群"，在农民孩子里结识了不少朋友。

外祖母家在离城三十里的安桥头。这里全村住的都是鲁姓人，绝大多数是农户或者种地兼打鱼。鲁迅的来到，被看作大家的客人，许多农民孩子和他一同玩耍。虽然有的辈分大，但年纪相仿，大家玩得很好。他们教给鲁迅许多在城里、在书房里学不到的农业生产和农村生活的知

① 《朝花夕拾·阿长与〈山海经〉》。

识。后来，外婆家又搬到皇甫庄住。鲁迅又同这里的农民孩子结识了。除了日常的玩耍，他们有一次生动、愉快的看社戏的经历。后来，鲁迅把这段生活作为素材写进了小说，记录了他与农民子弟的深厚友谊和他们的淳良质朴的品德。

1893年，鲁迅13岁这一年，他家轮到九年一次的值祭，要主事家族的祭祀。新年神象前的祭器需要人看守，常来做忙月的短工章福庆便让他的儿子运水来帮忙。

新年将到，祭器已经搬出来摆上了，章福庆果真带了运水来。他圆圆的脸庞，带着银项圈，样子很老成朴实。鲁迅很快和他交上了朋友。这一对小朋友，手拉着手，一同到绍兴城的大街上溜达，一起到风景区游玩。运水来自海边农村，告诉他许多新鲜事：贝壳有“鬼见怕”“观音手”；潮汛来时，可以看到一种老是跳的鱼，和青蛙似的有两只脚。还有沙地看瓜，要同“猹”战斗。这是一个多么神奇的世界呵！

祭祀结束了，庆叔要带运水回去了。鲁迅和运水都哭了，他们恋恋不舍地分了手。友谊的种子在两个少年的心上发芽滋长。1900年，运水再度来城里。这时，鲁迅已经20岁，正从南京回故乡度假。他很高兴地同旧友重逢。青年时代的运水在婚姻问题上很不如意，以后又是十几年的人世坎坷，他们的变化就很大很大了。这些，都反映在小说《故乡》里面了。鲁迅这篇不朽名著，正是对运水的深情厚谊所开出的艺术之花。

鲁迅从13岁之后，除了上学读书，还逐渐地帮助母亲处理家务，和社会的接触日见广泛了。在他家附近的居民中，手工业工人、种菜园的、打短工的、摇船的、抬轿的，他都有一定的接触，有一定的了解，这些劳动者，也可以说属于他的师友之群吧。

幼年鲁迅所生活的时代和社会状况，他所在的故乡和家庭的环境，他的家世和家族成员，以及他的各方面的师友，我们在前面已经介绍过了。他的思想性格就是在这样的环境中，逐步萌芽、发展、形成的。当然，这还是在早期，是在发展途中，是构成他日后的伟大思想性格的最初因素。

四、人世浪涛的冲击

鲁迅在13岁时，就过早地结束了他的和平宁静的少年生涯。这是他的生活道路和思想性格的重大转折点。

1893年，鲁迅13岁。这年的2月16日，曾祖母戴氏病故，在北京做官的祖父周福清赶回家来办丧事和守孝。

秋天，正是乡试时期，浙江正主考官殷如璋到了苏州。周福清说是去拜访他们，实际上是去买通关节。他派了家丁陶阿顺，封了一万两银子的期票，开了书生五人——马（官卷）、顾、陈、章、孙，又小儿第八等的姓名，请求关照。

阿顺到了主考官的船上，呈上了书信。这时，副主考正在船上谈天，主考心里明白是怎么回事，故意不拆信，吩咐打发来人回去。陶阿顺急了，大喊大叫：

“那信里有钱，怎么不给收条呀!?”

殷如璋只好当场拆封，事情也就暴露了。案子到了光绪皇帝那里。正赶上他想励精图治，当天就下了一道200多字的谕旨，将周福清革职，并“查拿到案，严行审办”。

祖父信中的“小儿第八”，即鲁迅的父亲。他原有的秀才身份被革夺了。祖父则在光绪上谕到达浙江之前，便在会稽县自首投案，被解送杭州，投进了监狱。按清律，考场舞弊应判死罪。周家变卖田产，各处疏通，刑部这才奏请“于斩罪上量减一等，拟杖一百，流三千里”。上谕则说：“未便遽予减等。周福清著改为斩监候，秋后处决。”

这个突发事变，使鲁迅的家庭受到猛烈的冲击，迅速没落，经济上由小康坠入困顿。因怕株连家族人等，鲁迅兄弟逃到外婆家躲难。这时，外祖父已经去世，只有外祖母和两个舅舅。这种寄居生活，人家看不起，被当作乞讨的人一样。鲁迅随舅父先后迁居皇甫庄和小皋埠，那些豪门贵族，歧视穷亲戚，这和当年到安桥头外婆家的情景，真是天壤之别。人情冷暖，世态炎凉，使鲁迅幼小的心灵上，第一次投上社会人生变迁的阴影。

在这两处农村，他看见贫苦的雇农被地主逼债，走投无路，上吊而死；也看见极端劳苦艰辛的盐工，日夜疲于奔命却还要受东家的鞭笞；

还有可怜的寡妇，为失去儿子而哭瞎了双眼；年轻的姑娘因为贫穷没有陪嫁被夫家抢亲劫走。这些穷苦农民的悲惨生活情景，深深印在他的心里。他自身的不幸遭遇，使他的心容易与这些穷苦人的心相通，引起对他们的深切同情。

13岁的鲁迅，被人世的浪涛冲击到这僻乡一隅，过早地尝到了人生的苦辛。在寂寞中，他更思念焦灼煎熬中的父母。

在小皋埠住了大约半年，风声渐渐松了。在第二年的春夏之交，鲁迅和弟弟们又回到城里，回到双亲的身边。然而，并没有得到团聚的欢乐。

冬天，父亲病倒了。从此，鲁迅常常出入于当铺和药铺。他为母亲分担着生活的悲愁和忧伤。他拿着衣物家什，到比自己高一倍的当铺柜台前去典当，在冷漠、歧视的眼神下接过钱，又到同自己一样高的药铺的柜台前为父亲买药。父亲生病以后，先是请了一位姓冯的中医。他来看病时，总是醉醺醺的，还说些"舌为心之灵苗"之类的昏话。以后，家里人陆续请了两个当时绍兴的名医：姚仙芝与白莲臣，他们名气高，要价也高，还专门开些不易找到的古怪的药引，什么芦根啦，经霜三年的甘蔗啦，什么原配的蟋蟀一对（即本在一窠者）啦。有一回还开出什么"平地木"，鲁迅问药店，问乡下人，问卖草药的，问年青人，问读书人，问木匠，都摇摇头说不知道，最后还是问到那位博学杂识的兰爷爷才算找到了。可是父亲的病却日益沉重了。

在与这些庸医的周旋中，在出入于当铺、药铺中，以及见到母亲的操劳与忧愁，父亲的病苦与忧伤，鲁迅幼小的心灵，日益感到家境的困厄。尤其使人焦急的是，祖父被监禁在狱中，每年秋天，就可能服刑被斩。这时，母亲就要辛劳奔波，筹措款项，去赎买疏通，渡过这一难关。父亲因贫病交加，脾气越来越坏，经常喝闷酒，醉了就脾气爆发，使家人痛苦。鲁迅对此印象极深，后来，力戒自己过饮。

祖父从北京回来时，带来一个与小姑母同岁的妾潘氏。她像一个飘零到这个封建大家族里来的孤女一样，被人蒙骗、要弄、挑唆，使这个多难的家庭更增加了争执和不悦。新妇与继女勃豀，这是封建家族必然出现的弊害和腐败现象。由于幼时的印象深刻，鲁迅以后特别深恶痛绝这种事情，并且给予了深刻的批判。

贫贱家庭百事哀。诸多的不如意，使大人们都脾气暴躁起来，给家庭生活不时地带来乌云和风暴。父亲为了治病，也为了排遣吧，抽上了大烟，而且由偶尔抽上几口止痛，发展到非此不可了。有时，母亲拉着小鲁迅的手，走到父亲常去的那个本家的窗外，偷偷地察看，父亲果然在烟床上。母亲伤心地拉着小鲁迅回去，路上偷偷地擦着眼泪。这是怎样的凄惨的情景。

祖父在过了8年的监狱生活后，于1901年获释回家。秉性耿直的老人，脾气和心情一齐恶化，对家族子侄们的“不争气”更为不满，经常骂人训人，诅咒晚辈。这是多么不安宁的家庭。这一切，深深地刺伤了鲁迅的心。

家庭的变故和没落，改变了鲁迅的思想方向，引起了他思想感情上的剧烈变化。他在人世波涛的冲击下，开始注视严酷的现实，寻找它的意义与真相。……

五、窥见世人的真面目

在生活的风雨摧残下，百草园里的快乐已经消失了，三味书屋中所体味的那种寂寞更为加深了，周氏家庭中的脉脉温情，全被愁云惨雾所代替。封建大家族的败象越来越暴露无遗了。

在新台门周家，破落大户的子弟，群魔乱舞般登台献演。有的没有谋生本领，穷困潦倒，丑态百出；有的假充斯文，却偷鸡摸狗；有的沦为乞丐，仍傲气十足；有的终日幻想发迹，而至疯癫；有的破产流落，混迹市井，或寄宿寺庙；有的家破人亡，妻离子散……整个封建家族在崩溃，腐烂，等待末日的到来。

尤其给他留下深刻印象的，是明爷爷之死。他考秀才考不上，教家塾，尽出错，处罚学生又非常狠。两个儿子都遭他毒打而出走了。他成年盼望着从地下挖出白银来，真的挖了几回，都失败了。他渐渐神经错乱了。常常大批自己的巴掌，又用头去碰墙，大声地嚷：“不孝子孙，不孝子孙！”在一个炎热的三伏天，他拿剪刀戳破了自己的喉管，又在胸前刺了五六个小孔，竟用纸浸煤油点着火，伏在火上烧，烧了一会儿，便走出房门，来到桥边，跳下了河，嘴里喊着：“老牛落水哉，老牛落水哉！”

他就这样卑微地死去了，他的一家就这样飘零了。

礼房的子弟中有一个阿惠，当过朱墨师爷之类，早已赋闲，整日无所事事，就泡在茶馆里，成了绍兴话所说的“街楦”。四七是鲁迅的堂伯，年轻时潇洒能干，写得一手好字。可是后来，抽上了鸦片，又好酒贪杯，整天在外鬼混，傍晚才晃回来，他曾经讲过自己的“打翻以（又）爬起，爬起以打翻”的艰苦的英勇奋战史。斯文扫地，潦倒破落。而四七的兄弟五十却是另一路货。他总是笑嘻嘻的，什么也不干，然而却总是吃得很好，过得很舒适，而且抽鸦片。他常说：“没有钱，愁它什么，到时候总会来的。”他的钱从哪里来的呢？这很叫人怀疑。

另一类破落户子弟，早已失去书卷气，但倒也不是流氓地痞，只是完全成了一无所能的多余的人。桐生要算是鲁迅的叔伯辈了。他几乎不识字，什么也干不好，他并不偷窃，但在酒面前却失去一切控制力，有时借到一点钱，宁可饿着，却买了酒灌下去。他生命史上的光荣纪录要算是求爱那出戏了。有那么一天，他来到义房的厨房里，忽然跪在老妈子面前，乞求道：

“你做我的老婆吧!”

然而他有一句话倒是说得深刻：他怨恨父亲造成了他的不幸的生活，说他养儿子像生蛆虫似的，生下就不管了。——这正是破落大户腐败的一个深刻原因和具体表现。

这些周家子弟，他们多少辈以来身居台门，养尊处优，趾高气扬，如今一个个落得浑身酸臭气，纨绔浪荡胎，成了不务正业的“多余人”，沦为社会的渣滓了。

鲁迅说：“有谁从小康人家而坠入困顿的么，我以为在这途路中，大概可以看见世人的真面目。”[①]这真面目，一方面是在人情冷暖、世态炎凉中表现出来的一些社会相；另一方面，也包含破落户的飘零子弟身上暴露出来的种种人生相。前者使人愤懑不平，从而对世道人心起改革之心；后者，使人看到破落户子弟的不可救药，而毫不可惜这个没落阶级的溃灭。鲁迅少年时代的经历，在这两方面都有着痛切的感受，这为他以后的成长埋下了最早的思想因素和感情种子。

---

① 《呐喊·自序》。

六、早年生活的遗痕

童年和少年时代，对一个人的一生，似乎只是浑浑噩噩的一段，不起什么作用。其实，这童稚时代，在思想性格上打下的烙印，往往对日后成长产生不可磨灭的影响。对于文学家、艺术家尤其如此。

鲁迅童年和少年时代的经历，对他所产生的影响是明显而又深刻的。他对自然科学的热爱，他所受到的民间艺术的熏陶（其中包括文学、美术、戏曲等），他同农民子弟的接触和友谊，他的家庭和家族的败落，所有这些，从政治上、思想上、经济上决定了他今后的发展方向与道路；在性格和爱好上，决定了他具体的努力方向，对他的远大发展来说，这个时期是一个起点，播下了酿造未来思想、事业之果的一粒酵母。鲁迅作为一个具有鲜明独特性的伟大作家，在他的思想和作品中，都明显而深刻地反映出他早年生活的痕迹。

小说集《呐喊》与《彷徨》的取材，以及反映出的生活画面，所刻画的人物，包含了他童年和少年时期的生活的独特内容。他的艺术创作的源泉，流淌着他早年生活的露珠与泪珠。《故乡》《社戏》《风波》《祝福》《阿Q正传》等小说中所描绘的水乡风光，以及当时半殖民地半封建的凋敝的农村景象，都被生动而又深刻地浮雕式地刻画出来了。那艺术的功力极深，而其生活基础当然包含了作者童年和少年时期的亲身经历。

他所描写的题材，他的作品的社会历史背景，都明显地表现了绍兴的特色和他早年生活的遗痕。《白光》是他在橘子屋读书时和以后对兰门里生活的观察的记录（当然，经过了艺术加工）。《故乡》中有一段是他与运水少年时代深切友谊的写照。《社戏》生动地再现了他在安桥头外婆家与农民子弟一同游乐的愉快的生活一页。《药》《明天》《祝福》里反映了20世纪初绍兴城乡的风貌与生活中的悲剧。

他的散文集《朝花夕拾》更是他的早年生活的“旧事重提”。[①]

在鲁迅的“小说世界”中，活跃着一批绍兴城东昌坊口新台门周家

① 《朝花夕拾》中的各篇回忆文章在报刊上发表时，总题为“旧事重提”，以后结集出版才改为《朝花夕拾》。书中所写故事，基本上是生活的真实记录，但有些则在原型上作了加工。

的“台门货”，以及曾经作为房客在新台门周宅里住过的“破脚货”。出入台门周家的孟夫子是“孔乙己”的影子。闰土几乎可以说就是改换了名字的运水。阿Q身上有阿桂的“事迹”，也有“五十”的材料。陈士成明显地是鲁迅的叔祖、家塾里的先生明爷爷。单妈妈的材料经过改造成了《祝福》中祥林嫂内心的主要矛盾：再嫁的女人死后要“锯去解作两爿”。

在鲁迅的杂文中，也同样活灵活现地出现了破落户子弟的形象，那刻画与批判真可说是入木三分。“因为我自己是这样的出身，明白底细，所以别的破落户子弟的装腔作势，和暴发户子弟之自鸣风雅，给我一解剖，他们便弄得一败涂地，我好像一个‘战士’了。”[①]鲁迅晚年所写的《我的第一个师父》、《门外文谈》和《女吊》是他的杂文作品中的名篇。这里面也包含着他早年生活的遗痕。这就明白地告诉了人们，早年生活经历对鲁迅后来写作的影响之深了。

早年生活的遗痕，有的成为他酝酿新的世界观的酵母，有的成为他创作的素材，有的成为他向旧社会射击的子弹。

七、去寻找别样的人们

1896年，鲁迅16岁了。这时，在为营救祖父而卖掉大批家产之后，又为给父亲治病和办理丧事，卖去了所剩无几的水田，家庭宣告破产。生活的困窘，加重了忧愁和凄凉。亲友们不断投来的白眼、冷遇、歧视、欺侮，真是令人寒心和愤恨。

到1898年，他虽然还算三味书屋里的学生，但只是“遥从”，自己在家里写诗作文，送去给先生批改。这时，寿镜吾老先生已经自称文笔古旧，要他儿子寿洙邻先生来代劳批改了。变法维新的风也已经吹进绍兴。新式学堂不仅南京、杭州有了，而且绍兴城里也有了，叫中西学堂。守旧的人们嘲骂这个新生事物，而思想先进的人则表示欢迎。

这时，三味书屋的同窗学友，纷纷走上了自己的人生征途。有的走科举仕途，而破落户的子弟在这条并不平坦的道路上走不下去了时，便相率奔向作幕友和商人的路，然而这都不是鲁迅所愿意选择的路。

维新的风已经吹进台门周家，吹进鲁迅的心田了。作为没落的封建

---

① 《致萧军》，《鲁迅书信集》下卷第865页。

士大夫家庭，由于祖父、父亲的思想性格趋向开明，鲁迅这时已经可以接触到一些新事物了。这时候，他看到了《点石斋画报》，它的主要内容是解说时事和介绍外来的新事物，它使在封建守旧生活中的人们耳目一新。鲁迅还看过《格致汇编》，这是由英国人傅兰雅主编、于1876年创刊的科学杂志，是西方人在中国出版的最早的一种杂志。鲁迅后来还回忆这种杂志里的插图对他的影响："那时我还是一个儿童，见了这些图，便震惊于它的精工活泼，当作宝贝看。"[①]特别是，鲁迅这时阅读了《知新报》。这是由维新运动主要领袖康有为的堂弟、戊戌政变中被杀的六君子之一的康广仁创办的、在澳门出版的新刊物，它是配合上海的维新宣传物《时务报》而出的。它宣传维新思想，报道国内大事和西方各国的政事，还介绍西方先进的农业、学术、工矿、商务、工艺和科学等。鲁迅受到《知新报》的很大的影响，它开阔了他的眼界，增长了他的知识，启迪了他的思想。鲁迅在1898年3月21日给在杭州的周作人（他那时在杭州陪侍狱中的祖父）的信中说：

> 有《知新报》内有瓜分中国一图，言英、日、俄、法、德五国，谋由扬子江先取白门[②]，瓜分其地，得浙，英也。（见周作人日记转述）

信中表现了鲁迅对于帝国主义瓜分中国的担忧，对于祖国命运的关心。维新宣传打开了他的眼界，使他的眼光越过了台门与绍兴，不仅忧伤于一己的不幸和家庭的败落，而且寄怀于祖国的沉沦和人民的苦难。维新之风，鼓起了他思想的风帆，让他想到要驰出败落的台门，驶出虽然美丽但却停滞、沉闷、落后的故乡，远离开这些连心肝也已经看透了的人们。

那么到何处去呢？绍兴的新式中西学堂办得不算好，杭州的求是书院学费又太贵。不要钱而办得好的学堂只有南京才有。他于是决定去南京，决心"走异路，逃异地，去寻求别样的人们"[③]。

这对他的一生是决定性的转折，是旧生活的结束、新道路的起点。

让我们祝福他吧！

---

① 《南腔北调集·〈木刻创作法〉序》。

② 白门即南京。

③ 《呐喊·自序》。

第二章　文章得失不由天

1898年（18岁）—1902年（22岁）

南京

学问是“上穷碧落下黄泉，两处茫茫皆不见”了。

——《朝花夕拾·琐记》

我有一言应记取，文章得失不由天。

——《集外集拾遗补编·别诸弟三首》

一、走进新天地

年青的鲁迅是带着诀别的心情离开故乡，离开家庭的。

他对故乡人的脸看熟了，厌烦了，连心肝也看透了，他在由小康坠入困顿的途中，见到了世人的真面目。所以，他要去寻另外一种人。这是一种什么人呢？他不知道。他只希望去接触那种为故乡人所诟骂和不满的人们。为自己所憎恶的人所憎恶者，就是自己所要寻求和愿意接近的人。这表现了他的憎恶之深。他说，即使这种人是畜生或魔鬼也在所不计。这又表现了他的坚决。

这深刻和坚决，迸发着强烈的感情火花，但在理智上，还不是充分明晰的。

可以说，鲁迅从这时起，就开始“研究人”这一课题了。鲁迅这种对人的研究——对旧人的憎恶和决绝，对新人的寻求与期望，表现了他思想的深沉。这一点，成为他一生中在思想上的突出特征。不过到后来，它的阶级内容改变了。

鲁迅这一思想特征的最初根源，是他少年时代刚知事时，便遇到家庭的遽变。家道的突然没落，使他对种种社会相、人生相，感受特别深切，对人的品性的思考，也更加深入；较之逐渐衰落的世家子弟，他所受的刺激的强度也大得多。生活的浓烈的苦酒，不是使人沉沦而麻木，便是催人激愤而猛醒。鲁迅属于后一种情形。因此他说他连人们的心肝也看透了，他要到新的地方去寻找新的人，哪怕他们是畜生或魔鬼。

鲁迅这种决绝的态度，并非一时的冲动。早在一年前，在三味书屋里就出现了分化变异：十几个同窗学友，为生活所迫，或奉家长之命，离开了学堂，走进了衙门或店铺，学当幕僚或商人去了。科举之外，这是绍兴封建家庭子弟惯走的两条路。然而鲁迅却不愿意做幕僚或商人。他决心去进新式学堂。绍兴的中西学堂他不满意，而且就在他已经厌弃的故乡；杭州的求是学院学费昂贵，非他所能负担；南京有水师学堂，不要学费，又有一个本家叔祖在那里当管轮堂监督（轮机科舍监），于是，他便决定到南京去求学。

他接过母亲艰难地筹借到的八元川资①，带上一只网篮，一个铺盖卷，告别垂泪的母亲和还不知事的弟弟，毅然上路了。母亲鼓励儿子说："我们绍兴有句古话，叫做'穷出山'②……"

母亲的夹着辛酸的鼓励，使鲁迅伤心、凄楚，然而他毅然地走了。

这是1898年的5月，他18岁。

鲁迅结束了自己的少年时代，跨入青年时代了。离开故乡，去到南京，这实际上成了他作为封建阶级最后一个知识分子的终点和他投入新的生活的起点。

船抵下关，发出一声长鸣。江上船来船往，码头车水马龙，好一幅繁忙热闹景象。鲁迅登上岸来，以多少有些惊异的眼光看着这景象，它与故乡绍兴迥然不同。宽阔的马车路展向前方，这是三年前才修的，它比绍兴那狭窄的麻石小路，显得开豁。在这条路上，行人熙熙攘攘，马车疾驰，东洋车很引人注目。

前面就是仪凤门，这是南京的门户，鲁迅在书上见过。今日目睹，

---

① 据周遐寿回忆，当时从绍兴到南京，行程六天，大约花费路费六元，到南京后，寄住叔祖屋里，每月须贴三块钱的饭钱。可见，鲁迅的八元路费是经过计算，按最低标准筹借的。他到京后，所剩二元，连一个月的饭费也不够了。可见鲁迅当时家境之困苦，以及他离开绍兴寻找新人的坚决。

② "穷出山"，意为穷人子弟能读书，有出息。

更觉得它的雄伟。这一切，都使鲁迅感到进入了一个新天地。他迈着18岁青年特有的矫健步伐，向前走去。衣袋里只剩两元钱了。这困苦并没有使他踌躇。只要能进官办学堂，就有官费，吃用可以维持了。他仍然以愉快、欣赏的眼光，流连顾盼，摄取对南京名城的第一个印象。

在叔祖周椒生的屋里住下了。一天，这位叔祖对鲁迅说："豫才，改个名号罢!"

"庆爷爷，为什么?"

这位庆爷爷，竟说出了这样一番"道理"："上水师学堂好比吃粮当兵。好铁不打钉，好男不当兵。想我文魁第周宅，是书香门第，诗礼传家，若用宗谱上的名号，未免辱没祖先令誉!"

鲁迅听完，很想站起来回击，但忍住了。——白眼冷遇，这些年来遭到的还少吗?在故乡不是早就有人说上洋学堂是走投无路，把魂灵卖给洋鬼子了吗?……他冷静下来。只听庆爷爷说道：

"我给你拟了一个，就叫'树人'，十年树木，百年树人嘛!"

"周树人"，这个名字就这样诞生了。以后，这个名字响遍全中国，传扬全世界，长留人间，永垂史册。

这是一个历史的嘲讽："树人"这个名副其实的大名，竟出自一个封建老朽之口。但这却是历史的事实。

不久，鲁迅便以"周树人"的名字，报考了江南水师学堂，被录取后，分配在管轮班的机关科。也许，他将成为一名海军战士吧?

学校在仪凤门附近，校里的设置，在当时是新派头，有驾驶堂、管轮班以及洋枪库等。教员大多数是英国人。学生入学后，外语从英文字母学起。

这一切，都是颇为新鲜的。

课程设置是学四整天英语，读一天汉文，一天作文。较之三味书屋里读的经书，自然也是新鲜的。不过，汉文部分，却依然是"君子曰，颍考叔可谓纯孝也已矣，爱其母，施及庄公"之类。作文题目，则是"知己知彼百战百胜论""颍考叔论"，等等。

学校里设有桅杆，是供训练用的。那桅杆足有二十丈高，鸦鹊都只能停在它的半中腰的木盘上。人如果爬到顶上，便可以近看狮子山，远眺莫愁湖。为了安全起见，下面还张着网。

还有一个游泳池，更是新奇事物了。然而，因为淹死过两个年幼的学生，已经填平了，上面还造了一个小小的关帝庙。

学校里施行的是一种高压统治。校长叫总办，他持有军令，有权“办”学生，直至处以死刑。学生中还流行不成文的封建等级制，不同班级的学生，宿舍里床板的多少和座椅的数量都不一样，高级生可以随便对待低级生，他们连空手走路时，也将肘弯撑开，像一只螃蟹似的，走在低班生前边。鲁迅称他们为“螃蟹式的名公巨卿”。

这一切，都是新鲜、奇异事物后面的陈旧、腐败现象，待得愈久，这旧相便看得愈明显，也愈令人讨厌。专制的魔影同样统治着这个学校。

有一次，新来了一位职员，势派非常大，学者似的，很傲然。但是，他很不幸，有一位学生名叫“沈钊”，这位“学者”却读为“沈钧”。从此，“沈钧”成为他的绰号，在学生中间流传，见面就讥笑他。学校对此采取了高压手段，给鲁迅等10多个同学连记了两大过两小过，再记一次小过，就要开除了。

然而等不到他们来开除，鲁迅自己决定退学了。因为他觉得水师学堂里乌烟瘴气。而且，他被分在管轮班，他想将来毕业了，也“上不了舱面”，不能掌握他所向往的驾驶技术。

他决定改考江南陆师学堂附设的矿务铁路学堂。

二、在新知识面前

1898年10月26日，鲁迅考入矿路学堂[①]。这陆师学堂是几年前由洋务派大官僚张之洞奏请“仿照德制”创办的。开始只想附设铁路学堂，后来，接替张之洞的两江总督刘坤一听说江宁县的青龙山煤矿出息好，能赚钱，便又加设矿务班，成了铁路矿务学堂了。

陆军学校里附设办铁路、开煤矿的学校，这是很可笑的，但正反映了洋务派的买办嘴脸。

这里究竟不同，倒是有些新花样。进到矿路学堂，他又走进了一个知识的新天地，英语不学了，改学德文。作文题也增加了“工欲善其事

---

① 关于鲁迅何时考入矿路学堂，过去说法不一，现据《鲁迅年谱》（鲁迅博物馆、鲁迅研究室编，人民文学出版社，1981，第一卷，第60页），1898年10月28日上海《中外日报》《外埠新闻 · 南京》栏内载《路矿总局开学》的报道确定。

必先利其器”之类。但最重要的是有了新的课程：格致（物理与化学）、地学（地质学）、金石学（矿物学）、算学、历史、体操和绘图等。在学生中还传看了《全体新论》和《化学卫生论》。

这都是些见所未见、闻所未闻的新知识、新学问。鲁迅对于它的感觉是：“非常新鲜”。

他以浓厚的兴趣和极高的热情走进了这个知识的新天地。

他对于旧生活、旧学校、旧世界已经十分厌弃了。前不久，他参加完矿路学堂的入学考试等待开学时，曾请假回家探亲。12月，正赶上会稽县县试，他被本家叔辈强拉去参加了考试，在发表的“大案”中，共十一图，鲁迅的名字列在三图三十七。[①]县考之后，便是府考。第二年院试如果中了，就可以得一个秀才的功名了。但是，鲁迅却不肯应试，坚决回南京上矿路学堂去了。他与科举这条路完全决裂了[②]。

对旧事物十分鄙弃，对新事物因而产生热烈向往。

进矿路学堂以后，他学习勤奋。在班上，他是年龄最小的一个，但他笔记记得好而快，有时还帮助同学抄录。他还抄了不少书，为此曾经写信叫家里寄去抄书纸。他先后抄写的有《开方提要》《开方》《几何习题》《八线》《开带纵立方新法》等数学书和《金石识别》等书。这些字迹工整的手抄本，至今还收藏在绍兴鲁迅纪念馆。它是历史的见证，向我们报告着它的主人当年是何等热情、何等认真，一点一滴地吸取这些新知识。

课外，他还广泛地阅读各类书。他的博览，不仅为他打下坚实的知识基础，而且打开了他的眼界，展开了他的思想的翅膀，为他以后的发

---

① 大案，即公布考试结果的榜，榜上人名以五十人为一图，第一名居中，姓名稍高一点，在它的右边稍低一点写第二名，以后名次循圆形顺序而下，到第五十名，正好在第一名的左边。所以，十一图就是录取了五百五十人。鲁迅在三图三十七，即为第一三七名，在五百多名考中者里面，名次是在前列的。

② 周作人说鲁迅之参加县考，固然是由于族人强拉去的，但他自己也有“跛者不忘履”的心理，对科举尚有留恋之情。这是不对的。矿路学堂到1899年2月21日才开学，鲁迅完全有时间参加1月13日举行的府考，但他却在1月5日离绍返南京，可见与科举决裂之心。鲁迅母亲受族人怂恿，曾找枪手冒名顶替鲁迅赴考。由此可推知，鲁迅之赴县考，可能有顺从母亲之意。

展创造了条件。[①]

值得注意的是，这时林纾的翻译小说正风靡一时，鲁迅也爱读这些书，如《茶花女遗事》、《包探记》（即福尔摩斯故事）、《长生术》（哈代小说）以及司各德的《撒克逊劫后英雄略》，等等。小仲马和司各德的名著，引起了鲁迅浓厚的兴趣，这是他最早接触到的欧洲文学。鲁迅对于林纾的翻译的爱好，使他从两方面受到了影响：一是接触到欧洲文学。这是从题材、生活、体裁到思想、感情都与中国作品迥然不同的文学。这是鲁迅接受西方文学影响的最早一页。第二，林纾的翻译，虽然对原著不够忠实，但是文笔清顺、流畅、生动活泼，有模仿《史记》的痕迹，有桐城派的风格，这些，构成它本身特具的一种文学价值。鲁迅从中受到了一些影响[②]。

对于中国古典小说以及笔记、传奇等，鲁迅这时也很爱读。《西厢》《红楼梦》是他喜爱的读物。当时的同学张协和回忆说，他“过目不忘，对《红楼梦》几能背诵”。

他的学习成绩优异。考试时他总是第一个离开考场，而成绩则名列前茅。学堂规定每周作文一次，得第一名的赏给三等银牌一个。每月月考一次，名列第一者，也可获得三等银牌一个。而且，四个三等银牌可以换一个二等银牌，四个二等银牌可以换一个五钱重的三等金牌。[③]学堂里得到金牌的只有鲁迅一人。

鲁迅那时的物质生活是清苦的。家庭不可能有什么接济，只靠学堂的供给，那是很菲薄的。除供膳宿外，每年春、冬发一套衣服，给一点零用钱。鲁迅穿着薄棉裤过冬，为了抵御寒冷，不得不靠吃辣椒来取暖。他的棉袄破得露出了棉絮，就用纸糊上。但是，精神生活却是丰富的。

---

① 从他当时寄回家中的书中可以约略窥见他涉猎的范围，这些书是：《百鸟图说》《百兽图说》《芥子园全集》《阅微草堂笔记》《解学士诗》《状元阁执笔法》《唐人万首绝句》《周濂溪集》。另从周作人日记中所见他接触的书有：《汉魏丛书》、《徐霞客游记》、《板桥诗集》、《剡录》和谭嗣同的《仁学》等。

② 钱钟书在《林纾的翻译》中指出：“林纾的翻译所起的‘媒’的作用，已经是文学史上的公认的事实。他对若干读者也一定有过歌德所说的‘媒’的影响，引导他们去跟原作发生直接关系。”见钱钟书等：《林纾的翻译》，商务印书馆，1981，第22页。

③ 此处据张协和回忆，但据陆师学堂第二期学生茅迺封先生回忆，是满十个银牌可以换一个金牌。由于年代久远，此种事实记忆不免有错，难说何者为对。

在新知识中，最重要的是接触了进化论。当知道有《天演论》这么一本书时，鲁迅便跑到城南状元境李光明书庄买了一本，高兴地读了起来。《天演论》是英国生物学家赫胥黎的一部宣传进化论的重要著作。鲁迅读着读着，立即被书中的思想吸引住了。他看见了一片思想的新天地，感到眼界大开。

恩格斯对进化论评价很高。认为达尔文发现了自然界的发展规律，把它誉为19世纪自然科学的三大发现之一。这个新学说，当时已经风靡欧洲，这朵思想学术之花，此时刚被移植于中华大地，它立即引起了赞成和反对的两种思想的斗争。对于信奉和鼓吹“天不变道亦不变”的封建统治阶级和士大夫来说，这种宣传发展变异的学说，就是大逆不道，异端邪说。但是，对于希冀改革的人们来说，“物竞天择”“生存竞争”，正好成了激励前进的口号。因此，刚从封建士大夫阶级中分化出来的知识分子，立即把它拿来作为自己的思想武器。鲁迅正是这批人中的一员。

《天演论》的正确译名是《进化论与伦理学》。译述者严复并不是简单地把书译出来，而是译述，他一方面译介了书的内容，同时又借他人酒杯浇自己块垒，趁机针对中国的贫弱受欺的现实，抒发了许多爱国言论。用他的话来说，这样译述叫作“达恉”。他所要达的是爱国之恉，他借“物竞天择”“优胜劣败”之说，呼号国人注意那国亡种灭的前途。他以优美的文笔、铿锵的词句，慷慨陈词。[①]

这本书深深地打动了青年鲁迅的心。它的内容、它的学理、它的感情，以及它的文笔，汇成一股思想的清泉流注他的心田。他深深受到进化论的影响。

《天演论》打开了鲁迅的眼界。一方面是有了一个新的对世界的基本看法：自然界的生物以至人类自身都是由低级到高级发展来的，今后还要发展下去。在这个发展的历史长途中，自强不息者日益向上发展，停滞不前者将在物竞与天择中，受到淘汰。这是一个规律。有了这个基

---

① 严复（1854—1921），字又陵，又字幾道，福建闽侯人。早年留学英国，就读于海军学校。两年后回国，先后在福建船政学堂和天津北洋水师学堂任教。1894年中日甲午战争后，发表《论世变之亟》等文，反对顽固保守，主张维新变法，翻译了赫胥黎的《天演论》、亚当·斯密的《原富》、穆勒的《名学》和孟德斯鸠的《法意》等书，传播了欧洲资产阶级进步思想，是当时向西方寻求真理的代表人物之一。戊戌变法后，日趋保守，辛亥革命后更主张尊孔复辟，1915年参与筹安会活动，拥护袁世凯称帝。鲁迅说他“先前认真的译过好几部鬼子书”，肯定了严复的贡献。

本的看法，世界就不再是混沌一片，也不是固定不变的，它对于观察贫困积弱、备受欺压的中华帝国的命运，很有发人深省、促人猛醒和激励上进的作用。再不发愤图强，就将从地球上消失！如若猛然醒悟，力图上进，则能日益进步，屹立世界。

另一方面，在《天演论》中，苏格拉底、斯多噶这一批哲人都“出来了”，由此循迹探索，鲁迅读到他们的作品，便又看见了一个新天地：这些西方古代的哲理是多么新鲜而启人智慧。

鲁迅就这样接受了西方自然科学和人文科学的知识。从此之后，只要严复的新译作一出来，他便买来阅读，甄克斯的《社会通论》、斯宾塞的《群学肄言》、孟德斯鸠的《法意》以及《穆勒名学部甲》，他都一一阅读了，由此接触了资产阶级的人文科学，吸取了它的进步思想。

在矿路学堂，鲁迅还下过几回矿井①。那里的情景十分悲惨：百米深的矿井里，只听抽水机嗡嗡地哼着，像是病人在喘息。它只能把井洞里的水抽掉，好来挖煤，挖出来的煤也只够供抽水机用。洞里昏暗、潮湿、阴冷、气闷。几个矿工破衣烂衫、瘦骨伶仃，铁青的脸上，无一丝表情，他们被饥饿与疲劳折磨着，过着非人的生活。一直到十几年后，鲁迅在回忆到这段经历时，还形容矿坑里的奴隶们“在这里面鬼一般工作着”②。

这就是封建官僚所办的工业，这就是洋务派“富国”“强兵”的示范！祖国啊！靠了他们，能够拯救你的厄运么!?

三、在时代洪涛的激荡下

19世纪90年代，对于中国来说，是一个苦难的时代，但也是大变革的时代。1894年中日甲午战争的炮火，又一次震撼了老大帝国，进一步加深了民族危机。接踵而至的是：1897年德帝国主义的魔爪攫取了胶州湾；1898年法帝国主义的战舰开进广州湾，“租”去了这个南中国的门户；同年，英帝国主义又把威海卫、香港、九龙都“租”去了。版图变色，国土沦丧。但是，历史的灾难，总是用历史的进步来补偿。

---

① 据鲁迅在《朝花夕拾 · 琐记》中的记载，他当时所去的是青龙山煤矿，现在是南京官塘煤矿象山矿区；他所下的矿洞，现在是象山矿区的古井。

② 《朝花夕拾 · 琐记》。

列强入侵，更进一步激发了中国人民的爱国激情和奋发图强的要求。这给康、梁们维新运动的酝酿和发动注进了催化剂，提供了政治的和思想的基础。它借此机会而迅速发展，日渐高涨。梁启超在《戊戌政变》一书中说，在这三年内，全国设立了提倡新学的学会、学堂、报馆、书局51所。但是这位维新运动的第二号领袖人物的统计并不确切，据后人估算，实际有300所。正是在这种形势下，杭州求是书院、绍兴中西学堂出现了。鲁迅正是在这种时候，带着决绝的心情，走出了新台门周宅，走出了三味书屋，而走进了南京的新式学堂。

鲁迅是在维新运动的微风吹拂下开始觉醒的。1896年，即鲁迅到南京读书的前两年，鼓吹维新运动的《时务报》由中国近代民主革命思想家黄遵宪在上海创办，主笔就是赫赫有名的梁启超，他那从思想到文字都颇为新颖的文章，一时风靡海内，也为鲁迅所爱读。

1897年，鲁迅到南京前一年，严复在天津创办了《国闻报》；鲁迅后来十分喜爱的《天演论》就在这上面连载，不久即出单行本。同年，鲁迅后来阅读的谭嗣同的出色著作《仁学》出版。鲁迅正是在这些维新之风的吹拂下，毅然抛弃科举道路，而走上新路的。来到南京后，他接触到更多的宣传维新运动的书刊，进一步受到这个运动的激荡。

时代洪涛的激荡，使他在思想上起了一定的质的变化。在故乡绍兴，他受到家庭败落、世态炎凉的刺激，感受的是一己的哀痛与不幸。他离开故乡，走出家庭，来到南京，身处学校，从新式报纸书刊中，接触到国家大事、世界形势，谛听到维新宣传的号召和革旧布新的呼吁，他受到的是祖国沉沦的刺激，感受到的是亡国灭种的灾难与痛苦了。他走出了个人的、家庭的小圈子，在故乡时那朦胧的爱国观念，发展为深沉的爱国主义激情了。

当鲁迅离开故乡，奔杭州，转上海到南京的时候，光绪刚刚看到康有为的上皇帝书，大受感动。康有为请皇上“及时发愤，革旧图新，以少存国祚”，“愿皇上以俄大彼得之心为心法，以日本明治之政为政法”。于是，光绪下达“圣谕”，要总署以后如有康有为条陈，即日呈递，不许阻隔。维新运动从此走上新的阶段，从思想宣传运动发展到和政权（皇帝）结合。

1898年6月11日，当鲁迅走进水师学堂不久，光绪下诏变法，陆续颁布一系列维新政令：废八股、办学堂、鼓励新著作新发明、设译书局、广开言路，等等。维新运动达到了高潮。戊戌变法开始了。如果在绍兴还只能感受到时代浪涛的余波，那么，重镇南京，可就是受到震动的重要区域了，尤其鲁迅正在新式学堂里读书，其感应之快、之深，更不同一般了。

以后，陆师学堂的新总办俞明震[①]更给学校带来了生气。他“是一个新党，他坐在马车上的时候大抵看着《时务报》”。他出的作文题竟是《华盛顿论》，弄得教汉文的老冬烘先生莫名其妙，惴惴地来向学生求教：“华盛顿是什么东西?”在俞总办的倡导下，学校里设立了阅报处，那些宣传维新的书报如《时务报》《译学汇编》等都能看到。这个比较新式一点的官僚，让维新的清风吹进了陆师学堂，注进学生的心田。维新运动的发展进一步唤醒了鲁迅。从思想上来看，他的进步很显著。如果说，当他离开故乡时，他还只是以强烈的憎厌感情，与封建社会的豪族士绅、没落地主以及市井小人（即他所说的“世人”）决裂，那么，现在经过维新之风的吹拂，在他的感情中，灌输了理智的因素，他开始感觉到封建制度的弊害，萌生了朦胧的革新要求，充实了他的爱国激情。如果说，当他告别故乡时，他还只是对旧的学问知识感到不满足，那么，维新运动吹进来的欧风美雨，使他看到了一个知识的新天地，看到了一个物质的和精神的新世界。如果说，当他诀别故乡的人们时，只是带着一个强烈的，然而是朦胧的对于“别样的人”的期望，那么，在南京的学习和交往中，他已经看到了这种“别样的人”的具体形象了。像俞明震这样的长辈中的维新人物和像胡韵仙、丁耀卿[②]这样的同窗学友中的血性男儿，当然还有其他一些人，他们都是他在绍兴所未见到过，也见不到的“新”的人。如果说当他走出故乡绍兴城时，只不过是决心“逃异地，走异路”，还不知道异地状况如何，异路如何走法，那

① 俞明震（1860—1918），字恪士，浙江山阴县人，曾任江南陆师学堂总办，拥护维新运动。以后在江南、江西、甘肃等地做官，著有《觚庵诗存》。对于这位老师的启蒙作用，鲁迅始终没有忘怀，直到辛亥革命以后，还同他有联系，在《日记》中称他为“师”。1918年俞去世，鲁迅送了一副挽幛。

② 胡韵仙，江西铅山人，鲁迅在南京时的同学。很有才气，能讲话，会写文章，会办事，在同学中颇有威望。他在学校宿舍里，将床板拆去，只睡三张书桌，平时将衣裳打成背包，背上绕着桌子走。问他是何用意，他讥刺地说：“中国这样下去非垮台不可，大家学习逃难要紧。”其实他是在锻炼，准备从事革命工作。丁耀卿，鲁迅同乡同学，因患肺结核早死。鲁迅当时曾赠挽联，内云：“男儿死耳，恨壮士未酬。”可见其为人与志向。

么，现在他逐渐明确了，这异地是一片新天地，这异路就是维新之路。

总之，封建教育的框框被打破了，他受到资本主义新思潮的熏陶，他在封建文化的旧污池之外，发现了一片近代自然科学和资产阶级思想文化的绿洲。

这是他从封建的士阶层分化出来，走上新式知识分子道路的起点。

但是，这条路并不平坦。

那位叔祖，对于他的表现产生不满了。他说：

"你这孩子有点不对了。"

而且交给他一篇文章，勒令阅读。文章的题目是：《明白回奏并请斥逐工部主事康有为折》，发表在1899年5月24日的《申报》上。作者是当时的礼部尚书，总理各国大臣、反对维新变法的顽固分子许应骙。

周椒生是许应骙的忠实信徒，他除了把这个奏折给鲁迅看之外，还对他说："康有为是图谋不轨，想要造反。这从他的名字就看得出来：有者，富有天下也；为者，贵为天子也。这还了得么?"

然而鲁迅"不觉得有什么'不对'，一有闲空，就照例地吃侉饼，花生米，辣椒，看《天演论》"[①]。

但是，不幸的是，戊戌变法真像昙花一样，只短短的一百余天，便凋落了。

"跪着的造反"，只能得到这样一个结局。

维新运动唤醒了鲁迅，而它的失败，又使他感到这个运动的无力。

戊戌变法被镇压下去之后，接着又崛起了义和团运动，接着是八国联军入侵，于是清王朝投降，求和，割地，赔款。

国家更进一步沉沦不拔，人民陷入更深的苦难之中。但人们拯民救国的激情也相应地高涨，民主革命运动正在酝酿中。

在这样的时代洪流的激荡下，鲁迅的思想在动荡，变化，前进。两股紧密相联的思绪在他心里萦绕：爱国热情和维新思想。他感到了国家民族的衰败沦落，必须改革，改革之道在于维新。他的爱国情绪与维新思想结合在一起。

为爱国热情所激动，鲁迅这时候，身在军事学校，心也向着习武练功。他不仅爱读书，而且喜骑术。

---

① 《朝花夕拾·琐记》。

鲁迅身穿青色短上衣、制服裤（这是矿路学堂的军服），跨上一匹骏马，挥鞭执辔，飞驰前进，直奔明故宫。现在，这里是八旗绿营兵的驻扎地。旗人子弟看见汉人骑马从这里经过，便不断把石子扔过来。鲁迅不屑顾盼、策马而过。忽然，只见一个满族军人，跳上马迎面奔驰而来，在接近鲁迅时，故意靠紧，突然将腿抬起，与鲁迅相擦而过。如果不是鲁迅躲闪得快，纵不血肉横飞，也会腿骨断折。这是旗人有意的伤害。鲁迅的骑术与勇气都受到一次考验。然而这也没有吓唬住他，仍然经常向三牌楼一个养马人租了马去练习骑术。他想为自己将来的横枪跃马、驰骋疆场的生活做好准备。

他为自己取了两个别号：戛剑生、戎马书生，并且刻了印章。这意思很明显，他要拔剑而起，挥戈战斗。他不仅是一介儒生，而且准备有朝一日投身戎马，为国捐躯[①]。

这两方印章，表现了鲁迅当时的意气风发的精神面貌。

当时鲁迅还刻有一方印章："文章误我"。它言简意赅，感情沉痛。是什么文章误了他？显然不是此时在南京正如饥似渴地读着的西方自然科学课程和《天演论》等著作。他指的是封建教育、封建文化。

这是觉醒的声音。他对自己过去所受到的教育，所看过的书，包括《二十四孝图》以及四书五经等在内，都持否定的态度，认为误了自己。这认识是深刻的。

鲁迅在读书上，这时就已经显露出一个突出的特点：他对于官书正史不很注意，而对于野史稗书、小说笔记之类却不仅爱读，而且重视。因此，他不是要抛弃一切文章。他的态度是批判旧的，欢迎新的。这时，鲁迅在读书方面兴趣越来越发展了。他的思想性格的内在因素，在逐渐增长。

鲁迅学矿务，却并没有当技师；鲁迅学骑术，也终于没有成为军人。他的思想素质，给他提供的是文化战士的基因。

① 按周作人的说法，鲁迅入南京水师、陆师学堂，"不是志愿当海陆军人，实在只为的可以免费读书罢了"。再就是有一位叔祖在水师学堂。这两条，的确都是鲁迅入水陆师学堂的原因。但决不能抹杀他的思想动因。从鲁迅当时的爱国情绪、所取别号以及爱好骑术看，他此时确有投军报国之志。

四、诗文一束见性情

鲁迅到南京读书后，曾经几次回故乡。第一次回来，被拉去参加县试，又遇到6岁的四弟椿寿不幸夭折，家里笼罩着哀伤的气氛，他心里抑郁不乐。第二次回来，欣逢1900年春节，假日里拜访了师长，又与幼年时代的好友章运水登上了应天塔，眺望了绍兴城的风光。

1901年春节，鲁迅再次回乡度假探亲。他游长庆寺，看迎春会，逛书肆买书，去农村访友，在乡下，他看了《更鸡》《盗草》《蔡庄》《四杰村》等戏，在家里，他与弟兄们读书种花，吟诗作对。

“梦魂常向故乡驰，始信人间苦别离。”[①]多么奇怪，他怀着那样决绝的心情离开故乡，却写出了这样情意缠绵的诗句。其实，他的心里有两个故乡。一个是他所憎恶的，那是封建士绅官僚、没落封建家族子弟、守旧的市井小民所组成的故乡，那是一个贫穷、落后、愚昧的绍兴。另一个是母亲、兄弟等亲人，运水等农民朋友所组成的，是绍兴的青山绿水、名胜古迹，是安桥头、皇甫庄、小皋埠所组成的。他“怅然回忆家乡乐”所追忆的，就是后者。

他在《和仲弟送别元韵》这首诗的跋中写道：

> 嗟乎！登楼陨涕，英雄未必忘家；执手消魂，兄弟竟居异地！深秋明月，照游子而更明；寒夜怨笳，遇羁人而增怨。此情此景，盖未有不悄然以悲者矣。

在《戛剑生杂记》中他写道：

> 行人于斜日将堕之时，暝色逼人，四顾满目非故乡之人，细聆满耳皆异乡之语，一念及家乡万里，老亲弱弟必时时相语，谓可当至某处矣，此时真觉柔肠欲断，涕不可仰。故予有句云：日暮客愁集，烟深人语喧。皆所身历，非托诸空言也。

他对故乡亲人的眷恋深情，他的文笔的流丽畅达，笔底含情，于此都表现得很突出。

---

① 《集外集拾遗补编·和仲弟送别元韵》。

《惜花四律》写得轻松顺畅，文采熠熠，像这样一类句子：“天于绝代偏多妒，时至将离倍有情”。“慰我素心香袭袖，撩人蓝尾酒盈卮”。思想和才情俱佳，已经透露出他日后那些精彩的旧体诗的出色风格。

《庚子送灶即事》记载了只能“典衣供瓣香”的困窘的家境，然而“家中无长物，岂独少黄羊”两句，真切地写实，而语出自然，无愤慨激越之态，表现了安贫守素的情怀。

从《祭书神文》中，我们看到“会稽戛剑生”在穷困之时，只能“以寒泉冷华”来祭祀书神，他以轻慢之语，讥嘲了“钱神醉兮钱奴忙，君独何为兮守残籍?”之句，写的是书神，照见的却是作者本人的形象。如下佳词美句，都可以看出作者的理想与为人：

寒泉兮菊菹，狂诵《离骚》兮为君娱，……向笔海而啸傲兮，倚文冢以淹留。……宁召书癖兮来诗囚，君为我守兮乐未休。他年芹茂而樨香兮，购异籍以相酬。

诗书纸笔就是他的财产与生活内容。

更为可贵的是，他在《莲蓬人》一诗中，塑造了一个出污泥而不染，弃浓妆艳抹而不顾，鄙视斗俏争荣，有崇高风骨的形象。

芰裳荇带处仙乡，风定犹闻碧玉香。
鹭影不来秋瑟瑟，苇花伴宿露瀼瀼。
扫除腻粉呈风骨，褪却红衣学淡妆。
好向濂溪称净植，莫随残叶堕寒塘！

“诗言志”，诗人借“莲蓬人”这样一个高洁雅素的艺术形象，表达了自己对于理想人格的追求，寄托了高洁的情怀。

“莲蓬人”这个艺术形象，不是偶然涉笔成趣写出的，而是鲁迅思想发展的产物。

鲁迅写这首诗时，到南京读书已经两年了。这时，他已经感到封建思想文化的“误我”，也已经接受资产阶级思想文化的影响，他同许多同时代人一起，在新思潮的熏陶和维新运动的推动下，从封建士大夫的腐朽队伍中分化出来了，走进了一代新知识分子的先进行列。他的思想，比之诀别故乡时的状况，已经变化了，前进了，新的世界观趋于形成。在这首诗里，他以艺术形象来批判社会上许多人的趋炎附势、奴颜婢膝的媚态，赞美那种不怕风霜侵袭、不惧冷漠寂寥而敢于向封建礼俗作斗争的高尚品德与战斗风格。

"莲蓬人"这个艺术形象，既摆脱了封建传统思想束缚，又不落于当时一些"新式人物"的浅薄。

鲁迅在南京求学的四年中写作的诗文，我们今天能看到的有九篇[①]。诗如其人，文如其人，从里面我们窥见了青年鲁迅思想的深沉，以及他运用形象思维的卓越才能。他的性格品行，也都从这一束诗文中初露端倪。

"我有一言应记取，文章得失不由天"[②]，这是对于"文章本天成，妙手偶得之"的旧观念的批判，是对天才论的批判，闪耀着唯物论的思想光芒；同时，也真实地反映了他自己在南京求学的经历：虽然在学堂里"学问是'上穷碧落下黄泉，两处茫茫皆不见'"，但他凭刻苦自学，广泛涉猎，求得了知识，充实了自己。

五、跨向东瀛作远游

鲁迅在矿路学堂毕业了。这是1902年1月。他的成绩优良：一等第三名。然而，他自己却不满足。他感到并没有学到什么真正的救国救民的本领，觉得"爽然若失"。"所余的还只有一条路：到外国去。"

他的愿望，符合了当时清政府的要求：在民主革命派的革命呼声震撼下，在维新浪潮的冲击下，顽固派不得不采取一些粉饰门面的措施来缓和形势。于是，"又要维新了，维新有老谱，照例是派官出洋去考察，和派学生出洋去留学"[③]。

在出国之前，那位落拓不羁、颇富文才的同学胡韵仙，写了三首诗送鲁迅，并有前言：

> 忆昔同学，曾几何时，弟年岁徒增，而善状则一无可述。兹闻兄有东瀛之行，壮哉大志，钦慕何如！爰赋数语，以志别情，望斧正为荷。

---

① 这九篇诗是：1898年两篇：《戛剑生杂记》《莳花杂志》；1900年两篇：《别诸弟三首》《莲蓬人》；1901年4篇：《庚子送灶即事》《祭书神文》《惜花四律》《和仲弟送别元韵》；1902年1篇：《挽丁耀卿》。

② 《集外集拾遗补编·别诸弟三首》。

③ 《且介亭杂文末编·因太炎先生而想起的二三事》。

英雄大志总难侔，跨向东瀛作远游。
极目中原深暮色，回天责任在君流。

总角相逢忆昔年，羡君先着祖生鞭。
敢云附骥云泥判，临别江干独怆然。

乘风破浪气豪哉，上国文光异地开。
旧域江山几破碎，劝君更展济时才。

这三首七绝，很好地描绘了远游东瀛时青年鲁迅的风貌：他的抱负，他的理想，以及作者的殷切希望，都跃然纸上。

中原暮色，江山破碎。他们为祖国的沉沦羸弱而忧伤激愤。英雄大志，跨向东瀛，他赞许同窗好友的爱国情怀，也羡慕他像祖逖一样先走上恢复中原故国的征途，乘风破浪，施展宏才，他怀着殷切而信任的期望，在江边送别学友。

鲁迅在矿路学堂毕业后，就提出了出国留学的申请，经江南督练公所审核，认为他学业优良，批准了赴日本留学。1902年3月24日，鲁迅和同学们一起，登上日轮“大贞丸”号，离开南京，告别祖国，驶向扶桑。

“大贞丸”的汽笛长鸣，大海上的波涛滚滚。鲁迅在人生的征途上，又走进一个新的阶段。在他的战斗的历程上，又进入一个新的时期。迎接他的将是什么呢？——是海上的清风明月，还是东海的万顷波涛？是风平浪静的航程，还是惊涛骇浪的战斗？

当四年前鲁迅离开绍兴到南京时，他怀着对故乡的人（“S城人”）的决绝的心情，他要走异路，逃异地，寻找别样的人们；而今天当他去国远游时，则怀着对“孔夫子和他的之徒”绝望的心情[1]，他要去故国，走异域，寻找救国救民的真理与道路。

他在思想上已经跨出了一大步。

望着浩瀚的大海，他的心中，以爱国、维新之弦，弹奏着“英雄大志”之曲。

① 鲁迅在《且介亭杂文·在现代中国的孔夫子》中谈到在弘文学院的一次拜孔活动时，写道：“这是有一天的事情。学监大久保先生集合起大家来，说：因为你们都是孔子之徒，今天到御茶之水的孔庙里去行礼罢！我大吃了一惊。现在还记得那时心里想，正因为绝望于孔夫子和他的之徒，所以到日本来的，然而又是拜么？”

第三章　我以我血荐轩辕

1902年（22岁）—1909年（29岁）

东京——仙台——东京

寄意寒星荃不察，我以我血荐轩辕。

——《集外集拾遗·自题小像》

……返顾高丘，哀其无女，则抽写哀怨，郁为奇文。

——《坟·摩罗诗力说》

今索诸中国，为精神界之战士者安在？有作至诚之声，致吾人于善美刚健者乎？有作温煦之声，援吾人出于荒寒者乎？……

……而先觉之声，乃又不来破中国之萧条也。然则吾人，其亦沉思而已夫，其亦惟沉思而已夫！

——《坟·摩罗诗力说》

当1901年李鸿章用蓄着长指甲的枯瘦的手指，在《辛丑条约》上屈辱地签字之后，八国联军撤出了北京，慈禧又偕光绪帝回到京城。在庆幸得了一个苟且偷安的局面之余，不得不想一想采取什么办法来维持这摇摇欲坠的爱新觉罗氏王朝。顽固派找到了一针强心剂：把被自己用刀与剑镇压下去的维新运动的方案，从血泊中捡了起来。废科举，办学堂，向外国派留学生，一齐都翻了出来。尤其是日本，不仅是一衣带水的邻邦，而且它以一个岛国而遽然崛起，击败了大清帝国，雄踞东亚，这种维新的成绩，对中国人具有很大的吸引力。它是仿效西方而得到成功的，它又是一个中国人学习西方的媒介区。于是，大量向日本派遣留学生。1902年到1904年期间，人数猛增。

正是在这样的留学热潮中，鲁迅东渡留学了。

东海万顷，浩瀚无际。水天一色，鸥鸟翱翔。“大贞丸”破浪前行。它时时在告诉人们：离祖国远了！这时，胡韵仙的诗句涌上心头："极目中原深暮色"，"旧域江山几破碎"。这概括了祖国当时状况的诗句，令人倍感神伤。鲁迅把去国离乡的情怀，以及旅途的所见所感，都写下来了，题名为《扶桑日记》。[①]

4月4日，"大贞丸"抵达横滨。

一、思想与知识比翼同飞

鲁迅第一次踏上了异国的土地。

4月13日，到达东京，他修家书一封，连《扶桑日记》一同付邮。信上说，不日进成城学校。

成城是一所陆军士官学校的预备学校，按日本政府的定例，只有学陆军的学生才能入学，鲁迅等人虽然是陆师学堂毕业，但读的却是矿务班，因此不能入学。后来只好入了弘文学院。这个学院的《章程》第一条就指出："为清国留学生教授日语及普通教育，以期培养成材。"至此，鲁迅终于离开了向军事方面努力、从戎以报效国家的道路。

鲁迅进了弘文学院速成普通科，期限二年，除学习日语外，还学习几门理科课程。他被编在江南班。

鲁迅住在一间八人一室的寝室里，同屋的都是二十几岁的青年人，除了切磋学问之外，还经常谈论祖国的沉沦、人民的苦难和怎样救国救民。

此时的东京，清国留学生几乎漫天塞地。仅据清国留学生会馆的不完全统计，1902年就有500多人，1903年增至1073人，1904年更增加到2412人。

"凡留学生一到日本，急于寻求的大抵是新知识。除学习日文，准备进专门的学校之外，就赴会馆，跑书店，往集会，听讲演。"[②]

鲁迅同许多留学生一样，也投身于这种紧张的生活热流之中。

赴会馆就是指去清国留学生会馆，在这里经常举行集会，那些留学生中的爱国志士，尤其是那些革命的风云人物，或来自国内，或长住东

① 日记已遗失。

② 《且介亭杂文末编·因太炎先生而想起的二三事》。

京，或路过日本，总要在这里讲演。那时的讲演，大都是激昂慷慨、鼓舞人心的。在会馆的门房里，还能买到新出的鼓吹革命的书报杂志。

1902年春季，当鲁迅到达东京不久，著名的革命领袖孙中山和章太炎来到了东京，两人携手战斗，被人赞为“英杰定交”。他们共同发起在横滨召开“中夏亡国二百四十二年纪念会”，在为召开这个大会而发出的告留学生书中，激昂慷慨地写道：

> 愿吾滇人无忘李定国，愿吾闽人无忘郑成功，愿吾越人无忘张煌言，愿吾桂人无忘瞿式耜，愿吾楚人无忘何腾蛟，愿吾辽人无忘李成梁！

在每一个省的留学生面前，都树立着一个自己先辈中的仁人志士的英勇形象，以激励光复志气、革命精神。宣传反清的报刊也不断创办。留学生创办了《国民报》《江苏》等报刊。《国民报》“宣传革命仇满二大主义”。留学生中的浙江同乡会也创办了一个刊物，命名《浙江潮》，那封面上便画着卷起巨浪的江涛，象征着革命浪潮汹涌。《发刊词》上写着这样的词句：“忍将冷眼，睹亡国于生前，剩有雄魂，发大声于海上。”[①]

这年的12月16日，鲁迅在家信中，附寄了《浙江同乡会章程》，并告知家人《浙江潮》即将出版，又推荐由梁启超主编、在横滨出版的《新小说》，说它是一种“佳书”。

身处异国，刺激增多。留学生走在东京街头，常常遭到日本少年的辱骂。他们记起的是中日甲午战争中，丧权辱国的愚弱的老大帝国。这歧视与骂詈，令人异常气愤。鲁迅当然有同样的感受，但是，他想得更深沉。他说：“我们到日本来，不是来学虚伪的仪式的。这种辱骂，倒可以编在我们民族的歌曲里，鞭策我们发愤图强。”[②]

在那时的留学生里，鱼龙混杂，良莠不齐，有日后在历史上留下美名的，如陶成章、徐锡麟、秋瑾、廖恩煦（仲恺）、何香凝、吴玉章、杨昌济，等等。但也有以他们的名字玷污了历史篇章的败类，如曹汝霖、章宗祥、吴稚晖等。留学生中也有一些是醉生梦死的昏虫：“但到傍晚，有一间的地板便常不免要咚咚咚地响得震天，兼以满房烟尘斗

---

① 许寿裳：《亡友鲁迅印象记》，岳麓书社，2011，第12页。据鲁迅当时的同学回忆，该刊封面是鲁迅设计的。它在当时的中国刊物中，是颇为新颖的。

② 厉绥之：《五十年前的学友——鲁迅先生》，《文汇报》1961年9月15日。

乱；问问精通时事的人，答道，‘那是在学跳舞。’”[①]还有的头上梳着油光可鉴的辫子，有的把辫子盘在头顶上，戴上制帽，使它高高地耸起，好像一座富士山。

来到东京留学的，据《清国留学生会馆第一次报告》所载，500多人中，有半数以上，是学警察法政的。这里面，自然也不乏爱国志士，但多数却是功名利禄之辈、浑浑噩噩之徒。

鲁迅对这些人深恶痛绝，由此在心灵深处，怀着对祖国前途的忧虑。

1903年2月，他毅然剪掉了辫子。他是弘文学院江南班第一个剪掉辫子的人。

这天，他高高兴兴地走进好友许寿裳的自修室。他的脸上浮现的喜悦表情，引起了许寿裳的注意。他发现，鲁迅脑后的辫子没有了，禁不住兴奋地表示祝贺与赞赏："啊，壁垒一新!"

鲁迅炯炯的目光中，满含着喜悦，举起手迅速地在头上摩挲一下，向着许寿裳笑了，好像是说："是的，从此壁垒一新，再不为这烦恼了。"

"对我最初提醒了满汉的界限的不是书，是辫子。这辫子，是砍了我们古人的许多头，这才种定了的，到得我有知识的时候，大家早忘却了血史，反以为全留乃是长毛，全剃好像和尚，必须剃一点，留一点，才可以算是一个正经人了。而且还要从辫子上玩出花样来。"[②]东京留学生头上的"富士山"和"油光可鉴"就是这种花样。然而现在鲁迅把自己的辫子剪掉了，除去了异族统治者用高压手段种定的孽根。

正在这时，他拍了一张"断发照"，在那微胖的年轻英俊的面孔上，一对明亮的眸子，透射出深情：严肃、深沉、抑郁，好像在沉思，探索。他后来把这张照片送给了挚友许寿裳，而且，在后面写下了这样的诗句：

灵台无计逃神矢，
风雨如磐暗故园。
寄意寒星荃不察，

① 《朝花夕拾·藤野先生》。

② 《且介亭杂文·病后杂谈之余》。

我以我血荐轩辕。

这深沉激越、华美流畅的诗句，写出了鲁迅的真情挚意，这是一个具有丰富感情、坚毅精神的青年爱国者的心声。这首本来无题，后被人称为《自题小像》的诗作，与几年前的《别诸弟三首》，有着多么大的差别！在南京时的那种对家庭的怀念，对亲人的眷恋，现在都转注于祖国和人民方面了。他从一己一家的天地走出来，进到广阔的社会之中。短短四句诗，思想境界，感情寄托，都较之以前变化了，提高了。

鲁迅在东京的物质生活，同在南京一样，可以用两个字来概括：清苦。但学习却使他的生活丰富起来。

有一次，有人把鲁迅的名字“树人”写成“孺人”了。他笑了笑说：“孺人，变成官太太了。[①]我即使是女子，也不愿做官太太。还不如叫我孺子。虽然是乳臭儿[②]，也比官太太强。”

有位同学听他说得很风趣，也打趣地说：“孺子可教也。”

鲁迅听了，严肃地说：“这个‘可’字，不如改成‘请’字。唐朝时，日本曾向我们请教，今天我们在这里留学，是向日本请教，也许过不久，日本又得向我们请教呢。”

他就怀着这颗“请教”之心，在弘文学院认真刻苦地学习。首先是掌握日语。日语给了他打开新的知识宝库的钥匙。当时日本大量翻译出版欧洲资产阶级的自然科学及哲学、历史、文学书，鲁迅如饥似渴地阅读它们。据他的好友许寿裳回忆：鲁迅课余喜欢看哲学文学书，他购有不少日本文学书，还有拜伦的诗、尼采传、希腊神话、罗马神话，等等。这时，课堂上学习的重点是自然科学，但他课外的阅读却泛游于社会科学的天地之中，严复的翻译仍然为他所喜爱。《天演论》他早在南京时就兴味盎然地读过了，来到东京以后，仍旧常拿出来看，久而成诵，有时，竟同许寿裳对背起来。还像在南京时一样，严复的新译作一出版，他都买来阅读。林琴南的新译作每出版一本，他也买来阅读。通过这些翻译小说，他把眼光进一步转向世界文学之林。

他的知识迅速地增长，视野进一步开阔，思想也随着知识的增长而

---

① 清政府对六品官夫人的封典为“孺人”。

② 日语中孺子指乳臭儿。

逐渐深化了。

1903年6月，许寿裳接编《浙江潮》。他向挚友鲁迅约稿。很快，鲁迅就交给他两篇稿件：一是根据外国历史材料编写的小说《斯巴达之魂》，署名“自树”；二是翻译雨果的短篇小说《哀尘》，署名“庚辰”。许寿裳欣赏备至，便将前稿的上篇和《哀尘》在6月15日出版的《浙江潮》上发表了。《斯巴达之魂》的续篇在第九期上载完。

他的译作的热情，颇像那《浙江潮》杂志封面上的图案：浪花飞溅、汹涌澎湃。他坐在自修室里，阅读，选材，翻译，思考，奋笔疾书，文思泉涌。8月到9月，鲁迅又把法国著名的科学幻想小说作家儒勒·凡尔纳的科学幻想小说《月界旅行》翻译、改编成十四回的章回体小说，并作了《弁言》。10月，这本书在东京进化社出版。

10月10日，介绍4年前居里夫人发现的新元素镭的科学论文《说钼》，在《浙江潮》第八期上发表，署名“自树”。同期，还发表了他的论文《中国地质略论》，署名“索子”。

12月，翻译并改写的儒勒·凡尔纳的科学幻想小说《地底旅行》的头二回，在《浙江潮》第十期上发表，署名“之江索士”，全书共十二回，后于1906年由南京启新书局出版。这时期，他还与同学顾琅合作编写了《中国矿产志》。

总计这半年，他编译改写论文、专著、小说，已发表的有六种，未发表的还有翻译著作《世界史》、《北极探险记》，以及《物理新诠》中的《世界进化论》和《原素周期则》二章。这是在课余时间做出的成绩。他的热情与勤奋，他的知识根柢及文思的敏捷，都很使人感佩。这可以说是他的第一个写作高潮，第一个丰收期。这也是他的知识与思想比翼同飞所得到的收获。

这几篇译作，他用了“自树”“庚辰”“索子”“之江索士”的笔名。“自树”从“树人”化来，但又含有树人者应先自树之意，既有自勉亦含共勉的意义。“庚辰”是我国古代传说中大禹治水的助手，曾制伏怪兽“无支祁”。“索子”“索士”既有探索之子、探索之士的含义，又有索求人之子、索求爱国之士的意思。这表现了鲁迅当时的爱国热情、宏伟抱负和深沉思想。如果在南京求学时，他还只是自己要拔剑而起，投身戎马生涯，那么现在，他却懂得了在起而战斗之前，需要自我锻炼与修养（自树），也要树人，他愿成为一个治国救民者的助手，也意欲探索救国救民之路，索求救国救民之士。笔名体现了他的思想的发展。

六篇作品本身，标示出两个鲜明的主题：科学与爱国。它更具体地反映了鲁迅思想的成长。

开首第一篇，他挑选了欧洲历史上闻名古今的斯巴达人抗击外族侵略的题材，他写他们的爱国，他们的英勇、抗争和牺牲。他在小说前面所加的按语中，发出了这样一唱三叹的呼号与激励之声：

> ……我今掇其逸事，贻我青年。呜呼！世有不甘自下于巾帼之男子乎？必有掷笔而起者矣。

在《中国地质略论》中，他开篇就歌颂祖国的可爱：

> 吾广漠美丽最可爱之中国兮！而实世界之天府，文明之鼻祖也。凡诸科学，发达已昔……

但笔锋一转，又痛楚地写道：

> 况吾中国，亦为孤儿，人得而挞楚鱼肉之；而此孤儿，复昏昧乏识，不知其家之田宅货匪，凡得几许。盗据其室，持以赠盗，为主人者，漠不加察……

他禁不住义正词严，大声疾呼地宣言：

> 中国者，中国人之中国。可容外族之研究，不容外族之探捡；可容外族之赞叹，不容外族之觊觎者也。

这是他的“我以我血荐轩辕”诗句的最好注释，说明了他是这样热爱自己的祖国，所以愿意以身相许，并且日夜努力，奋笔著述，表达了自己对祖国的忠诚。对他的这种爱国热情与工作精神，同学们感佩地赞叹说：“斯诚越人也，有卧薪尝胆之遗风。”

他之所以热情介绍科学幻想小说，也是从爱国思想出发的。他说，“惟假小说之能力，被优孟之衣冠”，“获一斑之智识，破遗传之迷信，改良思想，补助文明”，他认为“导中国人群以进行，必自科学小说始”①。他是要把科学当作一盏引导思想进步的明灯高高擎起。在《说钼》中，他指出，科学不仅能改良思想，而且它的新发现，可以使“思

---

① 《译文序跋集·〈月界旅行〉辨言》。

想界大革命之风潮，得日益磅薄”，它是推动社会前进的一种革命力量。他写《中国地质略论》，就是为了使豪杰之士以至人民“恨恨以思，奋袂而起”，想以此来推动祖国的前进。

他的思想的敏锐和深刻是令人惊佩的。他这时就已经抓住了民主革命的两个轮盘之一，开始注目民主革命的思想启蒙工作了。

二、医学救国

1904年4月，鲁迅在弘文学院毕业。

在弘文学院，虽然主要的学问仍然是靠课外自修得来，但课堂上，他也学习了日语，以及数学、物理、化学、生理等自然科学知识。这些都是为进入日本的大学学习作准备的。然而，该选择什么专业呢?

鲁迅不愿再与军事学校发生关系，要求学理工科的人又太多，名额有限，他也不想上师范大学，更不愿去搞警察法政，最后，便选择了医学，并且还劝同学厉绥之等也跟他一起去学医。这个选择固然与一位日本教师的建议有关系[①]，但鲁迅却有自己的打算。

> 待到在东京的豫备学校毕业，我已经决意要学医了，原因之一是因为我确知道了新的医学对于日本的维新有很大的助力。[②]

> 我的梦很美满，预备卒业回来，救治像我父亲似的被误的病人的疾苦，战争时候便去当军医，一面又促进了国人对于维新的信仰。[③]

这就是他决定学医的原因。显然，他还没有最后和维新思想划清界限。为了学医，他选择了仙台这个地方，以躲开东京的那些清国留学生。他似乎又有了一点离开“S城人”的那种心情。

恩师与歧视

仙台是日本东北部一个不大的市镇，当时还是一个比较偏僻的地方，仙台医学专门学校是3年前（1901）开办的学校。鲁迅来到后，受

---

① 厉绥之：《五十年前的学友——鲁迅先生》，《文汇报》1961年9月15日。

② 《集外集·俄文译本〈阿Q正传〉序及著者自叙传略》。

③ 《呐喊·自序》。

到热情欢迎和优礼待遇，因为他是这个学校的第一个也是唯一的外国留学生。

中国当时是一个弱国，中日甲午战争中又打了败仗，因此，中国留学生是很被一些受军国主义思想影响的日本学生看不起的。鲁迅在东京、在仙台都受到过歧视。但友情的热流也仍然时常来温暖他的心。他遇到了藤野先生和其他一些爱护他的师友。

那是第一次上解剖学课的时候，一位日本先生走上了讲台。他就是藤野严九郎先生。

藤野先生注意到有一名清国留学生：周树人。“周君身材不太高，圆脸，很聪明的样子。他当时的气色看来也不像很健康。”[①]先生这样关心地端详了一个来自弱国的留学生。

藤野在少年时期，曾经跟一位叫野坂的先生学过汉文；他借此窥见了一个东方文明古国数千年文化的博大精深，从此他便尊敬中国。因此“对那个国家的人就也应该高看的”。而且留学生只有鲁迅一人，他于是十分关心鲁迅。

开始，藤野先生很担心鲁迅过不惯仙台的生活。他想：“在异邦，这要是在东京还有许多同胞和留学生在身边，而在仙台，像我在前面已经讲过的那样，只有周君一个人，所以我想他一定是寂寞的，但实际上也看不出特别寂寞的样子，听课时是非常努力的。”这样他就放心了。但他又注意到，由于日语程度和理解力还不够，恐怕不能完全记下讲课的内容来吧。

一天，大约是星期六，藤野先生让助手来叫鲁迅了。见面之后，他问：

“我的讲义，你能抄下来么?”

“可以抄一点。”鲁迅谦恭地回答。

“拿来我看!”

鲁迅把所抄的讲义交了上去。过了两三天，讲义全退还了，并且叮嘱说，以后每星期要送去看一回。

鲁迅打开一看，惊讶了：笔记上脱漏的地方都补上了，语法错误也

---

① 藤野严九郎：《谨忆周树人君》，转引自鲁迅博物馆、鲁迅研究室编《鲁迅年谱》第一卷，人民文学出版社，1981，第177页。

都一一用红笔改正。他感到先生的关切和温暖，他感激而且不安起来。

又有一次，藤野先生把订正过的笔记还给鲁迅，翻开一页图来，指着一处和蔼地说："你看，你将这条血管移了一点位置了。——自然，这样一移，的确比较的好看些，然而解剖图不是美术，实物是那么样的，我们没法改换它……"这样订正讲义的工作，一直继续到他教完全学年的课程。

第二学年开始解剖实习了。"敬重鬼神的中国人，肯不肯动刀解剖尸体?"藤野先生这样想。

然而走进解剖室，他看到这位中国学生在专心致志地进行解剖作业，先生十分高兴。从此师生两人的心更靠近了。

鲁迅十分理解这个正直学者的伟大的心："他的对于我的热心的希望，不倦的教诲，小而言之，是为中国，就是希望中国有新的医学；大而言之，是为学术，就是希望新的医学传到中国去。"

这是鲁迅早期的第二位启蒙之师——他不同于第一位启蒙之师严复，他们未见过面。严复给了鲁迅以新的世界观和长期运用的一把解剖世界（社会）的刀。藤野则是异国师长，鲁迅曾经亲炙他的教诲，虽然未从他手上接过人体解剖刀，但是却从他那里学得了仁厚博大的学者胸怀。30多年后，鲁迅以同样的胸怀，教授了一个研究中国文学的日本青年学者增田涉。这也许是藤野先生的影响的余绪吧。

在20多年后，他带着深情写下了这样的话语："在我所认为我师的之中，他是最使我感激，给我鼓励的一个。"①

在晚年，他还叮嘱要翻译自己作品的日本友人兼学生增田涉："在我看来，非放进去不可的东西是没有了。不过《藤野先生》一篇请你译出加入。"

鲁迅与藤野的这段佳话，将永留中日人民友谊的史册，辉照后人。

除了藤野先生，还有另一位教解剖学的敷波重治郎教授，也十分关心鲁迅的学业，经常把这个外国学生叫到自己的研究室，辅导他的学习。鲁迅与房东佐藤喜东治也有着亲密的关系，感情很好。鲁迅有一把日本短刀，可能就是佐藤所赠。

但是，学生中是有人白眼相看的，有的甚至骂中国人是"中中和

---

① 《朝花夕拾·藤野先生》。

尚”[①]。

在第一学年末，发生了不愉快的事情。

学校公布了学年考试成绩，鲁迅全学年各科平均成绩如下：

解剖学　59.3　丁

组织学　72.7　丙

生理学　63.3　丙

伦理学　83.0　乙

独逸学　60.0　丙

化学　60.3　丙

总平均65.5，名次为142名中的第68名。

这只不过是一个中等的成绩，但一些受军国主义思想影响太深、民族优越感太强的日本学生，竟然认为这样的成绩不是一个来自弱国的青年所能达到的。他们认为这是鲁迅从藤野那里得到了泄露的试题。他们向鲁迅进行挑战，写匿名信侮辱他，信的第一句就是："你改悔了罢！"

鲁迅对其势汹汹的进攻并不示弱，他在一些友好同学的支持下，向他们反击，最后迫使这些人道歉了。

事情虽然解决，但在异国留学的种种遭遇，引起他的激动与思考。他想起初到仙台不久读过的《黑奴吁天录》这本书，黑人奴隶受殖民主义者迫害的悲惨遭遇，使他联想到自己的祖国和人民。他想起同日本学生的接触，觉得他们的德行才能并不高出中国青年之上，只是社交活泼是他们的长处，以此看来，祖国前途仍不必悲观。但眼下却遭如此凌辱，刺激是很深的。

在学医的道路上

在到仙台才一个月的时候，鲁迅在给友人的信中，写到自己"索居仙台"，"形不吊影，弥觉无聊"[②]，当他看了《黑奴吁天录》之后，虽

---

① "中中和尚"，日语，有胡言乱语的和尚之意。

② 此处和本节以下引文均见致蒋抑卮函（《鲁迅书信集》上卷，人民文学出版社，1976，第3页）。鲁迅在仙台学医，是他早期思想发展过程中的重要阶段。在这里，他彻底抛弃了医学救国思想；而藤野的关怀与他的品德、医学教育对增进学识和引起思想上的变化，包括对旧教授法的不满等方面，又给予他颇深远的影响。有的在他的作品中直接表现出来了，如《藤野先生》、《狂人日记》以及一些杂文。因此，对此段生活不可忽视，本书试图作些探索，而不只写"幻灯事件"这一方面。

然“离中国主人翁颇遥”，但仍不忘怀故国。信中又写到，学校里的课程有物理、化学、解剖、组织、独逸（即德语）等，课程多，学习紧张，“皆奔逸至迅，莫暇应接”。他学习上是勤奋的，也能跟上班，“自问苟侥幸卒业，或不至为杀人之医”。他对自己的学业是具有信心的。但是，他不满足。首先，他对教学法不满意：“校中功课，只求记忆，不须思索，修习未久，脑力顿锢。四年而后，恐如木偶人矣。”他素来是生动活泼地吸取知识的，这种奔迅而至、不须思索的硬记死背的学习方法，为他所不取。更有甚者，是他曾经翻译一本理论“颇新颖可听”的《物理新诠》，但只译了两章，就为了应付这种紧张的功课，“竟中止，不暇握管”。他感叹地写道：“而今而后，只能修死学问，不能旁及矣，恨事！恨事！”抱憾之情，溢于言表。

他关心国家大事，不愿修死学问，表现了深切的爱国热情和卓越的见识。这不仅表现了他思想上的成长，而且，已经埋下放弃医学的种子了。他终竟不是那种墨守成规、追求一己安身立命的人。

第二学年，解剖学课程进行到实地解剖人体了。藤野先生怕这个中国学生迷信，会拒不动手；而鲁迅却因为不忍戮尸，而不敢下刀。

每当面前摆着一具少女或者婴儿的遗体时，他凝视着，不忍下手：多么丰满、柔嫩、匀称，“造物主”多么精心地制造了这“人”，年青的、幼小的生命正在生长着，突然停止了。当血液停止循环、肺部停止呼吸、心脏停止跳动，生命就中止了。他从这停止了生命的人体中，探索生命的奥秘。从这些已死的生命体中，他惊讶赞叹胎儿在母体内安置、结构得何等巧妙；痛苦地看到矿工的炭肺如何墨一样黑；更深受震动地观察了双亲的花柳病如何残酷地贻害无罪的子女。

他从已死的生命体上看见了活的生命体的内涵和珍贵，从而引起对活着的生命的尊重和爱护，燃起使生命免遭戕害的愿望。一种人道主义的思绪酝酿于他的心中。他对“人”的认识，从自然科学的角度又前进了、深化了一步，而对他思想的发展，又增添了一种新的因素。

风云刮到广濑川畔[①]

鲁迅到仙台后的两年中，世界风云更加多变。日本海上，旅顺口

① 广濑川从仙台流过，从鲁迅的住处可以俯瞰这条河流。

外，硝烟弥漫。大清帝国日益处于风雨飘摇之中。祖国摇摇欲坠的危殆状况，就像一首哀歌，一阵哭嚎，惊醒、激励了许多革命志士。他们携起手来，担负起救亡图存的责任。1905年8月，中国3个著名的反清革命团体——兴中会、华兴会、光复会，在日本东京结成联盟，成立了中国同盟会，并且提出了一个完整的资产阶级革命纲领："驱除鞑虏，恢复中华，创立民国，平均地权。"从此，民主革命运动以空前的规模展开了。刺杀王公大臣，联络会党起义，血与火的斗争在沉寂的中华大地上迸发，收回利权的呼声，响彻阴云密布的中国上空。直隶人力争开平煤矿，云南人为七县矿山的权益而奔走呼号，山东人为沂水金矿而抗争，江浙人民胜利地争回了苏杭甬铁路的修筑权，山西百姓集资从英国佬手里把矿权夺回。1905年，在广州、厦门、福州、天津、牛庄，商人们联合行动，开展了广泛的抵制美货运动。宣传战线也活跃起来，青年革命家邹容，发表了他那呼唤暴风雨的《革命军》，著名的革命理论家、宣传家章太炎为之作序。激越的革命宣传鼓动家陈天华，把他那震撼人心的著作《警世钟》《猛回头》奉献给国人。他写道：

"列位，你道今日中国政府还是满洲政府的吗？早已是各国的了。"

他明确地指出："当今的天下"其实是"洋人的朝廷"。

也是在这时期，革命民主派的《民报》，与保皇派的《新民丛报》在东京展开激烈的思想大论战。章太炎发表了著名的《驳康有为论革命书》。

每一个支流都发源于中国的现实，每一个支流都汇集成革命的洪流，要刷洗这充满血泪的中国。

这革命浪潮也波及了广濑川。鲁迅怎能一人独处，冷静地解剖那任人宰割的尸体？他再难于安心地在课堂上听藤野先生平静地讲血管的分布，而不顾爱国志士正在喷洒热血了。他身在仙台，心驰东京，他关心《民报》上关于革命与改良的争论[①]。有时亲赴东京参加集会和革命活动。1904年12月，陶成章到东京筹建光复会东京分会。鲁迅与许寿

---

① 鲁迅说："我爱看这《民报》，但并非为了先生的文笔古奥，索解为难，或说佛法，谈'俱分进化'，是为了他和主张保皇的梁启超斗争，……"（《且介亭杂文末编·关于太炎先生二三事》）

裳、沈瓞民等同窗学友一起，加入了光复会①。

1905年11月，光复会的领导人陶成章及徐锡麟和骨干分子范爱农、陈伯平、马宗汉东渡，到日本来从事起义的准备工作。鲁迅得到邀约，从仙台赶到横滨，迎接战友来临。

1905年11月，日本政府文部省（即教育部）为了限制中国学生的革命活动，颁布所谓《清（韩）国留学生取缔规则》，遭到中国留学生的强烈反对，爆发了抗议运动。革命宣传鼓动家、湖南籍学生陈天华悲愤已极，投海自杀，以示抗议，遗信勉励同学坚持斗争，誓死报国。在讨论留学生是否集体回国的集会上，革命女杰秋瑾，慷慨陈词，说她不强求大家都回国，但她决不允许反叛革命、卖友求荣，她登台发言时，激动地从靴筒里取出一把倭刀，用力一掼，插在讲台上，警告地宣布：

“如有人回到祖国，投降满虏，卖友求荣，吃我一刀。”

鲁迅很为这位女革命家的豪气所感动。

祖国革命浪潮的翻腾、东京革命志士的行动，以及在仙台受到的刺激，使鲁迅心里翻滚着两个问题：维新道路还能继续走下去吗？医学能够救国吗？

触发

仙台医专的教室里一片黑暗，只有一束光柱，射向前方的银幕。细菌课演试已经结束，还有一些剩余时间，教师利用它来放映时事幻灯片。银幕上出现了一个中国人，“久违的中国主人翁啊，没想到在这里看见你！”然而他被捆绑着跪在地上，正要被日军砍头了，据说他是在日俄战争中替俄军当侦探的，所以应该受到这样的惩罚。一群中国人围着观看，每个人的脸上，木然毫无表情，仿佛这里发生的事情与自己毫无一点关系。

“万岁！万岁！”

教室里的日本学生欢呼起来，声震屋瓦。

鲁迅的心狂跳，要跳出胸膛，要跳出喉咙，羞辱、痛苦、哀怜、愤

① 周作人否认鲁迅曾参加光复会。但，据鲁迅当时同学好友许寿裳、沈瓞民和日本友人增田涉、山本初枝夫人等回忆，鲁迅确曾参加光复会。鲁迅参加光复会时，周作人尚未到日本；而且，“光复会严守秘密，虽父子兄弟也闭口不谈”（沈瓞民回忆）。据此知鲁迅入光复会不能告知周作人，故他不知此事。

怒，一齐涌上心头。他走出教室，回到住处，心里一直不能平静下来。

这是1906年初的一天。

他吃饭觉得不香，睡觉睡不安稳。他走进山林，看着这异国的青山，眺望这异国的河川，他想起祖国的名山大川，它正蒙着耻辱的浓雾。望着这异国的湛蓝的天，他想起祖国的天，那上面沉沉乌云翻滚。风吹过树林，像在叹息；山泉在水草上流淌，声似呜咽。那诗句又在心头泛起，诉说衷情："灵台无计逃神矢，风雨如磐暗故园。寄意寒星荃不察，我以我血荐轩辕。"他坐在树下，凝神沉思。他思索着，怎么来拯救自己的祖国？国人如此愚昧，落后，麻木，病根何在？应该怎么来救治？用维新运动来改良，走日本人的路吗？清政府不是已经做过吗，结果又如何呢？靠医学能医治国民的愚弱吗？那幻灯上显示的跪着的、围观的人，何尝瘦弱？他脑里闪出一个念头：

"凡是愚弱的国民，即使体格如何健全，如何茁壮，也只能做毫无意义的示众的材料和看客，病死多少是不必以为不幸的。"[①]

"我们的第一要著，是在改变他们的精神！"

善于改变精神的是什么呢？文艺！

他读过那么多西方的小说、诗歌，他为之倾倒，深受感动，精神振作，奋然欲行。这就是文艺的力量。

还能继续学医，以维新手段来救国吗？不能。最需要的是提倡文艺运动！

两年来世界风云的变幻，尤其是国内革命局势的发展，革命派与改良派最后划清了界限，并且聚集了力量，建立了中心组织，提出了完整的纲领。这一切，是促使鲁迅从改良的道路最后走上革命道路的最根本的原因。幻灯片事件的刺激，不过是爆炸前的触发而已。[②]

鲁迅下定了决心：放弃医学，改学文艺。他向清政府驻日监学李宝巽提出了退学请求，得到批准。

6月的一天，第二学年已经结束，鲁迅学医的历史也已经结束，他

---

① 《呐喊·自序》。

② 关于鲁迅弃医学文的原因，向来都根据他在《呐喊·自序》和《朝花夕拾·藤野先生》中的自述，认为只是由"幻灯片事件"促成。其实，这不过是一个触发罢了，当时革命形势的变化，引起他思想的变化，才是根本原因。另外，他在前引致蒋抑卮的信中所说的不愿只修死学问，也是一个重要原因。

来到藤野先生家辞行，告诉他，放弃学医，并且离开仙台。藤野感到很难过。他想说什么，却又说不出，只是拿了一张自己的照片，赠给鲁迅，并用工整的笔法在照片背面写了两个字：惜别。

这两个字概括了师生二人共同的心情。

但鲁迅对于告别医学，却毫无惜别之心。正如同他离开绍兴到南京求学，离开南京到东京留学一样，他今番离开仙台，对他的一生来说，具有决定性的意义，是他在人生征途上又一次决定性的转折，这转折，使他向着他终生献身的事业，他为之终生奋斗的目标，更前进一步了。

三、精神装备与实际活动

1906年6月，鲁迅从仙台回到了东京，从此时起，到他离开日本回国时止，3年时间内，他一面努力学习，一面认真工作，两者交融，相得益彰。

此时的东京，已经是中国民主革命志士荟萃之地，此外还聚集了一批新知识分子——留日学生，达数千人之多。革命空气十分浓厚。早在1903年，清政府就在给各督府的密谕中发出警告说："东京的留学生已尽化为革命党。"[①]现在，东京留学生界就更加革命化了。

两年前鲁迅怕见的那些清国留学生中醉生梦死的现象已经有了改变；现在，重回东京，正是为了投身于这个革命运动之中。

重返东京这一年，他整25周岁。他的沉思的习惯和坚毅的品格，使他已具有一种思想战士的品性。"25岁！不是已经临到了吗？……就在这一年上，整个的人应当显示出来了。"[②]鲁迅正是在25岁的年岁上，开始显出他的"整个的人"来了。他在东京的3年，正是中国思想界的活跃期，是中国革命需求一场思想革命的时期，他就在这时成长为一个辛亥革命准备期的杰出的思想战士。

然而，战士的征途，并不平坦。鲁迅在东京安顿下来不久，便接到母亲召他回国的信。他立即收拾行装，首途返国。这便发生了一个生活的插曲，不幸而成为他终生的隐痛：他是一个"孝子"，少年时代作为

① 胡绳：《帝国主义与中国政治》，人民出版社，1952，第120页。

② 贝多芬的笔记，见罗曼·罗兰《贝多芬传》。

长子曾经同母亲共同承担了那个不幸家庭的一切痛苦与灾难，他同情体贴自己的母亲。如今离开她已经4个年头了，他多么盼望见到母亲的慈颜。可是当鲁迅走进新台门，就被眼前的情景惊呆了：门楼上挂红结彩，大红喜字特别耀眼。他心里很快就明白母亲催他回国是怎么回事了。同行的朋友问道："府上有什么喜事？"

鲁迅沉闷地回答："母亲娶儿媳妇。"

原来，有人谣传鲁迅在日本已经结婚。母亲便电召他回国成亲。

为了不使老人伤心，他顺从地接受了母亲的安排：结婚。

新人是朱安女士。她是鲁迅叔祖玉田（即兰爷爷）的夫人兰奶奶的侄孙女。因为兰奶奶同鲁迅的母亲很要好，便给鲁迅做媒，把朱安女士许配给鲁迅了。老人之间的情谊，用儿女亲事来延续，这是封建家庭的常规。这种没有爱情的婚姻当然是很不幸的。鲁迅沉痛地说过："这是母亲给我的一件礼物，我只能好好地供养它，爱情是我所不知道的。"①

鲁迅仅仅在家停留了4天，便告别母亲和故乡，重返东京。他决心把个人的不幸深埋心底，而投身于战斗。二弟周作人同行，他也被江南督练公所批准，去日本留学。

鲁迅在东京，先住在本乡区的伏见馆。第二年春，搬到离伏见馆不远的东竹町中越馆公寓居住。一年以后，又应许寿裳之约，共同搬进日本著名作家夏目漱石住过的房子里，因为是5个同学同住，便在门口的路灯上标上"伍舍"。这地点在本乡区西片町十四番地二三七号。

物质生活仍然清苦。每个留学生的学习费用全年金额是400元，每月只给33元，租房与饭食费、杂用费扣去之后，就所余无几了。鲁迅常穿的是布制和服，无论到哪里，都是那一套服装：打鸟帽、和服系裳，除了脚下的皮靴之外，他纯然是一个日本的穷学生打扮。冬天，外衣里包着的也是短裤，别人穿绒布长脚衬裤过冬，他可就这样对付着熬过去。墨砚都是日本小学生的用品。这就是他在东京3年的物质生活状况。

然而，精神生活是丰富的、多样的，他的思想的触角，广阔而深入地伸向外国和中国、今天和昨天、自然科学和社会科学。当时他虽然列名于"独逸语学协会"附设的德文学校，但主要的却是在自修。他学德文、俄文，学哲学、历史及自然科学，博览西方各国的文学著作。他通

---

① 许寿裳：《亡友鲁迅印象记》，岳麓书社，2011，第53页。

过德文、日文来翻译介绍外国进步文学作品，他还利用星期天到章太炎先生那里去听讲《说文》。在不多的闲暇时间里，他访旧书店、上新书铺，同日本桥的丸善书店、神田的“中西屋”都建立了关系，买德文书到“南江堂”，看日本新书刊去“东京堂”。他口袋里不多的钱，总是到这些书肆换回了德文、日文书。常常是同好友许寿裳，夹着新买的书离开书店，拍拍一空如洗的衣兜，笑着说：“又穷落了！”

从现在仍然保存的鲁迅在东京时期的一份《拟购德文书目》①中，我们可以看出，当时他涉猎的范围之广和他自学的重点。这份书目中计开要购的书123种，分哲学、文学艺术和自然科学三大类，自然科学中主要的是动物、植物、化学与生理学，还有少量的地质学。其中值得注意的有《进化论和达尔文主义》等书。在文学艺术类中，有英、德、法、俄和西班牙等国家的文学史和罗马、北欧文学史，还有各国文学作品，特别是希腊、匈牙利、波兰、印度等国家的诗歌和小说，还有绘画史等。在哲学类中，除哲学引论等之外，还有美学著作。这样广泛的阅读和钻研，使他更加博学多识。同时，可以看出他学习的重点已经放到文学艺术方面来了。他的这种学习，引起了日本学界的注意。1905年5月1日，在东京出版的第五百零八期《日本及日本人》杂志的《文艺杂事》栏内，有这样的报道：“在日本等地，欧洲小说是大量被人们购买的。中国人好像并不受此影响，但在青年中还是有人常常在读着。住在本乡的周某，年仅二十五六岁的中国人兄弟，大量地阅读英、德两国语言的欧洲作品。”②

除了自学之外，因为受到严复和林纾译作的启发和影响，鲁迅也想用这种方式，来起“媒”的作用，把当时革命运动所需要的东西介绍给国人。后来他在《我怎么做起小说来》一文中介绍过当时自己的想法：

> 因为所求的作品是叫喊和反抗，势必至于倾向了东欧，因此所看的俄国、波兰以及巴尔干诸小国作家的东西就特别多。也曾热心的搜求印度，埃及的作品，但是得不到。记得当时最爱看的作者，

① 这份书目中开列的书，已购买到一些。这些购到的书，在鲁迅藏书中可以查到。

② 这个报道的后面，还说到这周氏兄弟计划出版《域外小说集》，可见周氏兄弟是指周树人（鲁迅）、周作人二人。（引自日本留学生藤井省三《日本介绍鲁迅文学活动最早的文字》，载《复旦学报》1980年第2期）

是俄国的果戈里（N. Gogol）和波兰的显克微支（H. Sienkiewitz）。日本的，是夏目漱石和森鸥外。

这段自述，表明了鲁迅从事文学工作的动机和目的：他注意的是同当时排满的民族民主革命“同调”、叫喊和反抗的被压迫民族和国家的作品，他的目的是从中选择材料，翻译给国人阅读，以激起他们的觉醒和反抗，利用文艺的力量，来改良社会。

这期间，鲁迅一面广泛阅读，把思想的触角伸向各方，在精神上装备自己；一面也和国内来的革命分子密切往来，参加他们的工作。不过，活动的方面仍然是思想文化领域。

鲁迅在东京的3年内，中国燃起了革命烈火。起义不断在各地爆发；黄兴在湖南、江西发难，徐锡麟在安徽向巡抚恩铭挥动手枪，孙中山先后在广东饶平、惠州、钦州举起义旗，黄兴又在云南河口鸣起了枪声。3年之内，革命烈火越烧越旺。虽然，一次次革命的发动，都未能达到预期的目的，而被埋葬于血泊之中，但是热血头颅的抛洒，进一步唤醒了人民，激励了斗志，震惊了中外敌人。

鲁迅深切地关心这些斗争的成败，细心地观察、思考它的意义和作用。徐锡麟的失败、马宗汉的遇难，以及秋瑾的英勇就义，这些共同在东京从事过革命活动、为鲁迅所熟悉的革命党人的牺牲，给了鲁迅以深沉的哀痛与深刻的刺激，并对他们奉献自己的敬意；而对另一种人——革命的逃兵，鲁迅则给予极大的憎恶并与之决裂。如徐、秋诸烈士牺牲以后，原来与鲁迅、许寿裳等交往甚多的蒋观云态度变了，害怕革命了，倒向保皇党，与梁启超等人混在一起，组织“政闻社”，提倡君主立宪。鲁迅非常蔑视他，改蒋的旧日诗句为：“敢云猪叫响，要使狗心存”，以揭其劣迹，表示讽刺和决裂。

鲁迅这时同革命党人的来往更密切了。他的住处成了一些革命党人聚首的地方，亡命者常常到这里来坐坐。炭盆上搁着水壶，随时可以冲泡廉价的绿茶，到时候了，大家用粗茶淡饭充饥。常来的客人，除了陶成章，还有龚未生、陈子英、陶望潮等人。中越馆虽小，却装得下纵横数千里，上下几千年的世界性、历史性话题。他们的议论从列强的入侵到满族的统治，从割地赔款、丧权辱国到“宁赠友邦，不予家奴”的反动政策，从伏羲、轩辕到慈禧、光绪，从日本维新的成功到中国变法的失败，从徐锡麟、秋瑾的被害到孙中山、黄兴的起义，从进化论到国民性的改造，——无所不谈。

有时也谈到起义的战斗。鲁迅看着说话的人。他们平静、从容，似乎在说着一件极平常的事。鲁迅很佩服这种镇定自若。不过他的经历、思想性格与特长，都决定了他的活动领域不是那刀光剑影的沙场，而是思想启蒙运动的天地。

四、《新生》的夭折和《域外》的冷遇

1907年春，鲁迅决定创办杂志。他邀请了许寿裳、袁文薮、苏曼殊[①]，还有周作人，共同来筹办，友人蒋抑卮[②]答应在经济上资助。

鲁迅积极热情地开展筹备工作。开始大家商量为杂志取名“赫戏”或“上征”，都是《离骚》的词句。但是，这太不易懂，鲁迅便想出了“新生”这个名字，意思是“新的生命”，这既有继承、发扬旧的生命的意义，又有革新、进化的含义。这名字在当时是极为新颖的，然而有人嘲笑说：“新生，还以为是新进学的秀才呢！”[③]但鲁迅毫不动摇。他亲自为《新生》设计了封面，选定了插图。封面是从一本德国出版的画集中影摹下来的装饰画，插图中有英国画家华兹（1817—1904）的《希望》和俄国画家威列夏庚（1824—1904）的《英国在印度镇压革命者》等。《希望》的画面是：在处于缥缈中的地球上，坐着一个抱着竖琴在遐思冥想的诗神。表示着对未来怀着热切的希望，然而却又在渺茫中。

鲁迅选出这些画，表明他当时眼界的开阔与思想的新颖。

---

① 苏曼殊（1884—1918），广东中山人，近代文学家，曾参加南社。原名玄瑛，字子穀，后出家为僧，号曼殊，能诗文，善绘画，通英、法、日、梵诸文。曾任报刊翻译和教师。著有《断鸿零雁记》《碎簪记》等，用浅近文言描写爱情小说，表现出浓厚的颓废色彩。用文言翻译过拜伦、雨果等人的作品。另拟有《梵文典》，今不传。有《苏曼殊全集》。在日本时与鲁迅结识。鲁迅曾告诉增田涉，苏曼殊是《新生》杂志的同人之一。鲁迅说，苏曼殊是一个古怪的人，与其说他是虚无主义者，倒应说是颓废派。

② 蒋抑卮，名鸿林，浙江杭州人，曾几次游学日本，与鲁迅、许寿裳相识。他家庭颇富有，在上海开设广昌隆绸缎庄并任浙江兴业银行董事。曾经资助《浙江潮》，也在经济上帮助鲁迅筹办《新生》杂志和出版《域外小说集》。广昌隆绸缎店曾经销售《域外小说集》。

③ 科举制度中，称考中秀才为“进学”，称秀才为生员，故说“新生”为新进学的秀才（生员）。

他为这个即将降临的新生儿，准备了华美的服饰，希望她以绰约多姿之态，飘然人世。他期望在留学界掀起一个学习新文艺的运动，在冷落荒漠的空气中，响起斗争反抗之声。

然而，“《新生》的出版之期接近了，但最先就隐去了若干担当文字的人，接着又逃走了资本，结果只剩下不名一钱的三个人。创始时候既已背时，失败时候当然无可告语，……这就是我们的并未产生的《新生》的结局”①。

这是鲁迅从事文艺运动的第一次尝试。这也可以说是中国新文艺运动预备期的首次发动。但这第一次尝试失败了。赞助者极少，说明了在不成熟的历史条件下，不成熟的果子，终究只能坠落。但这坠落不是说明它的不能生长，恰恰表明了它确曾存在。

鲁迅并没有灰心。他继续从事他的文艺运动。他把为《新生》准备的美花佳果，都移植于《河南》这块园地上了。与此同时，他还搜集了大量外国文学作品，主要是被压迫民族的和俄国民主主义的作品，还亲自翻译了几篇小说，筹备出版《域外小说集》，作为文艺运动的第二个浪花。

当小说集筹备就绪时，他以欣喜的心情，写了一篇序言。他说：

> 《域外小说集》为书，词致朴讷，不足方近世名人译本。特收录至审慎，迻译亦期弗失文情。异域文术新宗，自此始入华土。使有士卓特，不为常俗所囿，必将犁然有当于心。按邦国时期，籀读其心声，以相度神思之所在，则此虽大涛之微沤与，而性解思惟，实寓于此。中国译界，亦由是无迟莫之感矣。

这番论述，十分精彩，思理朗然，信心百倍，期望甚殷，说明鲁迅当时虽然只是出版一本小说译文集，但所思甚深远，他从救国的目的出发，又考虑到输入西方文化的远景。

1909年3月2日，《域外小说集》第一册出版了，由东京神田印刷所印行。7月27日又出版了第二册。两位新生儿接连问世，它比那未出世的《新生》幸运得多。感谢那位开明的友人蒋抑卮，他垫付了出版费：第一册1000本，印费100元；第二册500本，印费50元。两册小说

① 《呐喊·自序》。

集，共收短篇作品十六篇：波兰一人三篇，波斯尼亚一人二篇，俄罗斯帝国四人七篇，芬兰一人一篇，英、美、法各一人一篇。其中，第一册收鲁迅翻译的安特来夫的《谩》与《默》；第二册收迦尔洵的《四日》和波兰显克微支的《镫台守》中的诗歌（小说为周作人所译）。

《域外小说集》两册的出版，确实是一个胜利。因此，鲁迅的梦做得很美："待到卖回本钱，再印第三第四，以至第X册的。如此继续下去，积少成多，也可以约略绍介了各国名家的著作了。"[①]

然而，希望的翅膀却被严酷的现实所折断。

六个月过去了，两册书在东京和上海两地只卖出20本。于是，第三册就不能再出版了。存书堆积在寄售处而无人问津。

莽莽中华，数亿人众，千册之数的书，都不能销行。异域鲜花，始入华土即在冷漠荒凉中凋残了。中国译界，不是有迟暮之感，而是曙色未开，方待来日。

五、摩罗诗人与超人哲学

鲁迅在这个学习与探求的时期，接触到的东西是很多的。但是，他却总是"取其所需"。

这"需"字既反映了鲁迅的思想（包括它的优点和缺点），也反映了时代的面貌和历史的背景，其中有着中国社会本质的反映。这里，且探索一下他当时的思想状况吧。

鲁迅在从国内回到东京以后不久，就同日本早期社会主义者、当时《平民新闻》社的主笔堺利彦有过接触，并且购买了平民社出版的六册《社会主义研究》。其中有堺利彦译的《共产党宣言》《社会主义从空想到科学的发展》等书。这套丛书鲁迅一直保存着，说明他是宝爱它的。但是，在当时，社会主义思想并没有引起鲁迅的注意，更不要说受到它的值得重视的影响了[②]。当时既进入他的视野，又融进了他的思想的，主要的、基本的仍然是资产阶级进步的哲学、历史、教育、文艺等方面的学说、观点以及近世自然科学知识，还有被压迫民族的文学。其中，

① 《译文序跋集·域外小说集序》。

② 有的论者根据鲁迅当时接触到社会主义宣传的情况，得出鲁迅这时就受到社会主义影响的结论。这是没有依据的。鲁迅当时所写的几篇论文中都没有反映。

特别值得注意、最为鲁迅所推崇、受到深刻影响的是摩罗派诗人和尼采的哲学。这是我们从鲁迅当时所写的文章中，可以很明显地看到的；而且，这影响，一直到很久以后还没有消除，鲁迅仍然在自己的文章中提到他们。尼采，鲁迅直到五四运动时期，还不断提及、翻译他的作品，其在散文诗的写作上明显地有着尼采的影响，在看待群众的问题上，其思想上也仍然留有尼采超人哲学的投影。至于那些摩罗诗人，鲁迅在十几年后，在为《坟》写题记时，还深情地提到他们，并且追忆说："他们的名，先前是怎样地使我激昂呵。"[①]

今天的深情怀念，反映了昔日的热爱之深。

那么，鲁迅为什么会这样受到摩罗诗人和尼采哲学的影响？这情况又说明了什么呢？

鲁迅在博览欧洲文学、历史、哲学书的过程中，了解其发生、发展的脉络，探求其特点和长处。他的思想驰骋于古代的希腊、罗马和现代欧美诸国，也萦回于祖国的先秦两汉、魏晋唐宋。他与拜伦、雪莱、普希金、密茨凯维支、裴多菲、厘沙路一同歌哭，也和屈原、嵇康、李贺、温庭筠一块吟咏。他敬仰这些"摩罗"诗人的"立意在反抗，指归在动作"的精神，想要从中吸取促人觉醒、呼唤斗争的力量。而他自己的思想也在这种钻研中开阔丰富、深入发展，他的精神也更加昂扬奋发。他深究人类进化的途程，探寻世界历史的轨迹，思考文化发展的规律。但他并不沉湎于古代文化盛世的繁花似锦，也不游乐于近代欧美物质文明的花花世界。他立足的本位是中国，他思考的中心是今天，他注目的重点是被压迫民族的文学，他所欣赏的是民主主义思想。

正当鲁迅寻求新声于异邦时，除了摩罗诗人，他又遇见了尼采。

19世纪70到80年代，欧洲经历了一个大变革、大动荡的时期。资本主义从以自由竞争为特征的自由资本主义时期转到以垄断为特征的帝国主义时期。巴黎公社的枪声，宣告第一个无产阶级政权的建立。马克思主义在欧洲各国胜利地开辟了自己的阵地。

正在这种时候，正是马克思主义的故乡，出现了一个人，企图用他的思想来抵制马克思主义的传播和社会主义运动的发展，来挽救资本主

① 鲁迅在《坟·题记》中说："其中所说的几个诗人，至今没有人再提起，也是使我不忍抛弃旧稿的一个小原因。他们的名，先前是怎样地使我激昂呵，民国告成以后，我便将他们忘却了，而不料现在他们竟又时时在我的眼前出现。"

义的没落。他以思想家和文艺家的双重身份出现在世界的舞台上。他就是尼采。

尼采的作品用抽象的、奇丽的语言来表达，议论夹着呼唤、指责、咒骂、嘲笑，跳跃式的论断，深奥难解的语句，缺乏逻辑的推理，却富有哲理意味。他深刻地揭露了资本主义社会的虚伪与罪恶，宣布“上帝已经死了”，高喊要“重新估价一切”，他贬斥“凡人”，赞颂“超人”，呼吁天才的出现。

当鲁迅站在遥远的东方，远眺欧洲思想领空时，不免误认这是一颗新星的升腾。而这“星”的光芒射到东方，为一个半殖民地半封建老大帝国寻求救国救民真理的青年思想战士所接受时，再次经过中国社会历史的氛围的折射，便发生了奇特的、相反的作用。这是一种历史的误会，这是一次种下的是跳蚤而收获的却是龙种的意外收获。

1904年，王国维第一次把尼采“请到中国”，介绍了他的思想著作。他强调尼采“以旷世之文才鼓吹其学说”，什么学说呢？就是要“破坏旧文化创造新文化”，要“图一切价值之颠覆”，他赞扬尼采“以极强烈之意志而辅以极伟大之知力”、“肆其叛道而不惮”。这些抽去了具体社会内容的话语，在奋力摧毁旧世界、创造新世界的中国人听起来，是多么悦耳。

鲁迅在王国维之后，介绍了尼采，称他为“个人主义之至雄杰者”，赞扬他是“思虑学说志行”都博大深邃，勇猛坚贞，“纵忤时人不惧”的“才士”。鲁迅对于尼采和他的超人学说，就像对于达尔文与他的进化论一样，是把它作为自己求索真理途中的有用的思想材料，放进自己的武库的。由此可见，鲁迅取借的是尼采的反对现实、反对庸俗、攻击物质文明的勇猛精神，也借用了他的天才论，以为呼唤反抗的斗士和精神界战士之用。鲁迅把尼采当作反对19世纪欧洲物质文明泛滥而兴起的新“神思宗”而称赞，这纯然是一种历史的误会。鲁迅也受到尼采超人哲学的影响，呼唤英哲、才士的出现。但是，两者又有本质的区别：尼采的“超人”是垄断资产阶级的化身，他站在群众之上，与他们相对抗，在他的脚下站着正在挺身起来造反的广大欧洲无产阶级；而鲁迅的“英哲”却是革命先驱者的形象，他站在群众的前头，以先驱者的热诚去唤起他们一同斗争，在他的身后站着千百万受苦的劳动人民。尼采提出“半人半兽”式的超人，是因为无产阶级已经投身斗争洪流，行将冲破资本殿堂，反映了对群众运动的对抗。鲁迅提出英哲，却是因为人民群众尚未觉醒，期望“作至诚之声”，“援吾人出于荒寒”，反映的是群众的落后和对其觉醒的殷切期望，是对于群众起来斗争的呼唤。

有人说，鲁迅早期接受了尼采极端个人主义思想的影响。这是因词害义，也是一种误解。尼采宣传的是垄断资产阶级的极端自私自利的个人主义，而鲁迅所说的“任个人”“重个人”，所希望的都是“悟人类之尊严”，“识个性之价值”，“发挥自性”，这是他的“立人”，唤起民众思想的一种表现，因此他批评把“个人之语”视为“与民贼同”，“而迷误为害人利己主义”的谬误。一个是以“超人”之“个人”去泯灭群众；一个是以觉醒的“个人”去组成“人国”的主人，这样的“个人之语”，就不是自我中心、利己主义，而包含着个性解放、认识自身的价值与力量的意义，具有鲜明的反封建的思想光芒。

六、第三位启蒙之师

清晨，鲁迅和许寿裳、周作人，一同走出住宅“伍舍”，前往民报社听课。他们来到牛込区二丁目八番地的民报社，走进章太炎的住屋。这是一间小小的陋室，师生八九人，席地而坐，围着一张矮桌，听先生讲课。

1906年6，7月间，就在鲁迅从仙台回到东京的时候，章太炎从上海西牢中出来，亡命日本，来到东京，一面主持资产阶级革命派的喉舌《民报》，一面开办国学讲习会，为留学青年讲学。1908年7月间，章太炎有意约鲁迅兄弟代为翻译《吠檀多哲学论》和《印度宗教史略》等书，但鲁迅因为对学习佛教哲学并无兴趣，没有应召前去。后来，却经过请求，与其他几个同学一起，每个星期天来听章太炎讲《说文解字》。这原因，如他后来所说，是景仰章太炎是一个“有学问的革命家”。

章先生博学多识，为一代国学大师。讲《说文》，他旁征博引，议论风生，时而是古经故典，时而是俚语方言，诙谐间作，妙语解颐，新论创见，层出不穷，有的沿用旧说，有的发挥新义。从早晨8点钟，讲到正午，整整4个小时，他口若悬河，滔滔不绝。既显示出渊博的学问，又表现了诲人不倦的精神。太炎先生秉性耿直，疾恶如仇，对阔人发脾气耍态度，对学生们却很友善，同家人朋友一样。

鲁迅学得很用心，他不大讲话，只是用心地默默地听着、记着。有些没记下来，便借龚未生的笔记本抄录（第一卷的抄本后来还一直保存着）。但是，他并不盲从，而能独立思考。有一次，章先生问到文学的定义是什么，鲁迅回答说：

“文学和学说不同，学说所以启人思，文学所以增人感。”

他的回答区分了一般学术论著与文艺作品的不同，并且说出了文艺的主要特征。这是他研读西方文艺理论之所得。但是，章太炎先生却说：“这样分法，虽然较胜于前人，然仍有不当。郭璞的《江赋》，木华的《海赋》，何尝能动人哀乐呢。”

鲁迅默然。但出了《民报》社，却对许寿裳说：“先生诠释文学，范围过于宽泛，把有句读的和无句读的悉数归入文学。其实文章与文学固当有分别的。《江赋》《海赋》之类，辞虽博奥，而其文学价值就很难说。”

这个以文字学为课程的国学讲习班，每周一课，一直进行了一年，直到鲁迅回国前才结束。

后来鲁迅说他这时听课之所学，差不多都还给先生了。的确，鲁迅从章太炎处所受的影响，主要还是他那风行一时的宣传革命的文学。他的《狱中赠邹容》的革命诗，深深地打动了青年鲁迅的心，他爱读它，能背诵它。先生的《驳康有为论革命书》以及与梁启超大论战中的驳难文章，也为鲁迅所爱读。除了思想上的影响，在文风上也受到了一定的影响。鲁迅在近20年后的《坟·题记》中说：“又喜欢做怪句子和写古字，这是受了当时的《民报》的影响。”

我们可以说，章太炎是继严复、藤野之后鲁迅早期的第三位启蒙之师。严复以所译的《天演论》给鲁迅以重要的思想影响，又以他的整个翻译事业给鲁迅以文学上的影响。藤野博大的胸怀和对医学科学的忠诚，给了鲁迅极大的鼓舞和力量，使他终生难忘。章太炎对鲁迅的影响，主要是在民主革命思想方面，以及教育作风上的潜移默化。

当然，除了那位异国的藤野先生之外，严、章二师，后来都走到了自己的反面，鲁迅作为他们的弟子，不仅早与他们分道扬镳，而且远远超过了他们。但鲁迅却从未忘记过他们对自己的启蒙作用、引导作用和濡染作用。他在自己的著作中，对于严与章的历史功过，都作了公正的评价。

泰山不辞握土泥丸而能巍峨屹立，长江不拒涓滴细流才成浩瀚汪洋。鲁迅接受、吸收了多方面的熏染与影响，方才臻于精深博大。

七、杰出的精神界之战士

> 今索诸中国，为精神界之战士者安在？有作至诚之声，致吾人于善美刚健者乎？有作温煦之声，援吾人出于荒寒者乎？
>
> ……而先觉之声，乃又不来破中国之萧条也。然则吾人，其亦沉思而已夫，其亦惟沉思而已夫！①

这是鲁迅在1907年，面对中国当时的沉寂冷落，群众落后，革命者又不予关注的情况，提出来的呼号，其迫切心急之情，跃然纸上。而事实上，他自己正是这种精神界之战士，他的几篇论文，发出了这种“先觉之声”，他自己的作为，正是打破了这令人难忍的沉思。

在《新生》夭折之后，鲁迅丝毫没有灰心。学友刘师培等正主编《河南》杂志，孙竹丹约请鲁迅写稿，他慨然允诺，欣然命笔，从1907年末开始，一篇接着一篇的论著，在《河南》月刊第一号，第二、三号，第五号，第七号和第八号上陆续发表，署名为“令飞”“迅行”，意思是前进和迅速行动，用意在于自我勉励。

这些论文的题目是：《人之历史》《科学史教篇》《文化偏至论》《摩罗诗力说》《破恶声论》。五篇文章，观点统一，各有侧重，构成了一个思想体系，反映出作者在哲学、历史、科学、文学等方面的观点，论述了救国救民之大旨，表露了愤时、爱国、爱民之至诚，提出了完整的启蒙运动的纲领。这几篇文章，确实做到了近察中国之实情，远探世界之大势，稽求既往，相度方来。皇皇巨制，蔚为大观。文笔流丽跌宕，犀利泼辣，妙思善感，热诚雄辩，堪称奇文。从这几篇文章中我们可以看到，鲁迅在科学、哲学、历史、文学等方面有充足的准备和精深的研究。在这几篇文章中，鲁迅对当时顽固的守旧派、君主立宪派，以及图谋私利的假革命派，作了中肯的、切实的、深刻的批判。

在这几篇论文中，他提出了一个资产阶级民主革命的思想启蒙运动

---

① 《坟·摩罗诗力说》。

纲领，并且作了详细的、多方面的论述。这个纲领是：

> 诚若为今立计，所当稽求既往，相度方来，掊物质而张灵明，任个人而排众数。
>
> …………
>
> 是故将生存两间，角逐列国是务，其首在立人，人立而后凡事举；若其道术，乃必尊个性而张精神。[①]

这个纲领体现了反对封建束缚、解放思想、唤起民众的民主革命精神。并且，还表露了避免西方物质文明弊害的思想。鲁迅的深刻处在于：当辛亥革命的领导者们倾全力于扔炸弹、挥刀枪、连络会党、组织起义而忽视了对群众的思想发动时，鲁迅却把眼光注视群众，希望“精神界之战士”起来唤醒他们，发扬国人的“勇猛无畏”“独立自强”的精神。而且，当他把眼光转向西方时，也同时注意到它的弊害，提出了避祸的主张。这几篇文章是辛亥革命准备时期的思想文献，它标志着鲁迅已经成长为民主革命启蒙运动中的勇猛战士。

在鲁迅的上述每一篇文章中，我们都看见一个飘摇零落的中国的形象，也感受到作者炽热的爱国之心。在《人之历史》中，他用生物进化发展的史实，说明了“人类演进之事”，已“昭然无疑影”，然而，哀我中华，虽然“进化之语，几成常言”，但是，“喜新者凭以丽其辞，而笃故者则病侪人类于猕猴，辄沮遏以全力”，更有“抱残守阙之辈，耳新声而疾走”。而当近代自然科学高度发达，给西方世界带来高度物质文明和社会进步之时，当这股西方文化的洪流“来溅远东，浸及震旦”之际，在我国，或者有人“死抱国粹”，漫天鼓吹“今之学术艺文，皆我数千载前所已具”，“尸祝往时，视为全能而不可越”，有的则“震他国之强大”，“兴业振兵之说，日腾于口”，又“仅眩于当前之物，而未得其真谛”。[②]在《文化偏至论》中，他列举种种事实，谴责切切，力抗时俗，指出有的人偏于物质，有的人偏于众数，有的人“抱残守阙”，眼见将使中国如印度、波兰一样，“以底于灭亡”；有的“辁才小慧之徒”，又“竞言武事”，“谓钩爪锯牙，为国家首事”，有的“稍稍耳新学

① 《坟·文化偏至论》。

② 《坟·科学史教篇》。

之语”，“翻然思变”，竟然“言非同西方之理弗道，事非合西方之术弗行”。他们竟这样偏于一极。顽固、偏狭、守旧、昏聩、执拗。他指出，由于欧风美雨来浸远东，西方文化思想传入中国，“使中国之人，由旧梦而入于新梦，冲决嚣叫，状犹狂酲”。他概括地描述这种矛盾惶遽、如醉如狂的形象：“夫方贱古尊新，而所得既非新，又至偏而至伪，且复横决，浩乎难收，则一国之悲哀亦大矣。”在《摩罗诗力说》中，他在介绍了世界诗坛的群星，赞颂了他们的“立意在反抗，指归在动作”的精神之后，“惆怅无间”作“芳菲凄恻之音”，慨乎言之：“家国荒矣”，“然则吾人，其亦沉思而已夫，其亦惟沉思而已夫！”

一颗灼热的、赤诚的爱国心，跳动于字里行间，我们不由得不想起他的名句：“寄意寒星荃不察，我以我血荐轩辕。”这个救国的主题，正是危机四伏、朝不保夕的祖国，最重要、最急迫的主题，也是启蒙运动的第一主题。鲁迅深切地感受到而又有力地抓住了这个主题。他以人民的代言人的姿态，以悲愤壮丽的语言，表述了这个主题。这个主题也是三四年前（1903年）他所写的《斯巴达之魂》等文章的共同主题，他今天的工作，正是前者的继续。但是现在，无论在见解的深度上、知识的广博上、思想的丰富上、文才的发挥上，都远远超出了以前的作品[①]，在这里，爱国的炽热之情、至诚之心比之当年有增无已，而爱国的内容却充实得多，具体得多，实在得多了。

科学，也是这几篇文章的重大主题。这同样是几年前探索过的主题，也是启蒙运动的重要的、不可或缺的主旨之一。在这个主题上，他的思想也进到了一个新的境界。他在文章中，充分估价了科学对人类历史发展的伟大作用，指出：“盖科学者，以其知识，历探自然见象之深微，久而得效，改革遂及于社会。”“故科学者，神圣之光，照世界者也，可以遏末流而生感动。时泰，则为人性之光；时危，则由其灵感，生整理者如加尔诺，生强者强于拿破仑之战将云。”[②]

这里，指出了科学对认识世界、改革社会、建设国家、改造人性的作用。

---

① 一般论者常把鲁迅1903年的几篇文章与1907—1908年的几篇论文混为一谈，通称早期作品，对其思想内容也统一分析。事实上，鲁迅的“早期思想”，仍可分成几个阶段，互相之间，有联系，但又有区别。

② 《坟·科学史教篇》。

发表于1908年十二月号《河南》上的《破恶声论》，是鲁迅这时期一系列论文中的最后一篇。这是一篇未竟之作。文章一开头就写道：

> 本根剥丧，神气旁皇，华国将自槁于子孙之攻伐，而举天下无违言，寂漠为政，天地闭矣。[①]

痛感祖国寂寞荒凉，岌岌可危，他延续了前几篇文章的思想，提出了启发人民的“内曜”（精神）的课题。他说：“人群有是，乃如雷霆发于孟春，而百卉为之萌动，曙色东作，深夜逝矣。”他所希求的就是人民精神上的解放，这个号召的反封建意义是很明显的。这篇文章的主旨在破恶声，即妨碍这种“内曜”的消极力量。

他所破的恶声有：“破迷信也，崇侵略也，尽义务也。”为什么“破迷信”竟要当作恶声来破？难道鲁迅要提倡迷信吗？他不是热烈地提倡科学吗？不是的，鲁迅从鼓动、发扬人民的美上之精神出发，他反对把优美的神话、传说当作“迷信”来破。

第二为破“崇侵略”。崇尚侵略，这当然要破，要破它个彻底。列强吞并瓜分，“攻小弱以逞欲”。这种帝国主义侵略的理论必须破。更可贵的是，鲁迅还提出“凡有危邦，咸与扶掖”的思想，希望弱小民族团结自卫，很明显地表现了他的反对帝国主义侵略的思想，显示了爱国热情之真挚灼热。可惜，他这样的沉痛热切的呼吁也没有得到回响。下篇未及写出发表，他就回国了。

八、理论基础——人性进化论

如果说科学与爱国是这几篇论著的两大鲜明的主题，那么，人性进化论，便是它的理论基础。贯穿在这几篇文章中的一根红线，是人——人性，人性的进化、改造与发展。人是核心，是主角。他开首第一篇，便是讲人的历史，人怎样从至卑的原生物而发展成为万物之灵。他从人的这种进化历史中，得出的是人的光荣感和人的尊贵与高强。以后诸篇，便全面地论述了如何以科学、文学、艺术致人性于全；提出了理想国民性的主要内容；并且正确地论述了物质文明与精神文明保持平衡的

① 《集外集拾遗补编·破恶声论》。

问题[1]。他要求的是完全的、理想的人性和完全的、理想的人类文明。

通读诸文，我们从字里行间，通过由“理想国民性”的对比，看到了一个“人”的形影：他由于自身发展的历史和现实生活的贫弱，造成了偏枯；又由于外来的新的疠疫缠身；因此，虽然他高大、魁梧，然而瘦弱、苍白、萎靡、满身创伤；他的眸子闪着深沉的、哀苦的、期望的亮光。“他”，就是受列强欺凌、积贫积弱的半殖民地半封建社会中的中国人！

要革命，要进化，首先要立人，进而建立“人国”。这个“人国”，实质上就是资产阶级民主共和国。但鲁迅不说建立合众国、共和国、民国，而是“人国”。他的着眼点在人。早在弘文学院的时候，鲁迅就与许寿裳经常讨论同人性相关联的这样三个问题：

一、怎样才是理想的人性？

二、中国国民性中最缺乏的是什么？

三、它的病根何在？

他后来所做的就是：诉说人们的苦难而“哀其不幸”，指斥人们的愚昧而“怒其不争”，启其蒙昧，激其斗志，探索其病根，寻求改良的药方。鲁迅的这些思想，抓住了根本，表现了它的彻底性与深刻性，这也是他高出于当时一般思想家的地方。

有人说，鲁迅的思想基础是生物进化论，有人甚至说他的人生观是“生物学的人生观”，理由就是“鲁迅的作品，最后大抵都关系到‘死’”。也有人表示同意这种说法，认为“人得要生存”，“在鲁迅人生观的根柢里，成了他各种思想、行为的中核。”[2]这是不符合鲁迅的思想

---

① 鲁迅认为科学是“人性之光”，能发展健全人的本质，同时又要以文学艺术培养“美上之感情”“明敏之思想”。这样“致人性于全”，才是“今日之文明者也”。他认为理想的人性应是具有反抗精神、斗争品性的：“所遇常抗，所向必动”、“抗伪俗弊习”；而且具有斗争的彻底性：“贵力而尚强，尊己而好战”，“不克厥敌，战则不止”；也应具有不落流俗，敢于坚持真理的品性：“不取媚于群，以随顺旧俗”，“不和众嚣，独具我见”，即使“孤立于世，亦无慑也”。总之，应该是强健的、刚直的、勇毅的、真诚的，“刚健不挠，抱诚守真”。他认为，19世纪欧洲物质文明，固然使人类幸福得以增长，但“诸凡事物，无不质化”，则是“偏于一极”。他说，“纵令物质文明，即现实生活之大本”，如果“崇奉逾度”，也必“失文明之神旨”。因此，他主张要发扬 “精神生活之光耀”，“内部之生活强，则人生之意义亦愈邃”。以上，都表明鲁迅思想之深刻，远远超出于当时的思想界的其他人。

② 增田涉：《鲁迅的印象》，湖南人民出版社，1980，第59页。

实际的，是对鲁迅的严重的误解。即使用来说明鲁迅的早期思想也是不正确的。的确，鲁迅自从接触到达尔文的进化论，就欣然拿来作为自己的思想武器，以它为基础形成了自己的世界观。但是，鲁迅只是接受了他的人由进化而来，还要向前进化的思想，却从来不把人的进化与动物的进化等同。在《人之历史》中，他不是就指出了“人类之能，超乎群动”么？如果说，在这里还只不过说人类超过了各种动物，为万物之灵，还不足以说明他把人和动物区别开来了；那么，在其他几篇论文中，他说到理想、科学、文艺（包括美术与音乐）对于人性的影响，他论证、希望人性应该以此为照亮自身的光，以此为人性的内容，以此来致人性于“全”。而这一切，是动物所具有的吗？是生物人生观吗？鲁迅还论述了人性与社会，与文明（物质文明和精神文明）交互影响、共同发展的情况，他是把人看作社会的人的。而且，并不是一般的人，也不是外国异族的人，而是中华民族的子孙，20世纪初叶的中国人。

鲁迅笔下的“人”的形象和对于改变这种人的“人性”的期望，正是民族的、人民的心声的反映。作为年青的精神界之战士，他代表了人民，反映了人民的愿望。从而，作为爱国者，他是人民的热诚的代言人；作为思想家，他是深刻的民族的“思考人”。

有人说，鲁迅的文化思想，是“全面反传统”，即抛弃传统，全盘西化。这种说法，用之于鲁迅的整个思想固然是错误的，即使用来估价鲁迅的早期思想也不对。此意无须多说，只举鲁迅在这几篇论文中的几段话，即足以证明：

> 此所为明哲之士，必洞达世界之大势，权衡校量，去其偏颇，得其神明，施之国中，翕合无间。[①]

> 夫国民发展，功虽有在于怀古，然其怀也，思理朗然，如鉴明镜，时时上征，时时反顾，时时进光明之长途，时时念辉煌之旧有，故其新者日新，而其古亦不死。”[②]

鲁迅在这里，以活生生的辩证观点，说明从世界全局出发，立足中国，权衡比较的重要，论证了念旧取新与新陈代谢的规律。这与全面反

① 《坟·文化偏至论》。

② 《坟·摩罗诗力说》。

传统是不可同日而语的。

从鲁迅1907—1909年所写的这几篇论文中，我们看到，较之1903年所写的几篇论文，虽然爱国与科学仍然是两大主题，“人”仍旧居于核心地位，但是，他的视野开阔了，思想更深刻了，已经发展到一个新的高度。他是从整个人类思想文化发展的深度，从世界性的广度来观察探讨这些问题了。他探讨人、历史、科学、文艺的发展史及其规律，得出了产生“偏至”的结论：“文明无不根旧迹而演来，亦以矫往事而生偏至。”[①]这就使历史具有了客观性，有可循的“旧迹”和应矫的“往事”，矫枉过正，又纠其“偏至”。如是向前发展。不纯然是英雄伟人主观意力的创造。因此，鲁迅此时虽然仍未脱出唯心史观的范畴，但却已经是客观唯心主义的思想了。

他表达了丰厚的哲学思想，尤其是辩证法思想，生动、具体、丰富，也脱出了朴素阶段。他认为“平和为物，不见于人间”，“世事之常，有动无定”，肯定了世界在矛盾斗争中不断发展，并且指出这种发展是曲折的、螺旋式上升的：“世事反复，时势迁流”，“世界不直进，常曲折如螺旋，大波小波，起伏万状”。他总结的“偏至”规律，正是用自己的语言，表述了事物矛盾斗争的发展，导致向相反的方面转化。鲁迅不是以哲学的方式和语言来论证，而是以一个爱国的精神界之战士的姿态，为了革命，为了斗争，从对历史的研究和对现实的考察中，得出了这些规律性的认识。

这不仅表明他的思想进一步成长了，而且说明他已经打下了非常坚实的知识与思想的基础，预示着他的广大的发展前途。

鲁迅作为资产阶级民主革命的思想战士，他这时期世界观的基础是坚定的唯物主义，对于世界的物质性，它的发展的历史，人的发展的历史，都坚持了唯物主义。

但鲁迅却停步在历史唯物主义面前。他用来观察历史、社会和国家命运的仍然是唯心主义，表现为一种文化史观，把人类历史的发展，归结为思想文化的发展。他说：“若曰惟物质为文化之基也，则列机括，陈粮食，遂足以雄长天下欤？曰惟多数得是非之正也，则以一人与众禺处，其亦将木居而芧食欤？”[②]唯物史观认为：决定历史发展的是物质资

---

①② 《坟·文化偏至论》。

料的生产，是人民群众。然而，在鲁迅的历史观中，两者却被颠倒了位置。

九、时代烙印与历史条件

任何伟大的历史人物，都是时代的产儿。鲁迅是他所处的那个时代造就的，是发展到20世纪初的五千年古国所养育而成的。无论是思想的优点还是弱点，都打上了时代的烙印。他的所有重要的观点，他的世界观与人生观，都来自他的激进的革命民主主义立场。而这个立场，并不是他主观自生的，而是他的童年的生涯，不幸的家庭破落的遭遇，他对祖国因受帝国主义侵略而沉沦的感受，清政府腐败无能、丧权辱国的刺激，他对人民苦难生活的感应，他在日本所受的歧视，以及他对日本现实的观察，他对西方资产阶级进步文化（包括哲学、历史、科学、教育、文学、艺术以及近代自然科学，等等）的学习、钻研和所受的影响，他对祖国文化典籍的学习、历史发展的研讨，以及他在东京与章太炎、秋瑾、陶成章这些革命者的交往，与许寿裳、钱玄同等学友的切磋。总之，是他的全部生活经历和整个社会环境的共同作用，培养和锻炼了他的认识能力，决定了他的思想发展方向。当然，不能否认他个人的作用。许多同时代人中，境遇、道路和他类似的人，并没有都像他这样成长起来，这就说明了他的特出之处。

人们都一贯肯定他的自然观方面是坚定的唯物主义，也赞扬他的出色的朴素的辩证法观点。然而，这些也都不是他的“天才”条件所决定的，而是反映了时代的、阶级的特色。他的辩证法观点，正是客观世界、社会生活的发展变化的反映。我国自从鸦片战争以来，封建社会的解体，国运的弱败式微，人民生活的急遽变化（其中包括鲁迅家庭的变故），以及19世纪末到20世纪初世界形势的急遽变化：西方从自由资本主义转到垄断资本主义，高度的物质文明带来的西方社会生活的巨变和人们思想的剧变，以及亚洲、非洲殖民地半殖民地国家和地区的衰变，等等，这一切都反映着人类社会、人们的思想在激烈动荡，各种矛盾互相交错，互相斗争。作为一个激进的民主主义者，鲁迅欢呼这种变化，而且努力促进这种变化的发展。这就产生了他的观点中的辩证的因素。

鲁迅的哲学观点，正是中国处在资产阶级民主主义革命前夜这个现实生活的反映和补充。当然，能够反映这个现实并做出这个补充的人，是对社会、对革命做出了贡献的，这一点不应抹杀。

鲁迅当时思想上的缺陷和弱点，也同样打上了时代的烙印。他的社会观方面的唯心主义，他之所以停步于历史唯物主义之前，也正是中国落后的社会生活所决定的。当时，社会主义、马克思主义，在东京出版的中国报刊上都有介绍，如鲁迅爱看的《民报》，就是如此。但是，这种介绍很不充分，并且包含着误解甚至歪曲，而鲁迅即使读过，也并没有受到多大影响。因为落后的中国，现代工业微乎其微，资产阶级刚刚形成一个阶级，无产阶级还是一个自在的阶级，没有独立活动起来，在这种时代条件下，是难于完全理解也难于接受无产阶级的革命哲学的。鲁迅思想上对群众的轻视，也同样是中国落后的社会生活所决定的。群众本身的不觉醒的状况，使一个寻找社会力量的启蒙运动者，只能看到他们的消极面，而想着如何迅速出现“才士”“超人”，来援人民出于荒寒。因此，对于人民群众是历史的创造者、是历史的主人这样的命题，是不能理解，难于认识到的。

社会生活条件提供了这样的舞台，时代定下了这样的基调，人们总是只能在这个有“限制”的舞台上，按照时代的基调，去发挥自己的才智与能力，演出历史的活剧。鲁迅正是在时代的造就下和祖国的养育下成长起来的。

鲁迅在《呐喊》《彷徨》中的小说的一些重要而深刻的主题，在这时期就已孕育了。阿Q主义的某些内容，在这时的文章中，即有所揭露[①]，对辛亥革命的未能充分发动农民群众，这时已甚有感触；对国民性痼疾的疗救，这时已在他的思想中明确形成。在这时的论著中，他的作品的思想特色与艺术特色，已初露端倪，思理朗然，议论横生，具有鲜明的批判特色，带着幽默讽刺，犀利泼辣。总之，鲁迅在这一时期的生活、作品中，已包含着他日后创作中的主题、题材和艺术风格的最早

① 鲁迅在《摩罗诗力说》中，有这样的描写：“中落之胄，故家荒矣，则喋喋语人，谓厥祖在时，其为智慧武怒者何似，尝有闳宇崇楼，珠玉犬马，尊显胜于凡人。”这段描写，不正写出了阿Q的“我们先前——比你阔的多啦”的心理状态吗？同一文章中，还有这样的描写：“今试履中国之大衢，当有见军人蹀躞而过市者，张口作军歌，痛斥印度波阑之奴性；有漫为国歌者亦然。盖中国今日，亦颇思历举前有之耿光，特未能言，则姑曰左邻已奴，右邻且死，择亡国而较量之，冀自显其佳胜。”这种拿亡国者来作比，以显自己佳胜，且编进歌曲，长街歌唱，不正是对阿Q精神的最早揭示吗？

因素。只是，这时候的历史条件，还没有成熟到在作家的头脑中产生艺术形象的程度；而中国的新兴文学运动，也还没有酝酿发动；鲁迅自己也还没有在思想上熔铸成一个活生生的、完整的艺术形象。因此，只能做出一个零星的概述。

这种情况，正说明鲁迅对阿Q的形象，确是酝酿了很多年。而且，也反映了他的前进的脚步，说明他后来的“一发而不可收”和巨大成就并非突然出现、一蹴而就。

十、成长在异国的土地上

从1902年4月到达日本留学，到1909年8月回国，鲁迅在日本整整生活、学习了7年零4个月。这正是他从22岁到29岁的时期，他的青春时期的最好时光，是在日本度过的。在这时期，他奠定了自己一生革命道路的牢固基础。

正是在日本，他开阔了视野，看见了经过明治维新而取得巨大发展的日本，以日本为“观察哨”，又看到了西方诸国的情形。而且，从这里能够很方便地得到大批日文和德文书，他广泛地接触了西方自然科学和社会科学的知识，也接触和研究了欧洲各国，特别是被压迫的东欧各民族的文学。这样，鲁迅广采博取，深入研究，多方比较，利用丰富的外国思想资料和现实的材料，来发展自己的思想，在文化知识上装备起来，在世界观上武装起来，在文学理论和创作上丰富起来。

东京，当时已成为中国资产阶级民主革命在海外的活动中心，国内的许多次起义，都预先在这里谋划、准备，国内的种种政治风云变幻，都要在东京得到回响和反映。许多革命者常到这里集结，进行学习、讨论。因此，这里也是中国当时的一座革命学校。鲁迅在这里前后生活达5年之久，又与不少革命者有密切的交往，自己也参加了革命组织，这对他形成革命民主主义的思想，具有决定性的影响。

当时，从封建士大夫分化出来的中国新一代知识分子，很大一部分在日本留学，东京更为集中。在这支新的知识分子队伍中，人才辈出，颇不乏英雄豪杰、志士仁人，这是当时知识分子中的精华。当时的留东知识界，顽固派、保皇派、改良派、革命派都有，他们之间展开了激烈的论战。这样的环境和这样的斗争，对于鲁迅启发思路，发展自己的思想，也都起了很好的作用。

在日本的7年，对于鲁迅一生的影响，既深且远。他以后能够不断汲取外来的思想营养，从不拘泥保守，真正以“拿来主义”的精神，从外国取来有益的东西，开辟自己的道路，都与这段生活分不开。

当鲁迅的论文在《河南》杂志上一篇接一篇地发表时，并没有引起什么注意和反响。像引吭高歌于广袤的沙漠上，没有听见回声；像登上高巅呼号，声响随风消散。

“我感到未尝经验的无聊。”鲁迅这样说。

鲁迅的寂寞有很深刻的时代含义。

在中国刚刚登上政治舞台的年青的资产阶级“没有功夫”，更没有才力去著书立说，推行思想启蒙运动，甚至连他的外国先辈们，西方17，18世纪的启蒙学者的著作和19世纪中叶主要思想家的著作，他们也没有翻译介绍。他们就这样在没有强有力的思想革命作先导的情况下，发动革命。纵然是一次又一次的起义失败了，勇士们一批又一批地倒在血泊中了，也没有唤起他们的注意，仍然是只把自己的宣传鼓动工作局限于反满、复汉方面，发动群众的范围局限于国外华侨和国内会党上。

既然血泊尚且没能使软弱者坚强起来，使迷误者清醒过来，那么，鲁迅的几篇论文，又怎么能够引起他们的注意与重视呢?!

于是鲁迅感到如叫喊于生人中，无有反响；如置身荒原上，无可措手。

他的寂寞是辛亥革命的一个严重缺陷的反映，是一个独步前进、走在行列最前头的少数人，回顾后行者尚远在后尾时的心境。

恩格斯在提到欧洲文艺复兴时，曾经赞扬这是一个需要巨人也产生了巨人的时代。在欧洲资产阶级准备自己的一场革命斗争时，产生了一批自己的伟大学者、思想家、文学艺术家，如群星灿烂，于人类思想文化做出了可贵贡献。在中国如何呢？就个人条件说，无论是知识的准备，对现实的掌握能力，还是思想的能力，以及才华的出众上，鲁迅都有可能在此时就成为一个杰出的启蒙运动的思想家。然而，中国落后的社会生活，和在这个落后的经济基础上所产生的幼稚软弱的资产阶级和这个阶级所领导的不彻底的民主革命，都限制了鲁迅，“耽误”了鲁迅，它不足以培养造就这样一个伟大的思想巨人。

这正说明了历史条件对于一个伟大人物的产生的“最后决定权”。

鲁迅必须等待这个历史条件的出现。然而，他又不能继续留在日本等待这个条件的出现。

由于种种原因，他只好决定告别日本，回到祖国去了。

祖国，祖国，日夜怀念的沉沦的祖国啊，你将以什么来接待你的去国七年的游子归来呢?

第四章　寂寞缠住的灵魂

1909年（29岁）—1918年（38岁）

杭州——绍兴——南京——北京

这寂寞又一天一天的长大起来，如大毒蛇，缠住了我的灵魂了。

只是我自己的寂寞是不可不驱除的，因为这于我太痛苦。我于是用了种种法，来麻醉自己的灵魂，使我沉入于国民中，使我回到古代去，……

——《呐喊·自序》

沉默呵，沉默呵！不在沉默中爆发，就在沉默中灭亡。

——《华盖集续编·记念刘和珍君》

沉默而苦痛，然而新的生命就会在这苦痛的沉默里萌芽。

——《华盖集·忽然想到（十一）》

一、荒寒中的岁月

海草国门碧

1909年8月，鲁迅打消了留在日本从事文学活动或去德国继续深造的念头，决定回国。这是“因为我底母亲和几个别的人很希望我有经济上的帮助”[①]。

这里的“几个别的人”，指的是周作人和他的妻子羽太信子等。他这时还在日本立教大学读书，却已经同一个日本女子羽太信子结了婚，开支增大了，要求鲁迅帮助。鲁迅决定做出自我牺牲，改变了在东京研

① 《集外集·俄文译本〈阿Q正传〉序及著者自叙传略》。

究文艺的计划，回到祖国来。

这是生活的又一大变化，也是他的人生征途上的又一次转折。

扁舟一叶，漂浮江上。船夫坐在船尾，用脚划着短柄的双桨，缓缓前行。鲁迅斜依在狭小的船舱内，望着缓缓移去的岸边的青山、绿树、田野、村庄。李白云："海草三绿，不归国门。"他离开故国家乡于今已是7年，海草国门，已经七度黄绿了。想起去国时的意气，归国时的寂寞，心中抑郁沉重。《新生》的失败，《域外小说集》的冷遇，自己立志发动的文艺运动全无反响。为什么沉沦零落的故国，竟不能振奋起来？为什么痛苦哀伤的人民，竟不想觉醒过来？为什么那些慷慨悲歌、抛洒热血的仁人志士，竟自己赴汤蹈火，而弃这一切于不顾？这一切，鲁迅当时都无法解答，他只能作如下解释：

"然而我虽然自有无端的悲哀，却也并不愤懑，因为这经验使我反省，看见自己了：就是我决不是一个振臂一呼应者云集的英雄。"[①]

这个反省，这个总结，也许使他决定改变自己的计划，在革命征途上另作选择。这也许是他决定放弃文艺运动回国的一个更重要的原因。[②]

现在，他已经回到阔别七载的祖国了。"海草国门碧，多年老异乡"，他心头油然而生亲切欣慰之情。然而这眼前的荒凉景色，这江上的沉寂，不又是荒寒祖国的写照么？

也许是为了排遣心头的惆怅，也因为见到久别的同胞乡亲，感到亲切，他和船夫闲谈起来。这时，船夫忽然说：

"先生，你的中国话说得真好。"

"我是中国人，而且和你是同乡，……"鲁迅连忙解释。

"哈哈哈，你这位先生还会说笑话。"鲁迅默然。他是为了不愿再接上那条象征民族压迫的辫子，才决定穿西装的，可是故乡人不了解他，

① 《呐喊·自序》。

② 鲁迅为什么此时回国，历来都根据他自己所述，是母亲和"几个别的人"（即周作人及其妻子羽太信子等人）需要帮助，所以决定放弃学业和正从事的启蒙运动回国。但是，是否仅仅这个原因，就促成了他的回国？是否还因为那失望与寂寞，使他感到无法进行工作，冷却了原先的热情，回到祖国？那经济上的事情，也只不过是个诱因和具体问题。否则，何以解释他突然停止了工作，而且回国后也没有继续进行？这只能是个推测，目前尚无证实的材料。谨在注文中说明。

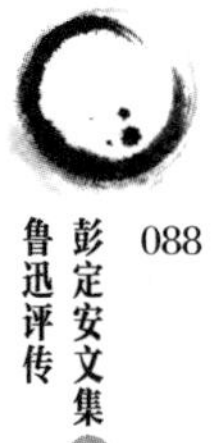

竟这样来迎接久别的游子。这又使他陷入了沉思。

西湖足迹，鉴湖风云

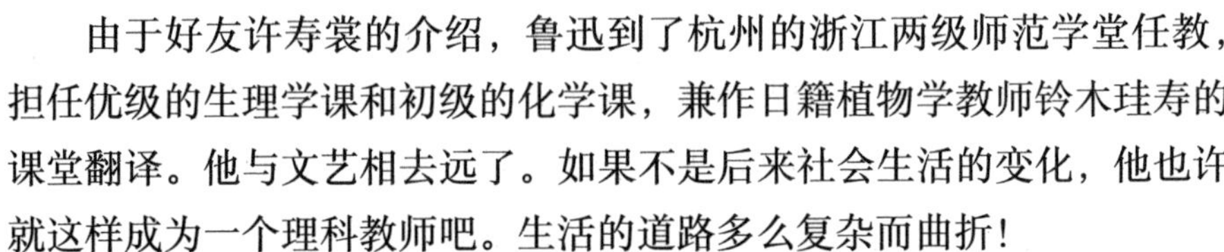

由于好友许寿裳的介绍，鲁迅到了杭州的浙江两级师范学堂任教，担任优级的生理学课和初级的化学课，兼作日籍植物学教师铃木珪寿的课堂翻译。他与文艺相去远了。如果不是后来社会生活的变化，他也许就这样成为一个理科教师吧。生活的道路多么复杂而曲折！

他教学态度认真，思想新，方法也新。他亲笔写了生理学讲义《人生象敩》和《化学讲义》。这讲义从内容到字迹都是认真严肃、一丝不苟的。有人劝他，这种讲义，何必那么认真呢？他说：“惯了！”

有的学生提议他在生理课上讲一讲生殖学说。这一节是以前的教师都回避的。然而鲁迅痛快地答应了。但是他说：有一个条件，就是：不许笑。上课了，他大大方方地讲了，没有人笑，收到很好的效果。这对当时的封建教育简直是一次不小的冲击，全校反应强烈。

在植物学课堂上，鲁迅是一个热心的、认真负责的翻译。铃木是一个颇有造诣的植物学专家，但是有时也不免讲错或讲漏了，鲁迅发现便在口译中给更正过来。铃木发现了，会心地向鲁迅点头微笑，表示感谢。

“欲把西湖比西子，淡妆浓抹总相宜。”西子湖畔，青山绿水，楼台亭阁，美不胜收。但鲁迅从来没有去游览过。只是为了实习和采集标本，才陪同铃木带领学生们到湖畔山上活动。每两周一次，每逢周末便在山峦翠嶂间度过半天。他们的足迹遍及孤山、葛岭、北高峰。他准备经过实地考察，用收集到的第一手资料，汇编一部《西湖植物志》。当年鲁迅所收集制作的西湖蓼科植物标本的一部分，现在还保存在杭州第一中学。这时他把对拜伦、雪莱、裴多菲的热情，完全倾注在青枝绿叶紫萝黄花之上了。

浙江两级师范学堂，是清朝政府废科举、办学校之后，在贡院基地上改建的，1908年建成。建筑规模宏大，为东南地区少有。这个新办的学校，得到浙江知识界的支持，监督（校长）沈钧儒是个进士，却是一个富有民主思想的新派人物。教师中间留日的学生不少，许寿裳在这里当监学（教务长），教员中有夏丏尊、经子渊、朱希祖等人，都是些具有新思想，同情和支持孙中山领导的资产阶级民主革命运动的年青知识分子。

这么多的留日学生，这么多没有辫子的教员，很引起浙江封建统治当局的注意。这年（1909年）冬天，沈钧儒当选为浙江省咨议局副局长，辞去校长职务。清政府乘机派了夏震武来接任。此人自以为是“理学家”，鼓吹“忠君”“尊经”。为人不仅守旧，而且呆头呆脑，所以来了不久，师生们便给了他一个绰号“夏木瓜”。他对师范学堂的新风气不满，教师们对他的守旧也不满。

“夏木瓜”到任后的种种举措——守旧、尊孔、官僚架子、反对新党，激起了教师们的不满，终于酿成风潮，教员辞职，学生支持，正值清政府想要表示“革新”，不敢开罪这批留学归来的教师，于是便让“木瓜”滚蛋了。这是鲁迅回国后参加的第一次政治斗争。他称其为“木瓜之役”，斯役之发生和结果，说明保守势力仍在挣扎，但革命力量也在增长。

1910年7月，鲁迅辞去浙江两级师范的教职，回到绍兴。他是应故乡学界长辈蔡元培先生之邀，回来当绍兴府中学堂的监学（教务主任）的。

从1898年他怀着决绝的心情离别故乡，到今天已经13个年头了。当年，他作为一个愤世嫉俗要走异路的青年人，离别绍兴；今天，他已是一个学成归国的留学生，回到故乡来办新教育了。他已经开始成熟了，要和这个环境搏斗，改变这个环境，改造这些人。

绍兴府中学堂设在仓桥试院（原来的考场），现在是绍兴府里的最高学府了。鲁迅除了担任监学，还教博物，以后更兼教生理卫生课。在绍兴工作的一年多里，鲁迅没有住在新台门的家里，而是独身住在学堂的办公室里。在这间朴素的房间里，除了床、柜、桌、椅之外，便是书和植物标本了。

鲁迅在暑假期间，到农村去看了两次社戏：一次是同母亲、衍太太一起，到舅舅家小皋埠看绍兴戏；另一次是和母亲一起到昌安门外的松林去看目连戏。这些儿时十分喜爱的民间戏曲，给了他一种带着辛酸的甘味的欣喜，他仿佛又回到童年，然而那是已逝的韶光，不能回复。不过，今天领略到的民间艺术在思想上和艺术上的深厚内涵、美的享受和人民的心声与才华，却都是那时所不能得到的。在这些与民间艺术的再度接触中，他更多和更深地受到江南民间艺术的陶冶。

在这同时，他的儿时的农民朋友，仍然同他保持了联系。那个曹娥江畔的“扑猹英雄”章运水，不时到城里来，帮周老太太干活，也来看看儿时的好友。他也已经30多岁了，生活的重担压在双肩，已经完全不是昔日的丰采了。此外，安桥头和小皋埠的朋友们，如六一、梅香、阿子、七斤、四一、阿发、桂生这些人，也常常来看望鲁迅。他们的境遇、他们的生活以及他们的变化，都使鲁迅更进一步了解到农民的苦难，他们的淳朴的友谊，也使他的心里感到温暖。

家里还有一位工友，名叫王鹤照。鲁迅并不把他当作仆人，而是视同朋友，他请鹤照讲绍兴戏，讲民间故事，也同鹤照一同去游览故乡的名胜古迹。他们的友谊，同样也成为他的思想感情通向人民的桥梁。[①]

现在，故乡的山和水，在鲁迅眼里也起了变化：它不仅秀丽优雅，而且有着丰富的植物种类。早在杭州期间，他就写信告诉在故乡的三弟建人采集植物标本。现在他同建人，还带上鹤照一起，去到会稽山和吼山采集标本。他向来重视自然科学，热爱自然科学，但他看到当时研究自然科学的条件很差，而且自己又担负着教学任务，没有时间来从事专门的科学研究工作。只有植物学，对象是大自然漫山遍野的树木花草，不需要更多的设备，业余时间也可以搞，因此，他把植物学作为自己的研究课题。自然，儿时对于花草和种花的兴趣，在这时也起了作用。

鉴湖碧水平静如镜，稽山巍巍安坐不动，绍兴似乎很平静。然而，鉴湖之滨，革命的风云也在激荡。这时期的中国，已经是山雨欲来风满楼，革命有一触即发之势了。在1910年到1911年间，全国各地人民的抗捐抗税、保路及其他斗争，就发生200多起。武装起义，不断发生。1910年2月同盟会会员倪映典领导的广州城郊三千人的起义失败之后，不过一年，便又爆发了黄兴领导的广州起义。这次起义虽然失败了，但它震惊了清廷，惊醒了人民。

在这种统治者不能照旧统治下去，人民不能照旧生活下去的时候，绍兴鉴湖之滨，稽山之巅，也滚动着革命的风雷。秋瑾烈士前几年在这里播下了革命的种子。另一重要革命领导人陶成章继续积极连络会党，图谋起事。嵊县的绿林豪杰王金发也在同盟会领导下，在绍兴府治内威震一方。鲁迅来到绍兴，他的日本留学的经历，他的头上没有辫子和身

① 鲁迅这个时期再次对于民间艺术的接触以及与农民的接近，对于他的思想的发展，具有很大作用，与儿时的情况很不相同。那时是感性多，现在是理性多了。向来的介绍，多忽视这段经历，而只注意他儿时的生活。这是一个重大的疏忽。

上穿着西装，都是他作为革命党的标志。学堂里的学生都知道他的情况，很尊敬他。当时的学生胡愈之在回忆录中说：学生们都知道他“和同盟会及徐锡麟有过关系”，“是革命党”。绍兴知府对此特别担忧和注意。每次来到学堂，他总是要滴溜着眼珠子梭巡着，尤其是接见教师时，他总要盯着鲁迅，狠狠地看几眼。有一次，因为有人告密，说绍兴府中学堂设有革命党的秘密机关，反动当局决定派员严查。鲁迅闻迅后，事先召集了学生中的骨干分子，计议对策，作好了准备。调查大员来到了，学生们有恃无恐，主动召开了大会表示“迎接”，他们说：“学校只有一个组织，就是学生组织的校友会。”他们还拿出了名册，请大员们查点。

然而鲁迅并不是仅仅教一点博物课，管理全校教务，闲时采采标本而已。虽然文艺运动不能搞了，但他还在进行革命的宣传。当时，学校里有一个革命文学团体越社。它是学校教师、同盟会会员陈去病在1908年建立的，有社员40多人。这个社实际是陈去病、高旭、柳亚子等人建立的革命文学团体、同盟会的外围组织南社的分支组织。“他们叹汉族的被压制，愤满人的凶横，渴望着‘光复旧物’。”[①]越社的骨干是鲁迅的学生宋紫佩等人。当陈去病走后，鲁迅就成为这个革命文学团体的实际领导人了。

鲁迅参加的并不仅仅是这些活动。

后来，他在同日本友人增田涉谈到自己的往事时说：“在对清朝的革命运动兴盛时期，我跟革命的土匪颇有往来，土匪就是吃肉，也是那样大块的（用手比划着），你要不全部吃下去，就会生气的，因为他认为你是在反对他。”跟鲁迅很熟识的另一位日本友人山本初枝夫人也说，鲁迅曾经对她说过：“我曾经做过土匪，我很知道土匪的事情。”[②]

上面的记述，反映了鲁迅在辛亥革命前夕参加革命活动的情况。这时，他不仅是一个光复会的会员，而且，他同革命的起义活动有联系，同起义的会党有来往，帮助他们开展活动。如果不是他的性格的原因，

---

① 《三闲集·现今的新文学的概观》。

② 增田涉：《鲁迅的印象》，载鲁迅博物馆、鲁迅研究室、《鲁迅研究月刊》选编《鲁迅回忆录》下册，北京出版社，1999，第1396页。

他甚至可能去参加扔炸弹、搞暗杀的革命行动[①]。

1911年的暮春，离武昌起义仅仅几个月了，绍兴府中学堂发生了学潮：学生们在革命思潮的影响下，起来剪辫子。这在当时是一件震惊当局和社会的大事件。学生自然地想起一直是短发的周先生，他们派代表去见鲁迅，问他的意见。几个学生来到他的房间，说：

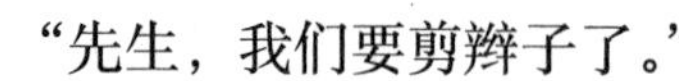

“先生，我们要剪辫子了。”

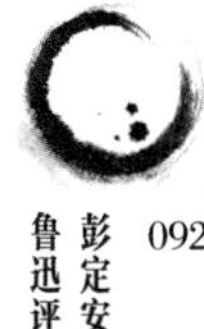

鲁迅先是兴奋，而后沉吟。

他想起自己在东京弘文学院剪辫子后这些年来的苦痛经历：东京留学生中的切切私议和当局以停止官费留学相威胁；回故乡时船夫的误把他当作外国人；绍兴知府的不怀好意的注视，家族里顽固派要告密的威吓，路上行人的恶骂……

他不觉脱口而出：“不行。”

“先生，你说有辫子好呢？没有辫子好？”学生这样带着责问的口气说。

“没有辫子好。”鲁迅说，“辫子总归是条‘猪尾巴’，它迟早是要剪掉的。”

“你怎么说不行呢？”

“犯不上，你们还是不剪上算——等一等吧。”

他支持学生的革命行动，但他爱护学生，怕他们被伤害。

然而一部分学生终于还是把辫子剪去了。社会上议论纷纷，风传清政府当局要追查风潮的根源，少不得要惩处几个学生。鲁迅这时便以监学的身份，起而保护青年，他教给他们戴上遮阳帽上课，以免被人发现。

革命的风暴就要来临了，鉴湖里的碧波掀起了浪涛，稽山之巅滚动着密云。

---

① 增田涉回忆说：“他曾经对我说过，他在晚清搞革命运动的时候，上级命令他去暗杀某要人，临走时，他想，自己大概将被捕或者被杀吧，如果自己死了，剩下母亲怎样生活呢？他想明确地知道这点，便向上级提出了，结果是说，因为那样记挂着身后的事情，是不行的，还是不要去吧。”（《鲁迅的印象》，载《鲁迅回忆录》下册，第1362页）许广平也有类似的回忆。

二、故里寒云恶

1911年10月10日，武昌起义的炮声，响彻了中华大地，震撼了清朝封建统治。全国各省，陆续响应，举起义旗，宣布共和。

11月4日，钱塘江涌起大潮，全浙易帜，军民起义。第二天，西湖变色，杭州光复。

鲁迅热情地欢呼革命的胜利。他同学生们一同参加庆祝光复的集会，被推选为主席，发表了热情洋溢的演说，他号召青年学生们“宣传革命的道理，宣传革命的正义性”。接着他便组织了学生武装演说队，亲自率领队伍上街活动。

武昌起义之后十几天，越社骨干成员宋紫佩参加南社会议后，从上海回到绍兴。根据他带回来的会议精神，在越社会员会议上，订立了《越社第二次修改章程》，决定创办刊物。鲁迅关怀支持这个革命文学团体，热情地帮助他们编辑了《越社丛刊》第一集。

这是鲁迅所扶持的第一个青年文学团体。

对于辛亥革命的胜利，他怀着满心的喜悦，拥护它，赞颂它，觉得中国将光明起来。

但是，情况却并不那么理想。

辛亥革命是一场迅猛的暴风雨，它冲毁了延续几千年的封建帝制，冲垮了皇帝的金冠和宝座。但是，风暴过后，鬼蜮复苏，神州依旧。

在杭州光复的第二天，绍兴城里就纷纷成立了“赞助共和”“拥护革命”的政党，什么“社会党”“统一国民党”“自由党”等，都是官僚绅士们炮制的。更有趣的是，在浙江都督汤寿潜支持下，成立了绍兴军政分府，为首的不是别人，就是原先的封建官僚绍兴知府程赞清。“什么铁路股东是行政司长，钱店掌柜是军械司长”，连秋瑾案的告密者之一、大恶霸地主章介眉也爬上治安科长的宝座了。他要“治”谁，他能“治”谁呢？

鲁迅感到怅然，失望。这是怎么回事呢？他在思考。

绍兴的进步势力，不满这种换汤不换药的状况。以鲁迅为精神领袖的越社青年，在同商界进行了激烈的争论之后，终于取得胜利，派人至杭州请愿，要求撤销“军政分府”，派王金发到绍兴来，建立真正的革命政权。请愿得到胜利。王金发为首的绍兴军政分府成立了。解散了程赞清等旧官僚士绅执政的“军政分府”。鲁迅同范爱农与王金发是老熟人，去到军政分府见了这位老朋友、新官长。

新都督按照革命党人的政策，施行了一些改革：“限令米商出粜平价米以恤穷黎”，“释放全狱囚犯，并组织教养”，没收几个反动地主的田产，来作为纪念烈士秋瑾、徐锡麟的秋社、徐祠的祭产；尤其是对敌人实行镇压，枪毙了残害革命党人的恶霸劣绅50余人。这些革命措施使人心大快，民心大振。

在教育方面，他派鲁迅担任山（阴）会（稽）初级师范学堂的监督（校长），拨给经费二百元。鲁迅又让富于正义感的老朋友范爱农当监学。他们精神振奋，想要把这个学校办好，为革命胜利后的新政权做出自己的贡献。

但是，曾几何时，明朗的天上就罩上了乌云，绍兴，显出它的旧相了。

> 他（指王金发）进来以后，也就被许多闲汉和新进的革命党所包围，大做王都督。在衙门里的人物，穿布衣来的，不上十天也大概换上皮袍子了，天气还并不冷。①

> 这个拜会，那个恭维，今天送衣料，明天送翅席，捧得他连自己也忘其所以，结果是渐渐变成老官僚一样，动手刮地皮。②

王金发就这样迅速变坏，激起了一些热血青年的不满。

“我们要办一种报来监督他们。不过发起人要借用先生的名字。”越社的激进青年知识分子们提出了这样的建议，并要求鲁迅支持。鲁迅慨然允诺。1912年1月3日，由鲁迅、陈子英、孙德卿三人联名发起的《越铎日报》出刊了。鲁迅为它写了发刊词，他指出这张报纸的宗旨是：“纾自由之言议，尽个人之天权，促共和之进行，尺政治之得失，发社会之蒙覆，振勇毅之精神。”③这个报纸的宣传纲领，比较完整地反映了鲁迅的启蒙主义思想，它较之20世纪初（1907—1909）鲁迅的思

---

① 《朝花夕拾·范爱农》。

② 《华盖集·这个与那个》。

③ 《集外集拾遗补编·〈越铎〉出世辞》。

想已经有了长足的进步：它不仅具有启蒙思想和以振奋勇毅精神为主要点的改造国民性的思想，而且要促进共和，改革政治，从思想领域的斗争，进到社会政治斗争了。

绍兴的警钟敲响了，它反映了人民的声音。由于鲁迅的建议，报上开辟了《稽山镜水》专栏，还有《禹域秋阳》专栏，发表短小锋利的文章，揭发社会上的腐败现象和不良倾向。“开首便骂军政府和那里面的人员；此后是骂都督，都督的亲戚、同乡、姨太太……”①1月7日发表《杜海生污我浙水》，抨击了前绍兴府中学堂监督、秋瑾案的另一告密者杜海生的罪行。接着，1月15日又刊出《呜呼章介眉——奸贼，奸贼而今水落石出》，揭露了劣绅、秋瑾的谋害者章介眉的狰狞面目。越铎铮响，它的斗争精神受到群众的欢迎，报纸很快销到1700多份，这在当时的绍兴，是一个不小的数字。

鲁迅在这张报纸上发表了评论文章，可算是他创造了最早以“杂文”这个形式，同社会战斗的纪录。②

然而，那个刚刚从封建桎梏中苏醒过来的社会，舆论的力量还没有那么强大；而那时刚刚从几千年封建官僚制度下脱生出来的“共和”制度，也并不那么畏惧什么舆论。王金发照旧受贿，竟然因收了章介眉“捐助革命”的田地（实际是贿赂）而将他释放了。——此人后来爬了上去，官至窃国大盗袁世凯的秘书，又“咬了许多人”。

鲁迅十分气愤，第二天便在《越铎日报》上发表文章，对其予以揭露抨击。王金发看到文章后大为恼火，扬言要杀害鲁迅。鲁迅的母亲很为鲁迅的安全担忧，叮嘱他不要再外出。但是鲁迅并不畏惧，照旧外出，夜间也还是提着写有“周”字的灯笼到学校去住宿。他说：“这是威胁，我想他也不敢。”

王金发又使用软的一手：给报馆送来五百元。但对山会师范却是另一手：不给经费。鲁迅写信去力争，勉强给了二百元，而且声明：再来要，没有了！

鲁迅愤而辞职，先到都督府面辞，2月19日又在《越铎日报》上公

① 《朝花夕拾·范爱农》。

② 《越铎日报》上有数篇文章，有可能是鲁迅的作品。如署名“树”的《军界痛言》等。此外还有一些文章，目前尚未论定；另有一些文章是周作人所写，由鲁迅修改过，也部分地反映了鲁迅当时的思想。

布了辞职消息。他交出了账目，所余仅一角零两个铜元！

不幸的、令人气愤的消息不断传来：鲁迅辞职后，孔教会会长傅力臣接任山会师范学校校长；《越铎日报》内部分化，那个老是弯腰恭称“鄙人同意”的孙德卿和他的同伙，投靠封建势力，把宋紫佩、陈去病、马可兴这些进步力量排挤出去，《越铎日报》转向反动。更痛心的消息是：“以革命为事”、“用麻绳做腰带的困苦的陶焕卿”，在上海被反动政客陈其美、大流氓蒋介石暗杀了。章介眉获释，陶焕卿被害，鬼蜮逞凶狂，英杰遭摧残，这是什么世道！？

“故里寒云恶”，革命后的绍兴依然如故。他决心第二次离开故乡。本来，他想到上海一家书店去当编辑，但是，不久便应南京政府教育部部长蔡元培的邀请，到教育部任职。

这是鲁迅第二次离开故乡，第二次来到南京。前后14年，无论是从国家的变化、社会的面貌来说，还是从他自己的思想来说，都发生了巨大而深刻的变化。而在他的生活经历中，也又一次发生了巨大而深刻的变化。

三、“寂寞缠住了我的灵魂”

1912年2月下旬，鲁迅自杭州首途，来到南京，这个当年旧游地，今天已经面貌大变。秦淮河泛着欢乐的浪花，莫愁湖闪着轻盈的笑靥，夫子庙更加热闹，旗营地已成一片瓦砾场。鲁迅旧地重游，真是无限感慨。他留着短发，穿着自己设计的服装[①]行走在街上，再没有人来骂假洋鬼子了。他用手抚摸了一下头顶，感到分外的畅快。

看看大势，令人乐观。第一任临时大总统，发布了《临时大总统就职宣言》，宣告中华民国成立，改用公历，以这一年为中华民国元年。接着，又颁布了三十多件法令，宣布取消清朝法律对于“贱民”的一些限制，废除奴婢卖身契约和一切主奴名分；禁鸦片、赌博、缠足，下令剪辫；鼓励兴办工业；人民享有各项自由权利。民主共和国的形象在人们心中具体化了，“天子”的权威在人们心里消失了。

---

① 这种上衣，单立领，四个兜，既非西装，亦非中式便服，而与中山装颇类似，这是鲁迅自己设计让裁缝做成的。鲁迅曾着此装照过一张相。

虽然绍兴乌烟瘴气，但那究竟是一角之地。从全局看，似乎一个光明灿烂的前景出现在革命后的中国大地上。“说起民元的事来，那时确是光明得多，当时我也在南京教育部，觉得中国将来很有希望。”[①]

教育部尚属草创，工作没有就绪。鲁迅看不惯官老爷的清谈闲聊，更讨厌官场的饮宴作乐，于是，江南图书馆便成了他最好的去处。他阅读，校订，抄录，在紧张中度过闲散的时光。短短的两个多月中，他抄录了《谢氏后汉书补遗》（清姚之骃辑、孙志祖增订）、《沈下贤文集》（唐沈亚之撰）以及《湘中怨词》、《异梦记》、《秦梦记》等。

1912年4月，教育部迁往北京，鲁迅随之北上。随着政府的北迁，希望在消逝，光明逐渐被笼罩在阴云暗雾中。

痛苦和寂寞

1912年5月5日，鲁迅与许寿裳一同自南方来到北京。第二天便一同住进了绍兴会馆。许寿裳之兄铭伯、侄儿许世璇也同住在这里。鲁迅住在该会馆的藤花馆里。

这绍兴会馆位于宣武门外南半截胡同路西（现为南半截胡同七号）。鲁迅这时一人独居。他的生活是简朴的。有时就在街头游动饭挑上买一点东西吃，——就是他在《日记》里所写的“市饭”。有时买一点馒头、饼干充饥。他常年身穿一身蓝布或灰布的长衫，冬天罩一件黑褂。房里没有一件多余的摆设，桌上堆放着书、拓片、画册。他的起居不很规律，晚睡晚起。这时，他正是三十出头的壮年，然而日记里却常有生病的纪事：感冒、牙痛、胃病、神经衰弱等。晚间，来客不是很多的，除了同住在会馆的许氏兄弟，来得最多的就数钱玄同了。如果没有客人来，八九点钟时，鲁迅便开始自己的夜生活了。他读书，钻研历史、哲学、佛学、文学；抄古碑，校古书，考订整理石刻画像。夜深人静，斗室孤灯，他静坐在屋子里，然而却驰骋于思想的广阔原野上，沉浸于历史的研讨中。现实使他痛苦，他思考、比较、探索，想要得到一个答案。他的心感到寂寞。

岁月不居，宝贵的时光一天天溜过去，藤花馆外的树木花草，披上绿装、装点花枝，又卸去绿衣换新装，然后落尽黄叶，等到来年春天复

① 《两地书·八》。

由嫩绿而墨绿，到夏季便绿荫婆娑。然而鲁迅打发着寂寞的岁月，看不见希望的面影。

1912年7月19日，得到范爱农在绍兴淹死的消息，鲁迅悲痛不已。22日，写了诗作《哀范君三章》。这首诗不仅是对于一个朋友不幸死去的哀悼，而且借他的死，针砭了时弊，指出了环境的黑暗，更进一步批判了辛亥革命的不彻底。“狐狸方去穴，桃偶尽登场”，以愤怒之笔，揭露抨击了袁世凯的窃权登台，也反映了辛亥革命后，软弱的资产阶级不仅未能把革命继续进行下去，而且很快就向封建势力投降了。

这首悼友伤时之作，写于武昌起义胜利后不到一年的时候，他便如此深刻地对辛亥革命的不彻底表示不满，给予了深刻的批判。

革命临时政府之所以北迁，是由于孙中山在担任临时大总统仅仅90天后，便让位给袁世凯。袁氏盘踞北方，拒不南下。袁世凯把临时大总统的桂冠抢到头上后，便把身子完全依靠在帝国主义怀抱里，然后一方面伸出手来打击革命力量，另一方面把手伸向英、法、德、日、俄五国银行团，签订“善后”大借款，又同日本签定卖国的“二十一条”，把主权卖给帝国主义，用加强的武装来对付人民。孙中山发动了武装讨袁的二次革命。但是，不到两个月，便告失败。孙中山再度亡命日本。

袁世凯加紧向恢复帝制跨进：废除《中华民国临时约法》，另搞新“约法”，改内阁制为总统制，又把总统的权力和任期规定得同封建帝王一个样。在思想文化领域，袁世凯进一步掀起尊孔逆流，发表《通令尊崇孔圣文》，定孔教为国教，声言要以“孔子之道为修身之本”，并亲率文武百官，祭天祀孔，想用孔子这块敲门砖敲开他的“幸福”之门。他还进一步加强反动统治，张起了杀人的网。“北京城里，连饭店客栈中，都满布了侦探；还有‘军政执法处’，只见受了嫌疑而被捕的青年送进去，却从不见他们活着走出来。”[①]

身居北京，任职教育部的鲁迅，亲眼见到、亲自感受到了这一切。他看到了：“一到二年二次革命失败之后，即渐渐坏下去，坏而又坏。”[②]他痛苦、思索、寻求。

---

① 《伪自由书·〈杀错了人〉异议》。

② 《两地书·八》。

鲁迅所在的教育部，更使他深切地看清了这个“坏下去”的一个侧面。北洋政府的教育部不过是前清学部的化身：部址就在旧学部的衙门里，人员大部分是留用的旧官僚，不同的只是“撤两字之学部匾额，易以三字之教育部匾额”而已。执行进步的资产阶级教育方针的总长蔡元培到京不太久，便被迫辞职了，以后便是一打以上的总长走马灯似的更替。在尊孔闹剧的紧锣密鼓中，复辟帝制的丑剧也同时上演。至此，连民国这块招牌也拿下来了。

但是，在经历了辛亥革命洗礼的中国，在20世纪的革命年代，要重温皇帝梦，并不那么容易。曾经领导人民推翻了清朝皇帝的孙中山，立即发出了《讨袁宣言》；蔡锷在云南掀起了反袁运动，组织“护国军”，向川、贵、桂进军。全国各地以至海外华侨都纷纷起来声讨袁世凯。

于是，袁世凯在做了83天皇帝之后，就随波逝去。“那一道门终于没有敲开，袁氏在门外死掉了。”[①]

鲁迅从1912年5月进京，到1916年6月，4年中间，亲身经历了辛亥革命后的倒退：中国又一步步沉入黑暗。早在1902年鲁迅就怀着与孔孟之道的封建文化决裂的心情，离开祖国，到日本去寻求救国救民的真理。在日本，他愤慨于学校当局把他们看作孔子之徒，让他们去拜孔子。然而十几年后，辛亥革命胜利了，孔教居然成了国教，全国人民都要祭孔。早在十几年前，就要推翻帝制，建立中华民国，然而今天，却在皇帝被赶跑后，又由总统亲手来恢复了帝制。这使鲁迅感到深深的痛苦。

这痛苦是经历了一次希望的破灭后的痛苦，这寂寞是在热闹了一阵之后的寂寞，因此，更深、更浓、更难排除，也更令人深思。

> 只是我自己的寂寞是不可不驱除的，因为这于我太痛苦。我于是用了种种法，来麻醉自己的灵魂，使我沉入于国民中，使我回到古代去，后来也亲历或旁观过几样更寂寞更悲哀的事，都为我所不愿追怀，甘心使他们和我的脑一同消灭在泥土里的，……[②]

人们向来根据鲁迅的这些自白，认为他在辛亥革命胜利后，一直是

① 《且介亭杂文二集·在现代中国的孔夫子》。

② 《呐喊·自序》。

沉默，一直是蛰伏，一直是寂寞无为。然而，这是不确切的。他的自白纵然真切，但感情的色彩浓于真实的记述，难免有渲染得过重的偏颇，而真实的“记述”是他“实践”的记录。

事实上，鲁迅在这段长达五六年的“沉默”期中，虽然被“寂寞缠住了灵魂”，但是，并不只是抄古碑、读佛经、校核古籍，一味消沉、麻醉；也并不是不管什么问题和主义，让生命暗暗地消去。他的心一直是热烈的。痛苦，本有热情的一面，而且他有反抗之音迸发。他的“回到古代去”，却又是为了现代，为了今天。而且他的究古也有其自身的积极意义。

首先，鲁迅的沉默，是被迫的。在那个乌云翻滚、到处埋伏杀机的日子里，袁世凯的特务们像明代的东厂恶狗一样，到处闻嗅，大小文官一律被监视着，被抓走的、失踪的不计其数。于是，为了躲避耳目、不被怀疑，有的嫖赌蓄妾，有的玩古董，有的打麻将。这些都为鲁迅所不屑为。所以，他就收集石刻拓片，装作玩古董模样，同时临碑帖、抄古书，以示“玩物丧志”。但他却从这中间，寻找着积极的意义。

而且，鲁迅的寂寞、沉默，不是什么个人的消沉，而是时代的“通病”。

正当鲁迅在痛苦中求索的时候，在中国民主革命时期的历史上空闪烁的灿烂群星，也都在经历着相同的轨迹。他们或者稍长于鲁迅而当时已是名扬四海的人物，有的稍后于鲁迅，当时正在求索或求学阶段，但他们经历着相似的思想历程。

当时，中国民主革命的伟大先行者孙中山，也在被迫辞去了大总统的职务后，重新经历着一个漫长、艰苦、曲折的苦闷与探索的革命历程。他曾宣布过“十年不问政治”，曾亡命日本，埋头著述，写建国方略。

进步知识分子的代表、鲁迅的亲密战友李大钊，1913年时正是风华正茂的24岁的青年，他眼见袁世凯窃国，自己壮志难酬，激愤地写了《大哀篇》，接着去国东渡，写下了这样感伤国事的诗句：

> 班生此去意何云？
> 破碎神州日已曛。[①]

---

① 此诗最早发表于1913年11月1日出版的《言治》第一年第六期。转引自《李大钊传》，人民出版社，1979，第13页。

直到1916年春回国参加反袁斗争时，还留下了诗句道："壮别天涯未许愁，尽将离恨付东流"，"斯民正憔悴，吾辈尚蹉跎。故国一回首，谁堪返太和。"[①]思绪也仍然是抑郁愁闷的。

当时的另一个进步知识分子代表瞿秋白，在"五四"前几年，也同样经历着苦闷、痛苦、寂寞的岁月。他自己曾这样描述："从入北京到五四运动之前，共三年，是我最枯寂的生涯。友朋的交际可以说绝对的断绝。北京城里新官僚'民国'的生活使我受一重大的痛苦激刺。厌世观的哲学思想随着我这三年研究哲学的程度而增高。……因研究佛学试解人生问题，而有就菩萨行而为佛教人间化的愿心。"[②]

当时年纪正轻的郭沫若，在辛亥革命失败后到五四运动前，也是在痛苦、失望、孤寂中度过的。"民国五、六年的时候，正是我彷徨不定而且最危险的时候，有的时候想去当和尚。每天只把庄子和王阳明和《新旧约全书》当作日课诵读，清早和晚上又要静坐。"[③]由此可见，此时的郭沫若同样处在彷徨、苦闷、追索中。

他们共同的特点，都是为国为民而苦痛忧虑，探索追求。这是时代的苦痛，民族的哀伤。

在这里约略展示一下同时代人的相同的思想轨迹，对于理解鲁迅和他的思想发展是有好处的。

我们看到，有些论者只从鲁迅的思想发展途径来解释其这时的消沉，因此过重地强调了他思想的阴暗面，而没有顾及它的内涵，忽视其中所蕴含的积极的意义。也有的论者，论及后来鲁迅在五四运动中的突变，也只从他个人的思想发展路径来解释，仍旧忽略了它的时代特征和影响，以及忽略了时代和同时代人给他的力量。这两种倾向都是不符合鲁迅的思想实际，也是不符合历史唯物论的。

在沉默中深化

既然鲁迅的寂寞反映了当时中国社会状况和中国革命发展前途中的问题，而且他在寂寞中并没有停歇战斗；那么，他的沉默是一个思想战士的沉默。

---

① 《李大钊传》，第21页。

② 瞿秋白：《饿乡纪程》，载《瞿秋白选集》，人民文学出版社，1959，第19页。

③ 郭沫若：《文艺论集 · 泰戈尔来华之我见》。

辛亥革命的失败，使鲁迅感到失望和痛苦。他在痛苦中沉默，在沉默中思索：革命为什么会失败？今后应该怎么办？出路何在？对于第一个问题，他的结论是：第一，革命之后，虽然外表有些改变，但“内骨子是依旧的”，“还是几个旧乡绅组织的军政府”。后来，换了革命党，但又被“许多闲汉和新进的革命党所包围”，也成为封建官僚（如绍兴的王金发），而就全国来说，则被袁世凯篡夺了胜利果实。第二，革命党人太慈悲了，革命胜利之后，不但那些改良派、保皇派、顽固派都“咸与维新”，自称和革命党“都是草字头，一家人”了，而且连对那些反革命分子，地方上的如章介眉，全国性的如袁世凯，也都握手言欢、大讲其中庸之道了。于是他们在装死躺下一段之后，又起来咬死许多革命党人。陶成章、宋教仁之死不就是明显的教训么？而且这些鬼蜮竟又登上了统治宝座。第三，农民的地位与生活依旧。鲁迅与农民有着密切的思想感情上的联系。辛亥革命胜利进行的时期，他在故乡绍兴见到了农民是怎样冷漠地对待这次伟大的历史风暴的，因为他们事先没有接受什么宣传教育，他们还被压榨得转辗于穷困愚昧的境地，对于革命之来没有丝毫思想准备，也不理解。而革命党人在起义前只顾搞暗杀，联络会党起义，在起义胜利之后，仍然“忘了”广大乡村里的农民。鲁迅在辛亥革命胜利前后和1913年6，7月间返绍兴探亲，都同运水、六一、七斤等农民有密切的交往，从他们身上，他了解到、看到了革命后农村的社会状况和农民的苦难，深刻地感受到这个问题的存在。鲁迅的这些总结，是正确的，切中要害的。他的这些总结，只在《哀范君三章》和零散的、片断的、简略的日记与谈话中可见一鳞半爪，但在他的思想中是酝酿已久的。只有这样，他才能在五四运动前夕，猛然跳出“壕堑”，发起进攻，不仅一发而不可收，而且发发中的、入木三分。

那么，应该怎么办呢？出路何在呢？如果说对于前一个问题，鲁迅在思想上是清醒的，他的回答是明确的，而这种清醒与这个回答却又使他自己痛苦；那么，对于后两个连贯的问题，他还未能十分清醒，也一时作不出明确的答案，这种情形尤其使他痛苦。他说：“无日不处忧患中。”他还说：“而我的生命却居然暗暗的消去了，这也就是我唯一的愿望。”这都反映了他的痛苦之深。

鲁迅这种深沉的痛苦，不是仅仅属于他个人的，都与中国社会的状况相联，同中国革命的进展相联。这时期活跃于中国社会舞台与政治舞台上的，是摇身一变而为“革命党”的老封建官僚和新官僚们。鲁迅对于已经试过一次，证明确实不行的资产阶级领导的革命，已经失望了。那么，谁是历史进程的推动者，谁是新的历史主人呢？他没有看见。“鞑虏”已驱，民国既建，情况并没有多大好转，历史证明资产阶级共和国的方案，并不可行。那么，新的答案是什么呢？也是没有答案。于是鲁迅不能不陷入深沉的痛苦之中。这痛苦远远超过辛亥时期的寂寞。

他说要用古籍佛经、石刻碑帖来打发岁月，麻醉自己，驱逐痛苦。然而，一个人既然需要麻醉，就正说明他仍然清醒，而鲁迅也确在痛苦中探索。

在抄录、校核古书中，就透露出鲁迅的思想感情——他并不总是消沉地麻醉自己，却也有时寄托着自己的情怀。他说过，他很爱古书上所说：“会稽乃报仇雪耻之乡，非藏垢纳污之地。”在《〈会稽郡故书襍集〉序》中，他又写道：“会稽古称沃衍，珍宝所聚，海岳精液，善生俊异。”他把这些先贤的事迹介绍出来，正是对末世浊流、腐朽世风的抵抗。他在其中还说：“书中贤俊之名，言行之迹，风土之美”，“用遗邦人，庶几供其景行，不忘于故”。这正是他的用意所在。

《嵇康集》的辑录校核，也有同样的旨意。鲁迅对于嵇康的思想、学问、道德、人品，很是称赞，一向爱好嵇氏之作。他称颂嵇康“非汤武而薄周孔”。在“差不多都是反抗旧礼教”的竹林七贤中，他称道嵇康、阮籍能够反抗时俗，嵇康因而被杀害。他还称赞“阮籍作文章和诗都很好”，而“嵇康的论文，比阮籍更好”，好就好在“思想新颖，往往与古时旧说反对”。比如《难自然好学论》就是反对孔子的“学而时习之，不亦说乎”的。鲁迅还说到嵇康之所以被杀，是因为他在《与山巨源绝交书》中说了“非汤武而薄周孔”这句话，因为这句话对司马懿篡位不利。[①]面对袁世凯篡位窃国和一大批封建顽固派卖身求荣的现实，将《嵇康集》校勘出版，这不是铮铮有弦外之音么？

这个时期，他在对中国古籍进行了深入钻研的同时，对佛学也进行了深入的钻研。现在，我们已经无法得知他在当时看了一些什么书和从中得出了什么结论，而只能从他以后的如喷泉似的涌出的精湛深邃的思想文字中推断出来。我们还可以从他这时的一些有关记载中和别人的有

① 以上引文见《而已集·魏晋风度及文章与药及酒之关系》。

关回忆中，窥见一些情景。从他的“书账”中，我们看到，1912年，购书总数较少，他在年终写定“书账”后，写了一段感慨至深的话：“审自五月至年莫，凡八月间而购书百六十余元，然无善本。京师视古籍为骨董，唯大力者能致之耳。今人处世不必读书，而我辈复无购书之力，尚复月掷二十余金，收拾破书数册以自怡说，亦可笑叹人也。”[①]这年所购的书中，占总数一半的是画册，估计这有两个原因：一是反映了他从少年时即培养起来的对于美术的爱好；二是当时他正赞助蔡元培提倡美育，并作《美术略论》的讲学。次年（1913年）购书数更少，其中略占多数的是笔记、小说、野史、杂书之类，而佛经书则初见端倪。前类书是正史以外之作，向来为鲁迅所重视，认为从中可以看到正史里所看不到的历史的真情实貌，而名人轶事和名不见经传的奇人异士也多有记载。显然，这是有利于认识中国历史、中国社会、中国的人生的。又次年（1914年）购书增加，而佛经和佛学书陡增，几近购书总数的一半[②]，在所购书中，独占鳌头。鲁迅读佛经用功很猛，别人赶不上。“但是后来鲁迅说：‘佛教和孔教一样，都已经死亡，永不会复活了。’所以他对于佛经只当做人类思想发达的史料看，借以研究其人生观罢了。别人读佛经，容易趋于消极，而他独不然，始终是积极的。他的信仰是在科学，不是在宗教。”[③]许寿裳还说：“他又对我说，‘释迦牟尼真是大哲，我平常对人生有许多难以解决的问题，而他居然大部份早已明白启示了，真是大哲！”可见，鲁迅是带着现实中的和自己思考着、苦恼着的问题去钻研佛经的，他确实是从中吸取了有益的思想资料，丰富了自己的思想；而那些他不能苟同的东西，又从对立方面去促进、启发自己的思想。[④]

1915年，佛经的购读突然降为两册，而碑帖、拓片和石刻画像等的购量又猛增到130多次（每次不止一件，有多至十数件或数十册

---

① 《鲁迅日记》，1912年“书账”。

② 据许寿裳回忆，鲁迅在购置佛学书时，曾与许相约，不要买重，一人买此书，另一人就另买一书。许寿裳同意了他的意见，果然分别购买，互相串阅。可见，鲁迅实际浏览钻研的佛学书比“书账”所记的还要多。

③ 许寿裳：《亡友鲁迅印象记·看佛经》，岳麓书社，2011，第39页。

④ 据许广平回忆，鲁迅的佛学知识相当深厚，她说：“看他后来（1928年）到杭州游西湖，知客僧向鲁迅大谈佛学反被鲁迅说倒，借故离去的有趣情况，就可见鲁迅于此了解的深透了。”（许广平：《鲁迅回忆录》，作家出版社，1961，第43页。）

的），远超过购书总数的一半。这一年，正是袁世凯倒行逆施最猖獗的一年，镇压、侦察变本加厉。因此，鲁迅借临帖、抄碑、收集研究石刻画像来避耳目，排遣苦痛，并探索道路。

在1916年到1918年的“书账”中，仍以画像、拓片、墓志为主，这已经主要是进行专题学术研究的需要了。这时发生了一个值得注意的情况，不是在“书账”中，而是在日记中，从1917年的5月开始出现了从外国购书的记载。5月7日，他收到从日本丸善书店购得的《波兰说苑》一书，过一个月又从日本东京堂购得《露国现代之思潮及文学》，以后，陆续购入《陀氏（陀斯托耶夫斯基）小说》《高木氏童话》《古普林小说选》《德文学之精神》等外国文学作品。

鲁迅在日本东京从事启蒙运动时期，热情地学习西方资本主义思想文化，借取欧洲的革命思想来解决中国的问题。在辛亥革命以后的四五年里，他主要浏览、研读中国的哲学、历史、文学古籍，研究中国的昨天和今天，解剖它的“本体枯槁之身”。而现在，进到1916，1917年，历史又进到新的临界点，他也再一次开始阅读西方的著作，要借他山之石来针砭本民族的痼疾了。

他的思索就这样在沉默中深化，前进。

然而，他也带着弱点。

1913年5月7日第一〇三号的《真理报》上，发表了无产阶级革命领袖列宁的文章，题目是：《亚洲的觉醒》，他一开头就写道：“中国不是早就被称为长期完全停滞的国家的典型吗？但是现在中国的政治生活沸腾起来了，社会运动和民主主义高潮正在汹涌澎湃地发展。”[①]这位伟大的马克思主义者，虽然远在俄国，但是，却正确地估计到中国革命的主流和社会情况的本质。而且，他在文章的结尾处这样写道：“亚洲的觉醒和欧洲先进无产阶级夺取政权的斗争的展开，标志着二十世纪初所揭开的全世界历史的一个新的阶段。”[②]

这位革命导师以他那敏锐的眼光环视世界，把中国的民主革命运动同亚洲的觉醒联系起来，又把这种觉醒同欧洲的无产阶级革命联系起

① 列宁：《列宁选集》第二卷，人民出版社，1960，第447页。

② 同上书，第448页。

来，预言历史进入了新阶段。

正当这篇文章随着《真理报》传遍俄国以至全欧洲时，鲁迅正在钻研中国历史，试图解剖祖国革命失败的原因，探寻继续前进的道路，接着便陷入痛苦境地。他没有得出像列宁所做的那样乐观的估计。

但鲁迅思想的深刻之处在于，他既不像南社诸君子那样，以为满族统治推翻了，革命就成功了，于是消失了革命意志；也不像悲观主义者那样，饮酒自醉，玩世不恭。他在“沉默”的外表下藏着一颗炽热的爱国心。他看到了革命的失败，并且准确地剖析了它的原因，他为国家、人民找不到出路而苦闷、沉痛、寂寞、沉默。他的全部表现反映了像地下火运行于地壳底里一样的中国民主主义革命的强烈要求。这个要求是痛感到中华民国可能灭亡、中国人民急切要求摆脱苦难而产生的。但是中国社会生活的落后和他自己思想上的局限，又使他无法看到历史的主人和历史的主流，而不得不发出叹息，陷入苦痛中。他的弱点也正在于此。他不能像列宁那样，洞幽烛微，高瞻远瞩，发现并把握住历史的光明面。当然，这个弱点，也正反映了中国社会的落后，这是中国革命必经的漫长、曲折的历程。

列宁在《中国的民主主义和民粹主义》中，还指出：“没有真诚的民主主义的高涨，中国人民就不可能摆脱历来的奴隶地位而求得真正的解放”；他还说，“只有革命人民群众的英雄主义才能‘复兴’中国”，而在中国这样一个落后的农民国家中，只有“尽量启发农民群众在政治改革和土地改革方面的主动性和勇敢果断精神”，才能“从中正确地寻找‘复兴’中国的道路”。[①]列宁在这里深刻地昭示了一个真理：中国需要民主主义的高涨，这样才能激发人民群众的英雄主义。而在广大人民群众中，几亿农民是民主主义的支柱，发动他们便是正确的“复兴”中国的道路。列宁论断的正确性，为后来中国新民主主义革命的实践所证明。

是的，鲁迅不仅没有这样明确地来表述问题的实质、揭示各阶级彼此的关系，而且，没有从这样一个角度去正面提出问题。这正是他的弱点所在，是他的历史局限性和阶级局限性的表现。

但是，另一方面，我们又不得不承认，鲁迅表现了他的深刻。这时

① 《列宁选集》第二卷，第425页。

期，他的同阶级和同时代人，有的迷恋骸骨，崇旧复古；有的追名逐利，混迹官场；有的西服革履拜倒在洋人脚下，向人民作威作福；有的沉浸在悲观失望情绪之中；有的浑浑噩噩以荒废岁月。而鲁迅却以寂寞缠住灵魂的痛苦情绪和求索的殷切情意，反映了中国正缺乏列宁所指出的民主主义的高涨，中国的正确的复兴之路还没有被发现。这的确又是他的深刻的地方。

四、新时期的新起点

1916年6月6日的北京，是一个阴天。乌云在上空浮游。灰色的城市里，早风吹起尘土，灰濛濛地卷过街道。中午，放晴了。[①]就在这一天，袁世凯这个窃国大盗在全国人民的声讨声中结束了可耻的一生。中国政治形势发生了一个大变化。对于袁皇帝的死，鲁迅在当天日记中不着一笔。“轻蔑得连瞅也不瞅一眼”。28日，袁世凯被送入黄土埋掉，鲁迅这天的日记是这样写的：

> 风。袁项城出殡，停止办事。午后往留黎厂。夜雷雨。

简单得不能再简单，冷淡得无法再冷淡。短短的五个字，翻过去历史的黑暗一页。

我们似乎看见鲁迅松弛一下紧锁的浓眉，有一缕带着讥刺的微笑在他的嘴角隐现。

7月的一天上午，教育部里稀稀落落地来了几个人，先来的走到一张办公桌前，认真地看着什么东西，后来的也挤上前去，大家争着看。这是一份抗议信。内容是反对新来的但却是第二次当教育总长的范濂源，秉承袁世凯的继任者黎元洪、段祺瑞的旨意，又一次提倡读经尊孔。在抗议书上签名的有周树人、许寿裳等六个人。这是一次内部的造反。

我们似乎看到鲁迅在沉默中昂起了头。

1917年7月1日，张勋率领辫子兵进入北京，发动兵变，把那个被废弃的清朝皇帝溥仪拥上了宝座，实行又一次帝制复辟。第三天，夏雨

---

① 以上关于天气的描写根据鲁迅当天的日记记载。

淅沥，鲁迅为了表示抗议，冒雨赶到教育部，愤而辞职。

鲁迅确实从沉默中昂起了头。

从这时候起，他在补树书屋里埋着头抄录古碑的生活结束了，他抬起头，把那敏锐的探索的目光，移向了切近的现实生活，移向了在中国大地上出现的新的事物、新的现象、新的人物。

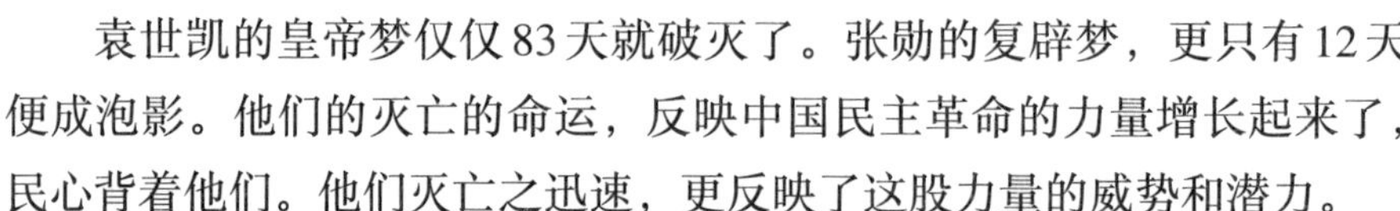

袁世凯的皇帝梦仅仅83天就破灭了。张勋的复辟梦，更只有12天便成泡影。他们的灭亡的命运，反映中国民主革命的力量增长起来了，民心背着他们。他们灭亡之迅速，更反映了这股力量的威势和潜力。

在中国历史的上空，这两片乌云的出现，使人们警醒，觉得再这样下去不行了；当这两片乌云飘逝时，天空显出了亮光，人们也看到了光明的前景。这时，孙中山在张勋复辟破灭之后，树起了“护法”的旗帜，在广东成立了军政府，与北洋军阀相对抗，重新走上斗争的道路。李大钊在张勋复辟之日，便愤然离京赴沪，宣告“一代声华空醉梦”，辛亥革命已经“流产胎殇”，要“勿稍怠荒”，重新开始。鲁迅也正是在这个时候打破了沉默。自从1916年袁世凯垮台和张勋复辟完蛋之后起，到1918年《狂人日记》发表前夕止，这两年多一点的时间里，鲁迅经历着一个打破沉默，逐渐从沉默中昂起头，走向战场的历程。这两年，可以说是他的沉默期的结束阶段，也是战斗期的酝酿阶段。他并不是一味沉默[①]。

值得特别指出的是：鲁迅正是在这样的时候，同他的稍前和稍后的同代人中的优秀者一样，重新思考了问题，走向斗争。他们的同时转变和开拓新的思路，不是偶然的，都有着共同的原因，都和中国革命紧密相联。他们共同反映了中国革命的发展路程。他们不仅殊途同归，而且像天上的群星，彼此交相辉映，并又给祖国和人民以希望之光。这就是孙中山、李大钊、陈独秀和鲁迅，这些中国民主革命史上的代表人物共同的经历。

---

① 过去习惯的看法是把鲁迅从1912年到1918年（或1919年）五四运动爆发前这一阶段笼统地都看作抄古碑、谈佛经的沉默时期，“六七年的沉默”是通常的说法。这样把六七年中的思想看作前后完全一样，没有量的变化和质的变化，是不符合鲁迅的思想实际的。如果是这样，1918年参加《新青年》的编辑工作，写出《狂人日记》以至接着的“一发而不可收”，便成为没有根据的突变、一蹴而就的奇迹了。这是不符合辩证法观点的一种看法。

正是在这两三年中，世界帝国主义国家之间发生了掠夺战争——第一次世界大战。那些原来合伙拼命撕裂中国这块肥肉的豺狼们，从东方掉过头去，彼此在西方撕打起来了。中国得到了喘一口气的机会，社会生产缓慢地有所发展，民族工商业出现活跃情景：纺织、面粉、电力、火柴等工业部门生产迅速地增长。纺织厂，1911年全国只有22家，1916年增加到32家，1918年增加到41家，几乎翻了一番。有趣的是面粉业，1900年偌大一个国家可怜见地只有两家面粉工厂，而到1916年就剧增到67家，到1918年更增加到86家。在第一次世界大战期间，中国竟从面粉输入国变成输出国了。资本的增加则是惊人的。比如丝织业，1911—1914年，平均每年只增加资本3万元左右，而1914—1919年，平均每年却增加资本达180万元左右，后者为前者的整整60倍！①随着民族工业的发展，中国的民族资产阶级和无产阶级也都发展了。到1919年，中国无产阶级已发展成为拥有200万人的战斗队伍了。中国的民族资产阶级也处在它的也许可以说是第一个黄金时期。为了自己的发展和经济利益，它要求政治上的权力，也提出了思想文化上的希求。

新的社会状况、新的阶级、新的形势、新的斗争，出现在中国，这是每个中国人亲身经历的。鲁迅每天也同样经历着这一切，他的感受自然还要更深切。如果如他所说，这是一间没有窗户的铁屋子，里面的人全都昏睡着快要闷死，那么现在，这里却出现一点动乱，一点响声了。鲁迅本是被寂寞缠住灵魂、觉得不可忍受的人，本是早就期望有人来打破“铁屋”的人，他一直在侧耳谛听民族的声音。现在，这响动，他是一定会听见，引起思索的了。一个不相识的黄包车夫的细小行动，都使他感动不已，在日记中记下了它，难道这几千、几万、十几万人的行动和声音，还能逃过他的视听么？

当然，这时候更直接地引起他的注意的是另外一种声音。这种声音不过是人民的革命要求的表达，是历史脚步声的“回声”。不过，它以文字为表现形式而出现于思想界、文化界，这个领域是鲁迅所了解的、熟悉的，因而更引起他的关注：这便是五四运动的号角《新青年》杂志的出现和它发动的思想革命。

① 以上数字均根据上海总工会1929年版《商业月报》第八期之调查统计。转引自华岗：《五四运动史》，新文艺出版社，1951，第11–15页。

《新青年》原名《青年杂志》，1915年9月创刊于上海，由陈独秀主编。1916年更名《新青年》。1917年1月，因陈独秀到北大任文科学长（文学院长）而搬到北京。到这时，鲁迅才开始接触到《新青年》。开始他对《新青年》的态度冷淡。他寄10本《青年杂志》给在绍兴的周作人，是因为这是蔡元培所赠，寄去聊备一格，随便看看。他买《新青年》杂志是因为许寿裳说其中“颇多谬论”，所以买来翻翻。但是，翻过之后，他并不觉得有什么谬，而且听见了一种新的声音。

他于是仔细地谛听。他曾经在十来年前，热情地呼唤过出吾人于荒寒的“至诚之声”、反抗之音。这是否就是那种声音呢？在经历过希望与失望的曲折之后，鲁迅需要冷静地观察一下，才能做出判断。他不是一个激情而轻率的斗士，而是一个诚挚而深沉的思想战士。

从1916年下半年到1917年初的《新青年》，内容是相当生动的。1916年9月出版的二卷一号上发表了李大钊同志的《青春》。这篇文章，是一首青春的颂歌，它提出了“以青年之我，创建青春之家庭，青春之国家，青春之民族，青春之人类，青春之地球，青春之宇宙”的目标。它号召青年人：“进前而顾后，背黑暗而向光明”，“宜有江流不转之精神，屹然独立之气魄”。要“冲决过去历史之网罗，破除陈旧腐朽学说之囹圄”，“涤荡历史之积秽”。这首青春颂歌所赞颂的是民主主义精神，所依凭的是唯物主义的宇宙观，所发扬的是革命进取英勇奋战的精神，所期待的是“青春中华之创造”！1917年1月出版的《新青年》二卷五号发表了胡适的《文学改良刍议》，主张从八个方面入手来改良文学；接着陈独秀发表了《文学革命论》，反对宣扬封建思想的八股文，举起了文学革命的旗帜，“旗上大书吾革命军三大主义”。[①]……思想革命的号角嘹亮地吹响了。

文学革命、文艺运动本是鲁迅早已密切注意、十分关心并且已经实践了一段的事业。思想革命更为他所重视。他弃医学文，不就是为了唤醒人民吗？他曾经那样殷切地期望国人精神振作，奋起反抗。但他失败了。现在异军突起，有人响应，有人赞助，钱玄同、刘半农等人，都在《新青年》上发表了拥护文学革命的文章。形势与十几年前大不相同

---

① 陈独秀提出的“三大主义”是：（1）推倒雕琢的、阿谀的贵族文学；建设平易的、抒情的国民文学。（2）推倒陈腐的铺张的古典文学；建设新鲜的、至诚的写实文学。（3）推倒迂晦的、艰涩的山林文学；建设明了的、通俗的社会文学。

了。这一点，鲁迅心里是十分清楚的，也是十分高兴的。

正是在这时候，钱玄同经常来访。他当时是《新青年》的积极撰稿人。他总是在下午4点来到补树书屋，同鲁迅高谈阔论到十一二点钟才回师大寄宿舍去。他们的交往，增加了鲁迅对《新青年》杂志的了解。

当1918年1月《新青年》在停刊4个月之后复刊时，编辑部进行了改组，鲁迅、李大钊都参加了编辑方针的讨论。鲁迅当时在给许寿裳的一封信中兴奋地告诉他："《新青年》以不能广行，书肆拟中止；独秀辈与之交涉，已允续刊，定于本月十五出版云。"①这说明他与陈独秀颇熟，而且了解杂志的各种问题与安排。也在这时候，鲁迅还认识了李大钊和胡适。

从此，他就同五四文化革命运动中的主要人物，结成了战斗的伙伴，投身于一个文化革命的领导集团之中了。同时，也踏上了他的一生中最重要征途的起点。

五、社会文化事业的拓荒者

在我们继续记叙鲁迅的新的战斗之前，且介绍一下他在那个寂寞、沉默期所进行的工作吧。因为，这不仅是他生活的一部分，而且是他事业的一部分，也是他对中国文化事业所做贡献的不可忽视的部分。

从1912年到南京教育部起，直到1926年离开北京，他一直在教育部任职，前后14个年头。在这14年中，他身为"官吏"，不得不"到部视事"，不得不参加一些例行公事的活动，办那些无聊费精神的公文，这些，他统称为"学做官"。当然，他始终没有学好，他也不想去学好这件事。

然而鲁迅在教育部期间，却在艰难的条件下，惨淡经营，为我国最早的社会文化艺术事业，创建了一个初步基础。民国初年，在教育部设立了社会教育司，司长是夏曾佑，鲁迅为佥事兼第一科科长（原为第二科科长），专门负责管理文化、科学、美术等项事业，凡有关博物馆、图书馆、美术馆、美术展览会和动植物园的事项，有关文学、音乐、戏剧以及调查和搜集古文物等事项，都归这第一科管。但在军阀统治下的

① 《鲁迅书信集》上卷，人民文学出版社，1976，第14页。

教育部，纯粹是一个装点门面的机构，经费既极少，办起事来又各方掣碍。只是用它来宣传封建思想文化时才偶尔派上用场。那位夏曾佑司长虽然当年参加过变法维新，颇有一点名气，但是，现在是个颓废派，抑郁消沉，遇事抱定“多一事不如少一事”的态度，鲁迅每到他家里，必拉着饮酒。在这样的环境里，鲁迅的主张是：“利用职权，各行其是。”他在给友人的信中说：“有权在手，便当任意作之，何必参考愚说耶?”[①]他决定运用有限的权力和社会教育司可怜的条件，来开创一些工作，以启发人们的觉悟，改造国民性。

1913年，教育总长还是著名的资产阶级教育家蔡元培，他热心地提倡美育，鲁迅积极赞助。他起草了《拟播布美术意见书》[②]。这份意见书，表现了鲁迅的唯物主义的、进步的美学观。他指出：“盖凡有人类，能具二性：一曰受，二曰作。”人感受于天物，而后才能创作文艺作品。这就是说文艺是客观世界的反映。而作者又必“出于思”才能做，“倘其无思，即无美术”。也就是要求作者要有思想，并不是简单地纯客观地反映现实。故他提出了美术的三要素：“一曰天物，二曰思理，三曰美化。”他还明确指出了艺术的实用价值：“实则美术诚谛，固在发扬真美，以娱人情，比其见利致用，乃不期之成果。”他详述了艺术的功用，有：“可以表见文化”，“可以辅翼道德”，“可以救援经济”。为了“起国人之美感，更以冀美术家之出世也”，他提出了“播布美术之方”，主要内容有：建立美术馆、美术展览会、奏乐堂和文艺会；保护古建筑、碑碣、壁画及造像，建立自然保护区和公园、动植物园；开展古乐和国民文术（歌谣、俚谚、传说、童话等）的研究。

根据这个设想，利用能够争取到的条件，鲁迅首先是把教育部图书室充实起来，这里收藏的大部分是中国古籍，包括清朝内阁大库的部分宋元版本在内。鲁迅曾多次为它搜购图书。鲁迅对于今天北京图书馆的前身京师图书馆的建设和发展，也付出了不少心血。这是对我国文化事业发展的一项贡献。京师图书馆建于1909年（清宣统元年），1912年移交给教育部。为了增加馆藏图书，建立科学管理制度以及迁馆（包括选址、扩建等），鲁迅到处奔波，不辞辛劳。他把集存于翰林院和国子监

---

① 《1918年8月20日致许寿裳》。

② 见《集外集拾遗补编》。这里所说的美术，“译自英之爱忒（art or fine art）”，就是现在的艺术。

的大批图书调归京师图书馆，又从辽、吉、黑、豫、晋、滇等省调来大批官书，1914年更把热河“避暑山庄”所藏的《四库全书》调来北京。他还为设立通俗图书馆做了很大努力。他不断把自己的适合这个图书馆需要的图书赠送给它，这个图书馆里，还设立了儿童体育场。

鲁迅还曾为筹建历史博物馆付出许多辛劳，并且多次把自己购得的文物赠送历史博物馆，为守护送德国莱比锡万国博览会的13件宝贵文物，他守护在教育部，通宵不眠。

1914年和1916年，鲁迅主持办了儿童艺术展览会和专门以上学校成绩展览会。

鲁迅还先后担任过通俗教育研究会小说股主任和审核干事。

这时期，鸳鸯蝴蝶派的小说风行一时。后来，通俗教育研究会便通令查禁了代表这个文学流派的杂志《眉语》，因为它提倡“聚钗光鬓影能及时行乐”的淫乱思想，对青年毒害很大。以后又查禁了《金屋梦》《鸳鸯梦》这些黄色小说。同时，鲁迅又奖励好的创作和翻译。1917年中华书局要出版周瘦鹃译的《欧美名家短篇小说丛刊》，送教育部审查，鲁迅很为赞赏，认为是“空谷足音”，所以呈请教育部给予奖励。周瘦鹃在多年之后，还感激地提到，这是“永恒的知己之感”。

六、学者鲁迅

当我们把鲁迅从1909年归国后到1918年止的近十来年的辑录、考证、校订古籍和石刻画像的成绩集中起来叙述时，便会发现，这成绩是很可观的，而且，我们还看见一个严谨博识的学者鲁迅的形象。他是在条件十分困难、基本上是利用业余时间、心情又很不好的情况下，进行这种浩繁细致的学术工作的。

1914年冬，当鲁迅坐在藤花馆的斗室里，把收集整理完毕的《会稽郡故书杂集》翻检一遍后，写了总序和引序八则（传序、典录序、后传序、象赞序、土地记序、贺记序、孔记序、地志序）。在序言中，他写道：“幼时，尝见武威张澍所辑书，于凉土文献，撰集甚众”，便产生了辑录会稽古籍的想法。中间因为有人认为这种工作是“夸饰乡土，非大雅所尚”，所以没有进行。但是后来回到故乡，看到“禹勾践之遗迹故在”，而“士女敖嬉，睇睨而过，殆将无所眷念”，便有感于故乡先贤

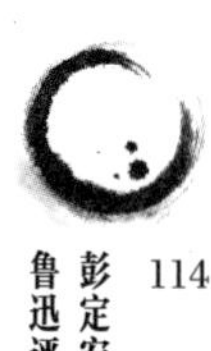

的高风亮节、言行美德以及故乡风土之美都将湮灭，不为后人所知，于是着手辑录。从这里我们可以看到鲁迅从事学术工作的纯正的目的。为什么校订《嵇康集》，我们前面说过，是寄托了他对嵇康的崇敬与喜爱之情的。关于嵇康，在鲁迅辑录的《古小说钩沉》中，有一段故事：

“嵇中散夜灯火下弹琴，忽有一人，面甚小，斯须转大，遂长丈余，黑单衣皂带。嵇视之既熟，吹火灭，曰：‘吾耻与魑魅争光。’”

这一短小的故事，很足以说明嵇康之为人，也可见鲁迅为什么要校勘他的诗文集了。

对于古小说的钩沉工作，鲁迅回国后不久就开始进行了。这是他在东京从事文艺活动，研究文艺的余绪。他研究欧美诸国的小说，自然会要想到中国在这方面的遗产，而回国后外文书不易得的条件也使他决定来进行对祖国典籍的搜求钩沉工作。这是一件前人从未做过也不可能做的工作。做这项工作，需要博览群书，而在文学方面又有真知灼见，有新的学识。

到北京以后，他继续进行原来进行的学术工作，又开辟了新的领域，即对碑帖墓志和石刻画像的搜集、整理、考证、研究。这也可说是一个意外的收获。他是为了避袁世凯禁锢思想之祸和排遣自己心头的寂寞而开始这项工作的，而后来，却成为他的一项正式的学术研究了。在这方面，他也是有独到之处的。比如汉魏石刻画像，人们向来只注重研究其中文字，却很少专门研究那上面的“插图”或叫“题头画”的。而鲁迅却注意研究其画像与图案。他的这项工作，是过去的考据家、鉴赏家所没有做过的。他曾经对老友许寿裳说：“汉画像的图案，美妙无伦，为日本艺术家所采取。即使是一鳞一爪，已被西洋名家交口赞许，说日本的图案如何了不得，了不得，而不知其渊源固出于我国的汉画呢。”

鲁迅从事学术工作严谨、认真、细致，具有独到见解，他整理古碑、校订古籍，总是参照诸本，不厌其详，不厌其烦，考证精审，一无泛语。鲁迅做研究工作，重视收集整理丰富的资料，但他不主张靠孤本秘籍炫人耳目，沽名钓誉。他总是在人们都能得到的资料书中，通过自己的努力去得出新颖的成果。他的治学态度不仅得到好友许寿裳的赞扬：“搜罗的勤劬，考证的认真，允推独步”，连后来反对他的钱玄同在鲁迅逝世时写的文章中也不得不承认鲁迅“校勘古书或翻译外籍，治学最谨严，青年应效法”，“治学不粗制滥造，青年应效法他的‘阍修’精神”。

鲁迅的这一段所作的学术工作，具有承先启后的性质；他的工作，已经不同于清代乾嘉学派，也不同于章太炎，而具有恢宏博大又细致精微的作风，而且方法灵通而不拘泥，见解新颖而不迂腐，已经开了“五四”以后古典文学研究工作的先河。对于他自己来说，也是在这个过程中最后结束了旧学者的风格而建树了新学人的特征。

第五章　搏击于历史风暴中

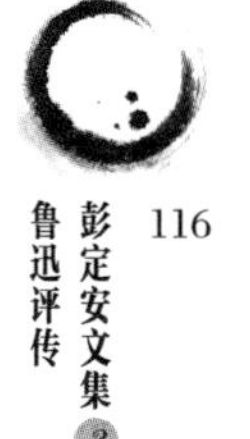

1918年（38岁）—1926年8月（46岁）

北京

自己背着因袭的重担，肩住了黑暗的闸门，放他们到宽阔光明的地方去……

——《坟·我们现在怎样做父亲》

吾令羲和弭节兮，望崦嵫而勿迫；路漫漫其修远兮，吾将上下而求索。

——《彷徨·题辞》（引自屈原：《离骚》）

希望是附丽于存在的，有存在，便有希望，有希望，便是光明。……黑暗只能附丽于渐就灭亡的事物，一灭亡，黑暗也就一同灭亡了，它不永久。然而将来是永远要有的，并且总要光明起来；只要不做黑暗的附着物，为光明而灭亡，则我们一定有悠久的将来，而且一定是光明的将来。

——《华盖集续编·记谈话》

五四运动是一场伟大的历史风暴。然而，它似乎没有像辛亥革命那样轰轰烈烈，虽然它带着比辛亥革命更广阔和宏伟的气势。当1916年《新青年》杂志发出讨伐封建主义的声音时，还只是像辽远天际微弱响动的闷雷。进到1918年，这闷雷声渐渐更近了，洪亮了，并且发出“噼——啪——”的爆炸声。中国历史又到达大转变的临界点。

在这样的历史临界点上，总是要应运而生一批风云人物，扮演着历史的活剧。这些人物，是时代召唤他们出来的，是人民催促他们登场的。他们身上披着历史的新装，头脑里充满时代的思想，胸中装着人民的愿望。他们都带着历史的激情出现。

鲁迅正是这样出现的。但他却并不那么热闹喧腾，不是在历史的紧锣密鼓声中冲刺而出，而是悄悄地、稳重地健步跨出，开始，并不十分引人注目。

一、新文学的第一块奠基石

这时，鲁迅虽然仍旧在绍兴会馆的补树书屋里抄古碑，但这在他的生活中已经不占主要位置了。《新青年》打破了他思想上的寂寞；而且，《新青年》的活跃的编辑钱玄同的出现，又打破了他生活的寂寞。这个日本时代的老同学，现在正在寻找战友。

1917年8月9日，钱玄同又出现在补树书屋。从这天开始，他频繁地出入鲁迅的书斋[①]。

他衣襟上别着自来水笔，腋下夹着大皮包（这在当时是颇为时髦的打扮），笑嘻嘻地走进鲁迅的书房：

> 将手提的大皮夹放在破桌上，脱下长衫，对面坐下了，因为怕狗，似乎心房还在怦怦的跳动。
>
> "你钞了这些有什么用？"有一夜，他翻着我那古碑的钞本，发了研究的质问了。
>
> "没有什么用。"
>
> "那么，你钞他是什么意思呢？"
>
> "没有什么意思。"
>
> "我想，你可以做点文章……"[②]

鲁迅对于鼓动他重新提笔的热情的朋友，说出了这样的一番话：

"假如一间铁屋子，是绝无窗户而万难破毁的，里面有许多熟睡的人们，不久都要闷死了，然而是从昏睡入死灭，并不感到就死的悲哀。现在你大嚷起来，惊起了较为清醒的几个人，使这不幸的少数者来受无

---

① 钱玄同与鲁迅在日本留学时是同学，到北京后，他经常访问鲁迅。从1913年起，每隔两三天就来一次。据钱玄同回忆，在1913—1926年的13年中，他与鲁迅见面100多次。而我们根据《鲁迅日记》统计，在1917年9月到1919年9月的两年中，他们就见面61次。足见这几年他们交往之密。

② 《呐喊·自序》。

可挽救的临终的苦楚，你倒以为对得起他们么?”[1]

这番深含痛苦的话，发自他的内心，饱含着他所亲历的人生的苦汁。但它的冰冷的外壳，却包含着炽热的内核，他诅咒“铁屋子”的黑暗与牢固，他哀痛里面的人们在昏睡，要唤醒他们，又深恐使他们比昏睡而死要受更深的苦痛。不过，这是已往生活的遗迹与回声，诉说的不是今日的消沉，预示的却是明天的奋起。这种强化的甚至有些夸张的表述，是对驳难者有意制造难题，但目的却不是要难倒对方，而是要使对方以有力的反驳来驳倒这夸大强化了的理由，使自己更感奋，信心更增强。[2]

这番话，是鲁迅在辛亥革命以后，经历了苦闷与曲折，积存的思想结论。表现了他忧愤的深广：对祖国前途的忧虑，对人民的深刻同情。前面说到，他早在这时以前就已经从沉默中抬起头来了。

由于钱玄同的不断来访和《新青年》主编陈独秀的着力“催逼”，他终于答应做文章了。

1918年4月2日，鲁迅写完了短篇小说《狂人日记》，在同年5月15日出版的《新青年》第四卷第五号上发表。

它发出了“礼教吃人”的呼号与控诉!

它发出了“救救孩子”的呼吁与期求!

这是五四运动中彻底地反封建的最强音!

这是中国新文学的第一块奠基石!

《狂人日记》发表时，他用了笔名：鲁迅。这是他第一次使用这个名字，它含有鲁钝而迅行的意思。它表现了鲁迅的谦逊与热情。这名字从“迅行”演化而来，因为《新青年》编者不愿意有别号一类的署名，而加了姓氏。冠以“鲁”字则是因为母亲姓鲁，古代周鲁本是同姓之国。从此“鲁迅”的名字，就像一颗灿烂的明星，升起在中国的上空。

《狂人日记》是在思想文化革命的召唤下诞生的。在它之前，《新青

---

① 《呐喊·自序》。

② 不少研究者都根据鲁迅的自述，把这些话当作他的准确的自白，以为确是他当时思想的写照，从而认为只是金心异（即钱玄同）的一番话，就完全消除了他的沉默心情，使他奋起。这是不符合鲁迅思想实际的，也不合乎思想发展的规律。突变都有渐变的过程为前奏，据此，这里对鲁迅的这番“消沉”话语，作了这种分析解释。至于其社会的、历史的原因以及鲁迅自己的思想根源，均见前章的记叙。

年》上发表了陈独秀、李大钊、吴虞等人讨伐孔孟之道和封建礼教的檄文，还有胡适的《文学改良刍议》、陈独秀的《文学革命论》、刘半农的《答王敬轩》、钱玄同的《中国今后之文字问题》，都连续发表了。但是用白话文写作的，能表明文学革命实际成绩的作品，却没有，于是鲁迅决心用小说创作来响应革命前驱者的号召，这就是他后来追述的"须听将令"和"步调是和大家大概一致的"。这种一致，是大方向和总目标的一致，至于打击的重点、使用的武器、战斗的风格，以及批判的深度，鲁迅都是有独创性的。他在《狂人日记》发表后不久，写信给许寿裳回答他的询问时说：

> 《狂人日记》实为拙作，又有白话诗署"唐俟"者，亦仆所为。前曾言中国根柢全在道教，此说近颇广行。以此读史，有多种问题可以迎刃而解。后以偶阅《通鉴》，乃悟中国人尚是食人民族，因成此篇。此种发见，关系亦甚大，而知者尚寥寥也。[①]

他通过对中国历史的钻研，发现了这一惊人的事实和本质，他于是发出了呼叫，以引起大家的注意。

鲁迅说，他写《狂人日记》，意在暴露家族制度与礼教的弊害。这弊害是什么样的呢？他为什么把家族制度放在前面呢？从鲁迅的创作意图看，他把封建家庭作为封建社会的一个细胞来解剖，孔孟之道、封建礼教，都以家庭为最基本的单位来贯彻、渗透、实行。在封建社会，皇帝是全体臣民的"家长"，全体百姓都是他的子民；家长则是家庭的"皇帝"，全体家庭成员都是他的臣民。忠与孝是最高的封建伦理标准，是统治全体人民和每个家庭的纲。三纲五常是捆绑每一个人的精神绳索。在家庭里，家长的意志君临一切，他们手中的权力杖和"法律"就是封建礼教。仅包办婚姻这一项，就在肉体上残害了、在精神上虐杀了多少青年男女。人的基本权利、人性的合理要求，都被当作祸祟之源的"人欲"，而受到禁锢、压制、摧残。千百年来，封建家庭成了一个囚笼，一个屠场。这一切，鲁迅都形象地、写实地表现出来了。《狂人日记》中关于"妹子被吃"的那段描写，便是一个例子。"妹子是被大哥吃了"，"母亲想也知道；不过哭的时候，却并没有说明，大约也以为应

① 《1918年8月20日致许寿裳》。

当的了”。大哥、母亲怎么会“吃”了妹妹、女儿呢？历史的、现实的实际是：一个女孩儿为了遵守那些“三从四德”之类的封建条规，她们或者苦守一生，或者殉夫自尽，当了节女、烈女；或者相反，成了“忤逆不孝”的罪人；或者逆来顺受，牺牲了自己的青春和幸福。制造这种人间惨祸的，便是他们的父母兄长。可悲的是，许多父母兄长在这样做时，并不认为他们“吃掉”了自己的亲人，反以为这是“爱”。《狂人日记》里写到母亲在女儿死后，“那天的哭法，现在想起来，实在还教人伤心，这真是奇极的事！”奇在哪里呢？奇就奇在本质上是“猫哭耗子”的悲剧，却又哭得这般真实，诚挚。

因此，鲁迅发出呼吁：

> 你们可以改了，从真心改起！要晓得将来容不得吃人的人，活在世上。
>
> 没有吃过人的孩子，或者还有？
>
> 救救孩子……[①]

二、“狂人”形象的诞生与本质

中国现代文学的第一个生动深刻的艺术形象，是一个狂人。这个历史的、文学的现象，是意味深长的，这是鲁迅的一个创造。这个艺术形象的诞生和它的本质，至今人们还在探讨，而且发生了争论。这不是很好地说明了这个艺术形象创造的成功、内容的丰厚深刻吗？

鲁迅为什么要塑造一个狂人的形象？

鲁迅广泛地阅读和深入地研究过中国几千年的历史。他从小就爱读稗官野史，以后更在进步历史观的指导下，读史而轻官书正史却注重野史。他在收集、研究中国小说史资料的过程中，也同时对中国历史进行了研究。在前引给许寿裳的信中，他说明了自己这种研讨的过程和结论。“中国人尚是食人民族”，“礼教吃人”，这个结论，就是他对于中国封建制度的最后宣判。这个结论是沉痛的，然而是确实而又深刻的，切中要害的。鲁迅是在五四运动前夕，前驱者遭到攻击，颇感寂寞时作《狂人日记》的。他要回答革命为什么是必要的、革谁的命和怎样革命

---

① 《呐喊·狂人日记》。

这样一连串的问题。他的回答，都凝练于狂人这个形象中了；吃人的礼教还在为害作祸，所以要革掉它的命，途径就是：解放了孩子！《狂人日记》的主题思想就这样提炼出来了。《狂人日记》的主题思想，就是这样来体现了。[①]

"狂人"的形象也有实际生活的依据。这就是鲁迅曾经接待一个迫害狂病人，有过这样一次生活经历[②]。这个迫害狂病人阮久荪的病状是怎样的呢？他说，他的同事要谋害他，所以逃到北京来，到了北京，又是疑神疑鬼，听见响动，看见人，都说是跟踪的、布置好要杀害他的。他住在鲁迅住的会馆里，一早就来敲鲁迅的窗户，说，今天要去杀了，怎么不早起来。带他去医院看病，车上看见背枪站岗的巡警，突然吓得面无人色了。这就是一个迫害狂的症状。显然，这个迫害狂的表现，鲁迅自己的这段生活经历，还加上原有的医学知识，给了鲁迅一个创造狂人形象的契机和生活基础。

关于"吃人"这寓意深刻的话语，由一个狂人说出，显然是非常恰当的；一个狂人对于周围日常生活中的人与事感到惊惧疑虑，就造成一种气氛，令人紧张、震惊、思考，产生一种发人深省的艺术作用。

鲁迅这样做，还更有别一方面的生活根据：中国历来对于敢于反抗世俗、提倡改革的先驱者，往往加以"狂人""疯子"的恶名，使他的话无人相信，使他生活于防范甚严、令人窒息的环境中，终于抑郁致狂或困顿而死。鲁迅曾经记述过他所敬重的师长章太炎被反动势力视为"章疯子"的事，并且说："其人既是疯子，议论当然是疯话，没有价值

① 鲁迅在同期和稍后写的杂文中写道："对于家庭问题，我在《新青年》的《随感录》（二五，四十，四九）中，曾经略略说及，总括大意，便只是从我们起，解放了后来的人。""要除去世上害己害人的昏迷和强暴。""旧账如何勾消？我说，'完全解放了我们的孩子！'"（分别见《坟·我们现在怎样做父亲》《坟·我之节烈观》《热风·随感录四十》）这都是对《狂人日记》主题的注释。

② 1916年10月30日，鲁迅的一个在山西游幕的表兄弟叫阮久荪的，忽然来到北京，他是一个迫害狂。第二天，他"病颇恶，至夜愈甚"，鲁迅就急请日本医生池田来诊治，并且把他送到池田医院住院，雇了一个工人看护。以后鲁迅几乎每天到医院去看望，直到11月6日雇了一个叫蓝德的人把久荪送回绍兴去，才算结束，总共闹腾了8天。

的了。”[①]《狂人日记》里狂人的遭遇，正是这种状况的反映。

鲁迅刻画一个狂人的形象，从他的眼中来看世界、看社会、看人生，一切就都超出了常规，也就是改变了固有的、陈旧的看法，而显出它的本来面目。狂人形象的更深刻的意义还在于，大家还在昏睡中吃人、被吃，并不觉醒，而且对首先站出来道出这个真理的人，加以迫害。这就表明改革的双重困难。

鲁迅正是通过刻画一个首先觉醒的人被迫害成狂人的艺术形象，来揭露、控诉了中国封建传统的罪恶。他的“救救孩子”的呼声，是含泪带血的呼号。

狂人形象的诞生，显然还受到俄国作家果戈理同名小说的影响。这主要表现在艺术构思方面。果戈理为了揭露沙皇俄国封建农奴制社会的不合理，塑造了一个狂人——小人物波普里希金，他的卑微的社会地位、贫困的被蹂躏的屈辱生活和委琐畏葸的心理状态，都通过发了狂的变态心理表现出来。这种似乎违反了生活真实的描写，却具有高度的艺术真实。果戈理的这种艺术构思启发了鲁迅，他也采用了这种艺术手法来表现和揭露中国封建礼教的祸害。但鲁迅不是简单地模仿，而是作了改造、创新。果戈理通过狂人同狗的谈话、对部长小姐的可怜可笑的慕恋，以及幻想自己“已经成为西班牙国王”等，揭示了波普里希金的性格，控诉那个罪恶的社会环境。它的思想特色是哀怜，它的艺术特色是幽默。但鲁迅的《狂人日记》，却是通过狂人的变态心理，来撕去蒙在惨痛人生上的一层温情脉脉的面纱，揭出了它的吃人的内涵，控诉了造成这种悲惨状况的封建制度，唤醒人们的觉悟。它的忧愤深广得多。“忧”，不是对于一个小人物的怜悯同情，而是对于在罪恶的封建制度下受残害的全体国人的同情与痛惜；“愤”，不只是对于官僚士绅欺侮凌辱人的愤怒，而是对于整个封建制度的愤恨与控诉。它的思想特色不是哀怜，而是沉痛、激励；它的艺术特色不是含泪的微笑与幽默，而是带血的呼号与悲愤。鲁迅笔下的狂人是一个患迫害狂的反封建战士，中国狂

---

① 《华盖集 · 补白》。章太炎在1906年的一次讲演中说：“当时对着朋友，说这逐满独立的话，总是摇头。也有说是疯颠的，……但兄弟是凭他说个疯颠，我还守我疯颠的念头。”（《民报》第六号）。鲁迅在《华盖集 · 补白》中说：“这一种手段也不独讼师有。民国元年章太炎先生在北京，好发议论，而且毫无顾忌地褒贬。常常被贬的一群人于是给他取了一个绰号，曰‘章疯子’。”

人和俄国狂人，不是异国兄弟，而是两个不同历史条件不同命运的典型。中国狂人在思想上高于俄国狂人，性格上强于俄国狂人。他不是呼吁怜悯、爱抚，而是呼喊反抗、斗争。它的社会意义与革命意义，比果戈理的狂人高得多、大得多。

狂人是怎样的一个形象？它是真疯还是假狂？他是真实的，还是寓意的？[①]

从上面所作的关于《狂人日记》的思想与艺术渊源的探索中，也许可以说已经大体回答这两个问题了。鲁迅不是要写一个狂人（疯子），而是要写一个被迫害成狂人的反封建战士。这是鲁迅根据历史的真实、生活的真实，创造出来的一个有血有肉的艺术典型。它具有历史内容上的、社会本质上的、艺术创造上的深刻的真实性；但它并不完全符合狭义的生活的真实性。在这里，切不可把现实主义只看作“写真实”的等同物。这种会写很好的日记的狂人，在生活中是不会有的。这是作家的一种夸张，一个创造，一种典型化的手法。

《新青年》在发表《狂人日记》以前，在新文艺方面，只有胡适等人的白话诗，以及胡适、陈独秀的文学论文，还没有小说创作的样品。现在好了，《狂人日记》发表了，它是完全用白话写的，而且那样流畅，清顺，铿锵有力，含意深邃，易懂而不浅薄，畅晓而不淡寡。这是坚实的、经过提炼加工的口语化的文学语言。作品的表现形式也是特别的，它的思想、内容、生活是中国的，它的叙述的方式、表现的手法也是中国作风、中国气派，但是，它又吸收、引进了外来的东西，这就是改革了短篇小说的基本结构，也改变了人物心理刻画、环境描写和对话的叙述方式。它既有民族传统，又吸收了外来因素。

由此，《狂人日记》以其内容上忧愤的深广、艺术上表现形式的特

① 有人认为狂人是疯子，鲁迅不过借疯人之口，用疯言疯语说出那些寓意深刻的话语与批判，这是“寓意说”。照这个说法，这个人物（狂人）不过是一个思想的寄宿主，一个传声筒，人物形象是与思想内容脱节的、不相干的，形式与内容是外在的统一、内在的分离。也有的说，狂人并没有疯，他不过是被诬蔑为疯子罢了，所以，他说出了那么多含意深刻的警句。按照这种说法，小说里许多按照疯人的变态心理所作的描写，都是不真实的，和狂人脱节的，因为他并没有疯，而那从历史的字里行间看出了“吃人”二字这样一类描写，才是真实的，是属于“狂人”的，但不是他的疯话而是警句。真实的与非真实的，真话与疯话混合在一起。这样，同样的，艺术形象与思想主题是游离的、脱节的；内容与形式是分裂的。

别，成为中国新兴文学的第一篇成功之作，显示了文学革命的实绩。从此，中国新文学奠定了基础。

《狂人日记》发表后，立即引起了强烈的社会反响，新文化运动中的活跃人物吴虞，看了《狂人日记》以后，专门写了《吃人与礼教》一文，"协同作战"。他一开头便写道："我读《新青年》里鲁迅君的《狂人日记》不觉得发生了许多感想。""我觉得他这日记把吃人的内容和仁义道德的表面，看得清清楚楚。那些戴着礼教假面具吃人的滑头伎俩，都被他把黑幕揭破了。"[①]新文学的坚实阵地《新潮》在《期刊介绍》栏内介绍《新青年》时，称赞《狂人日记》，"用写实的笔法，达寄托的旨趣，诚然是中国近来第一篇好小说。"当时在上海商务印书馆编辑《小说月报》的茅盾赞扬《狂人日记》是"前无古人的文艺作品"。他说，读了这篇小说之后，"只觉得受着一种痛快的刺戟，犹如久处黑暗的人们骤然看见了绚艳的阳光"。[②]

从此，新的短篇小说联翩而至，逐渐多起来了。

鲁迅在《狂人日记》发表之后，接着又写了《孔乙已》与《药》两篇小说，在《新青年》上发表。这两篇，同样都是力作。《药》更在新的革命即将来临时，沉痛地表现了人民仍处在昏睡状态的情景，反映了辛亥革命失败的沉痛教训。他再次提出了唤醒民众的问题。

鲁迅在发表《狂人日记》的同时，还发表了三首白话诗：《梦》、《爱之神》和《桃花》。诗歌，在"五四"时期也来了一个革命。它是思想革命、新文学运动的一翼。新诗比白话小说更早地出现于《新青年》上。它摆脱了格律的束缚、诗教的旧规，用白话、自由体，写生活，虽然幼稚，但是活泼。在《新青年》的倡导下，出现了一个"民主的新诗运动"。然而，遭到很多人反对。有人竟骂新诗是"驴鸣狗吠"。在逆流面前。鲁迅迎上前去。他向来不爱写诗，但这时却写了几首，发表在《新青年》上。他的诗作，思想深刻，格调清新，意趣横生。朱自清曾给予了高度的评价。他说：当时的新诗人中，"多数作者急切里无法甩掉旧诗词的调子"，而鲁迅的新诗却"全然摆脱了旧的镣铐"。[③]

《青年杂志》创刊时，曾经申明："益改造青年之思想，辅导青年之

---

① 《新青年》第六卷第六号。

② 茅盾：《读呐喊》，载《茅盾论中国现代作家作品》，北京大学出版社，1980，第145页。

③ 原载《中国新文学大系·诗集序》，转引自《鲁迅年谱》第一卷，第376页。

修养，为本志之天职，批评时政，非其旨也。”但是，1918年复刊以后，改变了这个方针，从四卷四号起，更开辟了《随感录》一栏，以短小精悍的文字，针砭时弊，这是适应斗争需要而新起的一个文学形式，它是战斗的武器，思想的利刃，文学的轻骑兵。鲁迅在创作小说的同时又拿起了这个武器。他一篇接着一篇地发表。在这个专栏发表的133篇随感录中，他写了27篇。

在1919年5月4日以前，他在《新青年》上总计发表了小说3篇：《狂人日记》、《孔乙己》与《药》；发表了洋洋大观的论文《我之节烈观》；发表了随感录27篇[①]，还有新诗6首。

正如他自己后来所说，他既上阵，就一发而不可收了。这是他对于即将来临的五四运动的呼吁，对于历史风暴的呼唤。

三、驰骋于文化革命的疆场

在十月社会主义革命的影响下，中国革命的风暴也迅速来临。1919年5月4日，在天安门广场，北京大学等校3000多名青年学生举行集会，喊着“外争国权，内惩国贼”的口号，游行示威，抗议帝国主义在巴黎和会上对中国主权的践踏，反对北洋军阀政府的卖国政策，他们去找亲日派卖国贼曹汝霖、陆宗舆、章宗祥算账，激怒中痛打章宗祥，火烧赵家楼（曹汝霖的住宅），这就是著名的五四运动的发端。它揭开了中国新民主主义革命的序幕。

“五四”的火炬，点燃了全国人民心中的爱国烈火，也引爆了自从1915—1916年就开始积蓄并不断发展的思想革命的火药库，并推动了已在蓬勃发展的新文化运动。这样三位一体的斗争和革命运动，总汇于一炉，构成了中国新民主主义革命的熊熊烈火。从5月上旬开始，革命的烈火迅速蔓延至全国。首先兴起的是学生运动。天津、上海、武汉、长沙……全国几十万学生走在运动的前列，成为生力军。紧接着中小商人、民族资产阶级也都卷了进来，开展了罢市斗争。工业无产阶级投入运动，登上了政治舞台。上海的各业工人、唐山和长辛店的铁路工人都

① 《热风》中收入“五四”以前写的随感录有从《随感录二十五》到《随感录五十四》的17篇文章，加上1978年孙玉石发现的《敬告遗老》《孔教与皇帝》《旧戏的威力》3篇佚文，总计20篇。

举行了罢工斗争。全国工业最集中的上海市，“罢工潮日盛一日”，“8月5日，纱厂女工罢工，参加者1万余人”，“10月7日，上海金银业罢工，参加者数千人”，“11月1日，日华纱厂又罢工，参加者3千多人”，“11月2日，英美烟厂罢工，参加者9千多人”。[①]在全国人民一致奋起的革命洪流冲击下，北洋军阀政府认输了。6月10日，免了曹、章、陆三人的职。京津学生1万多人，包围了怀仁堂总统府，总统徐世昌在群众的威力压迫下，给在巴黎和会上的中国代表拍去电报，要他们拒绝签字。6月28日，出席巴黎和会的中国代表，拒绝在损害中国权益的《巴黎和约》上签字。中国人民第一次在全世界面前表示了自己的意志，显示了自己独立的态度。随着革命运动的高涨，在思想文化战线上，也出现了空前活跃的局面。国内各地出现了各种各样的新刊物，数量达二三百种之多；《新青年》《新潮》《每周评论》《星期评论》《湘江评论》，在国内影响很大；全国400多种报刊改用白话文，一代青年，在这些革命的、进步的刊物影响下觉醒了，并起来斗争。

五四运动是人民的第一次思想解放运动，民族的一次大觉醒。12年前，鲁迅呼唤精神界之战士出现，作“至诚之声”，“援吾人出于荒寒”，并沉痛发问“吾人……惟沉思而已夫!”今天，几十万青年发出了怒吼，全国人民发出了呼喊，特别是几万无产阶级发出了自己的声音。这民族之音、人民之声，冲破了古国的沉默与荒寒。

十几年来，一直在期待人民的觉醒，谛听民族的声音的鲁迅，在这怒吼声中，是很兴奋的，充满了希望与信心。当五四运动的火炬点燃之后，他更进一步看到革命力量的增长，民族觉醒的出现。他所盼望的暴风雨终于来临。1918年初，他还在致友人的信中说：“吾辈诊同胞病颇得七八，而治之有二难焉：未知下药，一也；牙关紧闭，二也。牙关不开尚能以醋涂其腮，更取铁钳摧而启之，而药方则无以下笔。”[②]但是，七八个月后，当他参加了《新青年》的编务，在这个刊物上发表了作品之后，思想完全变了。他在给友人信中说：“历观国内无一佳象，而仆则思想颇变迁，毫不悲观。”[③]

他坚定地走上了战阵。

---

① 邓中夏：《中国职工运动简史》，人民出版社，1949，第36页。

② 《1918年1月4日致许寿裳》。

③ 《1918年8月20日致许寿裳》。

他拿起了小说这个武器。

五四运动作为一场思想解放运动，在思想解放的过程中，需要运用多种多样的武器，来解剖旧社会，批判旧社会。在这场伟大的革命中，鲁迅首先运用了小说这个形式。鲁迅把自己在“五四”时期所写的小说，称为“聊以慰藉那在寂寞里奔驰的猛士”的“呐喊”，是“遵命文学”。也就是说，他的作品是为革命而做的，那主题都是配合着革命的需要的。

在《狂人日记》之后，他又写了《孔乙己》，以一个没落的、可怜的旧知识分子悲惨的命运，控诉了科举制度的罪恶，提出了必须摧毁这种制度进行革命的依据。

《药》写于五四运动爆发的前夕。它的故事，提出了一个值得深思的问题：抛洒热血的革命英烈，为了拯救人民于苦难之中而牺牲自己，然而被救的人民却用他的鲜血作为治病的药物。一方面是何等的寂寞与悲哀；另一方面是何等的麻木与昏沉！这里，鲁迅反映了辛亥革命失败的主要原因：没有进行一场思想革命来唤醒民众。在五四新文化运动正在兴起时，鲁迅总结了上一次革命失败的教训，既证明了目前正在进行的这场思想革命的必要性，又提醒了革命者莫要重蹈历史的覆辙。这篇小说的冷峻的风格，反映了鲁迅的语重心长的用意。这篇作品是及时的，发人深省的。

如果说《狂人日记》提出了推翻吃人的封建礼教的必要性、迫切性的问题；那么，《药》则提出了如何来推翻吃人制度的问题。他提醒和呼吁：铁屋里的人们还在昏睡，要唤醒他们啊！这两篇小说，不仅表现了他作为一个伟大作家的、把深刻题旨和丰富内容浓缩在短小篇幅中表现出来的巨大的艺术才能，而且表现了他作为思想家的深刻与敏锐。

阿Q诞生及其意义

鲁迅在创作、发表了《狂人日记》、《孔乙己》、《药》、《明天》、《风波》和《故乡》等小说之后，开始写《阿Q正传》。1921年12月4日起，在《晨报副镌》连载，第一章登在《开心话》栏内。第二章起，移到《新文艺》栏发表。

要理解一个作家的作品，尤其像《阿Q正传》这样划时代的伟大作品，最好的途径，是认真理解鲁迅关于自己和关于自己的作品所说的话。但这最好的途径却不是唯一的途径。我们从作家的自述“入手”，却不能到这里结束。往往还需要补充我们自己的认识和分析。

正确理解《阿Q正传》的最好的途径，是鲁迅自己关于这个作品所说过的一些话。鲁迅明确地说过，他是要“写出一个现代的我们国人的魂灵来”[①]。鲁迅这时正在研究国民性的改造问题，又认为文学是应该为人生并改革这人生的。这是他创作的动因和立意的基础。“写出一个现代的我们国人的魂灵来”这个创作意图自然也是由此产生的。这就为鲁迅塑造阿Q这样一个形象奠定了思想基础。既然是要写出病态社会的疾苦，写出国民的劣根性，以引起疗救的注意，自然就决定了：第一，要写一个落后的典型；第二，要写这个落后典型中最主要的劣根性。[②]在这样的“规定性”之下，鲁迅选择了阿Q这样一种类型的落后农民来塑造他的典型人物。这一决定，反映了他对中国社会的深入观察、深刻理解和一种深刻的思想。他已经认识到中国广大农民是最痛苦、最受压迫的，而且处于麻木、愚昧状态中；他们是人口的大多数；他们的命运最需要改变。而从鲁迅的只有先改革了国民性才能改造社会、改造国家的观点出发，最需要改造的也正是他们。这样，鲁迅虽然没有明确地做出“农民是中国民主革命的主要支柱”这个正确的理论概括，但已经做出了要首先改变农民的命运的结论。因此，他就在“病态社会的不幸的人们中”选取了农民来作为他的典型创造的对象。但这不是一般的农民，而是落后的农民，而且又不是一般的落后农民，而是“有农民式的质朴，愚蠢，但也很沾了些游手之徒的狡猾。……不过没有流氓样，也不像瘪三样”[③]。阿Q的基本品性仍是农民，但沾了游手之徒的习气，然而却不是现代的、城市的流氓瘪三。鲁迅还给了他一个特别的名字：阿Q。他的用意就是这Q字，外形上非常像一个人拖着一条小辫子[④]。

---

① 《集外集·俄文译本〈阿Q正传〉序及著者自叙传略》。

② 鲁迅后来说：“十二年前，鲁迅作的一篇《阿Q正传》，大约是想暴露国民的弱点的。”（《伪自由书·再谈保留》）因为是以别人的口气评论作品，所以对作者的创作意图的说明用“大约”二字，实际意思是完全肯定的，即“是暴露国民的弱点的”。

③ 《且介亭杂文·寄〈戏〉周刊编者信》。

④ 周遐寿《鲁迅小说里的人物》（江苏人民出版社，2018，第83页）：“据著者自己说，他就觉得那Q字（须得大写）上边的小辫好玩。”这里满含着鲁迅的内心辛酸。他曾经说中国人的辫子是杀了许多人的头才种上的，这是耻辱的印记。许多外国人也往往以辫子为中国人的标识，而鄙视与嘲骂之。然而辛亥革命前有多少人却几乎以辫子为命根子，以剪掉辫子为大逆不道。辛亥革命后，仍有遗老遗少以辫子为荣。

这里颇具讽刺意味，但又饱含着辛酸。鲁迅是非常清醒的，他就是要写一个落后的农民的典型，来反映我们国人的劣根性，以引起疗救的注意。他其实并非不能写出有一定积极性的农民的典型和其他类型的落后农民。——后者他已经写出了闰土与七斤，他们都不同于阿Q。前者，在鲁迅的生活积存和记忆里是有这种积极形象的，他后来写的《离婚》中的爱姑和《社戏》中的农民便都是的。因此，认为只能写出阿Q式的落后农民的典型，是鲁迅的思想局限性的表现，这种看法是不对的。

当时国人的病症，主要的就是愚蠢、麻木、精神胜利法。这是阻挡改革的重大思想障碍。因为愚蠢和麻木，就不想改变现状；因为精神胜利法，就永远不会承认落后，连想也不会去想关于改革的事了。他心里虽有不满，他骂这世界，骂赵太爷和假洋鬼子；但他又不去反抗，因为在实际上每次失败、每次受欺之后，他都在精神上“胜利了”。一切的羞辱感，一种由恼羞而成的怒气，由愤怒而酿成的仇恨和由仇恨而引起的斗争，统统消失于脑子里一转就胜利了的“一念之变”中了。精神胜利法，鲁迅是作为在大石底下压了几千年的、沉默的国民的灵魂来写的，它表现了鲁迅的极为深刻的历史眼光和极为深沉的民族痛苦。阿Q本应当奋起、自新、斗争，然而他却在精神胜利中逃遁、苟安、偷生、寻求到自我安慰与自我补偿，躲藏在一个精神的避风港里。他的精神上的“胜利”，既滋长了他的奴性，又毒化了他的精神，并且麻痹了他的斗志，阻碍了他的前进。因为，不幸得很，他这个一贯的失败者，却在精神上成了永久的胜利者。他的奴性令人心酸，他的偷生令人哀叹，他的自我补偿令人若有所失，而他的胜利更令人痛苦。——因为这“胜利”将导致他的更惨的失败，甚至有不可救药、万劫不复之势。这是一个可怕的悲剧。鲁迅把这个悲剧性格描绘、刻画出来了，引起国人的注意，这是疗救的第一步。他把病情诊察出来了，而且抓住了真正的病症，又引起人们对治疗的注意。这是鲁迅的一个伟大贡献。

当然，我们不能忽视阿Q性格的另一面：他要反抗。他之所以需要精神胜利法，正反映了他的对于自尊的维护、对于自卫的坚持和对于自强的追求。只因为他是一个弱者，所以采取了歪曲的表现形式。因此，精神胜利法，是一种反抗性的歪曲表现。这应视为一种希望的种子。

精神胜利法是阿Q精神的核心。它反映了自从鸦片战争以来，中国沦为半殖民地以后，反动统治者的一种精神状态。这种表现，在清朝统治者同外洋的交涉中十分突出，表演得淋漓尽致，十分可笑可叹。统治者的思想，“传染”给阿Q这样沾了游手之徒的习气的人，是很自然的。鲁迅既然是以阿Q来画我们国人的魂灵，因此把这班“上等人”的魂灵也“摄”了进去，也并非完全不可能。——但这不是主要的。

精神胜利法最主要的、根本的根源，还是阿Q自己的思想内因，这就是他的小生产者的落后性、狭隘性和软弱性。尤其作为落后农民的代表，他这种性格就更“全面”、更突出了。小生产者本身是处在彼此隔离的孤立状态中的，是在生产上经不起任何一点风吹雨打的，他们总是在风雨飘摇中；然而，他们的苦难的生活、不幸的命运又总是使他们想要改变现状、企求好日子，盼望凭借那一点“小生产”，以中农、富农以至地主老财为目标，爬上去。然而，事实上他们往往不敢也不能在现实中去取得“光明”和“胜利”，于是他们总是耽于幻想，或者迷醉于宗教，企求菩萨赐福，或者来生走运，这就是一种“精神胜利”的心理根苗。这根苗，因阶层、因人而表现为各种不同的形式。因为是阿Q，他在城里混过，沾了游手之徒的狡猾，所以他会去摸尼姑的光头而且说出“和尚动得，我动不得?”之类的下流话；当他失败了的时候，他会立即脑子一转就转败为“胜”：老子先前“比你阔的多”，“儿子打老子”，等等。阿Q的这些“优胜”事迹，闰土就绝对干不出来，他只是觉得苦，但说不出来，他默默地忍受生活的折磨。

当然，我们决不能忽视存在决定意识这个马克思主义的原理。阿Q的精神胜利法，同时也是环境的产物，是物质世界里的东西在精神世界里的反映。中国封建社会的长期停滞和这个统治的极端残酷，是造成精神胜利法的外界条件。鲁迅曾经一再指出，中国的长期的、破坏了又修补的、细密精致的封建统治和它所产生的精神文明，戕害人是广泛、深入、残酷、恶毒的。所以，鲁迅指出，在这种物质力量的统治和精神文明的统制下，人民都愚昧、麻木、不敢动弹，因为稍一动弹，立即丧命。于是，从精神胜利上来苟安、偷生，便成了“最佳选择（!）”了，因此，鲁迅说是“在大石底下压了几千年的国民”。在《阿Q正传》中，鲁迅也具体地反映了环境对阿Q的残酷的压制：从举人老爷、秀才大人到假洋鬼子到地保、狱吏、狱卒以至同监牢的犯人，组成了一个压制的网，使阿Q不能动弹、不敢动弹。而且，连未庄的其他人们，本身也是受欺凌压迫的人，也使阿Q遭到打击。这就是鲁迅在杂文中多次指出过的“对于羊显凶兽相，而对于凶兽则显羊相”，受欺侮便抽刀向更弱者的品性，这是弱者的不幸的病症。鲁迅说，治这病症的良药就是反其道而行之：受到强者的压迫，抽刀向更强者。鲁迅在《阿Q正传》中对于阿Q活动的环境和周围人们的刻画，正是揭示出这种外界势力，是造成阿Q精神胜利法的根源。而作品的力量也正表现在这里：通过人物的精神世界，揭示了造成这种主观世界的客观世界的弊病。这正是鲁迅创作的目的：要揭出病态社会的弊病，引起疗救的注意，以改良这人生，而改造这个环境、这个社会制度。从创作上讲，这也表现了鲁迅的现实主义精神：他创造的阿Q，确实是典型环境里的典型性格。

“阿Q的革命”问题

但是，阿Q终于起来革命了。这首先也是因为环境开始起了变化。这就是发生了辛亥革命。这个革命唤醒了阿Q，在辛亥革命的影响下，他内心深处的由于他的贫苦的生活与卑微的地位而产生的反抗性，亦即革命性，苏醒了。他也“造反”了。不过，很遗憾，“他们没有来叫我”，他的“反”并没有“造”成，最后却被杀害了。在这里，鲁迅对辛亥革命做了现实主义的描绘和深刻的批判。阿Q的革命，是从别人那里听到风声的，是“无师自通”的，辛亥革命的领导者，并没有到乡村来搅乱地主绅士的梦，也没有来向农民们做宣传发动工作。而革命成功后，又把地主、举人老爷、假洋鬼子通统用上了，倒是把真心拥护革命的阿Q给杀了。

一方面，鲁迅非常真实地描写了阿Q的革命，这就是：第一，“第一个该死的是小D和赵太爷，还有秀才，还有假洋鬼子，……留几条么？王胡本来还可留，但也不要了。”[①]这是施行暴力，“实行专政”。第二，“东西，……直走进去打开箱子来：元宝，洋钱，洋纱衫，……秀才娘子的一张宁式床先搬到土谷祠，此外便摆了钱家的桌椅，——或者也就用赵家的罢。”[②]这是分浮财，或叫“经济革命”。再其次是关于女人的，在赵司晨的妹子、邹七嫂的女儿、假洋鬼子的老婆、秀才的老婆以及他追求过的吴妈这群女人之间，他简直挑花了眼，最后也没选中谁。这大概算是“社会革命”。这就是阿Q的“造反”。报私仇、捞一

①② 《呐喊·阿Q正传》。

把、选美人，这就是阿Q心目中的革命。这种“阿Q式的革命”是揭露批判得极为深刻的。阿Q生长在未庄，所以，他想的就是这些东西。这确是他的局限性。有人以此而否认阿Q的革命性，并且否认鲁迅是描写阿Q的革命性，但是，鲁迅明确说过：

> 据我的意思，中国倘不革命，阿Q便不做，既然革命，就会做的。我的阿Q的运命，也只能如此，人格也恐怕并不是两个。民国元年已经过去，无可追踪了，但此后倘再有改革，我相信还会有阿Q似的革命党出现。[①]

鲁迅在这里说了两个意思：第一，阿Q固然落后，但只要中国发生革命，他一定要做革命党；第二，但他却是一种阿Q式的革命党。关于第一点，鲁迅承认阿Q的革命性，这是正确的。一般地说，任何革命性都是同物质利益分不开的，革命就是要改变生产关系，包括物质财富的分配原则在内。农民参加革命就是要去夺回被地主老财夺去了的财富。从改变自己的物质生活条件的愿望出发而去革命，是无可厚非的，并不能以此否定其革命性。鲁迅一直到后来也仍然认为革命一开始是怀着各种动机的人都有的，有的是为了爱人，有的甚至是为了自杀，但鲁迅仍然肯定他们射出的子弹也同样会打死敌人，即肯定其革命性与革命作用。[②]当然，以后会发生分化：有的倒退，有的叛变，有的被淘汰了。

但是，第二，鲁迅又同时写了这种革命性中含着破坏性，这是农民（即小生产者）的狭隘性造成的。你看阿Q连小D、王胡都要杀掉。他也要奴役小D。他要分财物、弄女人。这是鲁迅的揭露与批判，从这里不是仍然反映了麻木与愚蠢吗？不是也同样要求引起疗救的注意吗？

关于这后一点，鲁迅还说过：

> 我也很愿意如人们所说，我只写出了现在以前的或一时期，但我还恐怕我所看见的并非现代的前身，而是其后，或者竟是二三十年之后。[③]

鲁迅后来在30年代同斯诺谈话时曾说：阿Q“现在管理着国

---

①③ 《华盖集续编·〈阿Q正传〉的成因》。

② 《二心集·非革命的急进革命论者》。

家”[①]。证实了他所说的“并非现代的前身，而是其后”的沉痛的预言，国民党反动派的“革命”，不过是“阿Q式的革命”最恶劣的发展：他们之中许多人有着阿Q式的革命性，而一部分上层人物连这一点革命性也没有；后来，后者抛弃了伪装，前者丧失了那一点革命性，而恶性地发展了阿Q式的破坏性。当他们“联合专政”时，就比民间的阿Q坏得多多了。

《阿Q正传》虽然主要的创作立意是要暴露国民性的弱点，画出国人的魂灵来，但是，这“人”必须活动于一个社会环境中。因此，在刻画阿Q的过程中，作为对典型人物生活于其中的典型环境的描写与刻画，鲁迅广泛而深刻地表现了20世纪初中国农村的社会矛盾与阶级对立，而且描写得鲜明、尖锐、生动、具体，通过栩栩如生的各种人物来表现。对中国当时社会结构和阶级关系，鲁迅的描写也很生动、具体、形象，虽然当时他还没有掌握马克思主义，还没有阶级观点，但他描写出的生活本身，却客观地、如实地表现了社会的本质。这是现实主义的胜利。

在这篇小说中，鲁迅还创造了“假洋鬼子”这个形象。这是殖民地、半殖民地社会的特有产物。鲁迅对他的社会本质作了深刻的揭露。这个艺术典型，在旧中国的社会中，是很带普遍性的。他们的买办性和封建性相结合的特质，在政界、商界、学界都有其代表人物。解放后，他的那种“不准革命”的哲学，仍为不少人信奉。

阿Q这个典型在写作前就在鲁迅心中确已酝酿好几年了，而它最早的根苗更是在少年时代就种下了。在阿Q的事迹中，有着谢阿桂，他的本家四七、桐生等人的影子[②]。但是，从生活到艺术，这中间的差距与变化极大。这里有一个对生活进行观察、分析、研究、选择、提炼、加工的艺术创造过程。在这个艺术创造的过程中，需要巨大的思想才能和艺术才能。鲁迅的成功，证明了他在这两方面都是非常高强的。

《阿Q正传》诞生之后，在当时就引起了广泛的注意，得到高度的评价。茅盾在20年代写的《读〈呐喊〉》中就说：“现在差不多没有一个爱好文艺的青年口里不曾说过‘阿Q’这两个字。我们到处应用这两

① 埃德加·斯诺在《我在旧中国十三年》中写道：“‘既然国民党已经进行了第二次革命了，’我向鲁迅问道，‘难道你认为现在阿Q依然跟以前一样多吗?’鲁迅大笑道：‘更坏。他们现在管理着国家哩。’”（载《鲁迅回忆录》下册，第1585页）

② 周遐寿：《鲁迅小说里的人物》。

个字。”茅盾还指出：“中国历史上的一件大事，辛亥革命，反映在《阿Q正传》里的，是怎样的叫人短气呀！乐观的读者，或不免要非难作者的形容过甚，近乎故意轻薄‘神圣的革命’，但是谁曾亲身在‘县里’遇到大事的，一定觉得《阿Q正传》里的描写是写实的。我们现在看了这里的七八两章，大概会仿佛醒悟似的知道十二年来政乱的根因罢！”①这里，既肯定了作品的现实主义精神，又指出了它对辛亥革命的批判。以后，这篇作品很快就进入世界文学的行列，被译成英、俄、日、法等国文字。早在1926年法国伟大作家罗曼·罗兰在看了《阿Q正传》的法译本后说：“《阿Q正传》是高超的艺术的作品，其证据是在读第二次比第一次更觉得好。这可怜的阿Q的惨象遂留在记忆里了”；“在法国大革命时期，也有过类似阿Q的农民”，“阿Q的某些性格特征是带有世界性的了”。②

同拿着软刀子的妖魔战斗

鲁迅自从1918年发表《狂人日记》以后，就热情、勇猛地投身于文化革命的战阵。他不仅运用小说这个武器，而且使用“随感录”（后来发展成为杂文）这个武器，同各个时期阻碍文化革命前进的反动和保守势力，进行尖锐的斗争。

鲁迅说过，中国的封建思想文化，是“杀人不觉死”的软刀子，在新文化运动不断向前发展时，那些守旧派、顽固派以及遗老遗少们，都手里拿着这把“软刀子”来进行抵制和破坏，这些衰朽的势力，用祖传的老例、条规、成法这些历史垃圾，堆在道路上，以阻止历史车轮的前进。

“幸存的古国，恃着固有而陈旧的文明，害得一切硬化，终于要走到灭亡的路。”③因此，鲁迅决心要进行一番扫荡的工作。“第一著自然是埽荡废物，以造成一个使新生命得能诞生的机运。”④这是思想革命和文化革命不可缺少的战斗。

鲁迅首先对“国粹”进行了多方面的深刻的揭露与批判。因为它要把封建主义的一切上层建筑都当作国宝保存下来，以束缚人民的手脚，麻痹人民的斗志，阻碍革命的前进。他说，“国粹”，就是“一国独有，

① 茅盾：《茅盾论中国现代作家作品》，北京大学出版社，1980，第146-147页。

② 戈宝权：《鲁迅作品在世界各国》。

③④ 《译文序跋集·〈出了象牙之塔〉后记》。

他国所无的事物”，即特别的东西。但是，独有、特别的东西就好吗？就应该保存吗？他对国粹家们投以辛辣的讽刺：只要从来如此，便是宝贝。即使无名肿毒，倘若生在中国人身上，也便“红肿之处，艳若桃花；溃烂之时，美如乳酪”。国粹所在，妙不可言。①

鲁迅更进一步提出了几个设问，一问：如果国粹真正那么好，“何以现在糟到如此情形，新派摇头，旧派也叹气”。二问：“以前，全国都是‘国粹’，……何以春秋战国五胡十六国闹个不休，古人也都叹气。”三问：“何以真正成汤文武周公时代，也先有桀纣暴虐，后有殷顽作乱；后来仍旧弄出春秋战国五胡十六国闹个不休，古人也都叹气。”②

这几个设问，非常有力，短小精悍而犀利，用历史的铁的事实，证实了国粹的不仅无用，而且有害。

鲁迅说：“现在许多人有大恐惧；我也有大恐惧。”他恐惧的“是中国人要从‘世界人’中挤出”，因为，中国的“粹”太多，“粹太多，便太特别。太特别，便难与种种人协同生长，挣得地位”③。他提出我们必须有相当的进步的智识、道德、品格、思想，才能够站得住脚。

但是，这样的“国粹”，却有一批人物出来大保而特保。他们不愿退出历史舞台。对于呼唤与准备迎接革命风暴来临的新文化运动，他们一齐出动，抵制，咒骂，抗拒，破坏。他们视“国粹”为贾宝玉颈上挂着的那块玉石一样，是不可须臾离开的命根子。于是，斗争便集中在反对国粹还是保存国粹这个焦点上。这实质上就是革除还是保留封建思想文化的斗争。在一批被新文化运动的洪流冲击得如丧考妣、惶惶不可终日的老朽中，跳出来一个林琴南，他自称“清室举人”，“年逢七十”，还要“拖守残缺，至死不易其操”，他发誓要“拼我残年，极力卫道”。同时，还有一个张厚载，其人是北大法科学生，年纪轻轻，中封建流毒却颇深，因为维护旧戏，受过《新青年》批判，怀恨在心。他同乃师结成一伙，一师一生、一老一少、一文一“武”，发起了一个攻势。时在1919年2，3月间，正是五四运动已经临近的时候，这可算是一次反扑。林琴南先是在上海《新申报》上发表小说《荆生》。他炮制了一个“伟丈夫”，借他之口来责问：“中国四千余年，以伦纪立国，汝何为坏

① 《热风·随感录三十九》。

② 《热风·随感录三十五》。

③ 《热风·随感录三十六》。

之?”他幻想这个“伟丈夫”用两个指头按在田其美（影射陈独秀）的头上，他便“脑痛如被锥刺”；“更以足践狄莫（影射胡适）”，“狄莫腰痛欲断”，金心异（影射钱玄同）近视，“伟丈夫取其眼镜抛之”，金“则怕死如猬，泥首不已”。林某人就这样在精神上得到了“胜利”的满足。林琴南还给蔡元培写信，攻击《新青年》“覆孔孟，铲伦常”。又写小说《妖梦》，影射攻击蔡元培等人。林琴南的行为，正像当时有人所形容的“竟是拖鼻涕的野孩子在人家大门上画乌龟的行径了”。他的高足张厚载则是另一番动作。他化名半谷，在上海《神州日报》发表通讯，散布什么《新青年》编者“自行辞职”“逃往天津”的谣言。又在上海《申报》发电，抛出《新青年》编委被“驱逐出校”的谣言。而对这样猖獗的攻击，《新青年》同人起而迎战。陈独秀、李大钊都写文章予以还击。鲁迅也积极地投身于战斗中。他在辑录的《什么话》中，把林纾为所译小说《孝友镜》写的《译余小识》抄录示众，借林某之笔揭露其利用西洋小说维护孝悌纲常的嘴脸。

当鲁迅听说刘师培勾结北大的封建遗老辜鸿铭、黄侃等人，要恢复《国粹学报》和《国粹丛编》后，便在给钱玄同的信中予以猛烈的抨击。他说他自己“阅历已多，无论如何复古、如何国粹，都已不怕”。他指出：“该坏种等之创刊屁志，系专对《新青年》而发。”但他说：“既将刊之，则听其刊之，且看其刊之，看其如何国法，如何粹法，如何发昏，如何放屁，如何做梦，如何探龙，亦一大快事也。国粹丛编万岁！老小昏虫万岁!!”[①]这封信犀利泼辣，气势凌厉，充满了战斗的激情，也充满了胜利的信心。

后来，刘师培之流[②]终于成立了国故月刊社，出版《国故》月刊。粉墨登场，与新文化运动对垒。

鲁迅对这股逆流的实质，给予了深刻的揭露与批判。他指出，这些老小昏虫所搞的维护文言，提倡国学，宣扬固有文明和固有道德，以及缠足，拖大辫，吸鸦片，人身买卖，一夫多妻，等等，所有这些“国

---

① 《1918年7月5日致钱玄同》。

② 刘师培（1884—1919），江苏仪征人。早年投机革命，曾参加光复会和同盟会。后投降变节，充当清政府两江总督端方的密探（所以鲁迅信中有“如何探龙”的讥刺语）。辛亥革命后又投靠袁世凯任政府咨议，参政院参政。袁倒后，蜷伏天津，后到北大教经学。五四运动前后，仇恨新文化运动，积极参与《国粹学报》《国粹汇编》的工作。

粹"，"没一件不与蛮人的文化（?）恰合"。[①]他愤怒地指出，这些人是要用祖传的一切垃圾来堆在四周，使中国成为一个"活埋庵"。他批判这些保存"国粹"的"大师"都是"现在的屠杀者"。[②]

鲁迅特别指出，老朽们的软刀子是杀人不觉死的，他们会用种种手法，随机应变来达到反动目的。在新文化、新事物的洪流涌来，抵挡不住时，他们就说"'西哲'的本领虽然要学，'子曰诗云'也更要昌明"。他们是"要新本领旧思想的新人物，驼了旧本领旧思想的旧人物，请他发挥多年经验的老本领"[③]。他们既不"将自己变得合于新事物"，却能"将新事物变得合于自己"。[④]

鲁迅对于"国粹"本身和"国粹主义"的揭露、批判，就是对封建思想文化的清算。

他批判了那些老是叫嚷"世道浇漓，人心不古"的不平家，他们用这种叫嚷来否定革命，阻遏改革。鲁迅称他们为"恨恨而死"的人物。他说"万不可单是不平"。"愤恨只是恨恨而死的根苗，古人有过许多，我们不要蹈他们的覆辙。"[⑤]他反对"恨恨"，也批判"发出许多悲观绝望的声音"，但他提倡"不自满"，"多有不自满的人的种族，永远前进，永远有希望。多有只知责人不知反省的人的种族，祸哉祸哉！"[⑥]

披荆斩棘，摧枯拉朽，他带着欢欣，带着希望，也带着信心，向前奔进！

> 无论什么黑暗来防范思潮，什么悲惨来袭击社会，什么罪恶来亵渎人道，人类的渴仰完全的潜力，总是踏了这些铁蒺藜向前进。
>
> …………
>
> 什么是路？就是从没路的地方践踏出来的，从只有荆棘的地方开辟出来的。
>
> 以前早有路了，以后也该永远有路。[⑦]

---

① 《热风·随感录四十二》。
② 《热风·随感录五十七　现在的屠杀者》。
③ 《热风·随感录四十八》。
④ 《华盖集·补白》。
⑤ 《热风·随感录六十二　恨恨而死》。
⑥ 《热风·随感录六十一　不满》
⑦ 《热风·随感录六十六　生命的路》。

他的热情有力的话语，鼓励着人们，尤其是青年们，踏着铁蒺藜前进，从没有路的地方踏出路来，从只有荆棘的地方开辟出路来。

鲁迅不遗余力地猛烈抨击封建迷信和落后思想。这是他所认为的中国国民性落后的一个重要方面，也是他认为封建统治的“治绩”之一。他以沉痛而又带着善意的语言，批评了人民群众身上的这种落后，而同时又用愤怒而带着谴责的语言，嘲讽、抨击了反动统治者和封建顽固派。

他热情地宣传、提倡科学的态度和科学精神，他指出：“科学能教道理明白，能教人思路清楚，不许鬼混。”[①]他号召用科学来扫荡社会上的妖气和鬼气。

自从在《狂人日记》中提出了“救救孩子”的呼吁之后，鲁迅一直坚持着解救我们的后代——青年和孩子，这是他所极力宣传的社会解放的具体内容。他说：“要除去世上害己害人的昏迷和强暴”，“要除去于人生毫无意义的苦痛。要除去制造并赏玩别人苦痛的昏迷和强暴。”[②]他要求“父母对于子女，应该健全的产生，尽力的教育，完全的解放”[③]。

背着因袭的重担，肩住黑暗的闸门

当辜鸿铭、林琴南这些拖着辫子的遗老们败下阵来以后，那些西装革履的遗少和洋绅士们又攻了上来，而且，有些人是从新文化阵营中分化出去的右翼力量，于是新老反动势力拧在一起，组成黑暗重压。五四运动刚刚过去，新的斗争就展开了。在分化产生之后，鲁迅继续英勇地站在斗争的最前线。他运用随感录、杂文这个武器，进行着多方面的战斗。

1919年7月，“五四”的火炬还在继续点燃全国各地的革命火焰，俄国十月革命胜利，马克思主义的革命学说已经冲破了封建主义的云封雾锁，迅速地广泛地在我国传播了。这时，胡适跳出来了，在《每周评论》上发表了一篇奇文：《多研究些问题，少谈些“主义”!》他说什么“空谈好听的‘主义’是极容易的事，是阿猫阿狗都能做的事，是鹦鹉

---

① 《热风·随感录三十三》。

② 《坟·我之节烈观》。

③ 《坟·我们现在怎样做父亲》。

留声机都能做的事。”[①]他还把“过激主义”（布尔什维主义）同军国民主义、无政府主义混同一起，统称“外来进口的主义”，一律反对。他反对“根本解决”，而只要解决一个一个的具体问题，比如“从人力车夫的生计问题，到大总统的权限问题，从卖淫问题到卖官卖国问题”，等等。李大钊回应了他的挑战。此时李大钊正在家乡乐亭五峰山上小住写作，看到胡适的文章，立即用写信的方式给了一个公开的答复，李大钊明确地指出，为了发动多数人来解决社会问题，就必须“先有一个共同趋向的理想、主义”，“必须有一个根本解决，才有把一个一个的具体问题都解决了的希望”。他严正地、明确地宣布：“我可以自白，我是喜欢谈谈布尔什维主义的。当那举世若狂庆祝协约国战胜的时候，我就作了一篇《Bolshevism的胜利》的论文，登在《新青年》上。”[②]

新文化运动的裂痕就这样产生了，并且日渐扩大、发展。以胡适为代表的右翼，走向了“五四”精神的反面。刘半农出国，钱玄同逐渐位高名就，吴虞则在四川，躺倒在鸦片烟灯之下了。而李大钊勇猛地前进，成为马克思主义的激进的宣传家，并且投身于筹建中国共产党的实际革命活动了。这个分化，给鲁迅很大的思想震动，后来他回忆说：

> 后来《新青年》的团体散掉了，有的高升，有的退隐，有的前进，我又经验了一回同一战阵中的伙伴还是会这么变化，并且落得一个“作家”的头衔，依然在沙漠中走来走去，不过已经逃不出在散漫的刊物上做文字，叫作随便谈谈。……只因为成了游勇，布不成阵了，所以技术虽然比先前好一些，思路也似乎较无拘束，而战斗的意气却冷得不少。[③]

鲁迅这种沉痛的“经验”是联系在东京办《新生》，从事文艺运动和辛亥革命时的两次分化而说的。他虽然已经是游勇，布不成战阵，但还是没有放下笔来。

同时，还有另一方面的消极现象，来“压迫”鲁迅。

> 北京虽然是五四运动的策源地，但自从支持着《新青年》和

① 胡适：《胡适文存》卷二，《每周评论》1919年第31号。

② 《每周评论》第35号（1918年8月17日）。

③ 《南腔北调集·〈自选集〉自序》。

《新潮》的人们，风流云散以来，一九二〇至二二年这三年间，倒显着寂寞荒凉的古战场的情景。[①]

枝繁叶茂的新文学园地和硝烟弥漫的文化革命战场，由于思想上的分化，人员风流云散，竟像古战场一样寂寞荒凉了！

这种分化和风流云散，再次反映了中国资产阶级的软弱性，反映了中国革命力量的弱小。一方面，以李大钊为代表，马克思主义的宣传扩大了；中国工人运动很快进入第一次罢工高潮。但是，另一方面，军阀们也强化他们的反动统治，加紧遏制马克思主义的传播和镇压工人运动的开展，同样在不太长的时间里，工人运动进入了低潮。在思想文化领域，反动军阀统治者的帮凶、帮忙、帮闲文人，也都活跃起来，同封建势力结成反动同盟，一齐向新文化进攻了。出现了复古逆流。南京东南大学教授胡先骕、梅光迪、吴宓等，创办《学衡》杂志，他们不像辜鸿铭、林琴南等遗老那样，屁股上带着封建主义的印记，他们留学海外，自称“精通西学”“学贯中西”，带有很大的欺骗性和一定的号召力。他们打出了“昌明国粹，以融新知”的旗号，企图用国粹来阻遏新文化运动。胡适这时也活跃起来，一方面在政治上叫嚷什么“被斯大林牵着鼻子走也不是好汉”，另一方面却把自己的鼻子交给杜威，由这位洋教授牵着在中国宣扬实验主义。同时，又想要牵着中国知识青年的鼻子跟他走，他向青年们鼓吹“救国必先求学”，“发明一个字的古义，与发现一颗恒星，都是一大功绩”。他给青年开国学书目，劝他们“蹿进研究室”，“整理国故”。胡适是很有欺骗性的，因为他不仅“学贯中西”，而且沾着五四文化革命的荣光，因而迷惑了许多青年人。以后，又有北洋军阀政府的教育总长章士钊，大肆贩卖尊孔读经的陈货。更有陈西滢等一班文人，和章士钊结成一伙，用流言和造谣，来维护封建军阀的统治，镇压学生运动。

当逆流汹涌而来，要把中国的一线光明、一点革命朝气淹没的时候，鲁迅却巨人似的屹立着，“肩住了黑暗的闸门”，并且举起投枪，杀开血路，放青年们“到宽阔光明的地方去”。他连续发表《估〈学衡〉》《“一是之学说”》等杂文，如实地指出“学衡派”，实不过“聚在‘聚宝之门’左近的几个假古董所放的假毫光”，鲁迅随手举了他们几个文理

① 《且介亭杂文二集·〈中国新文学大系〉小说二集序》。

不通的笑话，讥讽地写道：“倘使字句未通的人也算是国粹的知己，则国粹更要惭惶煞人！‘衡’了一顿，仅仅‘衡’出了自己的铢两来，于新文化无伤，于国粹也差得远。”①

对于胡适之流冒充导师，骗诱青年，鲁迅进行了无情的揭露与坚决的斗争。他写道：“青年又何须寻那挂着金字招牌的导师呢？不如寻朋友，联合起来，同向着似乎可以生存的方向走。你们所多的是生力，遇见深林，可以辟成平地的，遇见旷野，可以栽种树木的，遇见沙漠，可以开掘井泉的。问什么荆棘塞途的老路，寻什么乌烟瘴气的鸟导师！”②

鲁迅在稍后一些年，总结这一段斗争时，说：“前三四年有一派思潮，毁了事情颇不少。学者多劝人踱进研究室，文人说最好是搬入艺术之宫，直到现在都还不大出来，不知道他们在那里面情形怎样。这虽然是自己愿意，但一大半也因新思想而仍中了‘老法子’的计。我新近才看出这圈套。”③

鲁迅的战斗是多方面的。对于章士钊（他是鲁迅的顶头上司）等人的“读经救国”论，以及梁启超等人所宣扬的“中国固有的精神文明”，还有跟随在他们之后的以陈西滢为代表的“现代评论派”，鲁迅都给予了彻底的揭露、深刻的批判。直到这些人败下阵来，鲁迅仍然没有罢手，他知道他们的本性，他主张打落水狗。

鲁迅一方面为了青年的解放，肩住黑暗的闸门；同时，他自己身上，还“背着因袭的重担”！

他当时称这种“因袭的重担”为自己身上的“鬼气”。这“重担”与“鬼气”主要的就是对于改革的路到底怎么走，对于依靠什么力量来革命，对于“将来”究竟是怎样的，这样几个相关联的问题，他还不能做出明确的、有把握的回答。总之，是还不能用完全正确的世界观来观察社会、国家和革命。关于这些，我们在后面还要加以论述，这里要指出的是：鲁迅身上虽然背着这么沉重的因袭的重担，同时又要那么“独立”顶住黑暗的闸门，然而却能进行这样多方面的、英勇不屈的、锲而不舍的斗争，正显示了他是文化革命最英勇的旗手。

① 《热风·估〈学衡〉》。
② 《华盖集·导师》。
③ 《华盖集·通讯》。

四、战斗的篇章，胜利的丰碑

鲁迅这时期除了不断在《新青年》上发表随感录之外，还先后在《晨报副刊》、《京报副刊》、《国民新报》，以及《莽原》、《语丝》、《猛进》等报刊上，发表一篇又一篇杂文与论文。这些文章，后来收入《坟》、《热风》、《华盖集》和《华盖集续编》中。这些杂文，突出、鲜明地体现了鲁迅的激进的革命民主主义立场，它的矛头始终指向封建制度，指向封建思想、道德、文化和风俗。鲁迅进行的广泛的社会批评，都贯穿着一根思想的红线，这就是五四运动的基本精神：民主与科学。

在战斗中，鲁迅总是敏锐地感觉到，深刻地观察到革命进行途中所遇到的迫切需要解决的问题，并且立即予以揭示、剖析和回答；对于反动势力，他迅速而深刻地予以揭露、抨击、批判。杂文在他的手里，真正成了“感应的神经，攻守的手足”。他“踏着铁蒺藜前进”，他号召：“世上如果还有真要活下去的人们，就先该敢说，敢笑，敢哭，敢怒，敢骂，敢打，在这可诅咒的地方击退了可诅咒的时代！”[①]如果有阻碍我们前进者，“无论是古是今，是人是鬼，是《三坟》《五典》，百宋千元，天球河图，金人玉佛，祖传丸散，秘制膏丹，全都踏倒他。”[②]

在新文化运动史上建立了丰功伟绩，成为它的发展史上的胜利丰碑的，是鲁迅从1919年到1925年所写的从《我之节烈观》到《论“费厄泼赖”应该缓行》这19篇论文（后均收入论文集《坟》）。其中，除了《宋民间之所谓小说及其后来》一篇是学术论文之外，其余18篇，对婚姻、家庭、妇女解放、社会革命、吸收外来文化等问题作了深刻的论述，对封建伦理、道德，对顽固派的僵死、昏庸，都作了有力的批判。收录在《热风》中的杂文，是对于社会上各种阻碍反封建斗争、同民主与科学精神相对抗的现象，给予广泛的批判。而这19篇论文，则是对于有碍改革的封建思想、道德、文化的某个观点、某个问题、某种现象的深入、透辟的批判。它的社会作用是巨大的。

在这个时期，鲁迅在学术领域也进行了卓有成效的工作。他的《中

① 《华盖集·忽然想到（五）》。

② 《华盖集·忽然想到（六）》。

国小说史略》，是我国小说的第一部史书，他进行了开辟草莱，摸索道路，奠定基础的工作。此外，他还做了不少考订、校核、搜集、抄录古籍的工作，对汉画石刻进行了开创性的、独到的研究。

从1918年4月他写了《狂人日记》起，到1926年9月他离开北京南下为止，在8年多一点的时间里，他写作了大量的作品。下面是一个粗略而不完全的统计：

小说集：《呐喊》、《彷徨》两部，26篇（其中历史小说1篇）。

杂文集：《热风》、《坟》（部分）、《华盖集》、《华盖集续编》3部半，计182篇，其中包括《集外集》中54篇和新发现的8篇杂文。

散文诗：《野草》1本23篇，另有新发现的7篇散文诗。

学术专著：《中国小说史略》1部。

翻译小说、剧本、论文集：《桃色的云》、《一个青年的梦》、《工人绥惠略夫》、《爱罗先珂童话集》、《小约翰》、《苦闷的象征》、《出了象牙之塔》7部。

校订、校阅书：《山野掇拾》、《大西洋之滨》、《往星中》3部。

此外，还有到此时为止尚未收集的：

散文：5篇。

诗歌：6篇。

译作（主要是短篇小说）：60篇。

以如此多方面的战斗和工作，如此巨大的战果和成绩，鲁迅作为五四新文化运动的主将和旗手，是当之无愧的。

五、苦闷、彷徨、求索、斗争与跃进

荷戟独彷徨

“你可知道前面是怎么一个所在么?”

“鲁迅”显得有些疲乏劳顿的样子，但是倔强，眼光阴沉，黑须，乱发，支着等身的竹杖在路上走着。这儿站着一个白须发、黑长袍年约70岁的老翁和一个大约10岁的小女孩，只见她紫发，乌眼珠，白地黑方格长衫。

当“鲁迅”走近老翁和女孩的时候，他们发生了这样的一番对话：

翁——阿阿。那么，你是从哪里来的呢?

“鲁迅”——（略略迟疑，）我不知道。

翁——对了。那么，我可以问你到哪里去么?

“鲁迅”——自然可以。——但是，我不知道。

“鲁迅”——老丈，你大约是久住在这里的，你可知道前面是怎么一个所在么?

翁——前面？前面，是坟。

“鲁迅”——（诧异地，）坟?

女孩——不，不，不的。那里有许多许多野百合、野蔷薇，我常常去玩，去看他们的。

“鲁迅”——（西顾，仿佛微笑，）不错。那些地方有许多许多野百合、野蔷薇，我也常常去玩过，去看过的。但是，那是坟。（向老翁，）老丈，走完了那坟地之后呢?

翁——我单知道南边；北边；东边，你的来路。那是我最熟悉的地方，也许倒是于你们最好的地方。你莫怪我多嘴，据我看来，你已经这么劳顿了，还不如回转去，因为你前去也料不定可能走完。

“鲁迅”——料不定可能走完？……（沉思，忽然惊起，）那不行！我只得走。回到那里去，就没一处没有名目，没一处没有地主，没一处没有驱逐和牢笼，没一处没有皮面的笑容，没一处没有眶外的眼泪。我憎恶他们，我不回转去！

（“鲁迅”说：“有声音常在前面催促我，叫唤我，使我息不下。”）

（翁说那声音也曾经叫过他，但是，“他也就是叫过几声，我不理他，他也就不叫了”。

但“鲁迅”说：“不行！我还是走的好。我息不下。”）

翁——你总不愿意休息么？

“鲁迅”——我愿意休息。

翁——那么，你就休息一会罢。

“鲁迅”——但是，我不能……。

翁——你总还是觉得走好么？

“鲁迅”——是的。还是走好。

翁——那么，再见了。祝你平安。

“鲁迅”——多谢你们。祝你们平安。（徘徊，沉思，忽然吃惊，）然而我不能！我只得走。我还是走好罢……。（即刻昂了头，奋然向西走去。）

（女孩扶老人走进土屋，随即阖了门。“鲁迅”向野地里跄踉地闯进去，夜色跟在他后面。）

这是一段真实的记事吗？是的，它是真实的，但又不是真实的。实际上并没有发生过这样一回事。但是，这又确乎是鲁迅思想的真实写照。这段记事见于鲁迅的散文诗《过客》中，我们把“过客”换成鲁迅了，这是应该被允许的吧，因为这篇作品是鲁迅的“灵魂的自白”。我们从“过客”可以窥见鲁迅。他确实一直在走，一直在战斗，但是，他却不知道前途是什么——是好的、光明的，但是，是什么样子的呢？不知道。而他又不愿意回转去，他不愿回顾、后退，甚至不愿停滞，不愿休息。直到1925年3月他给许广平写信时，还这样地概括自己的思想：“可惜我连自己也没有指南针，到现在还是乱闯。……”[①]

但是，就在同一书信里，他明白地写出了当他遇到歧路和穷途时，是如何对待的：

……“歧路”，倘是墨翟先生，相传是恸哭而返的。但我不哭也不返，先在歧路头坐下，歇一会，或者睡一觉，于是选一条似乎

① 《两地书·二》。

> 可走的路再走，……”[①]

如果遇到的是“穷途”呢？“我却也像在歧路上的办法一样，还是跨进去，在刺丛里姑且走走”。

这里的“写实”，同《过客》中的“虚拟”，不是几乎完全一样么？

他坚持战斗，但不明了前途是怎样的。——这就是他的苦闷、彷徨的表现。但也是他的伟大处，因为，虽然如此，他毫不灰心，却仍然战斗，而且依旧前行。

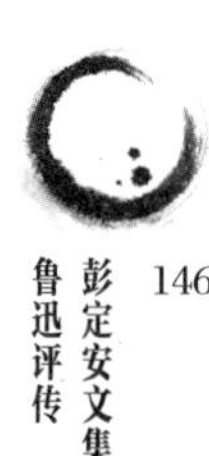

他为什么彷徨？

当“五四”前夕，他接受钱玄同的邀约，提笔写了《狂人日记》，打破了长期的沉默时，他是这样想的：

> 然而我那时对于“文学革命”，其实并没有怎样的热情。见过辛亥革命，见过二次革命，见过袁世凯称帝，张勋复辟，看来看去，就看得怀疑起来，于是失望，颓唐得很了。
>
> …………
>
> 既不是直接对于“文学革命”的热情，又为什么提笔的呢？想起来，大半倒是为了对于热情者们的同感。这些战士，我想，虽在寂寞中，想头是不错的，也来喊几声助助威罢。首先，就是为此。[②]

他的怀疑和失望，是对于资产阶级领导的革命的怀疑和失望，对于“民国”——资产阶级共和国的失望。那么，转而希望谁呢？希望建立什么样的社会、什么样的国家呢？他一时看不见，看不清。

现在，有一批人站在他的面前了，这就是围绕在《新青年》周围的陈独秀、胡适、钱玄同、刘半农这些人。这是些新的人，为他在辛亥革命时所未曾见过的人。他同意、赞赏他们的“想头”。因为，在十来年前，他自己在东京想要发动的思想启蒙运动，就正是和今天的《新青年》所进行的工作基本上是一致的。旧时的希望之火熄灭了，今天又在他们身上复燃。他觉得这些人虽然寂寞，支持者不多，但是他们的事业是祖国、民族所需要的，他们勇猛、坚定、有朝气、有锐气。因此鲁迅

---

① 《两地书·二》。

② 《南腔北调集·〈自选集〉自序》。

把这些人看作革命的先驱，称赞他们是战士，虽然由于历史的教训，思想上有负累，他还存有怀疑，热情不很高，但是，他愿意为之呐喊助威。

鲁迅是要前进的，于是他对自己的失望和怀疑本身也是怀疑的：

> 不过我却又怀疑于自己的失望，因为我所见过的人们，事件，是有限得很的，这想头，就给了我提笔的力量。[①]

这里，还有一个重要的原因，不可忽视：十月革命的影响。这种影响主要的就表现在“依靠什么社会力量来建一个什么样的国家”这样一个根本性的问题上，这个问题得不到解决，是鲁迅产生怀疑、失望的根源，也是他苦闷、痛苦、沉默的根源。鲁迅在后来追述、回顾这段思想演变的历史时曾经在《答国际文学社问》里这样说：

> 先前，旧社会的腐败，我是觉到了的，我希望着新的社会的起来，但不知道这“新的”该是什么；而且也不知道“新的”起来以后，是否一定就好。待到十月革命后，我才知道这“新的”社会的创造者是无产阶级，但因为资本主义各国的反宣传，对于十月革命还有些冷淡，并且怀疑。

这段简练的话，说明了三个问题：第一，从十月革命中他知道了这“新的”是什么——就是无产阶级专政的工农国家、社会主义社会；第二，创造这样的国家与社会的社会力量是无产阶级；第三，还有一个问题没有得到回答，或者说存疑，这就是：这“新的”起来以后，一定就好么？

上面说到的前两点，对于鲁迅的思想来说，是具有决定性意义的，是有根本性作用的。从此，他的思想中种下了一颗新世界观的种子。当然，知道了，并不等于理解了、接受了，也不等于相信了。而且事实

① 《南腔北调集·〈自选集〉自序》。

上，他还是冷淡的怀疑的①。

但毕竟出现了一个新的社会、新的国家，他们是用新的手段、方式、方法来改革的。这就使鲁迅不得不怀疑自己的怀疑了，使自己从失望中向着新的希望转化。何况，眼前正一期期出着《新青年》（这不就是那个夭折的《新生》的再现么?），并且有一群围绕在它周围的先驱与

---

① 不少论者，强调鲁迅在《随感录五十六 "来了"》中所说的对"过激主义"，"不必怕他"的话，和强调鲁迅在《随感录五十九 "圣武"》中所说的俄国人民是"有主义的人民"，"他们因为所信的主义，牺牲了别的一切，用骨肉碰钝了锋刃，血液浇灭了烟焰"；认为鲁迅从十月革命中受到鼓舞，他赞同"过激主义"（即布尔什维主义），歌颂了俄国人民的革命，并且从十月革命的"刀光火色"中"看出一种薄明的天色"，便是"新世纪的曙光"。他们由此得出结论说：鲁迅从此时起就讴歌十月革命，理解并相信无产阶级革命了。这是一种误解。事实上，鲁迅讲过激主义"不必怕他"是要论述"我们中国人，决不能被洋货的什么主义引动"，"无论什么主义，全扰乱不了中国"，他更要说明可怕的不是什么主义来了，而是"来了"来了。他不是讴歌过激主义。他在《随感录五十九 "圣武"》中又说："我们中国本不是发生新主义的地方，也没有容纳新主义的处所，即使偶然有些外来思想，也立刻变了颜色。"而只有刀与火（"'来了'便是它的总名"）才能起到作用。正是在这个意义上，鲁迅赞美俄国人民能够顶住"来了"，因为是"有主义的人民"，能用"骨肉碰钝了锋刃"等。这里，都不是正面地歌颂十月革命和俄国人民，而是一般地赞美，就像鲁迅在日本时写的早期作品中，歌颂斯巴达人民的勇敢一样。同时，鲁迅所说的"新世纪的曙光"，并不是如我们现在所说的十月革命是历史的转折、无产阶级革命时代的曙光。他这里所说的"新世纪"是指20世纪，"曙光"是指20世纪人类发展途中的曙光。他是从进化论观点出发来讲的。他在1918年7月所写的《我之节烈观》中，就讲："时候已是二十世纪了；人类眼前，早已闪出曙光。"这里比较明显地是说人类进化途中的20世纪的曙光。

那么，鲁迅所说的"二十世纪人类的曙光"又是什么呢？他指的就是早年在《文化偏至论》中说的作为19世纪末物质文明的流弊的"偏至"的发展，产生了"神思宗"，即"张精神"、"掊物质"，他认为这是"将来新思想之朕兆，亦新生活之先驱"，也就是人类的、20世纪的曙光了。所以，他在《随感录五十九 "圣武"》的最末说："曙光在头上，不抬起头，便永远只能看见物质的闪光。"根据以上的分析，足见鲁迅当时并不是完全理解了和讴歌了俄国十月革命的。据此不能得出他已经转变到"具有初步共产主义思想"的结论来。

奇怪的是，一些同志对于鲁迅在《答国际文学社问》一文中的话，却放过不论，而这段话是鲁迅直接分析自己的思想实际的，也是鲁迅在已经转变为共产主义者之后，能够准确表述自己的思想实质的时候说的话。这段话就是本文前引的："待到十月革命后，我才知道这'新的'社会的创造者是无产阶级。"这是真正说明了十月革命对他的思想所起的影响的话。其意义与分量都很重，虽然话很少。大概有人以为下面接着说了对十月革命还"有些冷淡，并且怀疑"的话，不好，所以不引不论。但这是事实。而且，这才真正说明了鲁迅的实事求是的态度，说明了他当时思想上的局限性，说明他为什么还会彷徨。

战士（他们的人数与团结力、一致的“想头”不都比当年在东京的那三五个人强得多、有力量得多么?）。

这样，他便最终打破了沉默，走上了战场，投身于五四新文化运动的革命洪流了。后来，当运动中的吼声还余音未消，便产生了分化，五四运动中的战士风流云散；接着又是封建势力的反扑，尊孔、读经、崇儒的叫嚷又一次嚣张起来。往日的余痛，又被勾起，“同一战阵中的伙伴还是会这么变化”！历史的悲剧难道又重演了么?“寂寞新文苑，平安旧战场”，他不能不陷入苦闷、彷徨之中。莫非又要重新陷入痛苦的沉默之中？难道又要再次钻进补树书屋去抄碑帖，读古书，研究佛经了吗!?

不。时代不同了，鲁迅的思想也不同了。他只是彷徨，决不回转去。他又不止于彷徨，而是期望战斗。

中国革命发展的一面镜子

对于上面的问题，我们不仅要从鲁迅的思想演变中去探索，而且，更要从中国革命的发展轨迹中去寻求。

中国革命在发展，然而走着曲折的路。

当欧洲几个帝国主义国家在第一次世界大战中，像狼一样互相撕打的时候，中国民族工业趁机得到一个发展的黄金时代。于是无产阶级和资产阶级的队伍都扩大了，力量都增长了。当时集中在城市中的几万、几十万大中学校的学生，反映着资产阶级、小资产阶级的利益和要求。他们是一个有文化、关心国家大事、追求解放、非常敏感的阶层。这是辛亥革命后新兴的阶层。他们成为五四运动中的先锋和主力军。1919年6月6日以后，资产阶级也参加进来了，尤其是无产阶级发出了整齐有力的怒吼。鲁迅在运动中，注意到青年、学生这股活跃的、朝气蓬勃的力量。这是他在辛亥革命时期没有看到过的。青年学生的革命积极性和力量的表现，正符合了鲁迅的进化论观点：青年必胜于老年。无产阶级力量的显示，自然也在鲁迅的视野之中。自从1921年中国共产党成立之后，在党的领导下，从1922年1月到1923年2月的一年之中，中国掀起了第一个工人运动高潮。在这个怒涛汹涌的高潮中，罢工斗争达100多次，参加人数有30多万。香港海员大罢工、安源路矿工人大罢工、开滦煤矿工人大罢工、京汉铁路工人大罢工，一个浪涛接着一个浪涛，席卷大江南北，从经济斗争发展到带有鲜明反帝反封建性质的政治斗争。这股力量本身和它的威力，这种斗争的内容、形式、格局，在中国都是旷古未有的。它震撼着中华大地，改变着中国的社会面貌。它标示着：中国无产阶级不仅登上了政治舞台，而且成为革命的主力军了。中国最早的工人运动杰出的领袖之一邓中夏，在评价五四运动时的工人运动的影响时说：

> ……工人是向来为所谓“上等社会”的老爷先生们所瞧不起的，但在此次运动中工人却表现了相当的力量，于是使得资产阶级的知识分子也不得不感觉这是一种力量，……首先是北京大学校长蔡元培在北京天安门开破天荒的公开讲演大会，头一个题目就是“劳工神圣”。[①]

鲁迅也会有蔡元培的感觉，这不仅因为他们是同一营垒中人，同在进行斗争，同样注意社会的革命力量；而且，因为鲁迅从十月革命后，已经知道那创造新的社会的，正是无产阶级，而正因为他又还有怀疑，他就一定会注意、观察、研究。这样，我们看到，鲁迅是听到十月革命的炮声而从沉默中抬起了头，并侧耳谛听这历史的声音，侧目而视这异国的洪涛的。鲁迅正是被民族的、阶级的各种声音汇合成的历史之音、民主之声唤起和催促，而投入战场的。他为“五四”酝酿期革命先驱者的战叫，青年们不平的鸣叫，企求个性解放自由幸福的呼叫和后来掀起的历史巨浪的吼叫，以及人民在遭到压榨与屠戮时的惨叫，所唤起，所推动，所催促，从而昂起头，挺起胸，迈步走出寂寞庭院，走向社会，走向世界。人民和革命给了他力量与勇气。

总之，鲁迅的打破沉默，走上战场，从他自己来说，是因十月革命而改变了自己的思想方向，因五四运动的兴起而投入文化革命的战斗，这是他一生中最重大的一次转折。

鲁迅的这个转折，从广阔的历史视野来看，正是像一面镜子一样，反映了中国人民的新的觉醒，中国革命从旧民主主义革命到新民主主义革命的转折。软弱的民族资产阶级没有能够领导旧民主主义革命达到胜利，辛亥革命失败的历史证明了它无力担负领导的重任。鲁迅的怀疑与

---

① 邓中夏：《中国职工运动简史》，人民出版社，1949，第9页。

失望，正代表了、反映了人民对于资产阶级的怀疑与失望。历史的发展，把广大的小资产阶级推到了历史的前台，他们以广大知识青年和城市小手工业者、小商贩，特别是以青年学生为代表和主力军，活跃在五四时代的中国历史舞台上。鲁迅正是被他们推动又作为他们的最杰出的代表，活跃在五四文化革命战线上，做出了他的伟大的历史贡献，成为主将与旗手的。这种历史画面也正反映了中国革命的状况、进程和特点。从这一点说，鲁迅的思想、作品，像一面中国革命的镜子。

但是，当革命运动出现挫折、低潮、反复时，当原先的革命统一战线组织出现分化、改组时，他就不免出现苦闷、痛苦、矛盾、斗争了。他坚持要继续前进，决不停留、倒退，这是坚定不移的，这是鲁迅的伟大处。但是，“前面究竟是什么所在”？前途是什么？是否一定就好？依靠谁来取得这个明天？他都不能做出自信的、明确的回答。

这是他的世界观所决定的。

前期思想的复杂、矛盾状况与特征

> 凡有高等动物，倘没有遇着意外的变故，总是从幼到壮，从壮到老，从老到死。
>
> …………
>
> 我想种族的延长，——便是生命的连续，——的确是生物界事业里的一部分。何以要延长呢？不消说是想进化了。但进化的途中总须新陈代谢。所以新的应该欢天喜地的向前走去，这便是壮，旧的也应该欢天喜地的向前走去，这便是死；各各如此走去，便是进化的路。
>
> …………
>
> 明白这事，便从幼到壮到老到死，都欢欢喜喜的过去；而且一步一步，多是超过祖先的新人。
>
> 这是生物界正当开阔的路！人类的祖先，都已这样做了。[①]

这是鲁迅在1919年写的随感录中说的，这当然是比较典型的进化论了。

① 《热风·随感录四十九》。

生命的路是进步的，总是沿着无限的精神三角形的斜面向上走，什么都阻止他不得。

自然赋与人们的不调和还很多，人们自己萎缩堕落退步的也还很多，然而生命决不因此回头。……

生命不怕死，在死的面前笑着跳着，跨过了灭亡的人们向前进。

…………

人类总不会寂寞，因为生命是进步的，是乐天的。[1]

他歌颂人类的进化，前进；歌颂进步，歌颂生命，甚至歌颂死亡——因为进化就要“跨过了灭亡的人们向前进”。这基调是进步的，是乐天的。这正是五四运动风起云涌的年代。

直到1925年4月，他在文章中还这样明白地宣称：“我们目下的当务之急，是：一要生存，二要温饱，三要发展。”[2]

他当时坚信的一条是：将来必胜于过去，青年必胜于老年。

他还在不少篇章中，直接地或间接地、明显地或曲折地表现了这种进化论的观点。他后来总结自己的思想发展时，也说过原先有“只信进化论的偏颇”。后世的研究者，根据他这时的文章和后来的总结，也不无根据和理由地论证鲁迅前期的思想是进化论，并由此而总结他的思想发展途径是由进化论到阶级论。毫无疑问，鲁迅此时手中紧握的思想武器是进化论。这是他的思想特点。但据此而论定他此时的思想可用进化论来完全概括，却是不完全符合实际的，在理论上也说不过去。这一点，我们留待后面再说。现在，只说明这样一点：鲁迅在从五四运动前夕起到1925年时止，他的思想的特点，他的思想武器是进化论，这是他的文章、书信、谈话所表明了的。正因为如此，当社会的发展、革命运动的进展遭到挫折、遇到阻力，发生停滞、反复甚至倒退现象的时候，他就不能不苦闷、矛盾、彷徨了。而且，他痛苦。因为他认为，人类、社会的进化是必然的、不停的，倘有落后民族，不思改革，自甘落后，那么就只有灭亡一途了。他痛苦于国家民族存在将从人类与世界上消逝的危机中。

---

① 《热风·随感录六十六　生命的路》。

② 《华盖集·忽然想到（六）》。

这种担心，这种痛苦，也与他的改造国民性的思想相联系。他有一种观点：必须“先改造了自己，再改造社会”。而中国民族国民性这个“自己”究竟怎么样呢？自然，是愚昧、落后、麻木、不觉醒。早在日本留学时期，他就形成了改造国民性的思想，那时他就说“角逐列国是务，其首在立人”，也就是改造人。五四运动时，他提笔写小说，参加战斗，其立意，仍然是“抱着十多年前的‘启蒙主义’，以为必须是‘为人生’，而且要改良这人生”[①]。他写《阿Q正传》，就是“要画出这样沉默的国民的魂灵来”，也就是写出国民性的缺陷来，以引起疗救的注意。直到1925年他在书信中仍然明白地指出：

此后最要紧的是改革国民性，否则，无论是专制，是共和，是什么什么，招牌虽换，货色照旧，全不行的。[②]

我想，现在的办法，首先还得用那几年以前《新青年》上已经说过的“思想革命”。还是这一句话，虽然未免可悲，但我以为除此没有别的法。而且还是准备“思想革命”的战士，……待到战士养成了，于是再决胜负。[③]

既然这样寄根本希望于国民性的改造，那么，当他看到国民性的病根仍然那么多，广大群众仍然那么不觉醒，他怎能不苦闷、彷徨而且对前途感到渺茫呢？他痛苦地指出：

大约国民如此，是决不会有好的政府的；好的政府，或者反而容易倒。也不会有好议员的；现在常有人骂议员，说他们收贿，无特操，趋炎附势，自私自利，但大多数的国民，岂非正是如此的么？这类的议员，其实确是国民的代表。[④]

那么，怎么办好呢？

从进化论出发，他寄希望于青年：

而创造这中国历史上未曾有过的第三样时代，则是现在的青年的使命！

① 《南腔北调集·我怎么做起小说来》。

② 《两地书·八》。

③④ 《华盖集·通讯》。

> 扫荡这些食人者，掀掉这筵席，毁坏这厨房，则是现在的青年的使命！①

> 希望中国的青年站出来，对于中国的社会，文明，都毫无忌惮地加以批评。②

同时，他也寄希望于知识分子，这是与前一点紧密联系的；他所说的青年，主要的也是指知识青年。

> 现在没奈何，也只好从智识阶级……一面先行设法，民众俟将来再谈。③

这样，我们看到：这个时期，鲁迅的基本思想就是进化论与改造国民性。这是有他的作品为证的。有人说，鲁迅这时期的战斗的思想武器是“无产阶级的宇宙观和社会革命论”，说他是“属于具有初步共产主义思想的知识分子阵营的”，还有说他的进化论“就是发展的观点”，“这是历史唯物主义”。我们从前面的引证中，看得很清楚，这样的结论，鲁迅在世，也会要不表同意的吧?

但是，我们也应该看到，鲁迅这时期的思想，也已经不是进化论所能概括的了，也已经不是“改造国民性”的观点所能包括的了。他已经有所突破。这也是有他的作品为证的。

首先，需要说明：无论进化论还是国民性问题，都是外国输入的，也是从辛亥革命到五四运动期间，思想界、文化界的一部分人共同的思想观点。在“五四”时期，陈独秀、恽代英、胡适，也都宣传、运用过进化论观点。因此，它同样是时代的产物，是应运而生的。在分析鲁迅的这方面的思想时，不能忽略了这一点。正因为如此，他的这种思想状况，就自然地随着时代的发展、社会的发展、阶级斗争的发展而发展变化，虽然，它的理论外壳，要到后来才抛弃。

鲁迅的进化论和改造国民性的思想，就是在“五四”时期，也不是前后完全一致的，而是有发展、有变化的。这两个阶段基本上可以分为

---

① 《坟·灯下漫笔》。

② 《华盖集·题记》。

③ 《华盖集·通讯》。

1918—1924年、1925—1926年南下前后。

在前一阶段，他基本上是以“纯粹”的进化论的观点来观察、分析社会的发展，观察、分析国家、民族、人民的命运。从这里，他表现了进化是必然的和人类必然要向上这样坚定的信念，充满了乐观的精神，唱着欢乐的歌去走那进化的路途，连死亡也不怕，都欢欢喜喜。

> 老的让开道，催促着，奖励着，让他们走去。路上有深渊，便用那个死填平了，让他们走去。
>
> 少的感谢他们填了深渊，给自己走去；老的也感谢他们从我填平的深渊上走去。——远了远了。
>
> 明白这事，便从幼到壮到老到死，都欢欢喜喜的过去；而且一步一步，多是超过祖先的新人。①

但是后来的事实却使他明白了这是不可能的。在现实的观察和斗争中，他逐渐给进化论的内涵加进新的东西，突破进化论的藩篱。

首先，他发现在社会生活中，人们并不那样各各相让地欢天喜地、从幼到壮到老到死地、大家向前进化，而是彼此阻遏、斗争、残杀，心思各异，目的不一。这一点，他在第一阶段就已经有所发现：

> 做了人类想成仙；生在地上要上天；明明是现代人，吸着现在的空气，却偏要勒派朽腐的名教，僵死的语言，侮蔑尽现在，这都是“现在的屠杀者”。杀了“现在”，也便杀了“将来”。——将来是子孙的时代。②

这些僵尸，就并不愿意退出、让路，而要阻碍，甚至屠杀“现在”和“将来”。

鲁迅于是具有了在斗争中进化的思想，否定了和和平平进化的观点，从而和改良主义划清了界限。不过这里，把老幼之间的矛盾和新旧之间的矛盾混淆了，因此把社会问题、社会矛盾看作了自然界的问题、自然界的矛盾。但是，到了1925年，他改变了、发展了、明确了是旧的封建势力在阻碍进化。

于是，鲁迅用进化论的观点，猛烈地攻击守旧、倒退、保存封建旧

① 《热风·随感录四十九》。

② 《热风·随感录五十七　现在的屠杀者》。

物的国粹主义，揭露社会生活中各种封建落后的现象，揭露封建礼教的吃人本质。这就使他的进化论思想具有了丰富深刻的社会内容与斗争品性，而不是生物界的“物竞天择”，“自然淘汰”了。

以后，鲁迅更把人分作“治者”与“被治者”、压迫者与被压迫者、“食人者”与“被食者”，指出他们的利害是不一致的、对立的，正是压迫者阻碍了人类社会的发展。他指出，几千年的封建传统，“早已布置妥帖了，有贵贱，有大小，有上下”。“‘天有十日，人有十等。’……”[①]这就是把社会成员分为两个对立的集团，他们之间进行着不断的、尖锐的、你死我活的斗争：“于是大小无数的人肉的筵宴，即从有文明以来一直排到现在，人们就在这会场中吃人，被吃，以凶人的愚妄的欢呼，将悲惨的弱者的呼号遮掩，更不消说女人和小儿。”[②]这里把历史上社会的分裂、阶级的分野和斗争，很深刻地揭露出来了。进化论的“生存竞争”，在这里实质上已经被描述成、被看成阶级斗争了。

1925年以后，鲁迅对青年采取了分析的态度，看出了他们的分化，实际上已经在否定自己那个“青年必胜于老人”的进化论公式了。他在《华盖集·通讯》中，很沉痛地说：“但据我所见，则有些人们——甚至于竟是青年——的论调，简直和‘戊戌政变’时候的反对改革者的论调一模一样。”在《华盖集·导师》一文中，他更一开头便写道：

> 近来很通行说青年；开口青年，闭口也是青年。但青年又何能一概而论？有醒着的，有睡着的，有昏着的，有躺着的，有玩着的，此外还多。但是，自然也有要前进的。

鲁迅对青年采取分析的态度，对一部分青年产生了失望，也就是对进化论的失望与突破。

同把青年看作创造新社会的根本力量相联系的，也是改造国民性观点所产生的，便是他怀疑群众、轻视群众力量的观点。在《热风·随感录三十八》中，他说：“中国人向来有点自大。——只可惜没有‘个人的自大’，都是‘合群的爱国的自大’。”他认为“‘个人的自大’，就是独异，是对庸众宣战”，而“‘合群的自大’，‘爱国的自大’，是党同伐异，是对少数的天才宣战”。这种怀疑群众的观点，到1925年时，仍然

---

①② 《坟·灯下漫笔》。

存在。在这时，他还主张先从知识分子一面设法。这里，带着明显的、浓重的历史唯心主义的色彩。忽视或者无视这些，而说鲁迅此时已经具有历史唯物主义观点，是不实事求是的。但是，我们同时又不可忽视，鲁迅在进到1925年时，他的历史观点，又不是历史唯心主义所能概括的了。首先，鲁迅怀疑群众的观点，自然属于历史唯心主义，但是，又同那种认为帝王将相王公大臣是历史创造者的反动唯心史观有质的不同。鲁迅明显地把人分为两种，并分明地指出了“君子劳心，小人劳力”和“治于人者食人，治人者食于人”的理论，是统治者、压迫者进行统治和压迫的方法。他是把所谓“圣君，贤臣，圣贤，圣贤之徒，以至现在的阔人，学者，教育家”，同所谓“小人”、劳力者、被压迫者截然分开的，并且认为阻碍改革和革命的是前者，希望、要求改革和革命的是后者，还认为后者的落后、愚昧、不觉醒，都是前者的“治绩”，是他们统治、压迫、剥削所造成的恶果。所以，“国民性”在这里也有了阶级的分野，“庸众”也有了同样的分野。他对于封建统治者、士大夫阶层，是深恶痛绝，揭露、抨击、批判；而对于劳动人民和他们身上的缺点（国民性中的病根）则是“哀其不幸，怒其不争”，充满了同情与关爱。

鲁迅的“哀其不幸，怒其不争”，既表现了他怀疑群众、看重他们身上的缺点和不觉醒的一面，但同时，又表现了他对农民的深厚感情，热切希望改变他们的不幸命运。这些，在他的小说和杂文中都很鲜明突出地表现出来了。这正表明了他的革命民主主义的立场。而且，这种思想以及要改造国民性的思想，也都表现了他寄最后希望于劳动群众，即最后还是要达到全体民众的觉醒。这不能不说是反映了他的群众观点。当然，在这里，又面临了抉择：怎样来“疗救”？怎样来改造呢？鲁迅说：“必须先改造了自己，再改造社会，改造世界。”[①]他还不能看到人的改造只能在改造客观世界的过程中实现，人类是在改造客观世界的过程中改造主观世界的。

这样，鲁迅当时的思想状况就呈现出一幅复杂的图画：一方面，从十月革命看到了新社会的光芒，知道了无产阶级是这新的社会的创造者，从而鼓舞了自己，改变了思想方向；但是另一方面，又还存在着冷

① 《热风·随感录六十二　恨恨而死》。

淡与怀疑。一方面，勇敢地、坚决地、披荆斩棘艰苦卓绝地进行斗争，期待并相信明天的光明的到来；另一方面，又苦闷、怀疑、彷徨，不知道前面是一个什么所在，新的是否一定就好。一方面，相信青年、扶持青年，认为他们是创造“第三样时代”的希望所在；但是另一方面，又为他们的分化而痛苦，对一部分青年的消沉、堕落、保守、满足于现状感到失望与不满。

鲁迅思想的复杂性和矛盾，最根本的原因，还是中国当时社会生活的落后。鲁迅思想中的矛盾和局限性，是20世纪初到20年代中期中国社会生活状况的反映，是中国革命斗争本身矛盾的反映。一方面，几十万学生出现在五四运动战场上，起了先锋和桥梁作用；另一方面，他们又显出力量的薄弱和革命的软弱性，以后又产生了必然发生的分化。作为这种历史状况的反映，鲁迅一方面受到新的社会力量（青年学生）的鼓舞，奋然走上战场，勇气倍增，斗志昂扬，所向披靡；另一方面，在青年们表现消极和发生分化时，又不禁产生怀疑与苦闷，陷于寂寞与彷徨中。一方面，工人运动的兴起，农民斗争的开展，使这位伟大作家的心中跃动着劳动人民（主要是农民）的巨大身影，他感受到广大农民群众的民主主义要求，他们用行动来诉说自己的苦难与不幸，并且起来斗争，要求过新的生活。但是，另一方面，工人运动在1923年二七大罢工高潮之后，进入了低潮，处于一个消沉期，直到1925年五卅运动爆发。而农民运动，也只是零星和分散地举行起义，而且迅速被摧残。这些问题要到后来的大革命运动中才能解决。目前，历史还未走到这一步。作为当时历史状况的反映，鲁迅的思想中，就产生了那样一些矛盾，产生了苦闷与彷徨。所以，从他的思想发展来说，其主要特征是进化论，但是内涵在起变化，闪烁着阶级论的思想光华，他的世界观是唯物主义的，历史观还受着唯心史观的羁绊，但是，对进化论，对唯心史观又都有突破。

他已经走到旧唯物主义的顶点，带着来自实际斗争与生活的辩证唯物主义和历史唯物主义的熠熠思想光华，停步在辩证唯物主义和历史唯物主义面前。

“路漫漫其修远兮，吾将上下而求索”。他在不断地求索，不断地从事实际的斗争。

斗争的洗礼将冲刷他思想上的负累。

直面惨淡的人生

鲁迅迈着坚定而迅疾的步子，走上讲台。教室里坐得满满的。他上课向来如此。这是在北京女子高等师范学校。从1923年10月起，他受校长许寿裳之聘，到这个学校来担任国文系兼职讲师，讲授《中国小说史略》和文艺理论课。今天讲六朝神怪小说。在讲解课程的内容时，他插言道：魔鬼将要向你扑来的时候，你若大惊小怪，它一定会把你吓倒，你若勇猛地向它扑去，它就吓得倒退，甚至于逃掉。年青的女学生们，听着他的话，领会着他的意思，感到这是鼓励她们要勇敢前进，不要畏惧怯懦，对敌人决不宽容，而要使它受伤或者致死。

果然，在这所女子学校里，发生了"魔鬼"向女学生扑来的斗争；而她们也的确没有被吓倒，而是"勇猛地向它扑去"。

1924年2月，校长许寿裳因为受排挤而辞职，北洋军阀政府教育部任命杨荫榆为校长。杨曾留学日本，又到美国游学。归国后在女高师（女师大前身）任英语系主任。她以封建礼教和家族制度来统治学校，她曾在一篇文章中宣称："窃念女子教育为国民之母，……本校且为国民之母之母，其关系顾不重哉?"这段话一时传为笑谈，人们给她取了一个外号叫"国民之母之母之婆"，以讥刺她对学生以"婆婆"自居。这样一个"学了新本领，保存了旧思想"的"教育家"来办女子教育，后果可想而知了。正如鲁迅所形容的："始终用了她多年炼就的眼光，观察一切：见一封信，疑心是情书了；闻一声笑，以为是怀春了；只要男人来访，就是情夫；为什么上公园呢，总该是赴密约。"[①]她用旧社会婆婆对媳妇的态度和手段来对待女学生。她把封建糟粕强加给渴求新知识的学生：前清的八股腐儒被当作宝贝，请来国文系当改文教员，上海滩的鸳鸯蝴蝶派文人，也被送上讲台，这引起学生的不满。于是她们反抗了。杨荫榆便"整饬学纪"，横加镇压。斗争展开了。

杨要拼命地把持学校的领导，而学生则要赶走她，她们开展了一个"驱羊运动"。斗争的实质是：追求自由解放、要求新的学习生活的青年学生，同北洋军阀政府及其在教育界代理人的斗争；也是同以封建军阀政权为后台的封建思想文化势力的斗争。

① 《坟·寡妇主义》。

杨荫榆使出了种种招数：开除学生，派军警围困学校，派军警与雇佣女打手强拉学生出校，取消女师大建制，另立国立女子大学。她们这一伙，上面有教育总长章士钊指挥，下面有教育部司长刘百昭为之撑腰，还有以陈西滢为代表的“现代评论派”为之鼓噪帮腔。学生们是勇敢的，她们不畏强暴。杨荫榆登台自任主席，她们就用嘘声把她轰下台，把她驱出会场。校长开除学生会总干事许广平和刘和珍等六名学生自治会干部，学生们就开除校长杨荫榆。杨荫榆呈报北洋军阀政府教育部，吁请支持。学生们就递《呈教育部文》，要求撤换杨荫榆。教育部、杨荫榆解散女师大，另立“国立女子大学”，学生们就自己另立“女子师范大学”，把“国立”二字去掉，自行办学、自行招生。①

学生们的斗争如此英勇顽强，如此坚定沉着，如此井然有序。这一方面，表现了青年一代的革命精神和成长。另一方面，也由于几个重大因素的存在：一、这次运动是在中国共产党的领导下展开的；二、这次运动同全国群众运动的主流汇合在一起了；三、这次运动得到了以鲁迅为代表的师长们热情的、诚挚的、坚决的支持、关怀与帮助。

女师大学生运动是第一次国内革命战争时期党领导的群众运动的组成部分。当时，女师大有李桂生、李友兰等共产党员。五卅运动后，党派夏之栩同志到女师大工作，领导运动。刘和珍、许广平、刘亚雄、郑德音、赵如芝、李慧、蒲振声、雷瑜、程毅志等都是学生运动的领袖和骨干。1925年底，经过学生运动中斗争的考验，赵如芝、刘亚雄、郑德音、蒲振声②等参加了中国共产党，学校成立了党小组。

在这场尖锐、激烈、复杂、持久的斗争中，鲁迅始终站在学生一边，支持求解放、争自由的青年向封建势力冲击，他立场坚定、旗帜鲜明、正气凛然、威武不屈，真正显示了文化新军的旗手的英姿。当时，在毫无民主可言的军阀统治下，共产党不能公开活动，在斗争中公开出

---

① 临时校址在北京西城宫门口里南小街宗帽胡同十四号的一所房子里，开辟了六间教室，又在附近另租一屋，作为新生宿舍。

② 赵如芝当时名为赵世兰，是赵世炎烈士的姐姐，当时是女师大文预科学生，入党后，任党的小组长。刘亚雄、雷瑜、郑德音、蒲振声于1926年，被党派往苏联莫斯科中山大学学习。雷瑜于1928年回国，受命赴武汉工作，不久被国民党反动派杀害。刘亚雄、郑德音、蒲振声三人于1928年底回国。蒲振声于九一八事变后到东北参加义勇军，后病逝于哈尔滨。刘亚雄解放后曾任长春市委书记、劳动部副部长等职。郑德音一度与组织失去联系，新中国成立后重新入党，曾任北京女三中校长。

面的常常就是他。北京学联（刘亚雄、郑德音、蒲振声、雷瑜都是北京学联的代表）和女师大的党员、青年学生都常去拜访鲁迅，听取他的意见。刘亚雄说："可以说，如果没有鲁迅，单靠学生力量，女师大运动是搞不起来的，更不可能搞得这样声势浩大。"[①]这是的确的。

早在1924年8月，鲁迅就曾因为杨荫榆的黑暗统治，愤而退回聘书，后来因为学生们一致热情挽留，才留了下来。"驱羊运动"一掀起，他就同学生们站在一起。当杨荫榆被学生赶出会场，恼羞成怒，在西长安街西安饭店举行宴会，策划阴谋，并于第三天宣布开除刘和珍、许广平等六名学生自治会成员时，鲁迅愤然而起，在第二天便写了杂文《忽然想到（七）》，公开地与反动势力斗争，揭露他们的凶相与卑怯。

我还记得中国的女人是怎样被压制，有时简直并羊而不如。现在托了洋鬼子学说的福，似乎有些解放了。但她一得到可以逞威的地位如校长之类，不就雇用了"掠袖擦掌"的打手似的男人，来威吓毫无武力的同性的学生们么？不是利用了外面正有别的学潮的时候，和一些狐群狗党趁势来开除她私意所不喜的学生们么？而几个在"男尊女卑"的社会生长的男人们，此时却在异性的饭碗化身的面前摇尾，简直并羊而不如。羊，诚然是弱的，但还不至于如此，我敢给我所敬爱的羊们保证！

这指脸点鼻的揭露何等泼辣，何等尖锐，何等痛快。这是需要勇气和决心的。其根源是对于革命青年的爱，对反动势力的恨。

他还提醒青年们：封建统治者及其帮凶们向来是"对于羊显凶兽相，而对于凶兽则显羊相"，那么：

只要青年们将这两种性质的古传用法，反过来一用就够了：对手如凶兽时就如凶兽，对手如羊时就如羊！

那么，无论什么魔鬼，就都只能回到他自己的地狱里去。[②]

他的话，对斗争中的青年们是巨大的鼓舞和有力的支持。

5月21日，北京，太平湖饭店。灯红酒绿，欢声笑语。杨荫榆在这

---

① 见刘亚雄：《刘亚雄同志谈女师大风潮》，载《鲁迅研究资料》第二辑，文物出版社，1977。

② 《华盖集·忽然想到（七）》。

里召集了全体主任、专任教员、评议会议员参加的校务紧急会议。

同天，女师大学生召集了校务维持讨论会。鲁迅出席了这个会。晚，归来，他提起了笔，写下了《“碰壁”之后》。他说：

> 我……幻出饭店里电灯的光彩，看见教育家在杯酒间谋害学生，看见杀人者于微笑后屠戮百姓，看见死尸在粪土中舞蹈，看见污秽洒满了风籁琴……[①]

5月27日，鲁迅自己起草了《对于北京女子师范大学风潮宣言》，邀集六名教员联名在《京报》上发表，这是对学生们的有力的支持。

五卅运动的浪潮起来了，它席卷了全国，中国人民又一次发出了反帝反封建的吼声。女师大学潮像一股激流汇进了“五卅”爱国洪流。“五卅”革命洪流也给这股激流注进了力量，激起了新的浪花。在共产党的号召与领导下，女师大学生们走上街头，走在北京学生运动的行列中，呼喊着激动人心的口号：

“援助‘五卅’惨案！”

“为‘五卅’惨案的烈士复仇！”

“起来向帝国主义进攻！”

鲁迅看见青年们革命精神的发扬、斗争的英勇，十分高兴，他在给许广平的信中说：“今年的学生的动作，据我看来是比前几回进步了。”[②]

杨荫榆及其后台狗急跳墙，动用军警打进了女师大，紧锁大门，截断电线，声称这是为了防止“男女学生混杂”。这是当时最下作的诬陷，最能引起家长的担心，破坏社会的同情。学生们识破了他们的阴谋，在学生会总干事许广平的带领下，撞开了大门，把堵在门外的亲友们迎了进来。为了避免奸人造谣，并保卫学校，学生们请求师长们来校住宿值班。鲁迅欣然接受邀请，在学校教务处值宿一夜。

由于鲁迅对女师大学潮的坚决支持，军阀政府对他施行拉拢的手法，派人对他说：“你不要闹，将来给你做校长。”

鲁迅不为所动。

于是，流言蜚语出来了：鲁迅“鼓动学潮”、“想当校长”。鲁迅又

---

① 《华盖集·“碰壁”之后》。

② 《两地书·二九》。

给顶了回去。

于是，教育总长章士钊呈请段祺瑞免除鲁迅教育部佥事的职务，企图以此在政治上、经济上、声誉上打击鲁迅，迫他投降。鲁迅的回答是：利用合法手段，向平政院提出诉讼，抓住章士钊倒填日月、篡改事实的漏洞，发起反击。此时，许寿裳等好友发表《反对章士钊宣言》，抗议他们对鲁迅的迫害。教育部齐寿山等部员也提出辞呈，以示支援。在鲁迅的斗争下，在社会人士的支援下，鲁迅胜诉，挫败了章士钊的诡计。

在这次学潮中，鲁迅不仅援助了青年学生，使之得到胜利，而且在这场斗争中，写下了一批锋利的、深刻的杂文。

在整个女师大风潮中，陈源（即陈西滢）勾结杨荫榆，高攀章士钊，以《现代评论》杂志为阵地，为杨荫榆张目，为章士钊和整个军阀统治效劳。他用写作《闲话》的形式，施放暗箭，散布流言，制造谣言。鲁迅与之针锋相对，写了一系列的杂文：《"碰壁"之后》《并非闲话》《我的"籍"和"系"》《忽然想到（十至十一）》《"碰壁"之余》《并非闲话（二）》《并非闲话（三）》《无花的蔷薇》《"公理"的把戏》《这回是"多数"的把戏》《杂论管闲事 · 做学问 · 灰色等》，等等。在这些杂文里，他运用讽刺与幽默的武器，不仅批驳了陈西滢等人的造谣诬蔑、流言蜚语，而且深刻地揭露了陈西滢等人帮凶、帮忙、帮闲的嘴脸，剖析了他们封建买办资产阶级的卑劣灵魂，活画出他们的"叭儿狗"和"苍蝇"、"蚊子"的丑恶形象。鲁迅的这些有力的批判，及时、中肯、透辟，使对方无力还手，无处逃遁，露出了"麒麟皮下的马脚"。

这里，鲁迅虽然批判的都是具体的人，但是，因为各自站在不同的营垒，代表不同的阶级、不同的政治集团、不同的利益，因此，这种批判，就具有了普遍的意义。鲁迅后来说："我的杂感集中，《华盖集》及《续编》中文，虽大抵和个人斗争，但实为公仇，决非私怨……"①

瞿秋白后来也正确地指出：

> 现在的读者往往以为《华盖集》正续编里的杂感，不过是攻击个人的文章，或者有些青年已经不大知道陈西滢等类人物的履历，所以不觉得很大的兴趣。其实，不但陈西滢，就是章士钊（孤桐）等类的姓名，在鲁迅的杂感里，简直可以当做普通名词读，就是认

① 《1934年5月22日致杨霁云》。

> 做社会上的某种典型。他们个人的履历倒可以不必多加考究，……[①]

鲁迅的极其锋利的杂文，有摧枯拉朽之力量，具致敌于死命的效力。敌方守不住阵脚了，经受不住了。就在女师大的学生们节节胜利，章士钊、杨荫榆等人节节败退之时，陈西滢营垒里的人，出来呼喊“带住!”了。

然而，鲁迅是坚定的、彻底的，他的回答是：“我还不能‘带住’!”

鲁迅是敢于直面惨淡的人生、面对残酷的斗争的，他不愧为英勇的战士、主将与旗手。

1926年3月18日，在北京铁狮子胡同的段祺瑞政府门前，发生了大惨案：手无寸铁的举行爱国示威游行和请愿的青年学生，遭到军阀政府的屠杀。北京女子师范大学的学生领袖刘和珍[②]、杨德群惨遭杀害。在这次屠杀中死47人，伤200多人。其中，学生占十分之七八，女生又占十分之三四。在死难者中，有孕妇2人、50岁老妇1人、13岁的小学生1人。这是一次预谋的大屠杀。事后，段祺瑞在接见卫队旅参谋长楚溪春时，竟然大放厥词：“你去告诉卫队旅官兵，我不但不惩罚他们，我还要赏他们呢!”

罪恶的枪声又一次震惊了沉睡的古国，枪声和鲜血激起了全国人民的愤怒和仇恨。中国共产党代表全国人民，发出了斗争的号召：段祺瑞是“彰明较著的凶犯”，“唯一的办法，只有实际的行动，民众应立即起来团结、武装和革命”。

鲁迅的杂文，紧密地配合了共产党所领导的斗争，也鼓舞和指导了

---

① 瞿秋白：《〈鲁迅杂感选集〉序言》，人民文学出版社，1959，第326-327页。

② 刘和珍（1904—1926），江西南昌人。14岁时父亲死在合肥，遗下她的母亲和两弟一妹在南昌生活。1918年刘和珍考入江西女子师范学校，任校刊编辑。

五四运动后，她和30多位江西青年一起组织了“觉社”，并担任总务股干事，出版《时代之花》周刊，宣传进步思想。1923年，考入北京女高师预科，后升入女师大英文系。她经常旁听李大钊主讲的社会学、女权运动史和鲁迅主讲的中国小说史略等课。她十分爱读鲁迅的文章，鲁迅编辑的《莽原》半月刊发行后，她在生活艰难中毅然预订了全年，鲁迅翻译的《出了象牙之塔》，她是第一个购买者。她革命热情饱满，办事干练，入校不到一年就被选为女师大学生自治会主席，并且成为当时北京学生运动的领袖之一。

青年们的斗争。

当大屠杀惨案发生时，鲁迅正在写《无花的蔷薇之二》，已经写了三段，批章士钊的《甲寅》、批陈西滢的“流言”。当他听到执政府门前发生流血事件的消息之后，再也不能像原来那么写下去了。他提起笔来写道：

> 已不是写什么“无花的蔷薇”的时候了。
>
> 虽然写的多是刺，也还要些和平的心。
>
> 现在，听说北京城中，已经施行了大杀戮了。当我写出上面这些无聊的文字的时候，正是许多青年受弹饮刃的时候。呜呼，人和人的魂灵，是不相通的。①

这话已经够沉痛的了。这话又是多么愤激！然而惨状更激动着他的心。他写道：“如此残虐险狠的行为，不但在禽兽中所未曾见，便是在人类中也极少有的，……血债必须用同物偿还。拖欠得愈久，就要付更大的利息！”

在文章的最后，他写明了日月：“三月十八日”。然后又特别注明：“民国以来最黑暗的一天，写。”

这种深刻的、沉重的、凝练的语言，像鼓声，像号角，不仅鼓舞人们去斗争，而且启发人们去思考。语言本身也是记录着思考的行进，它表明新的跃进和突破正在酝酿。

一周后，他又写了《“死地”》，及时地总结这次大流血的历史教训。他指出：杀人者想要以“死之恐怖”来吓唬人民，“使人民永远变作牛马”，却不能达到目的。所以，历史上各种斗争，虽然死人，但仍然是“先仆后继”。这说明，死，吓不倒人民。

同时，鲁迅也指出了这次牺牲的教训，说：

> 但我却恳切地希望：“请愿”的事，从此可以停止了。……
>
> 世界的进步，当然大抵是从流血得来。但这和血的数量，是没有关系的，……
>
> …………
>
> 中国的有志于改革的青年，是知道死尸的沉重的，所以总是

---

① 《华盖集续编 · 无花的蔷薇之二》。

“请愿”。殊不知别有不觉得死尸的沉重的人们在，而且一并屠杀了“知道死尸的沉重”的心。

死地确乎已在前面。为中国计，觉悟的青年应该不肯轻死了罢。[①]

他告诫青年的有两点：

一、认清自己的敌人的反动本质，他们是些“不觉得死尸的沉重的人们”，他们是些屠杀者，连“‘知道死尸的沉重’的心”，也都屠杀了。敌人就是这样疯狂、残酷。他说倘要“锻炼群众领袖的错处”，那就是“将对手看得太好了”。[②]

二、为了中国的前途，不应该轻死。敌人既如此，就应该懂得保存实力。他还说：“改革自然常不免于流血，但流血非即等于改革。血的应用，正如金钱一般，吝啬固然是不行的，浪费也大大的失算。”“这并非吝惜生命，乃是不肯虚掷生命，因为战士的生命是宝贵的。在战士不多的地方，这生命就愈宝贵。”[③]

鲁迅确实是革命的诤友、青年的导师。

虽然鲁迅这样无情地抨击与揭露敌人，并且沉痛地严肃地总结惨痛的教训，但他心里一直为痛苦和愤恨所折磨，他深深地悼念那些死难者。这几天，饭也不吃，话也不说，甚至生病了。他向人们再三提到刘和珍死难时的惨状。

他说：“非有彻底巨大的改革，中华民族是没有出路的。”[④]

这是一个非常重要的结论，这正是当时革命的需要、人民的愿望。这反映了他的思想又酝酿着巨大的跃进。

1926年3月23日，北京各界人民几万人，在北大三院召开了“三一八死难烈士追悼大会”。会场悬挂着“烈士之血，革命之花”的标语，中法大学学生陈毅主持了大会，他痛斥了军阀统治的罪行。接着，3月25日，女师大在本校大礼堂为刘和珍、杨德群二烈士举行追悼会。来参加追悼会的将近1万人。鲁迅参加了追悼会，当他沉痛地独自在灵

---

① 《华盖集续编·“死地”》。

②③ 《华盖集续编·空谈》。

④ 李霁野：《三一八惨案前后》，转引自鲍昌、邱文治主编《鲁迅年谱》上卷，天津人民出版社，1979，第293页。

堂外边徘徊时，碰见了刘和珍的战友程毅志，她悲戚地说：

“先生可曾为刘和珍写了一点什么没有?”

“没有。”鲁迅说。

“先生还是写一点罢；刘和珍生前就很爱看先生的文章。”

鲁迅默然。但他在心里想：“是有写一点东西的必要了。”

几天之后，他怀着极度痛楚的心情写下了不朽的名文：《记念刘和珍君》。它歌颂了“中国女子”勇毅、干练、坚决、百折不回的革命品性，也用愤火照射出军阀统治和帮凶文人的凶残暴虐、阴毒卑劣的反动本质。

他以格言般的警句号召着战斗：

> 真的猛士，敢于直面惨淡的人生，敢于正视淋漓的鲜血。这是怎样的哀痛者和幸福者?
>
> …………
>
> 苟活者在淡红的血色中，会依稀看见微茫的希望；真的猛士，将更奋然而前行。[①]

他自己就是这样的“真的猛士”，他化悲痛为力量，奋然而前行了。

六、闯进生活里的“害马”

战士的生涯，充满了激烈的斗争、自我牺牲的精神、公而忘私的品德，这是他的伟大之处。但是，他是人，不是神。他也同样有“私生活”的一面：个人的爱和恨、愁和怨、欢乐和哀伤。让我们来看看鲁迅的普通人的生活这一面吧！这些与他的伟大是相连、相通的。

1925年11月3日，鲁迅收到一封信。这不过是他每天都要收到的众多信件中的一封而已。是一个学生的来信。向他陈诉“许多怀疑而愤懑不平的久蓄于中的话”，而且向他请教人生的问题，希望给予“一个真切的明白的指引”。这是一封严肃的信。署名为：“受教的一个小学生

① 《华盖集续编·记念刘和珍君》。

许广平"[①]。后面补了一段"附白"，申明：她是"被人视为学生二字上应加一'女'字"的，但是"不敢以小姐自居"，"也如先生之不以老爷自命"。

鲁迅当天就给了回信。他丝毫不顾及那"附白"的内容，提笔写了个开头：

"广平兄："

回信同样直率而严肃。他认真、细致、深刻地回答了许广平提出的问题。就在这封信里，他较详细地讲述了他的基本战略：壕堑战。3月15日，许广平来了第二封信。从此，他们连续不断地通信。他们在信中讨论全国时政，探讨救国救民的药方，揭露封建统治及教育界、文化界的鬼蜮们的嘴脸，研究战斗的方法……。确实，"其中既没有死呀活呀的热情，也没有花呀月呀的佳句"；"所讲的又不外乎学校风潮，本身情况，饭菜好坏，天气阴晴"[②]。但是，其中却确有炽烈的战斗热情、深刻的革命思想，有心的相通、情的交流。鲁迅不仅授业于课堂，而

① 许广平（1898—1968），广州人，是鲁迅的夫人、学生、战友和助手。她的崇高品德，可以用周恩来的话来概括："许广平同志一生从鲁迅那里学到不少宝贵的东西，特别是爱憎分明。"

许广平出生于败落官僚家庭。她出生三天即被父亲"碰杯为婚"许配给马姓劣绅家。她十二三岁时即反抗包办婚姻。1917年父亲病故，在二哥帮助下，解除婚约，随兄入京，后投奔在天津的姑母，考入天津直隶北洋第一女师预科，因成绩优异获得公费。五四运动期间，在周恩来、邓颖超的影响和领导下，以天津学生会联合会会员身份，积极投入反帝反封建斗争。1922年在天津女师毕业，考入北京女子高等师范学校。在女师大学潮中，为学生领袖之一。

1927年与鲁迅同居后，以自我牺牲精神，为协助鲁迅从事伟大斗争而放弃自己的写作与工作。她说："他的工作是伟大的，然而我不过做了个家庭主妇，有时因此悲不自胜，责问自己读了书不给社会服务。但是，我又不能又不忍离开家庭，丢下他独自个儿走到外面做事。"她愿意"老了自己"，做一个默默无闻的人，尽力使鲁迅为中国革命、为人民贡献更多的非她自己所能及的功业。鲁迅逝世后，她积极投身抗日和民主运动，同时努力搜集、整理、出版鲁迅著作，写作有关鲁迅的回忆和研究的文章，做出了有益的贡献。

新中国成立后，历任中央人民政府政务院副秘书长、全国人大常委、全国妇联副主席、中国民主促进会副主席。

著有《两地书》（与鲁迅合著）、《遭难前后》、《欣慰的纪念》、《鲁迅回忆录》等；并编校了《鲁迅书简》、《且介亭杂文末编》、《译丛补》、《鲁迅全集》（二十卷本）和《鲁迅三十年集》等鲁迅的著作。

② 《两地书·序言》。

且，引导许广平提起笔，走上思想斗争的疆场。在鲁迅的帮助下，许广平在《莽原》上发表了一篇又一篇的杂文。鲁迅在战略战术上给她以指导：

> 我觉得“小鬼”的“苦闷”的原因是在“性急”。在进取的国民中，性急是好的，但生在麻木如中国的地方，却容易吃亏，纵使如何牺牲，也无非毁灭自己，于国度没有影响。……要治这麻木状态的国度，只有一法，就是“韧”，也就是“锲而不舍”。逐渐的做一点，总不肯休，不至于比“踔厉风发”无效的。[①]

当然，在写作上，从思想到文字，鲁迅也给以悉心的指导。

1925年4月，即他们通信一个月以后，许广平拜访了鲁迅的家。她带着神秘而甜美的幻想，用女性细腻的笔调，这样描述了她的印象：

> 归来后的印象，是觉得熄灭了通红的灯光，坐在那间一面满镶玻璃的室中时，是时而听雨声的淅沥，时而窥月光的清幽，当枣树发叶结实的时候，则领略它微风振枝，熟果坠地，还有鸡声喔喔，四时不绝。晨夕之间，时或负手在这小天地中徘徊俯仰，盖必大有一种趣味，其味如何，乃一一从缕缕的烟草烟中曲折的传入无穷的空际，升腾，分散……。是消灭！？是存在！？（小鬼向来不善于推想和描写，幸恕唐突！）[②]

但是，当他们的交往日趋密切，感情的蕴藏都彼此打开之后，她，一个年青的大学生，逐渐感觉到生活并不那么惬意、充满了幻想和甜蜜。他们在通信中触及到“死”这个主题。许广平谈到亲人的死，说：“我因他们的死去，深感到死了的寂寞，一切一切，俱付之无何有之乡。”[③]

而鲁迅呢？在回信中，他这样表述了自己对于死的看法和态度：

> 我是诅咒“人间苦”而不嫌恶“死”的，因为“苦”可以设法减轻而“死”是必然的事，虽曰“尽头”，也不足悲哀。而你却不

① 《两地书·一二》。

② 《两地书·一三》。

③ 《两地书·二三》。

高兴听这类话，……[1]

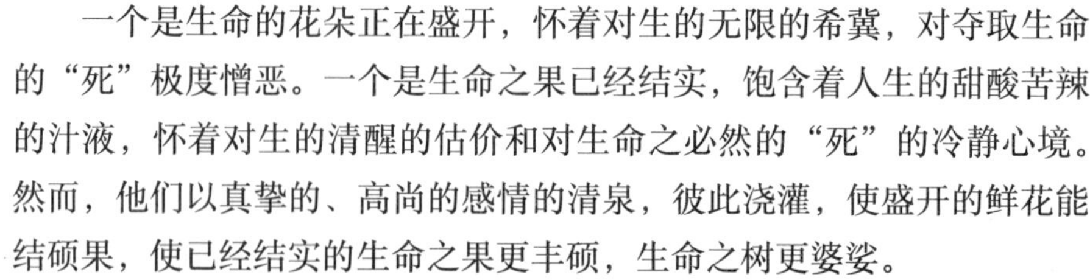

一个是生命的花朵正在盛开，怀着对生的无限的希冀，对夺取生命的“死”极度憎恶。一个是生命之果已经结实，饱含着人生的甜酸苦辣的汁液，怀着对生的清醒的估价和对生命之必然的“死”的冷静心境。然而，他们以真挚的、高尚的感情的清泉，彼此浇灌，使盛开的鲜花能结硕果，使已经结实的生命之果更丰硕，生命之树更婆娑。

许广平关心鲁迅的起居饮食，劝他少饮酒，勿吸烟，请他珍惜自己的健康。那语言，真是情深意长，既有对师长的敬爱，又有对恋人的爱怜。

当许广平作为学生领袖，活跃于女师大风潮中时，曾被杨荫榆称为“害群之马”。鲁迅便拿来作了她的外号：“害马”。甚至在通信中写为：H. M.（当时通用的罗马字拼音HaiMa的缩写）。这匹不羁的骏马，跳跃奔腾，闯进鲁迅的生活里来了。这生活，有紧张的战斗，也含着淡淡的哀愁。

当时五四运动的风暴，呼唤着个性解放、妇女解放、婚姻自主、恋爱自由。然而，鲁迅和许广平却背着因袭的重担，被自己所掀起和投身的历史的浪涛所击拍、颠簸。一个是爱的萌芽，带着初恋的欢欣与大胆；一个是爱的苏醒，夹杂着中年人的苦痛与忧思。许广平从小尝尽了旧社会给予一个孤女的冷遇，生活中充满了波折，凭着自己的反抗和哥哥的帮助，才解除了封建婚约；鲁迅由于母亲的包办，接受了一件“母亲的礼物”，与朱安女士结婚了。他诅咒这没有爱情的婚姻，但却不得不忍痛饮下这杯苦酒。他为青年一代的幸福而呼号、战斗，但却把自己对幸福的追求深埋心底，准备让它默默地消逝。鲁迅曾经自卑地说，自己没有爱的权利。他这样自省却又坦率地反问许广平：“那个人不是太为我牺牲了么?”许广平给予了真诚的回答：“那个人并不认为是牺牲，你又何必以此自苦呢?”

然而，许广平却早已在十月就表示了坚决的爱的意志。她在鲁迅主编的《国民新报》副刊上发表了《同行者》。她要与他同行。她热情地歌颂鲁迅用“热烈的爱、伟大的工作，要给人类以光、力、血，使将来的世界璀璨而辉煌”；她表示她将不畏惧“人间世的冷漠、压迫”，不畏惧“戴着‘道德’的面具专唱高调的人们”给予的”“猛烈的袭击”，她

① 《两地书 · 二四》。

要“一心一意的向着爱的方向奔驰”。她还写了散文《风子是我的爱》，说得勇敢而坚定，纯净而无畏：“不自量也罢，不相当也罢，合法也罢，不合法也罢，这都与我们不相干！”

他们相爱，需要冲破双重的旧传统、旧观念的束缚，需要勇气，需要搏斗。他们之间充满了彼此深深的了解与同情、互相的扶持与帮助，充满战斗的欢快与两心相知的愉悦，但也始终笼罩着一层浓重的乌云和淡淡的哀愁。许广平说：

> 对于鲁迅我同情他“陪着做一世牺牲，完结了四千年的旧账”，而拼命写作，于寂寞中度过一生的境遇；而又自觉我比他年纪轻些，有幸运解除婚约的痛苦。因我之幸运，更觉他的遭遇不幸而同情起来。这也许是我们根本思想——反抗旧社会——一致的缘故，所以才能结合起来。①

许广平的爱，给了鲁迅以欢欣，破了他生活的寂寞，给了他新的力量。鲁迅曾说他自己“有时则竟因为希望生命从速消磨，所以故意拼命的做”②。他还说过他原来预想“活不长的”。后来，鲁迅改变了。

在那艰苦的战斗的日子里，在个人生活非常简朴而缺乏应有的照料的情况下，在孤寂的生活中缺乏伴侣和爱的岁月里，许广平带着对严师的敬重和对恋人的同情与挚爱，勇敢地、坚定地闯进了鲁迅的生活里，像寒夜的明月，驱散了鲁迅生活的天空上的阴云，“我早先岂不知我的青春已经逝去了？但以为身外的青春固在”；“虽然是悲凉漂渺的青春”。③但现在，他却能够在迟来的爱情中得到“爱的翔舞”和鼓励，从而更增强了斗争的力量。

七、家庭、日常生活、隐痛

鲁迅生活的一角，我们在上面一节里概略地记叙了，这里，让我们对他在北京期间的日常生活也作一个简略的叙述吧。

鲁迅从1912年到北京，到1926年离北京，前后共住了14个年头。

---

① 许广平：《鲁迅回忆录》，人民文学出版社，1961，第110页。

② 《两地书·二四》。

③ 《野草·希望》。

在这14年里，他先后住过4个地方。这种搬迁，反映了他的生活的动荡。在这14年中，他的家庭，他的日常生活，都发生过不小的变化。其中，有些事情使他遭到打击，刺伤过他的心。鲁迅在1926年11月28日给许广平的信中曾经沉痛地说过："我一生的失计，即在向来不为自己生活打算，一切听人安排。"[①]这可以说是他离开北京前的家庭生活的真实写照。

鲁迅于1912年5月初到北京时，一人独自住在绍兴会馆，先住在藤花馆的西屋。这里确有一座藤花池，但环境却十分恶劣，邻居聚众赌博，有时有人怪声唱戏。然而鲁迅却在这里临帖抄碑，研读佛经，度过了整整4个年头。后来，1916年5月6日，搬进补树书屋居住。书屋前面是"仰蕺堂"，里面供着历代乡贤的牌位；屋后是"希贤阁"，供着文昌魁星的神位。补树书屋可算是鬼神多而人口少。他仍然过着独身生活，老母与朱夫人，都还在故乡绍兴。每天在小饭馆吃饭，或者在街头流动饭挑上买了吃。白天到教育部去上班，晚上回来研读古书。

1918年4月，他结束了寂寞的生涯，打破了长久的沉默，写了《狂人日记》。在这可纪念的补树书屋里，他总计写作和翻译了50多篇作品，其中包括小说《孔乙己》、《药》、《明天》和《一件小事》，以及论文《我之节烈观》、《我们现在怎样做父亲》等，还有27篇随感录及许多译作。

1919年，由于周作人一家来到北京，也由于绍兴老屋由新台门六房联合出卖给绍兴大地主朱阆仙，母亲、朱夫人和周建人一家需要北上，鲁迅四处奔走，买下了八道湾十一号的房子，全家住了进去，建立了一个大家庭。鲁迅在八道湾住了3年多，不朽的作品《阿Q正传》就是在这里诞生的，此外，《风波》《故乡》《社戏》等名篇，也在这里写出。在这里，先后出版的有小说集《呐喊》，译文《爱罗先珂童话集》、《桃色的云》、《工人绥惠略夫》，还编定《中国小说史略》上卷。总计在这里居住期间，发表著译100多篇。

1923年7月，鲁迅与周作人决裂，8月3日愤然从八道湾离去，借居砖塔胡同六十一号，前后共9个月。在这里他写了著名小说《祝福》《在酒楼上》，校勘了《嵇康集》，编印了《中国小说史略》下卷。这里

---

① 《两地书·八三》。

的房子很矮小，环境很嘈杂。1923年12月，鲁迅借款买了阜成门内西三条胡同二十一号的住宅。1924年5月，和母亲、朱夫人一同搬进了新居，一直住到1926年8月离开北京。在这里居住的两年零三个月的时间，是鲁迅工作最繁忙、战斗最紧张的时期，也是创作力最旺盛的阶段。他在这时期，写了散文诗《野草》、杂文集《华盖集》，以及《华盖集续编》、《坟》、《彷徨》、《朝花夕拾》中的部分文章，印行了《中国小说史略》下卷及《热风》、《出了象牙之塔》等。总计，在这时期他的创作与译作计有200多篇。这是鲁迅一生中的重要时期。

无论在哪处居住，鲁迅的生活都是清苦俭朴的。最后两年在西三条住宅，他的卧室兼工作室，是从正房接出去的一间矮小的灰棚子，伸手可以触到顶棚，这就是他戏称的“绿林书屋”即人们称为“老虎尾巴”的所在。他的伟大的作品就在这里一篇篇产生出来。在这房间里，墙上挂着集《离骚》句而成的对联：

望崦嵫而勿迫
恐鹈鴂之先鸣

这对联表明了他珍惜时光、奋然迅行的工作精神。

鲁迅的大家庭，由于1923年7月他与周作人的决裂而彻底破裂，从此，他虽然与三弟建人一直兄弟情深，但与周作人再未复归于好。与周作人的决裂，对于鲁迅的刺激很深，这无疑是他生活中的一件隐痛。鲁迅与周作人只差几岁，与建人则相距较远。因此他与二弟作人从小及长，兄弟怡怡，手足情深。他们一同求学，从南京到日本，有共同的爱好，作人也是颇具才华，好学博识。鲁迅青年时代，离家到南京求学，对母亲与诸弟，怀念情切，当时写有诗句“何事脊令偏傲我，时随帆顶过长天！”诗后有跋云：“嗟呼！登楼陨涕，英雄未必忘家；执手消魂，兄弟竟居异地！”（《和仲弟送别元韵并跋》）表现了深沉的兄弟情谊。周作人在日本留学期间，婚后生活发生困难，鲁迅便改变了自己的计划，提前回国，为弟弟做出了牺牲。回国后，自己教书，给周作人寄生活费。周作人全家回国到北京后，他们同居一处。鲁迅的收入，除了负担全家的生活费用之外，还要给弟媳羽太信子在日本的家寄钱，接济她家的生活。在《鲁迅日记》中，我们经常看到这样的记载：“寄羽太家泉卅。”“寄羽太家用泉二十。”而且，羽太信子的弟弟羽太重久，还不时来要钱，三次来中国都要鲁迅拿钱，甚至羽太信子的妹妹福子的学费，也每月由鲁迅汇寄。周作人夫妇，挥霍无度，过着奢侈的生活。他们一有钱，就去日本商店买东西，从腌萝卜到小孩玩具，吃的、用的、玩的买了一大堆，钱花光了，就要鲁迅去借债。在《鲁迅日记》中，也常常看到向许寿裳、齐寿山等朋友借钱的记载。鲁迅后来曾经很凄凉伤怀回忆这段生活说：

> 我总以为不计较自己，总该家庭和睦了罢，在八道湾的时候，我的薪水，全行交给二太太（即羽太信子），连周作人的在内，每月约有六百元，然而大小病都要请日本医生来，过日子又不节约，所以总是不够用，要四处向朋友借。有时借到手连忙持回家，就看见医生的汽车从家里开出来了。我就想：我用黄包车运来，怎敌得过用汽车带走的呢？①

这位羽太信子夫人，不仅奢侈挥霍，而且泼辣凶悍，动不动就装死躺下，弄得一家不得安宁。以后，在日本帝国主义步步进逼侵略中国时，她更依势凌人，事事请教日本人，经常同日本使馆联系，俨然成为家庭里的侵略者了。她又好拨弄是非，而周作人又偏信妇人之言。家庭的风暴经过长久的酝酿，终于来临了。鲁迅与周作人分灶吃饭后5天，即1923年7月19日，周作人手拿一封信，来到鲁迅房间，一言不发，递给鲁迅。鲁迅拆开一看，上面竟然写着这样的话：

> 鲁迅先生：我以前的蔷薇的梦原来都是虚幻，现在所见的或者才是真的人生。我想订正我的思想，重新入新的生活。以后请不要再到后边院子里来，没有别话，请你安心，自重。

鲁迅与周作人的决裂，最根本的是政治上思想上的水火不相容，人生哲学、生活态度的根本相异。周作人在“五四”时期也活跃于文坛，“周氏兄弟”名扬中外，后来，曾为《语丝》撰稿，在女师大风潮中，也参加了一些战斗。但后来便意气不振了。在鲁迅与章士钊、陈西滢等的搏斗中，他的“软”，得到了对方的赞扬。这时，他就已经露出了政治上堕落的端倪了。以后，更逐渐投靠、依附黑暗势力，在北平沦陷

① 许广平：《鲁迅回忆录·所谓兄弟》，第49页。

后，竟至当了汉奸。

鲁迅在处理与周作人的关系上，我们看到的是一个能牺牲自己、以别人的幸福为幸福的人。他既有深挚感情又有原则，既能忍让而又不屈从。这些表现与他伟大的品格是一致的。

到这时为止，鲁迅曾经经过了三个家庭。一个是台门周家里的没落的家庭：他在那里度过了自己的童年、少年时代和青年时代的初期，留下了许多深刻的记忆，其中有温馨的天伦之乐，而更多的是家庭中落后的苦痛与辛酸。第二个是北京时期的前半段，一个新式的大家庭，包括两个国籍、三代人的集合体。虽然鲁迅承担了巨大的牺牲，终于不免破裂，留下了深深的伤痕。现在是第三个家，由母亲、朱安夫人和鲁迅自己组成。生活是平静而和睦的。然而笼罩着哀愁。他每天晚饭后，都要到母亲屋里陪坐一会儿。当他买了点心回来时，总是先到母亲屋里请老人挑选；然后到朱夫人卧室，请她挑选，剩下的才拿回自己的卧室兼工作室，留到深夜充饥。这里虽有母子的深情，却没有夫妻的爱情。对那个作一世牺牲的无辜女子（朱安夫人），他能以礼相待，却不能以情相洽。这是鲁迅心灵上的隐痛，也是笼罩在他生活上的一种淡淡的哀愁。

八、新文学的丰碑，思想界的明星

鲁迅在“五四”时期，在新文学领域，进行了艰苦的斗争和创造性的工作，而且都是开辟草莱，开拓途径的劳动。小说、诗歌、散文、杂文、文艺理论、翻译和小说史的研究、石刻画像与碑帖的研究，以及文学教学，在每一个方面都留下了他的业绩，而且都达到了当时别人难以企及的高度，为当时和后世做出了不朽的贡献。

从呐喊到彷徨

——小说集《呐喊》与《彷徨》

鲁迅说他的小说创作是“遵命文学”，是遵革命前驱者的命令的文学。这意思是说，他是为了革命的需要而提笔创作的。因此，他的作品反映的内容，提出的问题，总是革命进行中最迫切的问题。他的第一篇小说《狂人日记》，就是提出并解决一个革命的根本问题：为什么要革命？他的回答很明白而坚定：因为封建制度是吃人的制度。几千年的历史，“满本都写着两个字是‘吃人’！”接着，《孔乙己》、《药》、《明天》、《风波》、《故乡》、《阿Q正传》，以至《呐喊》中的大部分小说，都是从生活本身、从社会的底层发出了呐喊：要革命！人民已经不能照旧生活下去了，必须创造一种新的生活，一种“为我们所未经生活过的”生活。这是鲁迅对当时的民主主义革命最宝贵的献礼：说明革命的必要性，灌输革命的意识，催促人民觉醒。鲁迅的深刻和伟大就表现在这里：当别的作家在自我表现中诉说自己爱的觉醒、爱的幸福或痛苦的时候；当别的作家在描写身边琐事和小市民生活，或者倾诉怀乡的愁绪和个人的哀怨时，鲁迅却把眼光注视着革命的根本问题，注视着苦难深重的人民，他的小说在当时“颇激动了一部分青年读者的心”，决不是偶然的。

更可贵的是，鲁迅主要是从农民的角度来提出了革命的必要性的；鲁迅着重反映了中国农民的不幸的命运。在鲁迅描绘的“中国的人生”的画面上，站着闰土、阿Q、七斤、祥林嫂……，都是那个时期的农民的代表。他认识农民，了解农民，热爱农民。他在《故乡》中哀叹闰土的“辛苦麻木而生活”，他呼喊：“他们应该有新的生活！”这是站在革命立场上，代表农民发出了历史的要求，提出了革命的课题。

然而，历史的道路是曲折的，辛亥革命失败了。他因此而失望、怀疑，陷入寂寞，沉默达六七年之久。现在，他在五四运动的前驱者的鼓舞下，在十月革命的鼓舞下，打破沉默，抖擞精神投身于时代洪流了，他就很自然地提出了一个值得认真思索的问题：过去的革命为什么失败？主要教训是什么？《狂人日记》所做的回答是：群众不觉醒，而且把最先觉醒的人看作狂人。这个思想，在《药》里进一步展开了。鲁迅在这里正是总结了辛亥革命失败的经验：没有唤醒民众。这个主题在《阿Q正传》中，从更广阔的历史背景，作了更深入的挖掘。在辛亥革命中，群众（主要是农民）基本上仍然处在不觉醒的状态中，他们只有朦胧的革命要求，他们的力量没有被重视和动员起来，他们的朦胧的革命意识，被假洋鬼子的大棒打了下去，最后竟被当作“土匪”，糊里糊涂地被杀害了。革命没有他们的份，他们的命运没有丝毫的改变。鲁迅对辛亥革命的批判达到了非常中肯、非常深刻的程度。

为了解决如何唤醒民众的问题，他说：“我的取材，多采自病态社会的不幸的人们中，意思是在揭出病苦，引起疗救的注意。”[①]于是他写了孔乙己的悲惨的结局、陈士成的发疯与惨死、单四嫂子的丧子、闰土的辛苦与不幸、七斤一家的恐惧皇帝再坐龙庭要杀无辫党的头，以及男人、女子剪发的痛苦。这些小说，环境都是肃杀、冷峻、萧疏、凋敝、沉闷的；人物命运都是不幸的、悲惨的，然而又处于昏睡状态中。他用真实的历史画面和生动的人物形象，揭出了病态社会的痛苦，呼唤对其进行疗救的注意。

鲁迅写《阿Q正传》是“要画出这样沉默的”“现代的我们国人的魂灵来”。他说，这是“我的眼里所经过的中国的人生”。[②]这个创作意图是和他的对国民性的研究，即探讨国民性的病根和如何改造相联系的，并且国民性的病症同社会制度也是相联系的。在他的小说中，环境与人物紧紧相联，人物性格上的缺陷和命运的不幸，都是这个环境造成的。孔乙己、陈士成是封建科举制度的牺牲品；闰土是“多子、饥荒、苛税、兵、匪、官、绅”害苦的；祥林嫂是夫权、神权等四条绳索勒死的。这样，鲁迅就从与环境（制度）相关联的两个方面，提出了唤醒群众、改革现实的要求。他的观察之深刻、感觉之敏锐、思想之深邃，都达到了时代最高度，远远走在同时代作家的前面了。

鲁迅的小说，不仅深刻地、独到地反映了从辛亥革命到五四运动时期的这一历史阶段的“中国的人生”，而且提出了这个历史时期内中国革命的根本性问题（农民问题）。而由于他深刻而肯切地反映了中国资产阶级领导的旧民主主义革命的失败及其原因，表现了对于资产阶级领导革命的怀疑与失望，又表现了农民的迫切的革命要求，这些作品，就反映了中国从旧民主主义革命向新民主主义革命转变的历史内涵与本质。一个作家，做到了这一点，是极其伟大的。文学家的才华、思想家的卓识和革命家的热情，都完善地汇合在鲁迅身上。

《呐喊》的题材、主题思想，都是鲁迅久蓄心中的。他在《呐喊·自序》中写道：“我在年青时候也曾经做过许多梦”，有一部分“偏苦于不能全忘却”。“这不能全忘的一部分，到现在便成了《呐喊》的来由。”他在《华盖集续编·〈阿Q正传〉的成因》中还说：“阿Q的影

① 《南腔北调集·我怎么做起小说来》。

② 《集外集·俄文译本〈阿Q正传〉序及著者自叙传略》。

像，在我心目中似乎确已有了好几年。”这都说明鲁迅的小说有着长期的、深厚的生活积累。而对于生活素材的运用，“决不全用这事实，只是采取一端，加以改造，或生发开去，到足以几乎完全发表我的意思为止”。他创造人物用的是杂取种种人，“没有专用过一个人，往往嘴在浙江，脸在北京，衣服在山西，是一个拼凑起来的脚色”。[①]

《彷徨》中的11篇小说，产生于1924年2月到1925年11月的一年多的时间里。这是鲁迅思想彷徨期的作品。那时的情况是文苑寂寞，他“落得一个‘作家’的头衔，依然在沙漠中走来走去”，只在“得到较整齐的材料”时，才做短篇小说。

> 只因为成了游勇，布不成阵了，所以技术虽然比先前好一些，思路也似乎较无拘束，而战斗的意气却冷得不少。新的战友在那里呢？我想，这是很不好的。于是集印了这时期的十一篇作品，谓之《彷徨》，愿以后不再这模样。[②]

> 此后虽然脱离了外国作家的影响，技巧稍为圆熟，刻划也稍加深切，如《肥皂》，《离婚》等，但一面也减少了热情，不为读者们所注意了。[③]

为什么会这样呢？根本的原因就是新文化运动革命统一战线分裂了，鲁迅一时找不到新的战友，陷入了苦恼之中（这详情，我们在前面介绍他的思想发展时已经说过了）。在《彷徨》中，鲁迅剖析了几种类型的知识分子。吕纬甫曾经有过理想，也战斗过，但现在却变成“敷敷衍衍，模模胡胡”，“只要随随便便”了。他被失望和失败击倒了，他软弱地在生活中混下去。《孤独者》里的魏连殳呢，一言以蔽之：“我已经躬行我先前所憎恶，所反对的一切，拒斥我先前所崇仰，所主张的一切了。”一个昔日的封建制度的叛逆者，变成今日封建军阀的帮凶。他自暴自弃，迅速地毁灭了自己。鲁迅对他们既有鞭笞，又有同情。这同情是对于造成这种悲剧的环境的鞭笞。《伤逝》和《幸福的家庭》则是写的后于魏连殳和吕纬甫而出现的青年知识分子的悲剧。他们脱离了社会

---

① 《南腔北调集·我怎么做起小说来》。

② 《南腔北调集·〈自选集〉自序》。

③ 《且介亭杂文二集·〈中国新文学大系〉小说二集序》。

解放的道路，离开了广大群众的斗争的全局，去追求恋爱自由、个性解放和生活幸福，那结局，只能是悲剧。因此，他们空虚、力单、动摇、软弱。鲁迅在“荷戟独彷徨”的战斗生活中，剖析了知识分子的魂灵，这些人是我们国人的一部分，改造国民性，也必须改造知识分子。鲁迅向着人们思想的深处探索。

在《彷徨》中，还有《祝福》、《长明灯》和《离婚》这样值得注目的力作。《祝福》不仅描写了祥林嫂的悲剧命运，控诉了封建社会，还刻画了她的勤劳与善良，特别是她对天堂、地狱及魂灵的有无提出了怀疑，反映了对于人间（现实界）秩序的怀疑。

从《呐喊》到《彷徨》，鲁迅的思想经历了巨大的变化，这轨迹，是同中国革命的曲折发展相一致的。

鲁迅是不满意这种彷徨的，他要求前进。当时第一次国内革命战争正在酝酿，中国革命面临突变，催促彷徨着的鲁迅起来改变自己的思想，继续向前走去。在这一点上，鲁迅的思想也是反映着中国革命前进的步伐的。

在他眼里所经过的“中国的人生”

自从1925年写了《离婚》之后，除了《故事新编》中的、被他自己称为速写式的历史小说之外，鲁迅再没有创作小说，或者更准确地说，由于客观条件的限制和战斗的需要，他没有能够再从事创作。这不能不说是我国文学事业上的一个巨大的损失。《故事新编》我们将在后面另节论述，这里对鲁迅的小说做一个综合的考察。

在谈到《阿Q正传》时，鲁迅曾经说过：

> 在将来，围在高墙里面的一切人众，该会自己觉醒，走出，都来开口的罢，而现在还少见，所以我也只得依了自己的觉察，孤寂地姑且将这些写出，作为在我的眼里所经过的中国的人生。[①]

这段自叙，满含着辛酸：中国人彼此隔离，“一个人不会感到别人的肉体上的痛苦”，而且，“不再会感到别人的精神上的痛苦”。在这种社会和人生中，他不能更好地去了解别人，别人也对他隔膜。——在

① 《集外集·俄文译本〈阿Q正传〉序及著作自叙传略》。

《故乡》中，鲁迅描写了“我”同闰土之间这种忘却了幼时的亲密友谊而出现的重重隔膜。这段含泪的自叙，说明了他的总的创作意图，是要促使国人的觉醒；也表明了他所要写的是“中国的人生”这样广阔而又深入的社会生活的画幅。这一切，是他眼里经过了的，因此，这里包含着他的见闻、见解和剖析。而这一切他都做得非常深刻。

鲁迅眼里经过的“中国的人生”，他所描写的“中国的人生”，具体地说，就是19世纪末、20世纪初直到稍后一些年的中国人的现实生活。

在他的收集在《呐喊》和《彷徨》中的25篇[①]小说中，有两组人物：顽固派和叛逆者；知识分子与劳动者。的确，这两组人物，正是活跃在当时中国历史舞台上的主要角色。他们是“病态社会”中的人，他们各有不同的表现和命运。对于劳动人民，鲁迅倾注了他的深沉而真挚的同情。他描写了、诉说了他们的不幸的、痛苦的命运，也表现了他们的麻木、愚昧和不觉醒状态。华老栓与华大妈（《药》）、单四嫂子（《明天》）、七斤（《风波》）、闰土（《故乡》）、阿Q（《阿Q正传》）、祥林嫂（《祝福》）以至爱姑（《离婚》），这是一群不幸的劳动者的感人形象，是这个社会中的大多数。鲁迅虽然描写了他们的麻木、愚昧的精神状态，但却不使人产生鄙视和厌弃他们的情绪，而是为之心痛与洒泪。这是因为作者有力地表现了他们的朴素、诚挚、单纯、善良的品性。那些劳动者的高尚品性正是在种种不幸的生活中表现出来的。因此，这里就不是单纯的、庸俗的、“老爷式”的、“隔岸观火”式的同情，而是同呼吸、共命运的真诚感情。因而使人得出结论：必须改革这人生，必须改变这不幸的命运。

特别值得指出的是，鲁迅笔下的劳动者，并不总是和完全是受侮辱、受损害者和完全听凭命运摆布的人。他们心灵深处蕴藏着怀疑、不满、期望和反抗的火种。单四嫂子不也存在着梦中与儿子相见的梦想吗？闰土虽然只是摇头，无可奈何，但仍然有着改善自己的境遇的愿望，把微末的希望寄托在菩萨身上。即使走上穷途末路的祥林嫂，不是还发出了“究竟有没有魂灵”“有没有地狱”的疑问么？至于阿Q，他确是起来造反了。不管如何看待这个“阿Q式的革命”，那个矛头对着旧秩序、旧生活的造反，总是应该肯定的。

---

① 不包括《呐喊》初版时收入的《不周山》（《补天》）。

而且，在鲁迅的笔下，还出现了对于劳动者的正面形象的描绘。《离婚》中的爱姑的泼辣的反抗性，《一件小事》中的车夫的崇高的品德和《社戏》中的双喜、阿发以至六一公公的朴实、善良和宽厚的品性，都是写得很成功，也很有意义的。只是，由于鲁迅当时主要的创作目的是描写病态社会中的不幸的人们，以引起疗救的注意，所以在这方面没有更多的注意和着笔，否则，是会有更大的发展的。这种损失，在以后的《故事新编》中得到了部分的但不充分的补偿。[①]

在全部小说创作中，知识分子占了与劳动者同等的地位，因为，作者本人是一个知识分子，他所写的是他眼里经过的“中国的人生”，和他（知识分子）眼里经过的劳动者。具有深刻意义的是，他常常拿劳动者来作为比照，而对知识分子发出了温情脉脉的批评、谴责。在《故乡》中，闰土的一声“老爷”和在昔日密友面前的拘谨与木然，就潜藏着对于“我”的批评了；所以“我”期望下一代能够不再如此隔膜。在祥林嫂面前，“我”又显得畏缩，而不敢正面回答已临绝境的祥林嫂提出的疑问；“我”在祥林嫂的惨死和四老爷的谴责面前，只有“无论如何，我明天决计要走了”而无别的作为。在《一件小事》中，就更为直截分明地宣布了一派道理，对劳动者唱出了崇高的颂歌。

这里，当然不能说“我”就是鲁迅，但是，在“我”的身上寄托着鲁迅当时的思想却是很明显而确定的。在这里，鲁迅，虽然还没有把工人农民看作历史的主人，但是，在对劳动者的品质上，他已经分明地表露了他的思想感情的强烈倾向性了。

鲁迅笔下活动着几种类型的知识分子，他对他们的态度是各不相同的。第一种是辛亥革命前的旧知识分子，这可以说是末代“士”的阶级。他们是科举制度的最后牺牲者与殉葬品。孔乙己（《孔乙己》）的堕落与陈士成（《白光》）的发疯，都是为这类知识分子所唱的挽歌。第二种知识分子是接受了旧文化的遗产而又冲破了科举束缚的一代新旧交替的知识分子，他们是活跃在辛亥革命时期的“一代新人”。他们反抗过、奋斗过，他们是有志气、有才情的。但是，由于辛亥革命的失败，他们的奋斗也失败了，他们于是有的消沉颓废，玩世不恭，如《在酒楼上》的吕纬甫；有的竟背叛了自己的过去，如《孤独者》中的魏连殳，

① 参阅第七章“十四、辉煌的十年”中的“在历史镜子中照见的现实”一节。

《头发的故事》中的“N”，牢骚满腹，对现实不满了；《故乡》中的“我”，怀着萧条之感与抑郁之情，期望着与劳动者之间的隔膜的消除和祝祷着后代的新的生活，更相信路是人们从没有路的地方走出来的。《一件小事》中的“我”更是发出了对现实的怨言和对劳动者的颂歌。鲁迅批判了潦倒消沉者，而期待这些人的转变。对于那些受过新式教育，正活跃于当时的社会舞台上的新式知识分子，鲁迅则是无情地鞭笞了他们的浮泛与油滑。他们或者与旧社会同流合污，因此不能不变成可耻的“文化痞子”，如《高老夫子》中的高尔础；或者是脱离了社会客观条件去追求一己的幸福，因而不能不变成空泛的幸福追求者（《幸福的家庭》中的“他”）和被现实碰得头破血流了（《伤逝》中的涓生和子君）。这个批判，是痛切而深刻的，对于后两种人，他希望他们向着切实的斗争的路途转变。

对于另一组人物——叛逆者与顽固派——的描写，也并没有脱离前一组两类人物，他们都是勾连在一起的。叛逆者的形象，如《狂人日记》中的狂人、《药》中的夏瑜和《长明灯》中的疯子，都是着笔不多而作为陪衬人物的。作者主要是写他们的命运：他们首先是都被看作发了疯[①]，然后是死在屠刀下（《药》），或者被视为狂人而被人囚禁与隔离。他们孤独地战斗，没有去唤起人民，因而陷身于寂寞之中，他们的不幸是与劳动者的不醒联系着的，当然也和顽固派统治者的不仁联系着。

赵贵翁（《狂人日记》），赵七爷（《风波》），赵太爷、假洋鬼子和举人老爷（《阿Q正传》），四铭（《肥皂》），七大人（《离婚》），这些封建统治的代表人物，同叛逆者处于你死我活的对立之中，同知识分子和劳动者也都是处于尖锐对立的地位。他们所倚靠的就是封建的权力和封建礼教。鲁迅对他们都给以了有力的揭露和抨击。

鲁迅对这两组人物的描绘、刻画，就是把中国当时的社会状况的轮廓勾勒出来了，并且，真实地写出了他们之间的对立的关系和非对立的关系。中国的人生就这样在进行着。

他们各自以自己的行为、在社会生活中的地位，从反面或者从正

---

① 《狂人日记》中的“大哥”对来看热闹的人，高声喝道：“都出去！疯子有什么好看！”《药》中坐在茶馆里的人们议论夏瑜说：“阿义可怜——疯话，简直是发了疯了。”《长明灯》中，人们说那个要吹熄长明灯的青年：“他不是发了疯么?”

面，提出了改革的必要性和必然性，完成着鲁迅的总主题：引起疗救的注意，改良这人生。

鲁迅小说的最大特点就是着重写人物，写人物的命运。从这个角度来提出人们需要思考的人生与社会的问题。他的注意的中心在于此。因此，他对于风景、风土以及一般社会生活，都不做更多的描写，而采用了中国国画中写意画的手法来勾勒，用的是白描法。对于人物也不做过多的心理描写，没有长篇大论的自白或对话。它的小说的艺术特色就是简洁，从结构到故事、从叙述到对话都是非常精练，简洁。

他的作品充分地运用了视觉形象性的描写，使人物和环境达到了令人如见其人、如临其境的程度。就人物来说，描写了他的最典型的特征，充分体现人物的社会地位、职业特点、生活经历、思想性格的典型特征，它是各种生活的印痕“刻制”出来的一个具体人的形象。比如孔乙己是这样的：

“他身材很高大；青白脸色，皱纹间时常夹些伤痕；一部乱蓬蓬的花白的胡子。穿的虽然是长衫，可是又脏又破，似乎十多年没有补，也没有洗。”

祥林嫂是这样的：

“五年前的花白的头发，即今已经全白，全不像四十上下的人；脸上瘦削不堪，黄中带黑，而且消尽了先前悲哀的神色，仿佛是木刻似的；只有那眼珠间或一轮，还可以表示她是一个活物。”

对于阿Q的描写当然是最成功的了。鲁迅曾说，只要给阿Q戴上一顶瓜皮帽，就失去了阿Q，他只能戴毡帽。可见，在视觉形象上的枝节，也都不是随意为之的。

鲁迅对于环境的描绘也是选取了最典型的景象，用中国山水画的手法，点染几笔，出神入化地表现出来。如江南水乡临河的土场（《风波》）、月夜里海边沙地上的瓜地（《故乡》）、水乡野地演出社戏的情景（《社戏》），以及用“瓦楞上许多枯草的断茎当风抖着”来突出老旧房屋的形象（《故乡》），用“雪花落在积得厚厚的雪褥上面”来衬托祥林嫂死得凄惨（《祝福》），等等，都是以极简略的笔触，极精练简洁地勾勒环境。

鲁迅的不少小说，可以不加改编或稍加改编就成为电影文学剧本。如《孔乙己》便是如此。这正说明了他的作品的视觉形象性描写的成功。

鲁迅小说的语言极为成功。他是我国白话文学语言的开创者。它不是口语的自然记录，也不是文言的“翻译”，而是吸收了口语和文言的优秀语言因素，经过提炼加工而成的成熟的文学语言。它的简洁、明快，富于表现力，至今仍是我们学习的榜样。

鲁迅从小热爱民间艺术，画纸、图画书、化装表演、民间戏曲等，他都有广泛的接触，并且十分热爱它们，受到它们的熏陶。他更阅读并搜集了大量的中国古小说和唐宋传奇，对于汉石刻画像，他也做过广泛深入的研究。这些，使他具有了深厚丰富的中国民族传统艺术创作的素养。他还说过，他在“五四”时期创作小说，所凭的是对于百来篇外国小说的学习。这就表明了鲁迅小说作品的中外艺术渊源。他是以中国民间民族艺术为根底，又吸取了外国小说创作的营养，融会贯通、加工改造，而创造出来这种新的短篇小说形式。对于前者，他并非无批判地继承，而是在叙事、结构、人物刻画等方面，取其所长，化而用之；而对外国短篇小说，又只取其截取生活片段，在叙述中运用“呈现”的手法，这对中国传统来说，是完全新的手法，但却没有采用外国小说的长篇心理描写、说明和长篇对话这种艺术手法。

匕首、投枪和机关炮

——《热风》、《华盖集》正续编和《坟》中的杂文

鲁迅在北京的14年中，写作和出版的主要著作除小说集《呐喊》《彷徨》外，还有杂文集《热风》、《华盖集》、《华盖集续编》与《坟》的一部分，散文诗《野草》，学术著作《中国小说史略》等。现在让我们来作一个鸟瞰式的巡礼和评介吧。

《新青年》上开辟的《随感录》专栏，就像它的名称一样，随时有感想随时写下来，它目标集中，题目不大，一事一议，篇幅短小。确实，像匕首那样灵活轻便，锋利尖锐。随感录以及后来的杂文是适应当时战斗的需要而产生的。在反帝、反封建的激烈的斗争中，对于形形色色的封建主义思想意识和魑魅魍魉的鬼蜮行为，还需要一种灵活机动、尖锐泼辣的战斗文体作武器，随时给以抨击、批判，于是产生了“随感录”。当时，在《随感录》专栏写这类文章的，不止鲁迅一人，那些五四新文化运动中的风云人物，差不多都写过。然而写得最多又坚持着写

的，真正发挥了这种文体的匕首作用的，并在艺术上不断发展提高的，却只有鲁迅一人。这些成绩都反映在《热风》中了。从1918年至1924年6年时间里，以1919年写得最多，在27篇中占21篇。[①]鲁迅在1925年11月为《热风》写题记的时候，概述这41篇随感的内容是：

> ……除几条泛论之外，有的是对于扶乩，静坐，打拳而发的；有的是对于所谓“保存国粹”而发的；有的是对于那时旧官僚的以经验自豪而发的；有的是对于上海《时报》的讽刺画而发的。记得当时的《新青年》是正在四面受敌之中，我所对付的不过一小部分……

这段话说明了他的批判的特色：一是范围广泛；二是锋芒所向多是时弊；三是总的目标是打击新文化运动的反对者而保卫《新青年》这座战斗堡垒。鲁迅正是一位手握匕首，守卫阵地，刺杀敌人的战士。这在当时自然是起到了作用的。然而鲁迅说：“我以为凡对于时弊的攻击，文字须与时弊同时灭亡，因为这正如白血轮之酿成疮疖一般，倘非自身也被排除，则当它的生命的存留中，也即证明着病菌尚在。”[②]因此他说他的杂感集的出版，“正是我所悲哀的”。但实际上应该说是他的成功与光荣。留存的原因在于他的作品的思想上的深刻与艺术上的成就。不然为什么别人所写的同类作品，竟没有同样的价值呢？鲁迅这时所写的杂感，就已经具备了很明显的特点。他在抨击与批判中，由于思想的深刻和独到，因此文章在对具体事物的剖析中，产生了一般的、普遍的意义。在战斗中，他不是去历数对手的论点，逐一驳斥，而是命中要害，一击而毙。《估〈学衡〉》等8篇批判“国学”的文章，就是这样。他在《寸铁》专栏发表的4则杂感，这一点尤其突出。他批思孟所作的《息邪》就没有像钱玄同等人那样去条批缕析，一一道来，而是举起“寸铁”匕首，向其“做些鬼祟的事”的本质，一刺而致命。全文不过百余字，读来令人痛快而又有余味。今天仍然保留着它在思想上和艺术上的教育和启发的作用。由于思想含量丰富，精练有力，加上文采熠熠，因

① 近年来北京大学孙玉石同志又发现鲁迅在1919年3月30日在《每周评论》上发表的杂文3篇，孙玉石、方锡德同志发现鲁迅在1919年8月于《国民公报》的《寸铁》栏发表的杂感4则。

② 《热风·题记》。

此许多片段和语句，成为脍炙人口的警句。

> 我们能够大叫，是黄莺便黄莺般叫；是鸱鸮便鸱鸮般叫。我们不必学那才从私窝子里跨出脚，便说“中国道德第一”的人的声音。
>
> 我们还要叫出没有爱的悲哀，叫出无所可爱的悲哀。……我们要叫到旧账勾消的时候。[①]

这不是“五四”时期摆脱礼教束缚，追求个性解放和爱的自由的真挚声音么?

> 所以我时常害怕，愿中国青年都摆脱冷气，只是向上走，不必听自暴自弃者流的话。能做事的做事，能发声的发声。有一分热，发一分光，就令萤火一般，也可以在黑暗里发一点光，不必等候炬火。[②]

这是“五四”时期对追求进步的青年的最好的祝词和勉励，我们现在仍然可以当作格言遵行。

继《热风》之后出版的是1925年所写的杂文集《华盖集》。这一年所写的比《热风》时期4年里所写的还要多。这一点，表明了鲁迅的斗争积极性和创作热情。在《题记》中，他以优美的然而却带有嘲弄的笔调，讥刺了那种“在半天空说话”的“天人师”:“我知道伟大的人物能洞见三世，观照一切，历大苦恼，尝大欢喜，发大慈悲。但我又知道这必须深入山林，坐古树下，静观默想，得天眼通，离人间愈远遥，而知人间也愈深，愈广；于是凡有言说，也愈高，愈大；于是而为天人师。”[③]他是脚踏实地、执着于现实社会的，他宁肯不进艺术之宫而要写出“自有悲苦愤激”的针砭时弊的作品，这正是一个自觉的思想战士应有的战斗品格。

《华盖集》及其续编比之《热风》，在思想内容上和艺术风格上，都有很大的发展。它们的内容有对女师大风潮、五卅惨案、三一八惨案这些在1925、1926两年中发生的大事件的评论。思想上比《热风》深化

---

① 《热风 · 随感录四十》。

② 《热风 · 随感录四十一》。

③ 《华盖集·题记》。

了。这些杂文针对着具体的目标，是短兵相接的白刃战。艺术风格更多样化了，也更泼辣、更犀利了。幽默、讽刺的运用达到了很高的境地。《忽然想到》《战士和苍蝇》《这个与那个》《杂论管闲事 · 做学问 · 灰色等》《学界的三魂》《一点比喻》《不是信》《无花的蔷薇》《记谈话》等，都是著名的篇章。思想活跃而深刻，风格统一而有变化。而《记念刘和珍君》则是至今还在传诵的名篇。

到此时，鲁迅已经在中国新文苑中贡献了有独创性的一个新的艺术品种：杂文。它是"五四"以来尖锐、复杂、激烈的社会政治思想斗争的产物。这就形成了这种新文体、新文艺形式的特征：文艺性的社会政治评论。

收集在《坟》里的20多篇论文（不包括《宋民间之所谓小说及其后来》）产生于1918年到1926年。它与《热风》、《华盖集》正续编的产生时间相同，总的思想倾向是完全一致的，但是，内容和风格却颇为不同。从"品格"上讲，作为思想斗争的武器，它们也许可以称为"机关炮"。它不同于匕首与投枪，它对敌人是轰击摧毁，而不是刺杀致命。

这20多篇论文，在思想上和艺术风格上，都是向前发展变化的。写于1918年和1919年的《我之节烈观》《我们现在怎样做父亲》基本上还是条分缕析地说理的论文，不时有杂文风格的流露了。但大同中又有小异，显出绰约多姿的风采：两篇讲演整理而成的文章——《娜拉走后怎样》和《未有天才之前》，分析问题透彻鲜明，而又不时流露幽默与风趣。两篇论雷峰塔倒掉的杂文，在浓郁的优美散文风采中，蕴含着深刻的思想，有力地批判了反对改革、顽固保守的思想。《说胡须》《论照相之类》，通篇以幽默的口气，叙事、状物、论理、批判。《看镜有感》、《春末闲谈》和《灯下漫笔》三篇，风格较为一致，都是由一事引起，逐渐展延、深入，说古论今，比譬对照，旁征侧引，思想透辟，见解新颖，发人深省，真是精品佳作。在这一种类的杂文中，达到了出神入化的境界。末篇《论"费厄泼赖"应该缓行》，思想上已经是正向历史唯物主义跨进，铺陈直抒，艺术上则别具一格。这些杂文，剖析敌手，入木三分，画其形象，生动毕肖，把对历史经验的总结与对今天战斗的指导相结合，冷静的论说同热情的抨击相结合，透着血，噙着泪，含着情，百读而不厌，读一次有一次新收获。

鲁迅以他的匕首、投枪和机关炮，在五四运动的文化革命征程中，举着反帝反封建的旗帜，在思想史、文化史、文学史上写下了光辉的篇章，给我们留下了珍贵的思想与艺术遗产。

“生命的泥委弃于地”

——《野草》的思想与艺术

鲁迅在这期间，除了写作小说和大量杂文之外，还写了散文诗23篇[①]。这是五四新文学运动中，散文诗的一个丰硕成果，一颗晶莹的艺术珍珠。

它写思想的一闪，写灵魂的震颤，心灵的独自，内心的矛盾；写幻觉，醒着的梦。它用巧妙的构思，优美的、形象的、变化的、哀婉的语言文字，来抒写这一切。这就是《野草》。

但是，它写的不是瞬息即逝的感触和一人一事一时一地的偶然现象。它是当时的阶级斗争、社会斗争的产物，也是鲁迅自己思想斗争的产物。全书23篇文章，有6篇作于1924年，13篇作于1925年，这正是鲁迅思想斗争激烈，不断在变化的两年。它不是倾诉，不是哀怨，它是战叫，是心声，也是号角。向来都以为这是鲁迅的思想消极面的表现，只不过要从消极中找寻出积极面。然而，不是的。它本身就是积极面。它是鲁迅的思想斗争的产物。如果鲁迅思想上没有正面的、积极的、向上的、新的思想因素，何来斗争？如果不是这种思想力量具有威力，又何能产生《野草》？

它不好读，不易懂，但不是晦涩，而是深邃。

《过客》是它的代表作，理解《过客》是理解《野草》的钥匙。他对过去已经有所否定，仍在否定，但他要继续前进，然而他却不知道前面是什么所在。只知道是“坟”。但即使如此，他也要前进。这是永不动摇、永不更改的。他谈希望，觉得渺茫，恐是虚妄，但又记得：“绝望之为虚妄，正与希望相同”，两者同为虚妄，便宁可要虚妄的希望。他觉得自己已近迟暮，而身外的青春怕也寻不到，那么，他就“总得自

---

① 近年新发现以《自言自语》为总题的7篇散文诗，内容有的可算《野草》中的姊妹篇或预备篇。不仅作为佚文颇有价值，而且对于研究鲁迅的思想艺术的发展也很有意义。这几篇散文诗的题目为：《序》、《火的冰》、《古城》、《螃蟹》、《波儿》、《我的父亲》、《我的兄弟》，分别发表于1919年8月到9月的《国民公报》的《新文艺》栏。这批佚文是孙玉石、方锡德发现的。原文揭载于《鲁迅研究》第一期。

己来一掷我身中的迟暮”。他以“影”的身份出现来同“本身”告别，他说：“有我所不乐意的在天堂里，我不愿去；有我所不乐意的在地狱里，我不愿去；有我所不乐意的在你们将来的黄金世界里，我不愿去。”不是不愿意去天堂、黄金世界，也不是不肯舍身入地狱，问题是在这一切都不具有真的价值，是旧有的；他要寻找新的，真正的。总之，“你就是我所不乐意的”，所以你说的一切、指引的一切，我都不乐意。但新的、前面的是什么呢？我也不知。只有黑暗。但也还是离不开你。“只有我被黑暗沉没，那世界全属于我自己。”[①]他愿与黑暗一同消灭。这态度是坚决的，表现的是勇毅与坚强。

而且，这里面，还有《这样的战士》里面的战士，《聪明人和傻子和奴才》中的傻子，甚至《颓败线的颤动》里的母亲，这是积极思想的产物，是一颗跃进的、激动的、跳荡的心的产物。

而且，还有同时产生的那些战斗的杂文。那是《野草》外的青春与实践。

当然，没有消极思想的存在，也不会有《野草》。但必须明确，这“消极”是已死的“陈尸”，而不是活体，它不是畏葸、退缩，主要的是对于过去已经快要彻底否定、而新的尚未茁壮成长，在新旧交替中，他催促旧的快死，呼唤新的早来。

因此，它的显著思想特色是：搏斗。而其总的倾向是向上、前进、革新、革命。这是一个战士投入新的战斗前的轻装，是一个思想家对于旧的思想的自我清理、对于新的思想的寻求、探索。

因此，它的艺术特色是用诗的语言表现了积极和消极、希望和绝望的斗争，即如作者所述是“明与暗，生与死，友与仇”之间的搏斗，它不仅是鲁迅思想的记录，同样是时代生活的镜子。

写于“四一二”反革命政变后5天的《〈野草〉题辞》是对于《野草》的总结和自我批判，它以新的思想之光，照亮了《野草》的阴暗面，照见了《野草》的思想不足处。而且，它宣告对于过去的告别，对于新的战斗的迎接。从此，最后结束了《野草》所反映的“过客”思想。

“但我坦然，欣然。我将大笑，我将歌唱。”因为“过去的生命已经死亡”，“地火在地下运行，奔突；熔岩一旦喷出，将烧尽一切野草，以

① 《野草·影的告别》。

及乔木，于是并且无可朽腐”。

那时，熔岩已经喷出，于是：

“去罢，野草，连着我的题辞！”

《野草》中所反映的鲁迅那时的思想状况，的确已经结束了，但《野草》却具有永久的艺术生命。

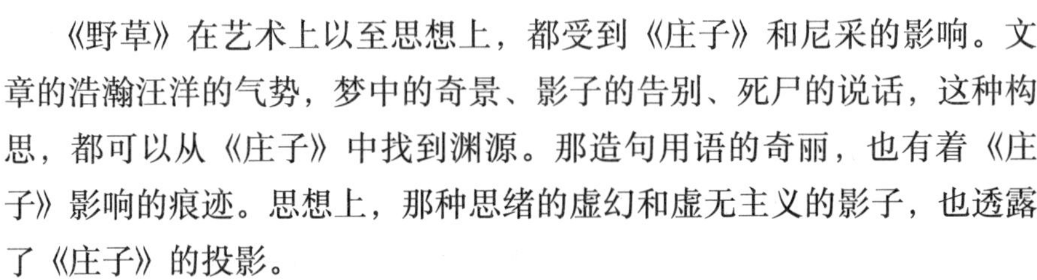

《野草》在艺术上以至思想上，都受到《庄子》和尼采的影响。文章的浩瀚汪洋的气势，梦中的奇景、影子的告别、死尸的说话，这种构思，都可以从《庄子》中找到渊源。那造句用语的奇丽，也有着《庄子》影响的痕迹。思想上，那种思绪的虚幻和虚无主义的影子，也透露了《庄子》的投影。

尼采文章的瑰丽曲折的风格，用语的奇特，也在《野草》中发生了它的作用。

教育和社会文化工作

在北京时期，鲁迅除写作了大量的小说、散文、论著之外，还从事了多方面的社会文化工作。我们也在这里一并叙述一下。

1925年夏季的一个晚上，青年作家韦素园、台静农访问鲁迅。他们谈到了李霁野的译作《往星中》的出版问题，说起当时的书店不愿意印行青年的译作，尤其是戏剧和诗歌。青年作者只好叹气、摇头。鲁迅便鼓励他们成立一个文学社，自己来印行作品。这就是未名社。

鲁迅给他们各方面的帮助和扶持，从看稿、改稿、校订，直至印刷、出版、装帧以及代销寄售等事务，他都付出了大量的时间与精力。以后，未名社在军阀压制下，在内部纷争中，波折迭起，鲁迅或营救，或教育引导，付出了无数的心血。

在北京期间，受到鲁迅关怀的，不止一个未名社，他扶持过新潮社，以后又创办和领导了莽原社，沉钟社、春光社也都得到他的关怀。鲁迅培育了这一代文学青年，也就是为中国的新文学扶植了新秀，开拓了新天地。他的工作精神是十分感人的，如他自己所说：“我这几年来，常想给别人出一点力，所以在北京时，拼命地做，忘记吃饭，减少睡眠，吃了药来编辑，校对，作文。”[①]

---

① 《两地书·六二》。

鲁迅还先后编辑了《语丝》《莽原》两个杂志，它们在当时有着广泛的影响。鲁迅创办《莽原》，是为了多培养新的战士，为了开展“社会批评”“文明批评”。他时常感叹这个目的的不能很好达到。他在给许广平的信中说：“《莽原》实在有些穿棉花鞋了，但没有撒泼文章，真是无法。”

鲁迅还以投稿或帮助组稿等方式，帮助和支持了当时一些倾向进步的报刊，以扩大新文学的阵地。如《时事新报》的《学灯》、《晨报副刊》、《民国日报》的《觉悟》、《京报副刊》、《猛进》、《妇女周刊》，以及上海的《小说月报》、河南开封的《豫报副刊》，等等。

从1920年8月到1926年8月，鲁迅都担任了教学工作，成为青年学生热爱和欢迎的师长。他先后在北京的八所学校兼课，它们是：北京大学、北京师范大学，北京女子师范大学、世界语专门学校、集成国际语言学校、黎明中学、大中公学、中国大学。其中以在北大、北师大、女师大兼课时间最长，影响也最大。鲁迅“用无我的爱，自己牺牲于后起新人”的精神进行教学。他的课程，不仅本系的学生来听，而且外系、外校的学生也来旁听，教室里坐满了，门边、过道里也坐着听讲的人。

正当新旧斗争激烈复杂，青年们思想动荡、寻找出路的几年间，鲁迅活跃在北京几所重要大学的讲坛上，以他的渊博的学识，启迪教育青年，教给他们知识，教给他们人生的道理，指引他们走上战斗的道路。他更以自己的战斗，为青年们开辟前进的道路，将青年们吸引和团结在自己的周围，为新文化运动，为反帝反封建的革命斗争，冲锋陷阵。他从不以青年的导师自居，然而他是真正的青年的导师；他从不以战士自命，然而他是真正的伟大战士，扛着战斗的旗帜，走在最前头。

九、进到斗争的新天地

在三一八惨案中，鲁迅无畏于军阀的镇压，先后写作了多篇杂文[①]，对帝国主义，对军阀统治及其走狗文人进行了猛烈的抨击，无情地撕破了他们的假面，揭露出他们狰狞的面目。

军阀统治张开了捕杀的网。段祺瑞执政府先是密令严拿惩办李大钊

① 这时期围绕三一八惨案写作的杂文计有：《“死地”》《可惨与可笑》《记念刘和珍君》《空谈》《新的蔷薇》《淡淡的血痕中》等。

等五人，接着又传出通缉名单，“所罗织之罪犯竟有五十人之多”，鲁迅也在其中。但鲁迅“敢于直面惨淡的人生”，他举起了投枪，写出一篇又一篇战斗篇章。他在《可惨与可笑》中，直点段祺瑞之名，揭露他用一根木棍、两支手枪、三瓶煤油作为伪证，诬陷群众“暴动”，并抗议他们对李大钊等人的通缉。接着又怀着极度的悲愤写出了《记念刘和珍君》，纪念为中国而死的青年；写了《大衍发微》，用确凿的材料揭露了章士钊之流通缉四十八人的黑幕：夺取这些人的饭碗，以饷其亲信。

这期间，他还写了散文诗《一觉》和《淡淡的血痕中》。

他像不久前同章士钊、陈西滢等人短兵相接一样，现在，又同段祺瑞军阀统治进行肉搏。他的战斗勇敢而坚定，一篇篇杂文是刺向敌阵的投枪和匕首。

他在战斗中是冷静而沉着的，他依旧站在课堂上讲课。他在莽原社，在山本医院，在法国医院堆积杂物的室内，还写作了一篇又一篇文章：《无花的蔷薇之三》《新的蔷薇》《马上日记》《马上支日记》等杂文，回忆散文《二十四孝图》《五猖会》，以及《〈痴华鬘〉题记》《〈何典〉题记》《为半农题记〈何典〉后，作》《〈小说旧闻钞〉序言》，还翻译了日本武者小路实笃的论文《论诗》、荷兰望·蔼覃的长篇童话《小约翰》（与齐寿山合译）。

这都是在紧张尖锐的战斗中，在动荡不安的避难生活中所做的！何等高昂的战斗激情，何等高涨的工作热情，何等坚忍卓绝、劳作不息的工作精神！

他已经最后抖落了彷徨的情绪。此时我国的南方，北伐的枪炮声，已经打响了。

鲁迅经过五卅运动、女师大风潮的战斗的锻炼，三一八惨案的血的洗礼，思想起了很大变化。

这种波澜壮阔的反帝反封建的群众斗争，对于一向哀国民之昏睡冷漠的鲁迅，是巨大的鼓舞；对于正在寻找新的依靠力量的鲁迅，是一个强大的引力；对于正在探索革命道路的鲁迅，则是新的有力的推动。他在密切地观察，深入地思考，冷静地总结。

在“五卅”和“三一八”两次惨案中，人民的碧血喷洒街头，更使他认识到火与剑的斗争的必要了。他认识到：“世界的进步，当然大抵是从流血得来。”[①]从血的斗争中，他看到了两个营垒的生死对立，统治者与被统治者、压迫者与被压迫者，他们之间水火不相容、冰炭不同炉。“国民”在这里已不成为一个统一体，它划分为两个对立的阶级；“国民性”也不是笼统的存在，它分裂成为两种品性。因此，国民性的改造，将要被两个营垒里的国民之间的血肉搏斗所代替了。思想革命的方案，由社会政治斗争和社会政治改革所充实。他说：“这回死者的遗给后来的功德，是在撕去了许多东西的人相，露出那出于意料之外的阴毒的心，教给继续战斗者以别种方法的战斗。”[②]

工人、学生、全体人民，起来了，走上了斗争的道路。民族的力量何在？改革依靠的主力是谁？鲁迅的心里，燃起了火，升起了希望，显出了光明。正是新的群众力量的出现与增长，正是中国革命的向前发展，使鲁迅的思想又大步向前迈进。而鲁迅作为伟大的激进民主主义者和思想家、文学家，他的思想的演变本身，他的以新的姿态投入新的战斗，也正是中国革命向前发展的反映和标志。他是一面历史的镜子，他是一面伟大的旗帜。

> 我们所可以自慰的，想来想去，也还是所谓对于将来的希望。希望是附丽于存在的，有存在，便有希望，有希望，便是光明。如果历史家的话不是诳话，则世界上的事物可还没有因为黑暗而长存的先例。黑暗只能附丽于渐就灭亡的事物，一灭亡，黑暗也就一同灭亡了，它不永久。然而将来是永远要有的，并且总要光明起来；只要不做黑暗的附着物，为光明而灭亡，则我们一定有悠久的将来，而且一定是光明的将来。[③]

这是一首“光明颂”。歌颂了光明，宣布它一定到来；诅咒了黑暗，宣布它一定灭亡。一切迷惘、怀疑、彷徨，都消逝了，都在希望的光明的照射下，消退了。他昂起头，走向前方，走向明天。

作为伟大的文学家，他同时还唱出了这样的歌：

> 革命时代总要有许多文艺家萎黄，有许多文艺家向新的山崩地

---

① 《华盖集续编 · “死地”》。

② 《华盖集续编 · 空谈》。

③ 《华盖集续编 · 记谈话》。

> 塌般的大波冲进去，乃仍被吞没，或者受伤。被吞没的消灭了；受伤的生活着，开拓着自己的生活，唱着苦痛和愉悦之歌。待到这些逝去了，于是现出一个较新的新时代，产出更新的文艺来。[①]

鲁迅是带着辛亥革命以来的经验教训，迎着时代的风雨，冲进“新的山崩地塌般的大波”的。

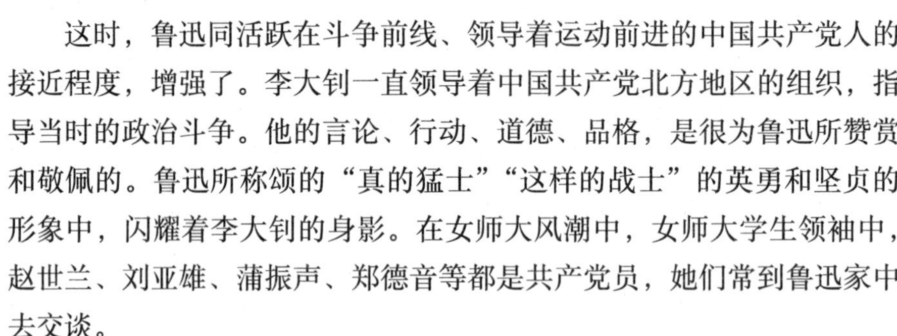

这时，鲁迅同活跃在斗争前线、领导着运动前进的中国共产党人的接近程度，增强了。李大钊一直领导着中国共产党北方地区的组织，指导当时的政治斗争。他的言论、行动、道德、品格，是很为鲁迅所赞赏和敬佩的。鲁迅所称颂的“真的猛士”“这样的战士”的英勇和坚贞的形象中，闪耀着李大钊的身影。在女师大风潮中，女师大学生领袖中，赵世兰、刘亚雄、蒲振声、郑德音等都是共产党员，她们常到鲁迅家中去交谈。

鲁迅这时对马克思主义著作的接触与学习，也不断地向前发展，由一般浏览、接触，进而到有意识地学习，直至注意搜求和结合实际进行学习了。最早，他曾说过，对于他认为是“同一战阵的伙伴”的李大钊的论文，也因为所执的业不同而注意不够。但是，后来由于马克思主义的广泛传播，由于它与中国工人运动的结合而产生了中国共产党，他不能不引起对马克思主义的注意。在这时期，他开始购读与马克思主义有关的书，特别是介绍苏联文艺界情况的书，他想要了解那里的情况，改变了以前的“有些冷淡，并且怀疑”的态度了。从他所写的《〈苏俄的文艺论战〉前记》中看到，他对苏联当时的政治和文艺状况是颇为熟悉并有自己的见解的。他并且指出，“用Marxism（马克思主义）于文艺的研究”，是可供读者参考的。这表明，他在探索革命道路和现实的斗争中，逐渐感到马克思主义的明晰透辟的理论的力量和在现实斗争中的作用了。1924年，在他的购书账中，出现了《近代思想十六讲》《近代文艺十二讲》《文学十二讲》等书，说明他注意研究近代思想与文艺问题。据许广平回忆，这一年，他还购买了《马克思主义与法理学》、《托尔斯泰与马克思》、《无产阶级的文化》和《文学的战斗论》等书。他在了解、学习马克思主义对于文艺问题的看法。1925年，他与北大学

① 《华盖集续编 · 马上日记之二》。

生、共产党员任国桢[①]来往密切，鲁迅校阅了他编译的《苏俄的文艺论战》，并写了《前记》，对无产阶级的艺术表示了充分的肯定与积极的赞扬。特别值得注意的是，阶级的观念，不仅存在于他的思想中，而且出现于他的文字中了。这一年，他又购读了《革命与文学》《新俄文学之曙光期》《俄国现代思想及文学》《新俄美术大观》《俄国文学的理想和现实》《社会进化思想讲话》；在1926年离京南下前，又购读了《无产阶级文化论》《无产阶级艺术论》《新俄罗斯手册》《新俄手册》《无产阶级文学的实际》等书。这些著作的阅读，反映了鲁迅从一般地阅读马克思主义著作，进到具体了解、研究新兴无产阶级专政国家里的无产阶级文学艺术的理论及其现状。另外，在鲁迅珍藏的剪报中，还发现有《国民新报副刊》甲刊，上面登载了列宁的《国家与革命》译文的片段。

正是马克思主义的真理之光，照亮了他的眼、他的心，帮助他透过血腥的现实、黑暗的社会，看见光明，看见希望，看见前途。

8月，他的第二部短篇小说集要由北新书局出版了，他把《呐喊》之后所写的从《祝福》到《离婚》的11篇作品收入集内，并根据这些作品产生时自己的心境，取名为“彷徨”，并且说：“愿以后不再这模样。”那么，这名字，是对以前一段心境的带有批判意味的总结了；同时，又是带着信心的展望，因此扉页上录了《离骚》中的名句：

朝发轫于苍梧兮，夕余至乎县圃；
欲少留此灵琐兮，日忽忽其将暮。

吾令羲和弭节兮，望崦嵫而勿迫；
路漫漫其修远兮，吾将上下而求索。

三闾大夫屈原行吟泽畔，满怀爱国的热情，一腔被逐的愤懑，日行急急，心恐迟暮，不畏路途修远，誓死永远求索。这种心绪情怀，很使鲁迅有同感焉，但是，他们又有很大的不同。鲁迅此时虽然还没有完全

① 任国桢（1898—1931），原名任鸿锡，辽宁省丹东（原名安东）市人，农民的儿子。1918年考入北京大学文科俄文系后，便成为学生爱国运动的积极分子。1924年，加入中国共产党。1925年受党委派到沈阳工作，任沈阳第一个党支部——奉天党支部——的书记，后又受党委派往哈尔滨筹建党组织，开展斗争。曾先后任满洲省委委员、哈尔滨市委书记等职。后又任山东省委书记、北京市委书记。1931年以党中央特派员身份赴太原工作，被叛徒出卖，牺牲于太原市。

摆脱旧的思想的羁绊、完全跳出唯心史观的藩篱，但是已经迈开健步，向新的革命迈进、向新的思想天地迈进了。南方的工人、农民的怒吼声，已经传到北方。北伐军已经由珠江而洞庭，直指长江重镇武汉了。“那前面的声音叫我走。”[①]

好像是对黑云沉沉的北京告别，他在临别前不久，在女师大复校周年的纪念会上，这样结束了自己的谈话：

将来是永远要有的，并且总要光明起来！

他终于最后决定离开北京，离开他工作和战斗了14个年头的古城，去到南国的海岛——厦门。

鲁迅离京南下，也还因为他对于自己的生活有新的考虑和安排。他计划通过教书“弄几文钱，以助家用，因为靠版税究竟还不够”[②]。同时，他与许广平之间已经超出师生的感情，他们必须冲破强大的封建礼教和旧势力的包围，寻得爱的权利、生活的幸福。

1926年8月26日，在北京晴朗的秋天的下午，鲁迅登上火车，出发了。他再一次走到自己战斗生活的转折点。他结束了旧的战斗和工作，去迎接新的生活。许广平这时已经从女师大毕业，接受了故乡的广东女子师范学校的聘书，也决定南下。于是，她与鲁迅同行。前来送行的友人和学生有10多人，他们之中有老同学、挚友许寿裳，也有年青的学生和朋友陶元庆、许钦文、陆晶清、董秋芳等人。

当鲁迅与许广平乘坐的火车隆隆疾驰奔向南方时，北伐军正日夜兼程向北挺进，叶挺独立团攻下了汀泗桥，夺取了北伐的一次有名的大胜利。铁军直逼武汉。

鲁迅迎着北伐的烽火，迎着革命的火炬，奔向祖国的南方。

十、灿烂星空迟出的巨星

这里，我们以“五四”时期和运动过后几年间的活动为主，叙述一下鲁迅和他的同时代人的交往与活动。这不仅是由于从比较中可以鉴别，而且，还可以从中看到鲁迅是怎样与同时代人在一起，在时代风

---

① 《野草 · 过客》。

② 《1926年6月17日致李秉中》。

云、历史波涛中，一同翻飞搏击，互相影响，共同前进的。同时，还可以在比较中看到鲁迅作为文化革命主将的风貌；在群星中来观察亮星。这，对我们认识鲁迅，了解鲁迅，研究鲁迅，都会是有意义的。

“五四”时期，中国思想文化的上空，群星灿烂，交相辉映，这一颗颗明星，冲破历史的乌云，放射出思想光芒。第一颗明星要算是陈独秀了。1915年9月，正当袁世凯跪在日本帝国主义面前，在卖国条约“二十一条”上签字，准备身着龙袍，登上宝座时，在上海，《青年杂志》创刊了。主编就是陈独秀。在第一卷第一号上，这位主编就贡献了四篇文章，他鼓吹民主政治，提倡人权，反对特权。特别是他在《敬告青年》中，提出了一个中心思想：中国需要改弦更张，就是说要：变。他提出“当以科学与人权并重”，来摆脱中国的愚昧状态，因为中国的固有文化和社会制度，比之欧洲先进的资本主义制度，落后了近千年，已经是一文不值了。

这是怀着激愤的彻底否定，这是中国人民新觉醒的声音。

然而有趣的是，在一段时间里，它既没有招致进步人们的响应，也没有引起反动营垒的注意。接着陈独秀又发起了攻势，他们对孔教，对三纲五常，对家族制度，对专制制度都发动了攻击。《新青年》提出了“打倒孔家店”的响亮口号，举起了“科学与民主”的旗帜，提出了以新文化代替旧文化，要求实现“建立西洋式之新国家，组织西洋式之新社会”的理想。

狂风暴雨席卷而来，冲向封建主义的上层建筑，整个思想界激动起来了。

这时，一批小资产阶级和资产阶级的思想文化战士崭露头角了：除了陈独秀，还有易白沙、吴虞、刘半农、钱玄同、胡适等人。

但是，足称第二颗明星的却应该是李大钊。他在1916年《青年杂志》创刊不到一年，刚刚改为《新青年》时，便从日本寄给陈独秀一篇文章，题目：“青春”。这是一篇闪烁着青春光华的美文。他提出了青春的宇宙观与人生观，即他的革命民主主义的宇宙观与人生观。

正当此时，那颗明亮的巨星——鲁迅，还被沉默、怀疑和寂寞的云雾遮盖着，在补树书屋里蜷伏着。开始，他对于《新青年》甚至颇为冷淡。这是历史的负累的消极力量在起作用，但也是他本人的思想性格所致，他向来不愿听那种热闹一时的喧嚣，他要看一看；观察和期待。他的朋友钱玄同闯进了那静寂的庭院，打破了他的沉默。当《狂人日记》问世时，才霹雷闪电似的震动了文化界，激动了广大群众，特别是青年的心。从此，他的小说一篇篇接着出现。

鲁迅是一颗迟出的明星。

因此，在相当一个时期里，来自反动营垒的攻击，并不把鲁迅放在主要的名单中。林琴南之流，点名批判的对象是陈独秀、胡适、钱玄同、刘半农等。

迟出的明亮的巨星，并不是突然的、偶然的现象，也不是孤立的现象。鲁迅和他的同时代人不可分。

钱玄同是第一个招呼鲁迅走出书房一同前行的人。他在1917年以后，经常出现于鲁迅的书斋，几乎每隔两三天就来访一次，每次来总是高谈阔论，深夜始归。有时人未来，信就到了，有时信与人同时到，有时信刚发走，人却来了。钱玄同的健谈，一向出名。鲁迅与他交谈相当投机。他们那次关于铁屋子能否打破的谈话，已经成为“历史的话题”了。鲁迅正是从钱玄同身上，感受到他们从事启蒙工作，掀起文化革命运动的热情，感受到他们冲击旧思想旧文化的斗志和作为前驱者的寂寞。正是在这种认识和鼓动下，鲁迅站起来投入了战斗，并且听从“前驱者的命令”，在自己的作品中“装点些欢容”，留着光明。

《狂人日记》的写作，内容与思想的酝酿也是早已有了的，但钱玄同的催生作用不应被抹杀。

钱玄同是语言文字学家，他在“五四”时期激烈地主张不读中国书和根本废除汉字。这未免偏激。但他主张文字改革走拼音化的路，是有功劳的。鲁迅在这方面，多少也受到他的影响。在“五四”前后，鲁迅与钱玄同的通信，至今还留存几封。看那情形，他们是有时见过面又写信，而且，鲁迅给钱玄同的信，都独具风格，不同于给别人的信，其特点是幽默、风趣，有时带着调笑的意味：这都说明他们之间的友谊，非同一般。显然，作为鲁迅在“五四”时期的亲密战友，钱玄同在鼓动鲁迅投身战斗，以及学术上的互相切磋、政治上的互相鼓舞等方面，都是起了作用的。但是，“五四”以后不久，钱就从革命战线中分化出去，当起脱离人民的学者教授来了，并且钻进了自己反对过的故纸堆中，再不看新小说，不看新剧，不看电影；原先说“寿序……之类，是顶没有价值的文章……应该绝对的排斥消灭”，可是后来自己却给胡适写了寿序。他还反对学校讲辩证法，反对讨论文学大众化。与鲁迅越来越疏远，最后到了相见“默不与谈”的程度。鲁迅在给友人的信中谈到北京的旧时朋友说：“据我所见，则昔之称为战士者，今已蓄意险仄，或则气息奄奄，甚至举止言语，皆非常庸鄙可笑，与为伍则难堪，与战斗则不得，归根结蒂，令人如陷泥坑中。”[①]鲁迅与钱玄同的分道扬镳，证明了钱玄同从先行者成了落伍者，而鲁迅是跟随时代不断前进的。

刘半农是被鲁迅称赞为“《新青年》里的一个战士”的。“他活泼，勇敢，很打了几次大仗。”[②]比如他和钱玄同写了那封影响很大的答王敬轩的双簧信，他创造了第三人称的“她”字和“它”字。这都是他的贡献。鲁迅还赞赏“半农的忠厚”。他说：“要商量袭击敌人的时候，他还是好伙伴，进行之际，心口并不相应，或者暗暗的给你一刀，他是决不会的。”因此鲁迅说：“我爱十年前的半农。”

刘半农原本是上海滩上的才子。因为投稿于《新青年》被召到了北京，但最初总不脱才子气，鲁迅他们批评了他，几乎有一年多，“好容易才给我们骂掉了”。不久他就到法国去留学，于是从此退出了新文化的战场，逐渐居了要津，变成“做打油诗，弄烂古文”，也同钱玄同一样，走到自己的反面去了。鲁迅同他后来也几乎断交了。他在后来的迅速的退坡，也同样从另一面映照出鲁迅的随时代前进的伟大风貌。

鲁迅与李大钊的结识，在他的一生中，有重大的意义。鲁迅对李大钊的道德学问很为敬重。虽然鲁迅后来回忆说：“因为所执的业，彼此不同，在《新青年》时代，我虽以他为站在同一战线上的伙伴，却并未留心他的文章。”[③]但这应是指后来的李大钊的许多宣传马克思主义的理论文章，至于早期在《新青年》上所写的那些呼唤暴风雨的檄文，鲁迅是读过的。否则，他怎能如他自己所说做到听前驱者的令，与他们步调一致呢？李大钊在《新青年》上发表的第一篇文章是《青春》。在文章中，李大钊提出“青春”的人生观，呼吁青年们“奋其青春再造之力”。他告诫“青年锐进之子”，立于此急剧发展、变化万端的洪流中，“宜有江流不转之精神，屹然独立之气魄，冲荡其潮流，抵拒其势力”！李大钊又提出了“青春中华之创造”的历史使命。为此，他强调“现

① 《1930年3月27日致章廷谦》。

② 《且介亭杂文 · 忆刘半农君》。

③ 《南腔北调集 · 〈守常全集〉题记》。

在”。认为“现在者，吾人青春之青春也”。他号召以“今年今春之今刹那”为起点；为此，他也号召青年们“冲决过去历史之网罗，破坏陈腐学说之囹圄”，“涤荡历史之积秽”，不要让“历史之桎梏”和“僵尸枯骨”把自己束缚起来了。

鲁迅这期间在杂文中所弹奏的曲调，同李大钊发出的革命之声，不仅精神和旋律是一致的，而且用语也有类似之处。“愿中国青年都摆脱冷气，只是向上走”，以及鲁迅关于“将来必胜于过去，青年必胜于老人”的言论，对于“现在的屠杀者”的批判，都是如此。

以后，李大钊领导了一次又一次群众斗争。三一八惨案那天，他主持了有10万多人的群众大会，他登上讲台，捋着血衣，慷慨激昂地号召大家：“用‘五四’的精神，‘五卅’的热血”，“不分界限地联合起来反对帝国主义的联合进攻，反对军阀的卖国行为”。后来，他率领群众一道在段祺瑞政府门前，经历了一场流血的斗争。鲁迅当时听到了这一切，对李大钊十分钦佩。当陈源在《现代评论》上的《闲话》中，诬蔑“群众领袖”，“犯了故意引人去死地的嫌疑”时，鲁迅怒不可遏，立即写了《“死地”》给以回击。

鲁迅与胡适也曾经有过一段交往。他们是《新青年》这个战斗集体中的战友。那时，鲁迅对胡适对于《红楼》《水浒》的研究、考证，还是给予了肯定的评价的，他们有书信往还，讨论学术问题。鲁迅给胡适抄寄《西游记》作者的材料，胡适把自己的作品寄给鲁迅看，鲁迅称赞这文章“警辟之至，大快人心”，并说：“我很希望早日印成，因为这种历史的提示，胜于许多空理论。”[①]这种学术上的切磋，对鲁迅有一定的影响。当然，鲁迅对于胡适的为人，并不赞许。他曾拿胡适与陈独秀作对比，说：

> 假如将韬略比作一间仓库罢，独秀先生的是外面竖一面大旗，大书道：“内皆武器，来者小心！”但那门却开着的，里面有几枝枪，几把刀，一目了然，用不着提防。适之先生的是紧紧的关着门，门上粘一条小纸条道：“内无武器，请勿疑虑。”这自然可以是真的，但有些人——至少是我这样的人——有时总不免要侧着头想

---

① 《1922年8月21日致胡适》。

一想。[①]

这里，对胡适的城府甚深、阴险狡诈的形象写得活灵活现。这说的是“五四”时期一起办《新青年》时候的事。

后来，胡适政治上转向，堕落成为反动派的谋士，鲁迅便彻底同他决裂了。

此外，吴虞在《新青年》也很打了几仗，被称为“只手打倒孔家店的老英雄”。还有易白沙、高一涵等人，也都曾经煊赫一时。不过，他们都像彗星一样，迅速地从空中消逝，陨落。

鲁迅的这些同时代人，有的前进了，但也有不少人或落伍，或颓唐，或退隐，或高升，都成了历史的过客。他们曾经一同以各自的光，映照过那时的历史，并且彼此交相辉映，互相启发，互相切磋，互相推动。鲁迅是在与这些同时代人的相互交往、共同作战或彼此斗争中，丰富了自己，并日趋成熟起来的。他不是孤立地、偶然地出现于中华民族的历史上。

周作人是鲁迅的同时代人中最不可忽视的一个。这不仅因为他们是兄弟，而且，因为他们从幼年到青年到壮年，从在绍兴共读到南京同学，后来同时留学日本，从一同跟章太炎学习到同办《新生》杂志和共译《域外小说集》，从五四运动中共同战斗到三一八惨案中同站在一条阵线。然而，后来他们却分道扬镳，彻底决裂，一个成为伟大的共产主义战士，一个成了可耻的民族叛徒。看看这两个同时代人的合作与分离，是很能体察一些东西的。

在五四运动中，周作人也够得上一颗明星。“周氏兄弟”在“五四”以后的新文坛上并驾齐驱，中外驰名。在某些方面，甚至周作人更负文名。当鲁迅的《狂人日记》发表，揭露了“人吃人”的社会现象，批判了家族制度的弊害和礼教的吃人本质时，周作人也在他所发表的第一篇白话论文《人的文学》中，对“非人的生活”作了否定，并且要求“各尽人力所及，取人事所需”的“人的生活”。在五四新文学运动中，周作人提出了“平民文学”和思想革命的主张，他写作评论人事的杂文，前后有200多篇，数量不可谓不多，在内容上，反封建的火力也不弱。据周作人自己说，鲁迅以“唐俟”作笔名在《新青年》的《随感

① 《且介亭杂文·忆刘半农君》。

录》专栏发表的杂感中，有几篇是他所写，也“混进”《热风》去了[①]。但现在已无法分辨。可见他与乃兄的文风当时是颇为一致的。

但是，在“五四”过后，在文化革命统一战线破裂之后，他们思想上的差异就显现出来了，裂痕产生了，并且在发展着。此时，鲁迅与周作人同陷于苦闷彷徨之中。但是，鲁迅是“荷戟独彷徨”，他不怕“路漫漫其修远”，还要“上下而求索”。而周作人呢？他在给友人信中说：“我近来的思想动摇与混乱，可谓已至其极矣，托尔斯泰的无我爱与尼采的超人，共产主义与善种学，耶佛孔老的教训与科学的例证，我都一样的喜欢尊重，却不能调和统一起来，造成一条可行的道路。”[②]他于是捧读佛经，想从中索求“净土及地狱的意义”，后来又喜爱蔼理斯的中庸哲学和循回观念，他也真的被称为“中国蔼理斯”式的“隐士”了。于是他的思想从漂浮趋向超脱。作为兄弟和战友，他们在道路上已经分歧，在表现上也就显出极大的不同了。对《京报副刊》关于“青年必读书”的征询，鲁迅的回答是：少看甚至不看中国书。他说：“我看中国书时，总觉得就沉静下去，与实人生离开”；“中国书虽有劝人入世的话，也多是僵尸的乐观”。而周作人的回答却是：“我以为古书绝对的可读，只要读的人是‘通’的。”[③]当鲁迅勇猛地同复古派、“国粹”派战斗，提出“蔑弃古训，是刻不容缓的”的时候，周作人的调头却正相反，他说：“建造中国的新文明，也就是复兴几千年前的旧文明。”[④]当鲁迅坚定地表示自己不愿进“象牙之塔”、“艺术之宫”，而要在风沙中搏斗时[⑤]，周作人却说，他要造一座“十字街头的塔”，自己躲进去，这样，纵然不在“十字街头久混”，却又可以不“挤在市民中间”，避免“不舒服”和“危险”，他且“坐在角楼上，喝两斤黄酒，望着马路吆喝两声，以出胸中闷气。不高兴时便关上楼窗，临写自己的《九成宫》，多么自由而且写意”[⑥]。一个是热情的战士，一个是冷漠的隐士，他们就这样地分手而决裂了。文如其人，在文风上，他们也大不相同：鲁迅

---

① 鲁迅在“五四”以前有些译著，用周作人的名字发表，他们当时是不分彼此的。周作人说的这种情形可能存在。

② 周作人著作，锺叔河编订《雨天的书·山中杂信》，岳麓书社，2019，第149页。

③ 周作人著作，锺叔河编订《谈虎集·古书可读否的问题》，岳麓书社，2019，第111页。

④ 周作人著作，锺叔河编订《雨天的书·生活之艺术》，岳麓书社，2019，第2页。

⑤ 《华盖集·题记》。

⑥ 周作人著作，锺叔河编订《雨天的书·十字街头的塔》，岳麓书社，2019，第78–79页。

的杂文，由《热风》中杂感的质直、平正、单纯，而转向越来越曲折、跌宕、深邃而冷峻；周作人的文字则转向冲淡、闲适与油滑了。

时代的镜子是这样明亮，历史的裁判是这样无情，他们兄弟的形象是这样泾渭分明，事情为什么会这样呢?

这当然不是“一日之寒”所造成；

这也不是细小的分歧所使然。

早在少年时代，同遭祖父入狱之祸，同避难于乡下舅父家，鲁迅因遭到人们以“乞食者”相讥的刺激，痛感人情冷暖，世态炎凉，从此种下了厌恨旧社会的种子。而周作人则感到这段生活“是颇愉快的”[①]。当辛亥革命胜利，绍兴光复时，鲁迅率领学生上街举行武装讲演，而周作人却“一直躲在家里，虽是遇着革命这样大事件，也没有出去看过”[②]。在辛亥革命之后，鲁迅为这次革命的失败而痛心疾首，因失望而痛苦，十年（1908—1918年）之中几无著述与译作。而周作人恰恰相反，他“坚持民族主义者计有十年之久，到了民国元年这才软化”[③]。消磨了革命的意气，在这十年中他“过得颇为愉快”，译著有几十篇，包括翻译了两个中篇小说。

在中国革命不断地向前发展的过程中，周作人不断倒退，直至“软化”到当了汉奸。而鲁迅却不断前进，骨头最硬，成了伟大的民族英雄和共产主义战士。

在这里，最根本的差别，就在于：一个始终爱人民、为人民，而一个始终爱自己、为自己。当鲁迅在青年时写出“寄意寒星荃不察，我以我血荐轩辕”之句，表达对祖国与人民的无限眷恋和彻底献身的精神时，当鲁迅在“五四”以后，决心为祖国和人民而搏斗，举起投枪杀向敌阵时，周作人却要钻进“十字街头的塔”中，过着自己的“自由而写意”的生活。他说：“别人离了象牙的塔走往十字街头，我却在十字街头造起塔来住。”[④]到了30年代，在空前激烈的民族民主革命斗争中，鲁迅成为最英勇的旗手时，周作人却“宁愿做一个坐在寒斋里吃苦茶的寂寞的‘隐士’”。他的没落是必然的、合乎规律性的，如同鲁迅的伟大

①② 周作人：《知堂回想录》，三育图书有限公司，1980，第16、252页。

③ 周作人著作，锺叔河编订《雨天的书 · 元旦试笔》，岳麓书社，2019，第143页。

④ 周作人著作，锺叔河编订《雨天的书 · 十字街头的塔》，岳麓书社，2019，第79页。

与不朽是必然的、合乎规律性的一样。

我们在这里只是作了一个极简略的回顾，但仅此即可窥见，鲁迅如何受益于他的同时代人，而又超过了他的同时代人，并且显示出他自己独具的特色。

第六章　迎着大革命的暴风雨飞跃

1926年7月（46岁）—1927年9月（47岁）

厦门——广州

总之：逝去，逝去，一切一切，和光阴一同早逝去，在逝去，要逝去了。

——《坟·写在〈坟〉后面》

过去的生命已经死亡。我对于这死亡有大欢喜，因为我借此知道它曾经存活。死亡的生命已经朽腐。我对于这朽腐有大欢喜，因为我借此知道它还非空虚。

——《野草·题辞》

地火在地下运行，奔突；熔岩一旦喷出，将烧尽一切野草，以及乔木，于是并且无可朽腐。

——《野草·题辞》

鲁迅从北京来到厦门，不久又去广州，后又去上海。这期间，仅仅是一年多一点的时间。但是，岁月也有如河川，有奔腾激荡、一泻千里的区段，也有平缓舒展、流淌无息的时候。当人生之舟飘荡在那奔腾激荡、一泻千里的区段时，那是多么丰富多彩，多么跌宕多姿，多么变幻莫测啊！鲁迅在厦门和广州工作、战斗，正是处于这样的时期。这一年里，风云剧变，波涛汹涌，经历了矛盾、斗争、突变和跃进……

一、在南国海岛上的岁月

冲破乌云，迎着朝霞

《鲁迅日记》1926年7月28日写道：

"下午……收厦门大学薪水四百，旅费百。"

这样简单的一句话，却具有重大的意义。

从这天开始，鲁迅的南下已成定局。但他需要做一番结束工作。这不是一个简单的结束，也不是一个轻松的结束。他的半生的战斗与事业，他的创作生涯，他的家庭生活与整个的生活道路，至此都要发生一次大的变化。他又面临一次重大的转折，像他的一生中已经发生过几次那样；但是这次不同，它的意义非同小可。这次是他自己"主动出击"的成分大，而且，在他的私生活上，也要有一个大变化。为了这些，他都必须做一番结束：将旧有的"收拾"起来，把新的"展开"来。

这时，北京的天空仍然笼罩着乌云。那云块翻滚着，低垂下来，像要把他吞没。当他被北洋军阀政府列名于黑名单上时，曾经先后出走避难。五月间，虽然回到家里了，但是奉系军阀接替了段祺瑞的统治之后，继续镇压革命活动和学生运动。"现代评论派"的陈源教授之流又在为奉系军阀张目，诬陷别人"接用苏俄金钱"。这使鲁迅产生了更深的憎恶。

在他的私生活中，也生起了乌云。他与许广平之间，已经不止于师生关系了。在许广平勇敢地、真挚地向他献出了自己的纯真而热烈的爱时，鲁迅在犹豫，矛盾，苦恼。正在此时，流言像乌云一样弥漫开来了。他自己后来曾经这样回叙此时的情形：

> 那流言，是直到去年十一月，从韦漱园的信里才知道的。他说，由沈钟社里听来，长虹的拼命攻击我是为了一个女性，《狂飙》上有一首诗，太阳是自比，我是夜，月是她。……我这才明白长虹原来在害"单相思病"，以及川流不息的到我这里来的原因，他并不是为《莽原》，却在等月亮。[①]

流言除了来自熟识的青年，还来自社会上其他人。那些学者、名流、教授之类也在造谣诬蔑。他们一个个都充当了封建礼教的卫道士。

还有来自家庭里的风波：周作人的老婆羽太信子常常到母亲面前来播弄是非，造成家庭的不愉快。

对于这些，鲁迅不是畏惧而是愤怒。在婚姻问题上，他曾经打算

---

① 《两地书 · 一一二》。

“只好陪着做一世牺牲，完结了四千年的旧账”，因而为了爱而不敢爱。但是，许广平发出了抗争之声。她跟那时求解放、争自由的先进青年一样，勇敢地冲破了旧礼教的囚笼，简直可以说是拉着先生冲杀出来了。

于是，他们决定结伴南行。这是一个坚定的决断，一个勇敢的挑战。是鲁迅自身与封建礼教、与传统的习俗，一次短兵相接的战斗。在这次战斗中，鲁迅胜利了。通过这次战斗，他增加了勇气，增加了力量。应该说，他的学生，这时又是战友的许广平，是给了他积极的影响的。这次战斗以后，他的生活改变了。这种改变，也给他在心境上引起很大变化。

8月26日，鲁迅与许广平结伴登上南去的列车。30日，到达上海。他受到上海文化界的朋友们的热烈欢迎。他们之中有沈雁冰、胡愈之、郑振铎、朱自清、刘大白、叶圣陶、陈望道、孙福熙等著名作家。

9月1日深夜12点，鲁迅登上了“新宁”号轮船。第二天早晨7点，鲁迅便乘船迎着朝霞，向南进发了。

第二天，许广平也乘上“广大号”驶向南方。但她奔向广州，而鲁迅却是去厦门。他们相约一年以后重聚。

如画的海岛风光，恼人的沉闷气息

1926年9月4日，鲁迅踏上了祖国南疆海岛——厦门。它当时尚未建市，称为思明县。与它隔海相望的，是鼓浪屿，那时称为“万国公地”，是一块在外人手中的租借地。厦门大学的校舍就建在海边，对面是鼓浪屿，后面是佛教胜地南普陀。鲁迅从小生长在山清水秀的江南水乡，以后又在风沙飞舞的北京居住十几年，现在，来到海边，那浩瀚辽阔，非绍兴可比，那湿润清爽，乃北京所无。他有时到海边散步，在沙滩上走过，捡回许多贝壳；有时在楼上依栏远眺，海天辽阔，气象万千。最使鲁迅留恋、感动的是郑成功的抗清遗址。离鲁迅所住的“生物馆”不远，有一段灰色城墙，那是郑成功建造的，还有几尊钢炮，是郑成功当年战斗的遗物，如今可是掩没在乱草丛中了。还有炮台、城关，在远处雄峙屹立。鲁迅游览之后说：“好几天，忘却不掉郑成功的遗迹。”

这里的花果树木，比之江浙，更加郁郁葱葱。鲁迅尤其喜爱的是一种北方见不到的植物：龙舌兰。它高大，遒劲，青翠挺拔，在田野山岗上一丛丛偎集屹立，给人一种坚贞不屈的感觉。

学校的校舍主要有两排：一排五座洋楼，就建筑在郑成功的演武场边；另一排也是五座洋楼，建在南边海滨的小山岗上。鲁迅初到时就住在这一排的生物馆三楼的国学院陈列室。鲁迅称赞这里“眺望风景，极为合宜”。

鲁迅南来，想要安静地教书，做学问，休养生息，打算以两年为期，然后重新战斗。同时，也想积蓄一些钱，将生活安排一下。他说：“我来厦门，虽是为了暂避军阀官僚‘正人君子’们的迫害。然而小半也在休息几时，及有些准备。”①

看来，这儿是一个比较合适的地方了。

而且，当地的青年人和社会文化界的欢迎之情，像那南国的繁花一样热烈红火。在厦大除了过去认识的教授（如陈定谟等人）之外，外间来访的还有集美学校的校长、教师，《厦门日报》的记者编辑，以及其他社会知名人士。他们都颇为热情。特别热情的是那些青年学生。有一批因为鲁迅来了而转学到厦大的学生，他们来自北京大学、河南中原大学、山东青岛大学、南京金陵大学以及上海南洋大学，真是四方学子，慕名而至。这些青年人的热情与敬重，使鲁迅深深地感动。当地进步学生也热烈欢迎鲁迅的到来，并且怀着热切的希望。学生罗扬才、陈梦韶等都前来探望、访问。鲁迅欣喜地给在广州的许广平写信说：“此地之学生似尚佳”，“对我之感情似亦好”；他再次从青年人身上获得力量：“我自省自己之懒惰，殊为内愧”。②

更使鲁迅兴奋的是：北伐军节节胜利，厦门也弥漫着欢欣的热烈气氛，不像北京那么沉闷。

“双十”节这一天，学校里举行庆祝会，升国旗，呼口号，演说，放鞭炮，开运动会；在街上，也很热闹，“商民都自动的地挂旗结彩庆贺，不像北京那样，听警察吩咐之后，才挂出一张污秽的五色旗来”。鲁迅觉得“此地的人民的思想，……并不怎样老旧”。他甚至觉得，原来厌听了的鞭炮声，也变得好听了。③

这说明，他的心情好得多了。

然而，过了些时候，当他深入地看了一看之后，便发现了厦门的另

---

① 《两地书·一〇二》。

② 《两地书·五〇》。

③ 《两地书·五三》。

一面。这个鸦片战争之后便辟为“通商口岸”的地方，欧风美雨，迅猛地刮了进来，洋房别墅，酒吧菜馆，布满街市，时髦的东西颇不少。洋人把他们的物质文明带进来为他们的享乐服务。然而，在精神文明上，他们却乐于保留东方的旧传统。五四运动已经过去六七个年头了，然而这里的报纸、刊物，还是用文言文，“近处买不到一种北京或上海的新的出版物”。一出街市，甚至就在大生里、蜂巢处一带的居民区，以至厦门大学附近，野草丛生，荒冢累累，到处有野狗奔跑，荒凉混合着寂寞。

有一天，鲁迅漫步在校园中，凭吊郑成功当年筑下的城墙的遗址，心中涌起悲喜交集的情绪。他想到，除了隔海的台湾，这厦门，就是最后被清朝灭亡的地方了。为了反抗满人贵族统治者的残暴行为，人民在这里进行了最后的抵抗，以后，当这块小岛陷落之后，便是几百年的清王朝的血腥统治。可是现在，这城墙寂寞地躺在草丛里，墙脚也已经被人破坏了。鲁迅听说，那是有人挖沙子运到鼓浪屿去出卖造成的。那海面上，不远处，有许多小船，吃水都很深，正向鼓浪屿驶去，那大概就是卖沙的同胞吧。

鲁迅心里萦绕着怀念与哀思，心里忽然想起清末曾经来过厦门的荷兰人亨利·包立尔的一句话：“中国全国就是一个大墓场。”他不禁打了一个冷颤，连忙转身回到屋里去了。

10月10日这天，当鲁迅高兴地见到人们欢欣庆祝辛亥革命胜利之后，又参加了厦大国学研究院的成立会。会上，他听见了校长林文庆的高论。林在演讲中大放厥词：“常想中国数千年来固有的文字，竟衰替一至于此，真令人痛心切齿！其后陈嘉庚先生请本人来做本校校长，本人来校之后，对于国学，提倡不遗余力。这次特组织国学研究院，聘请国内名人，从事研究，目的在于保存国故，发扬文化，使它不致衰替丧堕。”

从他的话中，鲁迅似乎听到林琴南、吴宓、胡适等人的声音！呜呼，这就是革新的厦门大学的领导人！

以后，一桩接着一桩的事发生了：林文庆大讲尊孔读经，在校刊上发表“恭祝圣诞”的演说词，大讲孔孟之道是“千古不更的学说”；《厦门大学周刊》把鲁迅演说中关于“少读中国书”的反国粹主义的部分删去；学生指导长在“恳亲会”上，发表谬论——校长如“家长父亲”，教员学生好比“年长的大哥”和“年幼的弟妹”；教授在古物展览会上，把自己拍的照片，什么“牡丹花”“夜的北京”“北京的刮风”“苇子”……也拿来展出。太虚和尚[①]来讲经，佛化青年会竟打算让童子军捧花，跟在后面，边走边撒，以示“步步生莲花”之意……接着，“现代评论派”的人们纷纷来到厦大。沉闷的空气，像海上浓重的晨雾一样，一层一层地笼罩着厦门。

对于厦门大学，他得出了这么一个结论：“硬将一排洋房，摆在荒岛的海边上。”

他发出了这样的慨叹：

> 我以北京为污浊，乃至厦门，现在想来，可谓妄想，大沟不干净，小沟就干净么？[②]

二、学者、战士、导师

1926年9月中旬的一天，在厦门大学群贤楼下教务处的布告牌前，聚集了不少学生，正在看一张布告，上面写着：

“周树人先生，已到校多日，其所担任之中国文学史、中国小说史及声韵文字训诂研究三门功课，定于下星期起，开始上课讲授，希各注意，此布。”

学生们看完布告，议论起来了，有的说：“不是说鲁迅先生要来担任中国小说史吗？怎么又改请周树人呢！”

他们还不知道周树人就是鲁迅。这在当时的南方学生中，并不算太奇怪，因为鲁迅一直生活在北京。当知道周树人就是鲁迅以后，他们是很高兴的。听课的人很踊跃。不仅国学系的全部学生去听鲁迅讲“中国文学史”，而且还有英文系、教育系的学生，以后连商科、法科、理科的学生也有来听讲的了。教室里座无虚席，有的学生只能靠墙站着听讲。听“中国小说史”课程的，更为踊跃，不但有校内的学生，而且助教和校外的记者也有常来听讲的。“鲁迅先生讲‘中国小说史略’时，也如讲‘中国文学史略’一样，态度很从容，如平常谈话”，“学生听了

---

① 太虚和尚即太虚法师——当时任中国佛教总会会长，世界佛教联合会会长，厦门南普陀寺主持，闽南佛学院院长。1926年10月中旬，太虚法师自美国讲佛学取道南洋回国，顺便来游厦门。

② 《两地书·六〇》。

上一课，巴不得马上再听下一课。”“他所讲的，并不仅限于讲义中所写的。他每每拿文学史上某一时代的代表作品，或代表人物，来作为研究讨论的中心；然后围绕着这个中心题目，旁稽博引，详加分析、批判。他的从容的讲学态度，他的娓娓动听的言词，常能够吸引听讲的人，使他们乐而不倦。”[①]这平实的记述，反映了鲁迅那朴实的然而很有吸引力的讲课情况。

“声韵文字训诂研究”，也是鲁迅研究有素且有独到见解的学科。可惜因为这项知识太专门，没有人选修，终于没有开课。

来到厦门以后，鲁迅是专任教授了，没有了教育部那样的杂务，也没有了别校的兼课，社会活动大大减少。他在海岛一隅，按照自己原来的计划，教书和作学问了。他的学者的特质和专长，这时成为主要方面。他一边讲课，一边编写“中国文学史略”的讲义。由于文学史的范围比小说史宽广得多，而厦大的藏书有限，因此鲁迅感到“颇费事”、“编起来不方便”，但他却不愿草率从事，想认真编成一本较好的文学史。他以丰富的资料、精湛的研究、独到的识见，用了大约三个月的时间，编写了十章《中国文学史略》，油印发给学生了[②]。

鲁迅除教两门课外，还兼国学院研究教授。他本来准备在这两年里，除教书外，还把原先已经集成的《汉画像考》和《古小说钩沉》两部学术著作，再加考核整理，付印出版。这两部学术著作，内容深厚丰富，但当时一般书店无力出版，鲁迅希望学校能够出资付印。林文庆校长口口声声重视国学，催逼教师拿出成果，并且说只要你们有稿子拿来，立刻可以印。但是，当鲁迅把《汉画像考》拿去时，只放了十分钟就拿回来了，而且从此再没有下文。《古小说钩沉》也就不能再拿去了。

虽然他现在是专职教课和从事学术研究，并且有静一静、休养生息的想法，但是，在这个平静的、沉闷的小岛上，仍然显出了他的革命战士和青年导师的风貌。

讲演，是鲁迅教育青年、引导青年和进行战斗的一个重要方面。

在到校后一个多月的一天，鲁迅在校内作了一次讲演。

学生们欢快地涌进礼堂听讲。他讲的题目是：少读中国书，做好事

① 陈梦韶：《鲁迅在厦门》，作家出版社，1954，第20页。

② 后以《汉文学史纲要》名称收入《鲁迅全集》。

之徒。他说：

> 世人对于好事之徒，每致不满，以为好事二字，一若有遇事生风之意。其实不然。我以为今日之中国，却欲好事之徒之多。盖凡社会一切事物，惟其有好事之人，而后可以推陈出新，日渐发达。[①]

他鼓励青年们，即使不做“很大的好事者”，“只是小小的好事，则不妨试一下”，至少是要对好事之徒不“随俗加以笑骂”，“更不要加以讥笑轻蔑”。

他的讲演，得到全体学生的热烈欢迎。

11月，集美学校[②]请鲁迅去讲演。头天晚上，集美学校的秘书来邀请鲁迅，他说：“校长的意思是以为学生应该专门埋头读书。”

鲁迅连忙说：“那么我却以为也应该留心世事，和校长的尊意正相反，不如不去的好罢。”

秘书说：“不妨，也可以说说。”

第二天，鲁迅同林语堂一起乘船渡海，来到集美。校长叶渊首先在科学馆设午宴招待。鲁迅“一面吃，一面愁。心里想，先给我演说就好了，听得讨厌，就可以不请我吃饭；现在饭已下肚，倘使说话有背谬之处，适足以加重罪孽，如何是好呢。”

吃完，鲁迅还是讲演了，仍然发挥了学生应该留心世事的思想，并且批判了“聪明人”。他说：“聪明人不能做事，因为他想来想去，终于什么也做不成。”叶渊在台上坐着直摇头。以后，集美学校发生了学潮，他不满地说：“集美学校的闹风潮，都是鲁迅的不好，对青年人说话，那里可以说人是不必想来想去的呢。”

12月，鲁迅又到厦大学生会所创办的平民学校讲演。在这个讲演中，他面对学校工友的子女、贫苦的失学青年，发出了新的声音：

> 你们都是工人、农民的子女，你们因为穷苦，所以失学，所以须到这样的学校来读书。但是你们穷的是金钱，而不是聪明与智慧。你们贫民的子弟一样是聪明的，你们贫民的子女一样是有智慧

---

① 载《厦大周刊》第一六〇期，引自《鲁迅在厦门》，第8页。

② 集美原来是南安县的一个海滨渔村，1912年，爱国华侨陈嘉庚在这里创办了集美学校。

的。你们能够下决心，你们能够奋斗，一定会成功，一定有前途。没有什么人有这样的权力，能够叫你们永远被奴役；也没有什么命运会这样注定，要你们一辈子做穷人。[①]

这次讲演表现了他进一步贴近劳动人民，并且对劳动人民的力量与前途充满信心。

厦大文科因为鲁迅的到来而有了生气。文学青年们也围绕着鲁迅，要在沉闷的厦门，掀起一点波涛。这里本有几个文学社团和文学刊物：苔吟社办了一个《文学周刊》，美术研究会办了一个《美术周刊》，还有一个基督教青年会主办的《青年之桴》。但是，它们都守旧得很，发表一些文言文、旧体诗，充满灰色。当他们来邀请鲁迅写稿时，他幽默地回答说：

“耶稣基督是外国人，他看不懂我的文章。”

但是，对于进步的文学青年，他是热情支持和爱护的。虽然这期间，高长虹的恶劣表现和莽原社的内部纷争等事情发生，使鲁迅感到愤懑，但是他并不因为遇见过几个坏人，就把“别人都作坏人看”。因此，当泱泱社和鼓浪社（都是鲁迅来后成立的）的青年们来请鲁迅指导时，他立即给予热情的关怀。泱泱社的俞念远、崔真吾、谢玉生、王方仁等，经常到鲁迅住处请教。他们创办了文学周刊《波艇》。鲁迅为他们审阅稿件。他感到有些稿件的内容不很健康，“或则受创造社影响，过于颓唐，或则像狂飙社嘴脸，大言无实”[②]，但他给以耐心的指导。他对一个文学青年说：“你的这一篇，倒像一首抒情诗，只可惜带点学生腔！但是，你现在也只能如此。不过，以后还得多多阅读各种名著，好扩大你的眼界；对社会生活也要多观察，这样你的题材也不会太狭窄了！”[③]他并且把自己的新作《厦门通讯》在《波艇》创刊号上发表，以支持这个刊物的成长。同时，在鲁迅的帮助下，鼓浪社编辑了《鼓浪》周刊，在当地的《民钟日报》上发刊，并另印2000份单册发行，受到了读者的欢迎。

厦门的文艺界和思想界，在这两个文学社团和它们办的刊物的影响

① 陈梦韶：《鲁迅在厦门》，第12页。

② 《两地书·八三》。

③ 俞荻：《回忆鲁迅先生在厦门大学》，载《鲁迅回忆录（散篇）》上册，第470–471页。

下，鼓起了波浪，显出生气了。

文学青年、厦大学生陈梦韶把《红楼梦》改编为剧本《绛洞花主》，拿去请鲁迅审阅并作序言，鲁迅在百忙中为他看稿，并写了《〈绛洞花主〉小引》。

作为学者、战士和青年的导师，他毫不吝惜自己的时间与生命，把血汗洒在南国的文艺荒地上，把种子播在青年们的心田里。

三、饱含生活露珠的落英

——《朝花夕拾》[①]

1926年11月18日，鲁迅写完了《范爱农》。至此，《旧事重提》十篇全部写完，历时9个月。

十篇回忆散文，最初发表时以《旧事重提》为总题。旧事冲破记忆的闸门，流到笔尖，记在纸上，是在混乱而紧张或安静而芜杂的情况下进行的。因为，那时不能够从事别的工作和斗争。

在这本书的《小引》中，鲁迅说得很清楚："这十篇就是从记忆中抄出来的，与实际内容或有些不同，然而我现在只记得是这样。文体大概很杂乱，因为是或作或辍，经了九个月之多。环境也不一：前两篇写于北京寓所的东壁下；中三篇是流离中所作，地方是医院和木匠房；后五篇却在厦门大学的图书馆的楼上，已经是被学者们挤出集团之后了。"

"……陆续载在《莽原》上的《旧事重提》，我还替他改了一个名称：《朝花夕拾》。带露折花，色香自然要好得多，但是我不能够。"

虽然是几十年前的往事，不是带露折花，但却仍然含着生活的露珠，作者又投以思想的光芒，使落英更显出生机。

十篇回忆散文（另有小引与后记），无论在思想内容上还是艺术上，都是"五四"以来散文作品中的上乘之作。它的最突出的特点是：虽然写的都是自身的经历，但却不是写身边琐事、个人哀愁，而是"从一颗露珠看一个世界"，从个人的经历中反映了社会的面貌。从19世纪末到20世纪初中国社会的变革，在这十篇连贯性的散文中，从一个侧

① 《朝花夕拾》写于1926年2月—11月，初版于1928年9月被列入未名社的《未名新集》出版。

面，得到反映。封建社会的向半殖民地半封建社会的蜕变、封建地主大家族的没落、封建思想文化的危害、维新运动的兴起和新学的蔓延以及这个运动的失败、封建社会里的人情世态，等等，都生动形象地从这些优美的散文中反映出来了。这正是《朝花夕拾》的思想品格高出于当时以及后来的许多散文的地方：它反映了广阔的社会面貌，具有深刻的历史深度。

当然，作为鲁迅的回忆散文，它反映了一个伟大的文学家、思想家和革命家从幼年到青年时代的家世、早年经历和思想性格的最初萌芽，这本身，在我国现代的思想史、文化史和文学史上，就具有宝贵而深刻的意义。

《朝花夕拾》中的十篇散文，都是在"寂静"中产生的。作者刚刚从战火纷飞的战场上下来，不久将再投入战斗去。因此，这十篇散文的另一个突出特点是时时闪着匕首的寒光，具有强烈的批判性和战斗性。更多的是结合着所回忆的内容，对封建思想、道德、文化给予深刻的批判；有时是对于时事的抨击。

十篇散文的语言是优美的、流畅的，从第一篇到末一篇，以行云流水般的语言，叙述着往事，虽是客观的记叙，却又饱含着深情，使叙事更具有深意。它们是闪着晶莹光亮的艺术珍品。

在"五四"以来获得甚高成就的散文创作中，《朝花夕拾》是独树一帜的。它的回忆性和叙事性，它的夹叙夹议和思想的深刻，它的结构严谨，都是别的散文所难企及的。

这十篇散文也是我国古代丰富的散文遗产的继承与发展。

四、沉静中理出一个头绪

海滨的夜色分外地浓，四周也分外地静。在沉静中，人们的思想也得以理出一个头绪来了。好像那激荡的浓的水溶液，经过搅波翻浪，转辗回旋，逐渐地聚敛、凝集、沉淀，最后形成结晶体。鲁迅在走出北京，来到厦门后，对自己的思想，对自己过去的战斗历程，作了一番回顾与总结。事实上，这种思想的凝集工作，在走出北京前，已经开始了。当他在危急中避入医院时，在那僻静而简陋的杂物房里，他暂得片时的安静，于是，往事悄悄地走来，敲开了记忆的门扉，这时，他继续写作《旧事重提》。这种不能忘却的旧事被重新提起，正预示着作者在酝酿对于过去的总结，在思考前进的途径。现在来到了厦门，环境更为安静，可以更好地进行回忆与思考。9月14日，在他刚刚安顿下来不久，除了给许广平写信之外，动笔作文，第一篇就是《旧事重提》之六《从百草园到三味书屋》。以后，回忆的思绪像山泉喷发，不可遏止，他甚至暂时放下正在写作的《中国文学史略》讲义，来写《旧事重提》。10月7日、8日两天，连续写出《父亲的病》和《琐记》，以后又写了《藤野先生》《范爱农》。除了写作《旧事重提》，他还编辑了论文、杂文集《坟》。这里面，有他在20年前辛亥革命前夕写下的文言论文，有他在"五四"时期写下的论文与杂文，时间跨越20年，思想跨越两个革命年代。他还编辑了杂文集《华盖集续编》，把《华盖集》之后的那些同封建军阀和陈源之流战斗的记录，汇集成册，付印出版。他还把《汉画像考》与《古小说钩沉》整理完毕，只等付印了。真的，各方面都是进行总结式的工作，都给它理出一个头绪。

在一个深秋初冬之交的夜晚，四周已经十分寂静，鲁迅坐在灯下，细细地回想已编好的文集——《坟》，想就此把自己的过去作一个结束。他在稿子上写下这样的题目：《写在〈坟〉后面》。

他描写了"今夜周围是这么寂静"的情景，然后写道："不知怎地忽有淡淡的哀愁来袭击我的心，我似乎有些后悔印行我的杂文了。"

为什么要后悔呢？

> ……我至今终于不明白我一向是在做什么。比方做土工的罢，做着做着，而不明白是在筑台呢还在掘坑。所知道的是即使是筑台，也无非要将自己从那上面跌下来或者显示老死；倘是掘坑，那就当然不过是埋掉自己。总之：逝去，逝去，一切一切，和光阴一同早逝去，在逝去，要逝去了。——不过如此，但也为我所十分甘愿的。

以这深情的话语，道出了"后悔"的主要原因：他不满意自己过去的生活和工作，"不明白我一向是在做什么"。这个总结，是严峻的，深刻的，中肯的。当时，他对于民族的复兴、人民的解放，到底要走什么路，依靠什么人，前途是什么，这样一系列的重大问题，自己并不能做出明确的回答。

倘说为别人引路，那就更不容易了，因为连我自己还不明白应当怎么走。中国大概很有些青年的“前辈”和“导师”罢，但那不是我，我也不相信他们。我只很确切地知道一个终点，就是：坟。然而这是大家都知道的，无须谁指引。问题是在从此到那的道路。那当然不只一条，我可正不知那一条好，虽然至今有时也还在寻求。在寻求中，我就怕我未熟的果实偏偏毒死了偏爱我的果实的人，而憎恨我的东西如所谓正人君子也者偏偏都矍铄，所以我说话常不免含胡，中止，心里想：对于偏爱我的读者的赠献，或者最好倒不如是一个“无所有”。

这一番自我剖析，同样是严峻、沉痛而深刻的。这里说明他对自己的怀疑，而这怀疑却预示着他的新跃进。这也说明鲁迅具有伟大的艺术良心和对人民的高度负责精神。因此，他要把“过去”埋葬在“坟里”，要去迎接未来。

五、通向飞跃的坦途

鲁迅在同广州的许广平的通信中，不断以欢欣鼓舞的心情，提到北伐军的进展。自从1926年7月北伐战争开始以后，国民革命军在不到半年的时间里就收复了湘、鄂、赣、浙、皖、苏等省，封建军阀吴佩孚、孙传芳的军队纷纷溃退。尤其在鲁迅当时所在的福建省，孙传芳的部队内部分化，北伐军很快收复全闽。从北伐战争中，鲁迅更进一步看清了“改革最快的还是火与剑”。他看见，拿着枪杆的，是工人农民，他看见工人的罢工浪潮、青年学生的罢课斗争。早在1924年他在《未有天才之前》的演讲中就曾说过：“有一回拿破仑过Alps山，说，‘我比Alps山还要高！’这何等英伟，然而不要忘记他后面跟着许多兵。”鲁迅看出了将帅的力量在于他后面跟着许多士兵，表明了他对群众力量的认识。接着，他又说：“在要求天才的产生之前，应该先要求可以使天才生长的民众。”一方面说明他正确地评价了“天才”与“群众”的关系，突破了人民不过是历史的看客或无用的群氓的历史唯心主义的藩篱，但是，还留着改造国民性的观点的遗痕：要先把大多数国民改造好了，才能从中产生出天才来。现在，在经历了女师大风潮、三一八惨案，特别是五卅运动之后，在北伐战争的胜利声中，他看清了两点：第一，群众与反动统治者是根本对立的；第二，群众是具有力量的。同这两点相关，他对于改革的、进化的前途，有了新的看法。在厦门大学学生会办的平民夜校成立大会的演讲中，他指出平民穷的是金钱，“而不是聪明与智慧”；又指出平民不会“永远被奴役”，“一辈子做穷人”。在《〈争自由的波浪〉小引》中，他更肯定了俄国十月革命的“大改革”，认为“平民总未必会舍命改革以后，倒给上等人安排鱼翅席，是显而易见的，因为上等人从来就没有给他们安排过杂合面”。

在这次讲演和这篇《小引》中，响着新的嘹亮的声音，迸发着新的思想火花。在这里，群众再不是看客，身上带着国民的劣根性，而是具有聪明智慧，能自己起来争取解放；再不是只靠文艺来除去昏庸迷惘，而是用血与火来实行“大改革”；再不是“创造从未有过的第三样时代”这种模糊的向往，而是为“平民的时代”而斗争。这里有着浓烈的阶级斗争和社会革命的火药味。

鲁迅的思想仍然是循着他自己的思想发展轨迹向前进的：他的理论思想的出发点与归宿仍然是“人”。现在，人，在他的思想里，既不是混沌一体的“国民”，也不是必胜于老人的青年，也不是只能哀叹自己不幸的农民，而是为改变自己的不幸命运群起而奋斗的工人农民了。他所注目的，不再是抽象的“国民性”的改造，而是劳动人民怎样摆脱封建制度的束缚，推翻军阀的统治，创造平民的时代。他以前说，先从知识分子做起，群众以后再说，他现在却发出了这样的断言：

> 古人说，不读书便成愚人，那自然也不错的。然而世界却正由愚人造成，聪明人决不能支持世界，尤其是中国的聪明人。①

他一方面从现实革命斗争中看到了工人农民的力量；另一方面，又从高长虹的恶劣表现中，更进一步加深了原来在北京就已经感觉到的“同是青年也并不都一样”的认识。

循着抓住人这个根本来探索前进道路的思路，循着通过血与火的阶级斗争的途径来实现目的的思路，他愈来愈抖去思想上的尘垢，向历史唯物主义迈进。

---

① 《写在〈坟〉后面》。

鲁迅思想的向前发展，在客观上，是中国革命的发展、工农力量的增长所促进的；在主观上，是他从1925年女师大风潮以来，思想逐步前进的必然趋势与结果。

当然，鲁迅这时的思想仍有不稳定的一面。他说自己收集旧文，“造成一座小小的新坟”，“一面是埋藏，一面也是留恋”。这都说明思想上还牵着过去的丝缕，那新的因素还只是刚刚萌生。特别是他当时处在海岛的一隅，远离革命斗争的中心和北伐战争的前线，思想的变化和前进，更受到一定的局限。

六、在生活的岔路口

在厦门大学的生活，并不使鲁迅感到愉快，在给许广平的信中，他述说了自己的心情：

> 我之愿合同早满者，就是愿意年月过得快，快到民国十七年，可惜到此未及一月，却如过了一年了。……总有些无聊，有些不满足，仿佛缺了什么似的，但我也以转瞬便是半年，一年……聊自排遣……

> 我在这里的心绪，还不能算不安，还可以毋须帮助，你可以给学校做点事再说。①

这封信反映了鲁迅与许广平在爱情与生活上有难言的苦衷。他们一同离开北京，却又在上海分手，一个去厦门，一个奔广州。有两个原因，使他竟要尝这离别的苦酒。一是经济上的考虑；二是社会上的谣言与流言的影响。②鲁迅在北京时一直举债，直到离京前才还清。为了作好经济上的准备，他们暂时不能结合。由于第二个原因，他们在行动上受到种种牵制，甚至准备遭到身败名裂的打击。他在给许广平的信中谈到想要改变在北京时“不为自己生活打算，一切听人安排”的生活态度，但又“多所顾忌”。“这些顾忌，大部分自然是为生活，几分也为地

---

① 《两地书 · 四八》，此处引文据《鲁迅致许广平书简》，词句与修改后的《两地书》中的文字略有出入。

② 前者如高长虹的公开的辱骂与背后的攻击，后者如孙伏园的宣传。

位，所谓地位者，就是指我历来的一点小小工作而言，怕因我的行为的剧变而失去力量”。[①]

鲁迅处在生活的岔路口：屈服于旧的社会恶俗而牺牲了自己爱的权利呢，还是甘冒大不韪而勇敢地争取它？在这一点上，许广平的真挚的纯洁的爱情，不仅给了他温暖，而且也给了他力量与勇气。许广平说："你敢说天下就没有一个人是你的永久的同道么？有一个人，你就可以自慰了，可以由一个人而推及二三以至无穷了，那你又何必悲哀呢？”[②]

爱太真挚了，使鲁迅不由得常常产生一个“思想”，就是：“我不太将人当作牺牲么？”

许广平回答：“其实那一个人也并非一定专为别人牺牲，而且是行其心之所安的，你何必自己如此呢？”[③]

就这样，在生活的岔路口上，许广平紧紧地拉着自己敬爱的先生的手，冲破黑暗，走向宽阔光明的地方去。

在事业上，鲁迅此时，也走在岔路口上。

是专门教书、潜心研究呢，还是专门从事创作？他反复思考，与许广平不断讨论这个问题。前一条路，平静、安全，生活优裕而且有保障，于学术上也能有成就，他自信能说出一些别人所见不到的东西。后一条路，充满斗争、艰险，生活不安全而无保障（靠有限的版税、稿费生活）。

走哪一条路呢？

> 所以我此后的路还当选择：研究而教书呢，还是仍作游民而创作？倘须兼顾，即两皆没有好成绩。或者研究一两年，将文学史编好，此后教书无须豫备，则有余暇，再从事于创作之类也可以。[④]

一方面这么考虑，同时又想：

> 看外国，兼做教授的文学家，是从来很少有的。我自己想，我如写点东西，也许于中国不无小好处，不写也可惜；但如果使我研究一种关于中国文学的事，大概也可以说出一点别人没有见到的话

① 《鲁迅致许广平书简·四四》。

② 《两地书·七八》。

③ 《两地书·九二》。

④ 《两地书·八六》。

来，所以放下也似乎可惜。但我想，或者还不如做些有益的文章，至于研究，则于余暇时做，……[①]

为社会方面，则我想除教书外，仍然继续作文艺运动，……[②]

他在事业的选择上，把战斗的需要、社会的需要始终放在前面，放在第一位。研究定能有独到的成果，创作会有益于中国，但他主要的考虑仍是继续做文艺运动，做于目前有益的文章。研究、教书、创作，都放在“余暇时做”。这是鲁迅一生的特点。

这时，厦大的腐朽沉闷空气，使鲁迅越来越难忍受。校长是尊孔派，办事人员也以势利眼看人。最使鲁迅不满的是，学校并不真在办教育事业。他们视教员为“变戏法者”，逼他们一下子拿出多少研究成果；又像做买卖似的，给了多少钱，就要教员干多少活。但是，当鲁迅拿出了两本真正的研究成果，并且说辑录了十本古小说，要求付印，他们却又没有下文了。国学院要开古物展览，却无人办事，那些画像，鲁迅不得不自己伏在地上一张一张选，又在桌子上放着椅子，再爬上去自己一张一张地挂。只有一个孙伏园帮忙，还被人叫走了。

教员真是形形色色，丑态百出。鲁迅说，这里需要的是“学者皮而奴才骨”的人。“这学校，就如一部《三国志演义》，你枪我剑，好看煞人。北京的学界在都市中挤轧，这里是在小岛上挤轧，地点虽异，挤轧则同。”[③]“学校是一个秘密世界，外面谁也不明白内情。据我所觉得的，中枢是‘钱’，绕着这东西的是争夺，骗取，斗宠，献媚，叩头。没有希望的。”[④]

而且，胡适、陈源之流的门徒，“现代评论派”的人们，也纷纷来到。鲁迅说：“从此现代评论色彩，将弥漫厦大。在北京是国文系对抗着的，而这里的国学院却弄了一大批胡适之陈源之流，我觉得毫无希望。”他们蝇营狗苟，攻击鲁迅是“名士派”。

而且，“此地研究系的势力，我看要膨胀起来，当局者的性质，也

① 《两地书·六六》。

② 《两地书·八三》。

③ 《两地书·六〇》。

④ 《1927年1月12日致翟永坤》。

与此辈相合”。

鲁迅说：“我是不与此辈共事的，否则，何必到厦门。”

这时，正值广东中山大学改组，特聘鲁迅去当教授。

于是，鲁迅决定离开厦门大学，前往广州。

七、奔向革命策源地

“鲁迅先生要走了！”这消息很快传遍了厦大，学校掀起了风潮。先是挽留鲁迅。当后来知道鲁迅之走，是学校的腐败所致，于是提出改革校政的要求。在群贤楼的布告栏上和走廊的石壁上，贴出了大标语：

“打倒刘树杞（教务长），重建新厦大！”

学生们想借鲁迅在校“四个月的魔力”，来打破“积四五年之久”而弥漫全校的“惰气”。

同时，有的学生要求离去，有20多人准备转学，跟鲁迅一起走。

林文庆恶毒地咒骂鲁迅是“放火者”，说他来厦门不是预备教书，而是为了“捣乱”。“现代评论派”则放谣言，说什么鲁迅要走，是因为“看到别人的家眷接来了，心里不舒服”，是因为“月亮”不在这里。

得到鲁迅热情关怀和帮助的文学青年，对鲁迅的离去，依依不舍。泱泱社的成员邀请鲁迅合影留念。青年们簇拥着他来到了南普陀寺。

一个学生说：“在大悲殿前拍个照吧！”

鲁迅微笑着说：“大慈大悲么？不，我并不大度。”

他们走向一片山岗。这里，荒冢累累，但龙舌兰长着挺拔阔大的尖叶，十分有生气。鲁迅坐下斜倚在一块墓碑上，其他几位青年绕着他，留下了一张“留别”合影。鲁迅自己又靠在坟上在龙舌兰的阔叶丛中，照了一张单身像。

这好像是他的这段生活和心境的写照：坟，意味着终点，他要就此埋葬自己的过去。他也很喜欢龙舌兰。大概是它那挺拔阔大的尖叶，好像利剑。的确，在厦门的四个月中，他终于在思想上、在写作上以至在整个生活道路上，都对自己的过去作了一个结束。而今后，仍将擎起龙舌兰似的剑，去战斗。

鲁迅决定奔赴广州。当然，许广平在广州，是他决定前去的因素之一。这是不应该否认或不注意的。这本是鲁迅生活中的一件大事。

但是，主要的是：广州是民主革命的策源地。向北挺进扫除军阀势力的国民革命军就是从这里出发的，震惊世界的省港大罢工、烧红南国海天一角的海陆丰农民起义，也在吸引着他。而且，创造社的郭沫若、成仿吾、郁达夫等，也都来到这里。鲁迅想“与创造社联合起来，造一条战线，更向旧社会进攻”[①]。

1927年1月15日下午，鲁迅登上了“苏州”轮，前往广州。送行者20多人，有3名学生跟随他转学中大。

他原来计划在厦门工作两年，后来缩短为1年，最后减至半年，而实际上他在这个海岛上只停留了4个月。

八、在血的洪流中

鲁迅于1927年1月18日到达广州，第二天，搬进了中山大学。他被任命为文学系主任兼教务主任。从此，在广州居住9个多月，经历了紧张的工作、尖锐的斗争，度过了一生中最重要的时期，进入革命征途的一个新的阶段。

在复杂的形势面前

1月25日，在中山大学的礼堂里，聚集了全校学生，举行欢迎鲁迅先生的大会。这是以学生会的名义举行的。鲁迅到校后，校务委员之一的朱家骅[②]便来邀请鲁迅参加学校的欢迎会，被鲁迅婉言谢绝了。后来，学生会干部、共产党员毕磊、徐文雅又来邀请，也被鲁迅婉谢。由于学生一再盛情相邀，鲁迅才同意了。

朱家骅听说学生会召开欢迎会，不请自来，到了会场。

鲁迅被请上讲台致辞。他的讲演向来是精练简短，这次也只讲了20分钟。他说自己并不是什么战士、先驱者，如果是战士，就应该留在北京和军阀斗。他还说因为听说广东很革命，赤化了，所以决心到广州来看看，来到后果然满街都是红标语，但仔细一看，那些标语都是用

① 《两地书·六九》。

② 朱家骅（1892—1963），浙江吴兴人。曾任北京大学教授。1926年8月，中山大学改校长制为委员制，朱与戴季陶、顾孟余等人为委员。后又改为校长制，戴任校长，朱为副校长。“四一二”反革命政变后，成为国民党反动政客。

白粉写在红布上的，“红中带白”，有点可怕！

朱家骅接着讲话。他说，鲁迅先生太谦虚，就先生过去的事实看，确实是一个战斗者、革命者。礼堂上响起热烈的掌声。学生们是真诚地热爱鲁迅的。但鲁迅对于朱家骅的捧场却颇存戒心。

他警觉地看着眼前发生的事情。虽然他初到广州，但对它并非一无所知。许广平初回故乡，在广州女子师范学校任教，并担任训育主任的职务。她在北京时曾参加国民党左派，这时，就想交出党证，取得组织联系，但校长廖冰筠（廖仲恺的妹妹）却劝她暂时勿交。以后，她要去看望在天津时的老同学邓颖超同志，廖也劝她暂时别去。许广平后来才知道，国民党右派此时已经渐露本相，而且内部派系复杂，因此，廖劝许广平暂不去看邓大姐，以免初到广州，色彩太鲜明。广州学生中有“树的党”[①]右派学生组织，鲁迅也是知道的，他对这种组织很厌恶。

另外，孙伏园告诉鲁迅：中大电邀顾颉刚，而对许寿裳来中大表示冷淡。这些，使鲁迅对中大当局产生了戒心。

虽然这时候他对国民党还没有完全认清，还将其看作进步的党派，但对广州形势的复杂以及存在消极现象，他是有感受的。

他对欢迎、宴请都怀着警惕之心。对于学生的热情邀请，一般都接受；对当局的客气的宴请，一律拒绝。1月26日，他出席本校医科主办的欢迎会，讲演半小时；第二天，又应邀在本校社会科学研究会上讲演。[②]但是，国民党的要人们戴季陶、孔祥熙、陈公博、甘乃光、丁惟汾等人发来请柬时，他一律拒绝赴宴，他在收发处的信箱上，贴出了一张告白：“概不赴宴”。

他是清醒的，他不被胜利冲昏头脑，也不被捧场弄得晕头转向。但更重要的是，他在政治立场上，已经对当时尚在革命队伍里的国民党怀着警觉了。

在旋涡中

革命的风暴席卷了全中国。大江南北的工人、农民发动起来了，在

① 树的党，也叫“树的派”，又叫“士的派”，是广东学生界的反动团体，国民党右派学生属之，其成员手拿手杖，动辄打人，横行霸道。英语stick（手杖）音译为“士的克”，故称“士的派”。

② 这两次讲演的讲稿均已失。

共产党的领导下开展了斗争；北伐军进军途中，他们带路、抬担架、送粮、参军；北伐军来到之后，工人、农民便组织起来，投入更为火热的反封建、反军阀的斗争。中华民族从来没有这样大规模地行动起来，进行革命斗争。这才是真正的民族大觉醒、人民大发动。这种规模与气势，是从未有过的。整个中国成了一个革命的大旋涡，在世界革命的潮流里，显出自己的特色与威力。

鲁迅投身于这个大旋涡。当时，广州这个革命策源地，已经成为后方了。革命政府移到武汉去了，但广州仍然充满革命气氛，活跃着各种力量。他觉得广州“民情，却比别处活泼得多”，它不像北京那样死气沉沉，也不像厦门那样沉闷守旧。

此时，鲁迅活跃在另一条战线，他赴研究马列主义的中山大学社会科学研究会讲演，赴香港讲演，日夜接待来访者；同共产党员毕磊、徐文雅、陈辅国等人来往密切；资助《做什么?》（中共广东区委学生运动委员会主办的杂志）；接见日本进步记者，与创造社成员发表联合声明声讨帝国主义；出席中山大学开学典礼；筹备开学工作和自己编写讲义；等等。他投入了从未有过的紧张繁忙的工作中。在他这时期写给友人的简短的信件中，不断出现这样的话：

“我现在真太忙了，连吃饭工夫也没有。”

“不但睡觉，连吃饭的工夫也没有了。”

“作文演说的债，欠了许多。”

“竟如活在旋涡中，忙乱不堪，不但看书，连想想的工夫也没有。”

“从早十点到夜十点，都有人来找。”

从寂寞的孤岛生活，一下子进到了热闹的革命旋涡，他繁忙，但觉得充实而有意义。他热情饱满地置身于工作之中。许广平此时正式担任他的助教，陪伴在他的左右，成为他的真正的助手了。

正在这时候，有人跑出来对鲁迅表示不满了。广州国民党右派掌握的报纸《国民新闻》副刊《新时代》上登出署名尸一（梁式）的文章，用激将法挑动鲁迅，要他出来诟骂广州的现实。接着又登出宋云彬的文章，题目就叫《鲁迅先生往那里躲》，说什么“鲁迅先生竟跑出了现社会，躲向牛角尖里去了”。

不久，《新时代》上登出了《鲁迅先生往那些地方躲》一文。历述了鲁迅到广州后的种种忙迫情况，然后，写道：

他真个能躲起来的吗？中大是就要开课了，自然有许多工作会随着发生，至少总有些细微的“刺戟”，投射到鲁迅先生的影子吧。他是需要“辗转”的生活的，他是要寻找敌人的，他是要见看压迫的降临的，他是要抚摩创口的血痕的。等着有终竟到来的机会，这时候就能够使鲁迅先生在慢慢地吸着卷烟的当儿，涌出不少的情趣，他于是有文章可作了！这许是广州给予他的额外的特殊的礼物吧。①

这篇简短有力的文字，批驳了对方，预告了鲁迅即将战斗，等着终竟到来的机会。这篇文章的署名是：景宋（即许广平）。她是根据鲁迅的意思写了这篇文章来反击的。

党的力量，马列的火

“鲁迅已经动身来广州了”，这个消息传到中国共产党广东区委员会之后，引起了领导人陈延年的重视。当中山大学改组之后，他力主聘请鲁迅到中大来任教。为了促成这件事，他曾派恽代英、毕磊到学校多次提出建议。他可以说是正确评价和正确对待鲁迅的共产党人中最早的一个。现在，鲁迅已经来到了，他不仅重视，而且立即考虑了如何帮助鲁迅、团结鲁迅。他把毕磊和徐文雅找来了。他们都是中大的学生，共产党员，一个是中共广东区学委副书记，一个是中共中大总支书记兼文科支部书记。在听取了关于欢迎鲁迅的准备工作情况的汇报之后，陈延年说：“鲁迅抵粤以后，你们应该迅速帮助他了解当时、当地情况。”“当鲁迅对局势有所了解以后，他是自己能够决定何去何从的！”陈延年同志又指示毕磊，在鲁迅来到后，陪伴他在广州各处去走一走，看一看。陈延年望着毕磊说：“鲁迅这个人喜欢年青人，你们去的时候要活泼一点。”

鲁迅到达广州，刚刚安顿好，徐文雅和毕磊便来拜访。他们邀请鲁迅出席学生会召开的欢迎会。鲁迅先是婉谢，最后答应了。

陈延年代表共产党，朱家骅代表国民党右派，同时向鲁迅伸出了手，拉着他，一个要他前进，一个拉他后退。这样两股势力对鲁迅的争夺，有力地反映了鲁迅在当时中国革命文艺界、思想界的地位：他的地

---

① 原载1927年2月广州《国民新闻》。

位是重要的，但又是可变的。他刚刚从封建军阀统治下的北京走出，他的彻底的、坚决的反帝、反封建的立场和斗争精神，反映了五四运动的精神在他身上的继续和发扬，他可以成为无产阶级及其新兴政党的战友。然而另一方面，他的只限于反帝反封建的立场，他的并未明确地宣布信奉马克思主义，使国民党右派认为是自己的争取对象，如果鲁迅“为我所用”，比之吴稚晖、陈西滢这样的人，自然是有号召力得多。

此时的中国，以封建军阀为一方，以国共两党合作的革命统一战线为另一方，展开了武装斗争。当时革命力量正以摧枯拉朽之势，沿扬子江而下，溯黄河而上，扫荡江南，光复中原，直捣幽燕。旧的矛盾即将解决，新的矛盾又在酝酿，革命阵营内部又一次面临新的分化。

中国各阶级面临着新的抉择，鲁迅也面临一个如何抉择的课题。这个课题是严峻的，也是急切的。这种抉择，不仅反映着他个人的思想发展的轨迹，而且更反映出中国革命两种势力的消长。

鲁迅的立场和态度很快就表现出倾向性，而且越来越鲜明，坚定：他与共产党人的关系亲密。

毕磊，这个瘦小而精干的湖南青年，是负责跟鲁迅联系的党员之一，他陪着鲁迅逛书店，参观农民运动讲习所的原址，他向鲁迅介绍广州的政治形势。在他的引导和陪伴下，鲁迅观察了广州、了解了广州。鲁迅向毕磊谈到自己的印象。他说：“广州地方太沉寂了。”他希望革命的青年们发出喊声。他说：“在现在，青年们有声音的，应该喊出来了。因为现在已再不是退让的时代。因为说话总比睡觉好。有新思想的喊出来，有旧思想的也喊出来，可以表示他们自己（旧思想）之快将灭亡。”他的话，被毕磊引用在自己的文章《欢迎了鲁迅以后》[①]中。毕磊在这篇文章中，对鲁迅做出了公正的评价，提出了殷切的期望。这里，没有肉麻的颂歌，没有虚伪的捧场，而是朴实无华的、真诚的、同志式的期待。这种新的态度、新的作风，为鲁迅所喜欢。

毕磊等共产党人，还给鲁迅送来了党的刊物《做什么?》和《少年先锋》。鲁迅看过之后，就明白了“这是共产青年”所办。他喜欢这些刊物。接受了这些刊物，他都记在他那记事简要的日记中。

有一次徐文雅来到鲁迅这里，鲁迅知道他的身份，便同他谈起党的

① 载一九二七年二月七日《做什么?》周刊第一期。

事情。鲁迅问道：

"陈延年是不是负责广州党的工作？"

徐文雅说："是的，他是广东区执行委员会的书记。"

鲁迅说："他还是我的'老仁侄'[①]呢，人很聪明。"

他对陈延年的印象很好。

他向毕磊提出，要同陈延年见一见。毕磊安排了这件事，不久，鲁迅就同陈延年在广东区委员会机关见面了。这是鲁迅与共产党人的第一次非私人关系的会见。可惜，如今我们已经不可能知道他们当时谈话的内容了。

在会见以后，当陈延年去上海参加党的五大之前，他同徐文雅谈到鲁迅，认为"鲁迅思想发展很好，已经是我们的人了"[②]。他的评价是根据鲁迅在广州的全部表现和他们会见时谈话的情况做出来的。

许广平在写到这段事情时，曾经介绍当时的背景："可惜局势的变化，郭（沫若）先生等离开广东，联合战线的目的已经不能达到。身边除了许寿裳先生一人之外，并没有可以与言的人，鲁迅深深感到孤独的悲哀。""幸而党的领导像明灯一样照耀着每一块土地，鲁迅在此期间，见到了一些党的负责人如陈延年等同志。"[③]

党给鲁迅以力量，这力量来自两个方面：一方面，党的关心，党的帮助，使鲁迅能够更多地了解广州的情况，明白了各派政治力量的状况和趋向，使他在思想上、政治上有了方向。另一方面，从中国共产党人身上，鲁迅看到了新的社会力量，从而感到敬佩、欣喜，增加了自己的勇气和力量。

当时，正是国共合作时期，但共产党保持着自己的独立性。广州曾是著名共产党人云集的地方，毛泽东、周恩来、叶剑英、彭湃、林伯渠、恽代英、张太雷、萧楚女、李求实等都在这里工作。他们之中有的也曾到中山大学来讲演或从事活动。这些，鲁迅也是会有所见闻，受到感染的。

---

① 陈延年是陈独秀的长子。陈独秀与鲁迅同辈，又是五四运动时的战友，故鲁迅称陈延年为"老仁侄"。

② 徐彬如：《回忆鲁迅一九二七年在广州的情况》，载薛绥之主编《鲁迅生平史料汇编》第四辑，天津人民出版社，1983，第323页。

③ 许广平：《鲁迅回忆录》，第70页。

鲁迅来到广州以后，与共产党的关系，进入到一个新的阶段。在此之前，在北京时期，最重要的自然是他与共产党的创始人之一、北方党的领导人李大钊的亲密关系，他们的战斗情谊可以远溯到“五四”时期，但是，这还只是一种私人的友谊。在北京几个大学教书期间，在女师大风潮中，他的学生中，都有年青的共产党员，如任国桢、刘亚雄等，不过，他们也都还是限于师生关系与私人情谊。但是，到广州以后，情况不同了，共产党已经是中国当时的第二个大政党，它活跃在中国革命的最前线，而且共产党与国民党的合作，使后者发生了积极的变化，使中国革命进入了新的阶段。而毕磊、徐文雅、陈辅国等与鲁迅的接近，已经不是个人的行动，而是以组织的名义出现的，他们向鲁迅不断赠送党的刊物，介绍党的情况。鲁迅与陈延年的会见，更是一种与共产党的组织建立关系的重要行动。

鲁迅于1927年1月18日到达广州，就在这一天的广州《民国日报》上登出了这样热情洋溢的海报：

> 时间——一九二七年一月十九、二十日下午六时半。地址——中山大学风雨操场。演讲者——任卓宣、萧楚女。入场券请到财政厅前国光书店索取。青年朋友们！快来拿取反帝国主义的武器——列宁主义呵！

鲁迅住进中大“大钟楼”后的第三天，1月21日，是伟大的列宁逝世三周年纪念日。这天的正午，就在大钟楼前面的宽阔的广场上，举行了纪念大会。两名著名的共产党人登上讲台，发表了讲演。他们是国民革命军总政治部后方留守主任孙炳文和中华全国总工会负责人邓中夏。当时广州的重要报刊，如《民国日报》《向导》《中国青年》《少年先锋》《工人之路》，都刊登了列宁的巨幅照片和纪念文章，或翻译了列宁的语录和斯大林等的悼念文章。《中大学生》出版了“列宁纪念号”，登出了《列宁的伟大》《列宁与孙中山》《革命中的圣人——列宁》等文章。

我们现在无法证明鲁迅确曾听过这些讲演，或看过这些文章。但是，我们可以推想，鲁迅对于这些活动、这些出版物是不会不知道、不会见不到的。至少，这给他提供了一个接触马克思列宁主义的条件。而且，我们知道，鲁迅后来在揭露批判蒋介石、戴季陶等人时曾经写道：

"又是演讲录，又是演讲录。但可惜都没有讲明他何以和先前大两样了。"而且，他在《官话而已》中，还揭露戴季陶带领学生向当时的苏联顾问三鞠躬，"拜得他莫名其妙"，又揭露戴"做过《孙中山与列宁》，说得他们俩真好像没有什么两样"。这些，不是证明他听过这类讲演、看过这类文章么？他在《庆祝沪宁克复的那一边》中，称赞列宁是"革命的老手"。这说明他对列宁的生平事业有一定的了解。

更重要的是，鲁迅从毕磊等赠给他的党的刊物《少年先锋》和《做什么?》上，能够直接学习马列主义著作。这几本刊物都为鲁迅所喜爱：《少年先锋》的主编是共产党员李求实（即"左联五烈士"之一的李伟森）；《做什么?》的主编是共产党员许杰。而且，《做什么?》是鲁迅给予资助，才得以凑齐印刷费出版的。

《少年先锋》上常以重要的篇幅，发表介绍马列主义的文章。据统计，它摘译或摘引的马列著作有十几段，其中，重要的有《巴黎公社失败后——摘译马克思著〈法国的内乱〉》，即马克思的重要著作《法兰西内战》的附录一；两则摘自列宁《青年团的任务》的《列宁格言》；摘译自列宁《伟大的创举》的《妇女底解放》；斯大林的重要论文《论列宁》。这些文章，鲁迅是阅读了的，他并且在《庆祝沪宁克复的那一边》的文章中，引用了登载在《少年先锋》上的列宁的话，以此为自己立论的依据。

《向导》和《中国青年》也是党组织曾经赠送给鲁迅阅读的党的刊物。在这上面，登载了不少马列主义文献。如列宁的《落后的欧洲和先进的亚洲》（摘译）以及介绍、论述列宁主义的文章，如斯大林的《论列宁主义基础》（部分）等。

鲁迅这时期接触和学习马列主义有几个特点。第一，不再把马克思列宁主义看作各种外来主义的一种，限于涉猎和浏览，而是当作思想武器来学习与研讨了。这与他对苏联的认识的改变有关。在"五四"时期，他还由于受资产阶级歪曲宣传的影响，对十月革命有所怀疑，现在这种怀疑已经由于苏联的发展和对实际情况的进一步了解，而消除了。这在他的《〈争自由的波浪〉小引》中表现得很明显。既然苏联已经由于实行马克思列宁主义而取得了胜利，那么，这"主义"就是好的了。第二，鲁迅不是坐在书斋里钻研马列，而是在实际斗争中，结合实践来学习和运用的。在广州的复杂的斗争面前，在共产党与国民党右派关于中国革命的争论面前，鲁迅更深入一步来考虑中国革命的根本问题，他感到旧的武器不够用了，他需要新的武器。他正在此时更多地接触了马列主义。而且，这时我们党对于马列主义的宣传，也是结合着实际斗争的需要来进行的，如《向导》《少年先锋》《做什么?》都是这样做的。这样，鲁迅此时的学习马列主义，就是把真理的火炬，拿来照亮中国革命的道路了。第三，鲁迅向来探索的是中国革命的根本问题：依靠什么力量，建设一个什么样的国家与社会。在北京时期最后一两年内，在厦门时期，他在这两个根本问题上，已经有了根本的转变，这是由于事实的启发和教育，也就是中国革命的发展的事实，工人、农民力量的发展、壮大，显示了威力，这些事实启发了他，教育了他。现在，他学习用马列主义来观察革命，观察国家的命运和社会发展的前途了。而且，他也用马列主义作解剖刀，来“更无情面地解剖我自己”。

新的思想已经在他心里萌生，滋长，发展，新的革命已经在他身边爆发，新的历史人物已经出现在他面前，新的社会力量已经发出雄威，新的道路已经展开在他的面前了。

历史的新声音

这新的声音，是历史的新声，是鲁迅的新声。它发自鲁迅的内心深处，也发自中国革命和历史的深处。

在大革命的暴风雨中，中国发出了新的声音。这是北伐军的枪炮声，是城市里工人“打倒帝国主义”“打倒军阀”的怒吼声，是乡间农民对地主乡绅恶霸的反抗声，它们汇成洪流，震撼着中国大地，震惊了整个世界。正在这时，鲁迅也发出了新的声音。这新声是中国人民的怒吼声的响应。

从1月到4月，3个多月中，鲁迅在香港和广州作了多次讲演。他在这些讲演里，发出了他的新声。这声音，坚定、明朗、自信，一扫过去思想上的彷徨、哀愁的情绪。

1927年2月18日晚。香港下着倾盆大雨。男女青年冒雨来到青年会。他们走进礼堂，静静地坐下。讲演开始了。鲁迅登上了讲台，许广平陪同他并担任他的粤语翻译。

“以我这样没有什么可听的无聊的讲演，又在这样大雨的时候，竟还有这许多来听的诸君，我首先应当声明我的郑重的感谢。我现在所讲的题目是：《无声的中国》。”

鲁迅就这样开始了他的讲演。

中国无声！为什么呢？他说，因为中国文字的深奥，民众难于掌握，不能传达自己的思想，“虽然能说话，而只有几个人听到，远处的人们便不知道，结果也等于无声”。文章呢，“用的是难懂的古文，讲的是陈旧的古意思，所有的声音，都是过去的，都就是只等于零的”。他进一步指出，中国并非自古以来就是无声的，是到了清代乾隆以后，由于屠杀政策的施行，“人民大家便更不敢用文章来说话了”，只响着“韩愈苏轼的声音”，“而不是我们现代的声音”。他说：“我们要活过来，首先就须由青年们不再说孔子孟子和韩愈柳宗元们的话。时代不同，情形也两样。”最后，他这样结束自己的讲演：

“青年们先可以将中国变成一个有声的中国。大胆地说话，勇敢地进行，忘掉了一切利害，推开了古人，将自己的真心的话发表出来。”

第二天，他再次讲演，题目是：《老调子已经唱完》。他一开头就宣布：“凡老的，旧的，都已经完了！这也应该如此。”然而他指出：“老调子将中国唱完，完了好几次。”他说：“中国的文化，都是侍奉主子的文化，是用很多的人的痛苦换来的。无论中国人，外国人，凡是称赞中国文化的，都只是以主子自居的一部分。”“这就是说：保存旧文化，是要中国人永远做侍奉主子的材料，苦下去，苦下去。”

他指出：“唯一的方法，首先是抛弃了老调子。旧文章，旧思想，都已经和现社会毫无关系了，从前孔子周游列国的时代，所坐的是牛车。现在我们还坐牛车么？”

这两次讲演，思想是一贯的，主题是相互呼应的。老调子不适应现在的社会了，坐牛车时代的思想怎么能适用于坐汽车时代的需要!？老调子要唱完，该唱完了，无声的中国，应该成为有声的中国。他的讲演事实上是一个号召，也是一个总结，反映了中国历来一直唱下来的封建老调子已经唱完了，无声的中国已经结束了。中国革命进入了在马克思主义指导下的、共产党领导的、人民大众的反帝反封建的革命。革命的这个转变决定了老调子必须唱完，无声的中国有了声音。而鲁迅的这两个讲演本身，就正是这种变化的反映，就是一种新声。

3月1日，他在中山大学开学典礼上发表演说，赞颂了孙中山的“一生致力革命”的精神，“宣传、运动，失败了又起来，失败了又起来，这就是他的讲义”。他号召青年们贯彻孙中山的一贯革命的精神，在大学里，“读书不忘革命，革命不忘读书”，向“‘一切旧制度，宗法社会的旧习惯，封建社会的思想’开火”。[①]

他说，广州现在“四近没有炮火，没有鞭笞，没有压制”，空气很平静，但他指出，“这平静的空气，必须为革命的精神所弥漫；这精神则如日光，永永放射，无远弗到。”他希望“中山大学中人虽然坐着工作而永远记得前线”。[②]

3月24日，他写了杂文《黄花节的杂感》，再次提出孙中山的临终遗嘱：革命尚未成功！他指出革命曾经取得好的结果，“中国经了许多战士的精神和血肉的培养，却的确长出了一点先前所没有的幸福的花果来，也还有逐渐生长的希望。”但是他告诫说，过去，“继续培养的人们少，而赏玩，攀折这花，摘食这果实的人们倒是太多”。

这期间，鲁迅还同创造社的成仿吾等人联合发表了《中国文学家对于英国知识阶级及一般民众宣言》。宣言中呼吁：“全世界的无产民众联合起来……为了打倒资本帝国主义而团结。”

我们可以说，在这个时期内，鲁迅的讲演、作文的第一主题就是：革命。在他的新声中，革命代替了进化，他仍然讲旧的应该高高兴兴地死去，和“五四”时期的讲法类似，但这只是过去的余音，因为他不再讲这是“进化的路”，而是说：这是革命的路。他过去讲进化永不停，现在讲革命无止境：“革命无止境，倘使世上真有什么‘止于至善’，这人间世便同时变了凝固的东西了。”[③]他过去讲进化的途程中是新陈代谢，是青年必胜于老年、现在必胜于过去。现在，他进行社会分析，从不同社会力量的斗争角度，去分析革命的进程，指出革命的必要性与必然性。他原先以幼者为本位，“老的让开道”，“用那个死填平了”进化路上的深渊，“让他们（幼者）走去”。但现在，他却以平民（民众）为主体，对于社会状况、对于文化，他都问：“和现在的民众有什么关系，什么益处呢?”以前他讲进化的前途是出现“新的人”，是建立“第三样时代”；现在，他期望出现的是平民时代，是平民过上幸福的生活。以前，他对青年人是一律看待，认为他们都是必然胜于老年，只要

① 引自鲍昌、邱文治主编《鲁迅年谱》，天津人民出版社，1979，第349页。

② 《集外集拾遗补编 · 中山大学开学致语》。

③ 《而已集 · 黄花节的杂感》。

是青年，给他十刀，他不还一拳。但是，现在他不这样了，他不仅像在北京时期的后期那样，看出青年并不都一样，有醒着的、有睡着的，也有前进的，而且，他更看到有高长虹这样的恶劣青年，有“树的党”这样的国民党右派青年，他要“拳来拳对，刀来刀挡”。以前，他夸大了文学的作用，以为用它来改造了国民性，国家就富强了，社会、人类就进化了。现在，他说：“文学文学，是最不中用的，没有力量的人讲的”，“中国现在的社会情状，止有实地的革命战争，一首诗吓不走孙传芳，一炮就把孙传芳轰走了。”①

变化发生了，而且是如此之大：进化论、国民性改造、第三样时代，为新的东西所代替了；矛盾、彷徨、对将来的不明确以至怀疑，也都消逝了，也为新的思想情绪所代替了。

“逝去，逝去，一切一切，和光阴一同早逝去，在逝去，要逝去了”！

如果说，在厦门时期，他仍处在矛盾中，有淡淡的哀愁来袭扰，而在离开厦门时，则是已经跨出了一步，那么，现在，在广州的几个月中，他更跨进了一步，可以说是一大步，他基本上已经从矛盾中摆脱出来了，正处在临近越过思想飞跃的“关节点”的进程中。

什么力量使他能够达到这一步呢？摆脱了厦门的孤岛生活，是一个因素。摆脱了在与许广平的关系上的矛盾斗争，也使他感到了轻松和幸福。但是，更主要的是，当时中国革命的发展，促进了他的思想的演变，推动了他前进的步伐。

五卅运动掀开了大革命的序幕。鲁迅从女师大风潮这个斗争的侧翼，进入这整个民族的革命大风暴之中。从以刘和珍为代表的女师大的青年学生的英勇斗争中，他看到了革命的青年女性在斗争中“干练坚决，百折不回的气概”，由此更感受到，为什么“中国女子的勇毅，虽遭阴谋秘计，压抑至数千年，而终于没有消亡”。而与她们“同声相应，同气相求”的还有北京千万青年学生。以后，这场斗争卷入了“五卅”反帝爱国斗争的总旋涡，罢课、罢工、罢市，几万以至几十万工人、学生、市民参加了斗争，无论规模与气势，都是空前的。

---

① 《而已集·革命时代的文学》。

“战士的圈子扩大了，他们同人民的联系密切起来了。”[①]

就在这时，南国上空，响起千百万工人的怒吼、农民的咆哮，响起了枪声、炮声、进军的号声。它们显示出巨大的威力，震动着祖国的大地，动摇了封建军阀的统治。这是历史的革命暴风雨本身。鲁迅为它所吸引，毅然南下。在厦门度过100多天之后，又决意奔赴革命策源地广州。

这时候的广州，工人运动蓬勃发展，广东的农民运动走在全国的前头。鲁迅直接地接触到和亲眼见到了这种运动的蓬勃景象。这时在中国共产党的领导下，全国工人阶级发动起来了，工会组织壮大起来了。湖南的农民运动更是开展得如火如荼。

鲁迅谛听着这种历史的巨大声响，观察着工农群众迅速、猛勇、气势磅礴的历史行动，感受着如此深刻的社会动荡，他有如一只饱经风雨的雄鹰，凌空盘旋，翱翔、俯瞰、低回，在历史的暴风雨中开阔了自己的视野。中国社会的大变动，中国革命的大发展，工人、农民力量的大增长，这些，都是鲁迅在辛亥革命、“二次革命”以至五四运动中所不曾见过的。这些，触动了他，教育了他，推动了他。这是他到广州以后，产生思想上的变化与跃进的最深厚的源泉。

血雨腥风记仇雠

然而，历史的发展，走着曲折的路，革命的前进，需要巨大的斗争。正当工人农民奋起战斗，北伐进军捷报频传时，就在革命策源地的广州，响起了反对工农运动、反对革命的嘈杂声了。明朗的天空上，渐渐起了乌云，一场激烈的阶级的大搏斗，来临了。

这激烈尖锐的阶级斗争，也反映到中山大学的学生中来了。左派学生与右派学生之间，展开了针锋相对的斗争。早在年初，国共合作的国民党广东省党部的领导权，就被国民党右派篡夺了。中大学生中成立了一个“中大学生中枢委员会”，掌握在右派“士的党”手里，他们盗用“学生会”的名义，通电拥护蒋介石，叫嚷要把国都改设在南昌[②]。毕磊

① 列宁：《纪念赫尔岑》，载《列宁选集》第二卷，人民出版社，1960，第422页。

② 北伐军占领武汉之后，国民政府由广州迁往武汉。此时，蒋介石以国民革命军总司令的身份盘踞南昌，居然扣留一部分途经南昌赴武汉的政府委员，要把政府迁至南昌，以便篡权。

领导的学校共青团总支，率领左派学生，和右派展开了斗争。他们在礼堂两边的过道上，在教室外墙和大操场四周，贴上了反击的标语：“打倒右派！”“打倒反动派的广东省党部！”“打倒昏庸老朽的西山会议派！”“拥护政府定都武汉！”“反对南昌扣留政府委员！”他们甚至贴出了这样的标语：“以赤色恐怖回答白色恐怖！”

中大宿舍的入口，成了斗争的阵地。共青团在这里贴出了揭露、斥责“士的党”操纵下的“中枢委员会”罪行的墙报。各种宣言、标语，在这里展示出来。

鲁迅通过这些现象，观察斗争形势的变化。

当4月12日上海罪恶的枪声还未停息，英勇的上海工人的鲜血正在迸射之时，仅仅相隔3天，4月15日，广州也响起了反革命的枪声，革命策源地的广州被一片白色恐怖笼罩着。

广州全城，阴云密布，下午，更淅淅沥沥下起雨来了，天地为英烈们洒泪！

凌晨，黄埔军校和省港罢工委员会就被包围了，被解除武装了。

中山大学也同时被包围了。广州市公安局长邓彦华亲自率领全副武装的警察，冲进学生宿舍。“士的党”的徒儿们，早在校园里贴出了反共的标语，并且威吓鲁迅。“士的党”的头头，带着武装，手拿名单，冲进每间宿舍，点着名字抓人。从清晨4点钟，到晚上7点钟，校园里陷入一片喧嚣动乱之中。

这一天，中大有300名同学被捕，其中有共产党员、共青团员40多人，毕磊、欧阳继统、欧阳业瀛、李应滋和附中校长熊锐等，都被捕了。全校学生、教职员480多人被开除。全市共产党员、共青团员和革命群众2000多人被捕。

拷打，酷刑，残杀！那规模，那狠毒，那残忍，都超过了封建军阀之所为。

鲁迅义愤填膺，他以学校教务主任的身份决定召开各系主任和各部门负责人会议，商议如何营救学生。

下午，春雨淅沥，凉气袭人。鲁迅冒雨来到学校，主持召开各系科主任紧急会议。

鲁迅首先发言，提议营救被捕的学生。会上一片沉默。人们慑于白色恐怖的淫威，不敢说话。只有朱家骅凶相毕露，说什么“中山大学已经是‘党校’，师生职工必须服从国民党的决定”。

鲁迅拍案而起，责问朱家骅，被捕的学生犯了什么罪？为什么要逮捕他们，他们现在在哪里？他要求，立即释放这些进步学生。

朱家骅无言以对。但他拒绝了鲁迅的正义要求。会议毫无结果。

夜里，鲁迅回到白云楼住所，与许寿裳、许广平默然相对。他悲愤已极，连晚饭也没有吃。

第二天，鲁迅又不顾自己的安危，四出奔走，打听学生的下落。

为了使被捕的学生在狱中生活上得到一点改善，他捐款慰问。……

营救学生无效了。

鲁迅愤而辞去中山大学的一切职务，虽然校方挽留，朱家骅三次派人送来聘书，但鲁迅丝毫不为所动。派来的人，不见；送来的聘书，退回去。他是决不走回头路的。他的挚友许寿裳也一同辞职。

鲁迅沉默地在白云楼寓所里，打发那令人悲愤的岁月。不断有学生以及共产党员被杀害的消息传来。血雨腥风，洒遍五羊城，人民的鲜血染红了珠江的碧波。“宁可错杀一千，不许放过一个”。这是当时屠杀者的政策。清朝政府、袁世凯、段祺瑞、张作霖，“三一八”、“五卅”，都不能比拟了。血是流得这么多！

这一切变得多么快！北伐正在胜利地进行，革命正在向前发展，忽然，4月12日，黄浦江边响起罪恶的枪声，蒋介石叛变了，大批大批的共产党员、革命群众倒在血泊中了。工人领袖汪寿华英勇牺牲，陈延年、赵世炎等著名共产党人被杀害。仅仅3天之后，广州的国民党反动派也挥起屠刀，镇压革命……

中国人民革命的第一次高潮过去了，大革命失败了，中国革命从此进入一个极端困难的时期。

但鲁迅却在这个时期，勇敢坚定地向前飞跃！

迎着血染的屠刀……

4月26日，鲁迅坐在书桌前，把散文诗集《野草》的编辑工作完成了。他重读自己这些作品，感慨万千。在这本薄薄的诗集里，蕴含着自己丰富的感情，反映着思想中的矛盾和斗争。他回顾往事，对照眼前的现实，思潮汹涌，提笔作了《题辞》：

> 过去的生命已经死亡。我对于这死亡有大欢喜，因为我借此知道它曾经存活。死亡的生命已经朽腐。我对于这朽腐有大欢喜，因为我借此知道它还非空虚。
>
> 生命的泥委弃在地面上，不生乔木，只生野草，这是我的罪过。
>
> 野草，根本不深，花叶不美，然而吸取露，吸取水，吸取陈死人的血和肉，各各夺取它的生存。当生存时，还是将遭践踏，将遭删刈，直至于死亡而朽腐。
>
> 但我坦然，欣然。我将大笑，我将歌唱。
>
> 我自爱我的野草，但我憎恶这以野草作装饰的地面。

这是写于广州大屠杀正在进行的时候的文字，因而反映了他悲愤交集的情绪。同时他的思想上已有了新的信仰，因此他发出了高昂的声音：

> 地火在地下运行，奔突；熔岩一旦喷出，将烧尽一切野草，以及乔木，于是并且无可朽腐。

辛亥革命失败后，他对资产阶级和它所领导的革命失望了，他看不到新的力量，也看不见前途。他于是寂寞，沉默、蛰居达数年之久。五四运动时的统一战线分裂以后，他“荷戟独彷徨”，于是矛盾，求索，直至到厦门时才最后摆脱这种纠缠。然而现在，又面临革命队伍中的一次更大的分化，他却没有失望，没有彷徨，而是“坦然”“欣然”，因为他看见了、感受到了工农的伟大力量，看见了、感受到了中国共产党的英勇不屈的抗争和它的领导力量。

他希望地火快点冲出地面，新的革命快点来到。

这是他在“四一二”反革命政变之后十几天，当带血的屠刀仍在飞舞时，写的第一篇作品。它曲折地揭露了反动派的罪恶，提出了抗议与谴责。

“清党”在广泛展开，搜捕在深入扩大，屠杀在大规模进行。反动派对鲁迅的压迫也在加剧。过去拿来请做序的书，借故取回去了，请他题签的刊物，悄悄地掉换了，几个随他来广州求学的学生，被指为“鲁迅派”，不准进学校的大门。而且，特务走狗，以探访、请教为名来进行监视、侦察。广州、香港的反动报纸如《循环日报》《工商日报》散布谣言，进行诬陷，说什么鲁迅“逃走了”，“到汉口去了”（那时汉口的国共合作组织还存在）。还有说鲁迅原是“《晨报副刊》特约撰述员”，用意是要把他说成原属研究系的好友，现在“到了汉口”，又成“共产党的同道”了，这当然是应该严办杀头的。还有一个青年，想以陈独秀办《新青年》时，鲁迅在那里做过文章，来证明他是共产党。……

然而鲁迅横眉冷对，巍然屹立。

当跟他一起从厦大来到广州中大的学生廖立峨劝他赶快离开广州时，他说：

“他们不是说我已逃走了，逃到汉口去了吗？……现在到处都是乌鸦一般黑，我就不走，也不能走，倘一走，岂不正好给他们造谣？”

6月间，许寿裳辞职后，先期走了，鲁迅不能走，仍然住在白云楼。他每天在酷热的西窗下，埋头工作。

7月23日，国民党的广州市教育局邀请鲁迅到广州夏期学术讲演会讲演。他的讲演题为《魏晋风度及文章与药及酒之关系》。在论述文学史上的问题中，他巧妙地以历史影射蒋介石捏造罪名、屠杀共产党人的罪行。他举出曹操杀孔融、司马懿杀何晏、司马师杀夏侯玄和司马昭杀嵇康等历史例证。

> 曹操见他（指孔融）屡屡反对自己，后来借故把他杀了。他杀孔融的罪状大概是不孝。
>
> 倘若曹操在世，我们可以问他，当初求才时就说不忠不孝也不要紧，为何又以不孝之名杀人呢？然而事实上纵使曹操再生，也没人敢问他，我们倘若去问他，恐怕他把我们也杀了！
>
> 如曹操杀孔融，司马懿杀嵇康[①]，都是因为他们和不孝有关，但实在曹操司马懿何尝是著名的孝子，不过将这个名义，加罪于反对自己的人罢了。

这里，对于曹操、司马氏的斥责与抨击，就是对于蒋介石的斥责与抨击。

① 嵇康为司马昭所杀，此处鲁迅误记。

接着，写了《答有恒先生》《扣丝杂感》《可恶罪》《新时代的放债法》《小杂感》，一篇接着一篇，如投枪匕首，向敌人掷去。

> 先前是刊物的封面上画一个工人，手捏铁铲或鹤嘴锹，文中有“革命！革命！”“打倒！打倒！”者，一帆风顺，算是好的。现在是要画一个少年军人拿旗骑在马上，里面“严办！严办！”这才庶几免于罪戾。[①]

> 若在“清党”之后呢，要说他是CP或CY[②]没有证据，则可以指为“亲共派”。那么，清党委员会自然会说他“反革命”，有罪。再不得已，则只好寻些别的事由，诉诸法律了。……
>
> 我先前总以为人是有罪，所以枪毙或坐监的。现在才知道其中的许多，是先因为被人认为“可恶”，这才终于犯了罪。[③]

这里，直接地揭露和抨击了国民党屠杀共产党人和革命群众的罪恶的、卑劣的手段和反革命嘴脸。

讽刺的利刃，如锐利的匕首，一刺而入敌之心脏，国民党反动派的阴险、狡诈、凶狠的面目揭露无遗了，将“革命成功”后的“盛世”的惨象和血污，指给人看。“真的猛士，敢于直面惨淡的人生”，他保持了当年三一八惨案发生后的那种大无畏的战斗精神，而且，在此时此地表现得更加突出，更加坚强。

九、越过飞跃的关节点

“纯粹量的增多或减少，在一定的关节点上就引起质的飞跃。”[④]鲁迅在“四一二”反革命政变之中和以后一段时间里，思想上以阶级论为特征的历史唯物主义因素的量的积累猛增，而以进化论为特征的历史唯心主义因素急剧地减少。他越过这个关节点，实现了飞跃，开始进入共产主义战士的阶段。

---

① 《而已集·扣丝杂感》。

② CP，英文Communist Party的缩写，即共产党。
CY，英文Communist Youth的缩写，即共产主义青年团。

③ 《而已集·可恶罪》。

④ 恩格斯：《反杜林论》，人民出版社，1956，第45页。

1927年5月6日上午，一个年青的日本记者，精神抖擞地走在广州东堤的街道上。街上的行人不很多，却有一队队工人纠察队从街上穿过，电线杆上有刚贴上不久的标语："打倒武汉政府""拥护南京政府""国贼中国共产党"。然而就在旁边还有残留着的几天前张贴的标语："联共容共是总理之遗嘱""打倒新军阀蒋介石"，等等。这位年青的日本记者，径直走到白云楼二十号二楼，他敲开了鲁迅的房门。

"山上正义先生！"①

鲁迅把他让了进去。几个月前，鲁迅刚到广州不久，曾经同这位日本记者会见过一次，他们一同走到沙面，买了日本点心，坐在榕树荫里，一边吃着，一边谈话，鲁迅对他表示了对于广州成为革命的后方以后的沉寂状况的不满。今天，他们在革命已经失败，白色恐怖笼罩下再次见面，默默地对坐无言。山上正义找不出什么恰当的语言来安慰鲁迅。这时，听见街上响着杂沓的脚步声和嘈杂的人声，鲁迅从窗户向外看了一看，只见一队工会纠察队从窗下走过。他转过脸，气愤地说："真是无耻！昨天还高喊共产主义万岁，今天就到处搜索共产主义系统的工人了。"山上正义也向窗外望去，看着那些纠察队，他明白了，那是国民党右派御用工会的队伍，他们充当公安局的走狗，又不知要到什么地方去搜捕左派工人了。

鲁迅在一个外国记者面前，毫不隐讳地表示了他的政治态度和立场：谴责国民党反动派，站在共产党这一边。这个立场，可以说，当"四一五"广州大屠杀开始的那一天起，他就鲜明地、坚定地表示出来了，他极力营救被捕的学生，并愤而辞去中大一切职务，又一而再、再而三地退回中山大学的聘书，这都毫不含糊地表示了他的拥护共产党、站在共产党一边的立场和态度。在居留广州期间，他作讲演、写文章，都巧妙地抨击了国民党蒋介石的血腥大屠杀，把他的愤火射向敌阵。他的爱与恨、友与仇，是泾渭分明、斩钉截铁的。

① 山上正义（1896—1938），日本进步记者，共产党员。他是鲁迅较早认识的日本友人之一。1922年日共创立时曾任庶务部长。后来到上海，先在日文报纸《上海日报》工作，后在新闻联合社工作。1926年受联合社委派到国共合作时的广州，在这里认识了鲁迅。他曾经报道了我党领导的广州起义，以后又到上海，与鲁迅来往并帮助了"左联"的工作。他是日本最早介绍鲁迅的作家之一，曾写过4篇涉及鲁迅的文章，以林守仁笔名翻译了《阿Q正传》，鲁迅为之校阅，并作了85条校注。

鲁迅在大革命失败的情况下，而且是在敌人气焰嚣张、革命者正在受难的情况下，表明了自己拥护共产党的鲜明立场，这说明，他在实际行动上，通过“四一二”这个关节点，开始进入共产主义战士的时期了。我们还须看到，拥护共产党，站在共产党一边，对于鲁迅这样一位革命家、思想家、文学家来说，决不是一件随意决定的事情，也不是随意改变的事情。这是他经过长期的观察、比较、思考，总结了几十年的战斗经验与教训，才最后做出抉择的。

有的研究者，以鲁迅在当时的作品中，没有说到阶级斗争，更没有论及无产阶级专政问题为据，而否认他在1927年“四一二”反革命政变后即已实现思想飞跃，而把时间推后到1929年以至1930年。这不能不说是对鲁迅的误解。有的论著，往往用一般的、固定的条文与规范，去衡量与要求鲁迅，即用一个固定的框框去量度一个活生生的、跃动着的并且是非常深厚丰富的思想家的思想，是否有些失当？

鲁迅越过关节点的思想飞跃，并不是一蹴而就的，也不是突然发生的，而是经过了一个思想演变的过程，经历了一个渐变的过程。他的飞跃是水到渠成的，是合理的、自然的。[①]

早在厦门时期，鲁迅整理了一次自己的思想，对过去的战斗作了一次认真的总结。这是他对自己从辛亥革命到五四运动、从“五四”到“五卅”这样一段漫长的革命历程的战斗总结。他把过去都埋入“坟”

① 这里，我们可以指出两种情况。一种情况是，订出一种规范，比如说，列宁指出过：“只有承认阶级斗争，同时也承认无产阶级专政的人，才是马克思主义者。”以此为准则，用以衡量鲁迅，发现他在1927年时的讲话、文章中，都未表示承认无产阶级专政，因此，认定鲁迅尚非马克思主义者。这里，脱离了两方面的实际。一方面，任何思想家、革命家在革命斗争中，总是提出和解决运动中迫切需要解决的问题，而不是抽象地去解决某个理论问题，马克思主义经典作家也总是在实践面临着解决无产阶级专政问题时，才论述它的。如列宁在十月革命前夕写《国家与革命》，毛泽东同志在建立中华人民共和国前夕写《论人民民主专政》，就是这样，鲁迅在当时（1927年“四一二”反革命政变后）面临的是谁是革命、谁是反革命的问题，而尚未涉及建立无产阶级专政问题，自然不可能在言论中谈到此问题。另一方面，鲁迅总是循着自己的思路前进的。他在革命与反革命的生死搏斗中，思考的是自己过去存在的问题，如人以阶级分，还是以年龄分？谁是革命的领导者，谁是革命依靠的力量？革命的前途是什么？等等。他的回答是循着这样的问题去做出的。我们也不可强求他，责他未说及什么什么问题。

另一种情况，不妨叫“搞‘章句之学’，写‘语录体’文章”。论到鲁迅思想从前期到后期的转变，往往摘引鲁迅有关的几句话，加以排比，而不顾及整体和观察全貌，却得出某种结论。这就难免产生以偏概全，一见树木，便是森林的偏差。

里了。他说："我离开厦门的时候，思想已经有些改变。"[①]这当然是谦虚的和带有某种保留态度的说法，事实上不是"有些改变"，而是有了巨大的变化。他接着说："这种变迁的径路，说起来太烦。"足见不是思想上枝枝节节的变化，而是思想体系上的变化，所以不是三言两语能说清的。

早在1927年4月10日，他就写了《庆祝沪宁克复的那一边》这篇名文。这篇文章中，鲁迅写了这样一段文字：

> 最后的胜利，不在高兴的人们的多少，而在永远进击的人们的多少，记得一种期刊上，曾经引有列宁的话：
>
> "第一要事是，不要因胜利而使脑筋昏乱，自高自满；第二要事是，要巩固我们的胜利，使他长久是属于我们的；第三要事是，准备消灭敌人，因为现在敌人只是被征服了，而距消灭的程度还远得很。"[②]

鲁迅在这里引用了列宁成段的话，以它为立论的依据，并且赞颂"俄国究竟是革命的世家，列宁究竟是革命的老手"。这都表明了他对十月革命、对革命导师列宁、对马克思列宁主义所持的态度，这是赞美、拥护、钦敬的态度。这也表明了一种政治上、理论上的立场。但更重要的是，鲁迅在这篇作品中，表现了一种政治上非凡的敏锐和具有远见，应该说，这都是具有了一定的马列主义水平的表现。他在胜利声中、庆祝声中，告诫、提醒人们要接受历史的教训，不要被胜利冲昏头脑，不要宽恕敌人，不要"陶醉在凯歌中，肌肉松懈，忘却进击了"，他指出"黑暗的区域里，反革命者的工作也正在默默地进行"，如果忘了进击，"敌人便又乘隙而起"。他特别总结了当时的状况，以"研究系"和"现代评论派"为例，说明"陶醉着革命的人们多"，"也会使革命精神转成浮滑"。鲁迅在简短的篇幅中，以精练的语言，阐发了深刻的革命道

① 《而已集·答有恒先生》。

② 列宁这段话，鲁迅引自共青团广东区委会的机关刊物《少年先锋》第八期，原文见斯大林《论列宁》。这段话现在的译文是这样的："第一件事就是不要陶醉于胜利，不要骄傲；第二件事就是要巩固自己的胜利；第三件事就是要彻底消灭敌人，因为敌人只是被打败了，但是还远没有被彻底消灭。"（见《斯大林〈论列宁〉》，人民出版社，1979，第22页）

理，其中深含着革命辩证法：胜利中包含着失败的因素，如果丧失警惕，就会向反面转化；拥护革命的人多了，说明革命队伍的扩大、革命事业的发展，但又有降低革命队伍质量的可能性，并有由于投机者的潜入而使革命变为浮滑的缺点，如不保持清醒的头脑，也要走向反面，被浮滑侵蚀了革命肌体，革命精神便从浮滑到稀薄，到消亡，以至于复旧。反革命被打败了，但没有彻底消灭，还在黑暗的区域里从事反革命活动，如果只顾庆祝、讴歌，一味大度、宽恕，也要走向反面，出现复辟。所有这些，都闪耀着马克思主义思想理论的光辉。这是鲁迅思想上的新质结出的硕果。

另一面，文章的风格畅晓、明快，一扫鲁迅以前那种隐晦曲折的情况，这也是思想情绪的巨大变化的表现。

在鲁迅写这篇文章后两天，4 月 12 日，就发生了蒋介石反革命政变，他的话不幸而言中。这种对于复杂的阶级斗争形势的洞察力，对于事物发展规律的预见性，表现了鲁迅思想上新质的力量。拿鲁迅和当时党的领导人陈独秀以及其他一些党内右倾投降主义者相比，鲁迅显得多么敏锐而坚定，他比这些自称为马克思主义者的共产党人，思想上的马克思主义还要多呢。

所有这些，难道不能说明鲁迅此时的世界观已经是马克思主义占主要地位，鲁迅已经开始进入共产主义者的行列了么？我以为是可以这么看的。

当然，我们还需要研究分析鲁迅这个时期的其他作品。

前面已经说过，鲁迅到广州以后，“革命”成为他的讲演和文章的第一主题，它已经代替了他过去使用的“进化”这个词语。当然，这种用词的不同，决不只是语言上的变化，而是思想上的重大跃进。鲁迅以前提出的一个基本命题，也可以说是他半生探索的主要问题，就是如何改造落后的国民性，使中国和中国人由落后变为先进，在进化的路上前进。现在呢，他的基本命题已经是革命了。

鲁迅这时所说的革命是指什么而言？早在离开北京之前，他就说过改革最快的是火与剑，而且说孙中山先前的失败就在于没有掌握党军。由此可见，他说的革命是指用枪炮推翻旧势力。到广州以后，他又多次拿文学和战争来做比较，说明“中国现在的社会情状，止有实地的革命战争”[①]能够改变，因此，他号召青年们积极地去参加实地的革命战争，他说自己在这种参加战争的青年学生面前感到惭愧。这时期，他对文学的作用有点估计过低。这是一种矫枉过正的表现。但它却反映了鲁迅一个根本观点的改变：以前他强调思想革命，把文艺运动当作改造国民性的根本途径。现在，他却首先和更主要地看到革命战争的作用，认为它是改造社会的杠杆。

共产党是无产阶级的政党，这一点鲁迅是完全了解的。他也说过“平民的世界，是革命的结果”，他确立的目标是“工人农民得到真正的解放”。说明他对将来的社会是工农国家的社会主义社会，也已有明确的了解，他是从苏联存在的事实了解到的。他这时对于工农的历史作用也已经做出了充分的估价，他把民众（即工农）当作社会的主体，以与他们是否有关和对他们是否有利来作为衡量一切事物价值的标准。特别是，“四一二”之后，他不仅对青年看出有“共产青年”与“树的党”青年的区别，而且，工人组织也有共产系统的和国民党反动派系统的，这里，已经是比较鲜明的阶级观点了。

在“四一二”反革命政变之后写作的《答有恒先生》中，从另一方面，即从总结自己的过去方面，反映了他的世界观的飞跃发展。拿这个总结和在厦门时的总结[②]相比，真是大不相同了。思想、观点、情绪都有变化，有发展。厦门的总结的特征是：淡淡的哀愁。而现在的总结是两个字：“恐怖”。而且是“从来没有经验过”的恐怖。这“恐怖”的内容和原因是什么呢？

“一、我的一种妄想破灭了。”他说，他一直有一种乐观，“以为压迫，杀戮青年的，大概是老人。这种老人渐渐死去，中国总可比较地有生气。”这是对他原来的以进化论为特征的唯心历史观的典型概括。可是现在呢？在“四一五”大屠杀中，他亲眼所见：“杀戮青年的，似乎倒大概是青年，而且对于别个的不能再造的生命和青春，更无顾惜。”

青年之间的生死矛盾是阶级对立的尖锐表现。这种描述，是用阶级观点做出来的结论，至少，其中已经蕴含着很浓的阶级论因素。

第二，他说，他发现自己是在帮着做“醉虾”。他说：“中国的筵席

① 《而已集·革命时代的文学》。

② 《坟·写在〈坟〉后面》。

上有一种‘醉虾’，虾越鲜活，吃的人便越高兴，越畅快。”而他自己在过去，恰恰是“弄清了老实而不幸的青年的脑子和弄敏了他的感觉，使他万一遭灾时来尝加倍的苦痛，同时给憎恶他的人们赏玩这较灵的苦痛，得到格外的享乐”。

为什么会这样？后面，他说到，如果再和陈西滢教授之流斗争，是“容易的”，“然而无聊”。他认为“他们不成什么问题”，也就是说革命发展了，敌人变化了。

他还说：“现在倘再发那些四平八稳的‘救救孩子’似的议论，连我自己听去，也觉得空空洞洞了。”

“空洞”在哪里呢？就在这种从进化论出发的议论，丝毫不能改变旧的社会、旧的制度，反动统治者照样进行统治，整个中国不会有什么改变。鲁迅说这就是他的“真症候”。他感到了恐怖。这“恐怖”，其实是他的新觉醒——否定了进化论，认识了阶级论。这“恐怖”的实质具有积极的因素：迫切地、坚决地要求进入新的战斗行列，走上新的革命道路。

这个总结是最无情面的自我解剖，是深刻的自我批评。他批判了进化论，批判了革命民主主义的不足（只能做“醉虾”、空喊“救救孩子”），只是同封建军阀及其走狗作斗争而不去同新的阶级敌人作斗争，等等。这些认识，难道不是马克思主义思想因素么！

鲁迅在这时期文艺观点的改变，也是很明显的。

1927年4月8日，鲁迅应邀到黄埔军官学校讲演，讲题是：《革命时代的文学》。

讲演一开始，他就说，由于自己在北京所得的经验，“对于一向所知道的前人所讲的文学的议论，都渐渐的怀疑起来”。他已经对过去的文学理论怀疑了。他特别指出的就是文学的功用问题。过去他拿文艺当作足以改造一切或者是可以从它入手来改造一切的东西。现在，他却说文学“是最不中用的，没有力量的人讲的”。这样说法自然有偏颇之处，但这正是他尚未成为一个成熟的马克思主义者的反映，可是立足点却确实是改变了：文学只是改革社会的一种力量，而且受到政治和社会制度的制约。

在他关于“大革命于文学有什么影响”的论述中，他一直把文学同“社会状态”联系起来，分别讲了大革命之前的文学、大革命时代的文学和大革命成功后的文学等几种情况。他的分析中虽然还夹杂着一些非马克思主义的提法，比如把文学只看作“余裕的产物”，认为文学于革命战争没有什么作用等，但他的基本观点是文学不能脱离社会状况这个根本。虽然他没有用“文学是社会生活的反映”这样科学的语句来表达，但这个观点是贯穿其中的。他最后指出，“必待工人农民得到真正的解放，然后才有真正的平民文学”。这一论点是鲜明的马克思主义的观点，另外，在《魏晋风度及文章与药及酒之关系》中，通篇也都贯穿着从社会状况及其变化来探讨文学的状况和文学流派的变化。汉末、魏初文章的清峻、通脱，建安七子的慷慨、华丽，等等，都与当时的社会状况分不开。他最后论及陶渊明时说：“据我的意思，即使是以前的人，那诗文完全超于政治的所谓‘田园诗人’‘山林诗人’，是没有的。完全超出于人间世的，也是没有的。”

应该说，在这篇讲演中，通过对文学史的论述，表露了他的历史唯物主义的观点。

在《革命时代的文学》中，他还论证了革命文学和革命人的关系：“革命人做出东西来，才是革命文学。”在《革命文学》中也指出：“我以为根本问题是在作者可是一个‘革命人’，倘是的，则无论写的是什么事件，用的是什么材料，即都是‘革命文学’。从喷泉里出来的都是水，从血管里出来的都是血。”

他强调了作家的革命立场、革命世界观的决定性作用，认为它是创造革命文学的关键，这种唯物主义的文艺观，是非常鲜明的。

综合以上几个方面，我们可以看到，鲁迅在许多根本性的问题上，已经具有马克思主义观点或者有了这种因素；他已经在国家命运、社会变革这些问题上，达到了历史唯物主义的高度。

俄国的伟大革命民主主义者车尔尼雪夫斯基、赫尔岑曾经达到旧唯物主义的高峰，而停止在辩证唯物主义和历史唯物主义面前。这原因，最根本的是俄国社会生活的落后，无产阶级还没有登上俄国历史舞台，革命还停留在资产阶级民主革命阶段。

鲁迅却不同，他经历了辛亥革命、五四运动，又投身于共产党领导的新民主主义革命热潮之中，跨步迈向辩证唯物主义和历史唯物主义，用它来观察革命问题、文艺问题和社会改革问题了。

他能够跨越的原因，正如车氏、赫氏不能跨越的道理一样，一个是受到社会条件的限制；另一个是得到社会条件的促进。

十、迎接新的风暴

辞去中山大学的一切职务之后，鲁迅一直住在白云楼的楼上。广州时常戒严，仍然不时在捕人。鲁迅在白云楼里工作着，很少出来。那时出了一本《鲁迅在广东》。鲁迅说："看了《鲁迅在广东》，是不足以很知道鲁迅之在广东的。我想，要后面再加上几十页白纸，才可以称为'鲁迅在广东'。"[①]

但是，从4月到9月这将近半年的时间里，鲁迅的生活并不是"几十张白纸"，他做了许多工作，编书、写序、翻译等，在这期间，他编辑了散文诗集《野草》并写了《题辞》，编了回忆散文《朝花夕拾》并写了《小引》和长篇《后记》，整理好译稿《小约翰》，并写了《引言》，纂集了学术著作《唐宋传奇集》并写了《唐宋传奇集考证》和序例。他写了后来收集在《而已集》和《三闲集》（部分）中的杂文，还翻译了后来收集在《思想·山水·人物》中的文章。

在这期间，曾经发生了刘半农拟荐举鲁迅为诺贝尔文学奖金候选人的事[②]，但他拒绝了。他说："请你转致半农先生，我感谢他的好意，为我，为中国。""诺贝尔赏金，梁启超自然不配，我也不配，要拿这钱，还欠努力。"[③]

关于何去何从，他仍在慎重考虑。他要寻找一个战斗的落脚点，开始新的征途。

南京有人要他去编期刊，他谢绝了。燕京大学要他去教书，他也回答说："我大约还须漂流几天。"有友人力争他去蔡元培主持的"中央研究院"从事研究工作，但他说："其实，我和此公（指蔡元培），气味不投者也，民元以后，他所赏识者，袁希涛蒋维乔辈，则十六年之顷，其所赏识者，也就可以类推了。"[④]

---

① 《而已集·通信》。

② 当时，以探测我国内陆情况为目标的瑞典学者斯文赫定，为了谋求去中国内地活动的机会，以"诺贝尔奖金"为诱饵，来买通北京军阀政府。刘半农等人拟提名鲁迅为候选人，台静农便从北京写信通知鲁迅。

③ 《1927年9月25日致台静农》。

④ 《1927年6月12日致章廷谦》。

6月23日，他又写信给章廷谦说："此后何往，毫无主意，或者七月间先到上海再看。"不久，他就决定去上海了。

他终于决定选择上海作为他今后战斗的落脚点。

这个决定，他是经过慎重考虑才做出的。北京，他不去，因为那时斗争的中心和革命的浪头已经南移；而且，北京还有一个家，他与许广平同归，确实不好相处。南京是国民党反动派的首府，他当然不愿去。而上海，这时已经是人文荟萃之处，斗争旋涡所在。而且是创造社、文学研究会活动的中心。从选择工作来看，他决心不教书，不担任社会职务，更不去政府任职，他所看重的仍然是写作，战斗。他在给友人的信中几次谈到，在外国没有作家而又担任教授的，他自己也感受到教书与写作是不两立的。

这样，他决定同许广平一起，离广州，去上海。

9月24日，他去到广州昌新街四十二号创造社广州分部。这里，是他离开中大以后，唯一能常常去走走的地方。今天，他来告别了。创造社的成员们热情地接待鲁迅，他们拿出《创造周刊》《洪水月刊》等书刊赠给鲁迅。

1927年9月27日，鲁迅离开广州。这天中午，他和许广平一起，登上了太古公司的轮船"山东"号，送行者仅厦门跟来的学生廖立峨一人。

他说过，"在厦门，是到时静悄悄，后来大热闹；在广东，是到时大热闹，后来静悄悄。"确实，静悄悄。在静悄悄中，他走上新的征途，去迎接那新的生活、新的战斗风暴！

第七章　伟大的共产主义思想文化先驱

1927年（47岁）—1936年（56岁）

在上海

……原先是憎恶这熟识的本阶级，毫不可惜它的溃灭，后来又由于事实的教训，以为惟新兴的无产者才有将来，……

——《二心集·序言》

那切切实实，足踏在地上，为着现在中国人的生存而流血奋斗者，我得引为同志，是自以为光荣的。

——《且介亭杂文末编·答托洛斯基派的信》

心事浩茫连广宇，于无声处听惊雷。

——《集外集拾遗·戌年初夏偶作》

1927年10月3日，鲁迅和许广平来到上海。他们的初意，是先在上海暂住，看看情况，再决定行止。但是，后来经多方衡量，终于决定在上海定居了。从此，鲁迅在上海战斗了10个年头[①]。十年之中，他以一个伟大共产主义战士的英姿，率领左翼文化新军和全国文化界进步人士，冲破国民党反动派的反革命文化“围剿”，批判帝国主义的、资产阶级的以至封建主义的思想文化，高举共产主义思想大旗，为无产阶级文学艺术事业，为革命文化事业，立下了永不磨灭的奇勋。在这十年中，他用马克思主义武装了自己，使自己的战斗更英勇、更坚决、更正确，使自己的作品——主要是杂文，更加深刻、有力、精粹、成熟。

这是鲁迅一生的最后十年，也是成就最辉煌的十年。

① 鲁迅自1927年10月到上海定居，到1936年10月逝世，在上海共战斗了10个年头，实际是九整年；一般称为“上海十年”。本书以下均按习惯称“十年”。

一、走向广阔的生活

鲁迅与许广平来到上海后，先落脚于共和旅馆。三弟建人以及许多沪上的朋友们，都来看望、照料。5天后，他们便在东横滨路景云里第二弄深处（最末一家）二十三号住下。鲁迅与许广平同居了。他们冲破了封建礼教的束缚，鄙视那些恶意的攻击，排除种种世俗的干扰，把彼此的命运最后地联结在一起了。从此，许广平便以学生、伴侣、战友、助手的身份，同鲁迅的事业和战斗结合在一起了。

他们没有到什么地方去欢度蜜月，也没有置办更多的家具用品，这是战士的结合。他们只求一个适宜的处所，便于译作，便于战斗。

景云里居住了不少周建人所在的商务印书馆里的同事，茅盾、叶圣陶等作家也住在附近。他们初到上海，就在许多熟人、朋友的环绕中安身了。

以后，由于种种原因，他们又曾迁居景云里十八号和十七号。

上海究竟是通商大邑，人文荟萃之地。鲁迅在上海刚刚住定，各方面的文化人士很快就趋向他。首先来会见的是李小峰、孙伏园、孙福熙、林语堂这些老朋友。接着来的是许钦文、郁达夫夫妇和潘梓年等。以后，频频交往的还有陈望道、章锡琛、夏丏尊、章衣萍、叶圣陶、丰子恺、胡愈之、樊仲云、钱杏村、楼适夷、蒋光慈、郑伯奇、段可情、潘汉年、王平望等人。这里有文学界的老将与新秀，有新闻出版界、教育界的知名人士，也有共产党员作家和党的实际工作者。在这样相当广泛的接触中，鲁迅从中了解到沪上文化教育界的情况以至整个文学界的形势，对政治形势与阶级斗争状况也有所了解；而且在友情的温馨气氛中，他感到欣喜与鼓舞。

尤其使鲁迅振奋的是，他去广州时设想同创造社组成联合战线的愿望，终于在上海实现了。11月9日，鲁迅到上海后一个多月，创造社的郑伯奇、蒋光慈、段可情便来拜访。他们是来邀请鲁迅合作的。在蒋介石发动“四一二”反革命政变后，创造社的主要成员郭沫若、成仿吾、郁达夫等人，先后转辗来到上海。他们想要恢复《创造周报》或者新办刊物。在商议中，郑伯奇提出要与鲁迅合作，请他来写文章。现在，郑伯奇等3位代表来到鲁迅住处，提出了自己的提议与设想，鲁迅听了非常高兴。当即共同商定，首先恢复《创造周报》，由成仿吾、郑伯奇等4人担任编辑委员，由鲁迅、郭沫若、蒋光慈、冯乃超等30多人为特约撰述员。不久，《〈创造周报〉复活宣言》在《创造月刊》第一卷第八期上发表。宣言由鲁迅领头，麦克昂（郭沫若）、成仿吾、郑伯奇、蒋光慈等共同署名。

特别值得重视的是，鲁迅在到达上海后不久，就出席中国济难会工作人员王平望的宴会。这是党所领导的一个革命组织，又名中国革命互济会，是一个以保护革命者、救助革命烈士家属为宗旨的进步群众组织。席间，商量好了要办一个公开刊物，并请鲁迅写文章，他当即答应了。这是鲁迅到上海后第一次与党所领导的组织发生了联系。

鲁迅到上海后，教育界的一些朋友和头面人物，纷纷来聘请他到大学任教或讲学。教书的事鲁迅已经决心不再担任，讲演他则同意了。他先后到立达学园、上海劳动大学、光华大学、大厦大学等校去讲演。

鲁迅在到达上海后第三天，还住在共和旅社的时候，便来到开设在北四川路魏盛里的内山书店。在这里，他购买了一些日文书，而且结识了书店老板内山完造先生。[①]

从此，他们结下了深厚友谊，成为中日人民友好史上有意义的一页。

而且，通过内山完造，鲁迅又结识了不少住在上海或来上海工作、游历、游学的日本朋友，其中有医生、学者、新闻记者等。在结识内山后不久，他就在内山书店会见了日本汉学研究者盐谷温教授。盐谷教授赠给鲁迅《三国志平话》《西游记杂剧》等书，鲁迅回赠自己新出的著作《唐宋传奇集》。与盐谷教授相识，对于鲁迅来说是一件颇为畅快的事。因为，就在两三年前，陈西滢曾经恶意地造谣说，鲁迅的《中国小说史略》是“整本地剽窃”盐谷教授的著作。现在，盐谷教授本人来到上海，而且与鲁迅结识了，互相交换了自己的著作，结下了友谊。以后，日译本《中国小说史略》也出版了。造谣者终究被铁的事实所掌

---

① 内山完造（1885—1959），日本冈山人。年轻时来中国，经营医药生意。后开设内山书店。与鲁迅相识后，来往密切。鲁迅常到内山书店漫谈，并以内山书店为与左翼作家、进步文人的联系地点，往来信件亦由书店收转。鲁迅在受到国民党反动派迫害时，曾在内山帮助下外出避难。抗日战争胜利后，内山完造回日本。新中国成立后，致力于中日友好工作，任日中友好协会会长。1959年来我国访问时，因脑溢血在北京逝世，安葬于上海。

嘴，陷沙鬼最后只好自己把唾沫吞进肚里去了。

在短短的几个月中间，鲁迅便这样迅速地、广泛地展开了活动，活跃在上海进步文化界和教育界。这好像是为他布置了一个战斗的阵地，备下了一个宽阔的活动舞台。这里，产生了磁力，吸引着鲁迅。

他开始昂首阔步前进了！

他举起投枪，开始新的战斗了！

这战斗，更勇猛，更深刻，更正确，更有成效，敌人在他面前闻风丧胆，同志和朋友聚集、团结在他的周围。

二、透过"淡淡的血痕"

早在1926年10月14日夜里，鲁迅写下了这样的几句诗：

> 这半年我又看见了许多血和许多泪，
> 然而我只有杂感而已。
>
> 泪揩了，血消了；
> 屠伯们逍遥复逍遥，
> 用钢刀的，用软刀的。
> 然而我只有"杂感"而已。
>
> 连"杂感"也被"放进了应该去的地方"时，
> 我于是只有"而已"而已！①

这还是在三一八惨案之后写下的话，里面充满了激愤与痛苦。然而，仅仅过了半年，在广州这个曾被称为革命策源地的地方，拿钢刀与拿软刀的屠伯，却又更残酷、更疯狂、更大规模地屠杀人民了。人民的血，人民的泪，流得更多、更多了。泪揩了，血消了，屠伯们不仅逍遥，而且狞笑，而且歌舞升平地庆祝他们的"革命成功"！

两种不同而又相同的流血，两种不同而又相同的屠伯，给了鲁迅以深刻巨大的刺激，使他从刀光血痕中，看见了阶级与阶级的殊死搏斗，看见了进化论不能解释的现象和马克思主义阶级论的带着血流的实证。

---

① 《而已集·题辞》。

因此，他所得的，就不是“杂感”而已，更不是“而已”而已，却是更多更可宝贵的东西。他在《答有恒先生》中说道：“恐怖一去，来的是什么呢，我还不得而知，恐怕不见得是好东西罢。……一面挣扎着，还想从以后淡下去的‘淡淡的血痕中’看见一点东西，誊在纸片上。”

中国革命的长期性与艰巨性，表现在大规模的流血和这种大规模流血的时间长、地面广。鲁迅作为一个文化战士，一个革命作家，多次面对这种流血，而每一次历史性的血的迸射，都使他受到一次严酷的洗礼，每一次令人灵魂震颤的血腥味的熏炙，都使他更进一步清醒地去看到历史的进程和革命的本身。在辛亥革命时期，他看到了徐锡麟、秋瑾等先烈的血，他把那历史的沉痛教训写进了小说《药》中：革命者为解救群众抛洒自己的鲜血，而不觉醒的群众却拿他的鲜血去作治病的灵药。一面是毫无顾惜地流自己的血，一面竟是毫无知觉地喝那为自己流血的人的血。在三一八惨案中，他看到了刘和珍等青年烈士的血。这一次，一面是残酷地虐杀，另一面是勇敢无私地奉献。同时又有帮闲者的流言。但血迹却浸渍了亲朋的心。这是进步。他把两次流血的历史的经验，写进了他的名文《论“费厄泼赖”应该缓行》中。现在，他看见了第三次的大规模流血。这是前两次完全不能相比的。但这次的特点是，流血的不仅是少数革命先行者，也不是少量的青年英俊，而是大量的人，他们是共产党员、共青团员，他们更多的是工农群众。工农不再是历史的看客和用哀怜的眼光乞求解救的群氓。他们已经抛洒自己的鲜血了，他们觉醒了，用仇恨与愤怒的眼光，投身于斗争的洪流。他们本身就是革命的洪流。

鲁迅就在这个空前的洪流中经受了一次考验、一次战斗的洗礼，并又前进了一步。他从血痕中看见了历史的足迹、革命的前进规律。在广州时期，他还来不及，也沉静不下来，对这些进行深入的思考和总结。到上海之后，风暴过去了，生活相对地安定下来了，带着血痕的往事，浮上心头，他比较、分辨、剖析、总结，发出了新的声音。

他从流血的斗争中，更正确、更深刻地认识革命、认识阶级了。

他称赞俄国十月革命是“实在在革命”①。这是认识上的一个飞跃。他不再怀疑这个世界上的第一次成功的无产阶级革命了。他在为

① 《而已集·革命文学》。

《尘影》写《题辞》时，赞颂“许多为爱的献身者”，他指出“意中而且意外的血的游戏”，虽然“赠给身在局内而旁观的人们”以“好看和热闹”，但“同时也给若干人以重压”，他认为“这重压除去的时候”，“这才是大时代”。因为，当流血的重压除去时，就是实在的革命进行和胜利之时了。他在阶级论方面的观点，已经鲜明地表现在文字中了。他指出了“聪明绝顶的人”“弱不禁风的人”同“蠢笨如牛的人”的“胃口”是不同的：“胃口的差别，也正如‘人’字一样的。”[①]在《文学和出汗》中，他的阶级论的观点准确、清晰、尖锐、鲜明，已经达到很深刻、很自觉的程度，下面这段论述，今天已经成为人们常常引用的阶级论的经典论述了：

> 而且，人性是永久不变的么？
>
> 类人猿，类猿人，原人，古人，今人，未来的人，……如果生物真会进化，人性就不能永久不变。不说类猿人，就是原人的脾气，我们大约就很难猜得着的，则我们的脾气，恐怕未来的人也未必会明白。要写永久不变的人性，实在难哪。
>
> 譬如出汗罢，我想，似乎于古有之，于今也有，将来一定暂时也还有，该可以算得较为“永久不变的人性”了。然而“弱不禁风”的小姐出的是香汗，“蠢笨如牛”的工人出的是臭汗。不知道倘要做长留世上的文字，要充长留世上的文学家，是描写香汗好呢，还是描写臭汗好？这问题倘不先行解决，则在将来文学史上的位置，委实是“岌岌乎殆哉”。[②]

这都是他离开广州到上海后不久写下的文字。其实是“四一二”“四一五”大屠杀轰毁了他的旧的思想之后，他沉静下来初步思考的结果。这说明他已经对实际进行了理论的总结，把自己的实际感受，提高到理性认识的阶段了。

这正是他跃进中，向前迈进的坚实的脚步。

> 我一向是相信进化论的，总以为将来必胜于过去，青年必胜于老人，……然而后来我明白我倒是错了。这并非唯物史观的理论或

① 《而已集·卢梭和胃口》。

② 《而已集·文学和出汗》。

革命文艺的作品蛊惑我的，我在广东，就目睹了同是青年，而分成两大阵营，或则投书告密，或则助官捕人的事实！我的思路因此轰毁，……①

这里毫无贬低革命理论作用的意思，而是如实地写出了阶级斗争的实际对他的思想飞跃所起的促进作用与教育作用。

三、文艺与革命

他谈得更多的是文艺与革命。

作为一个伟大的文学家，在对革命的认识前进了、深化了的同时，对文艺与革命的关系的认识也前进与深化了。文艺与革命，成为鲁迅到上海初期的一个思考与发言的重大主题。

这时候，中国的第一次大革命已经失败了。其根本原因是敌人的强大和革命力量的弱小。其中当然也包括中国共产党还处在幼年时期和它的领导者所犯的右倾投降主义的错误。但是，历史的辩证法就是如此：一方面，革命被打入血泊之中了；另一方面，革命者又从血泊中站起来了，显得更坚强。一方面，革命者犯了错误；另一方面，又从错误中取得了教训，变得正确起来。一方面，革命的力量表现弱小，不足以战胜敌人；另一方面，人民又在失败中显出了力量，并在失败后，更发展了自己的力量。起先是，南昌城头的第一声枪响，秋收起义的农民的怒吼，广州起义的工人的战叫；然后，建立起第一批工农红军，深入发展农村革命，建立起第一批红色政权。

正是在这个形势下，在另一个战线上——文化战线上，以共产党员为核心的革命文学家、艺术家，积聚了力量，先后来到了上海，酝酿着结合，携手，团结对敌，深入开展文化革命。这是革命发展的必然趋势。

鲁迅很快感觉到这种革命趋势，他便很自然地首先来探讨文艺与革命的关系了。

“五四”以来的新文化运动，随着政治革命的发展也进到了一个新的时期，进到了建设与发展无产阶级领导的、人民大众的、民族的与科

① 《三闲集·序言》。

学的新文化了。一群从血与火的阶级斗争前线退下来的文艺战士和新投身于这条战线的战士，以及一些从事着革命实际工作而又爱好文艺的战士，逐渐聚集上海，形成了一支文艺新军。

鲁迅则是以老战士的身份，进入到这个行列中来的。通过革命的实践与自己的体验，他看到了工人、农民的伟大力量，相信了他们的历史使命和作用，并且以鲜明的态度表明自己和无产阶级政党站在一边。他的思想上的飞跃，正代表了在中国社会中占人口大多数的中间阶级的重大变化：转向无产阶级。这正反映了中国无产阶级力量的发展壮大和革命的深入。

鲁迅作为伟大的文学家，他的转变又同时反映了中国“五四”以来文化革命运动的发展和提高。更可贵的是他带着五四运动和第一次大革命的光荣的革命传统，带着他的辉煌的战斗成果，带着他的声望、造诣、经验和广泛的社会影响，进到新的革命文化队伍中来。这样，就使鲁迅有条件在后来成为左翼文坛的盟主、无产阶级文化新军的主将。

现在，他还是初到上海，因此，他首先需要对文艺与革命的问题，进行一番新的探讨。

在到上海不久的10月21日，他就发表了杂文《革命文学》。他对国民党反动派在“四一二”反革命政变后搞的所谓革命文学，给予了揭露和批判。他指出，在南方听得很多的“革命”，已经侵入文艺界了。当时广州的反动报纸上，捧出了法西斯作家意大利的邓南遮和德国的霍普德曼，捧出了国民党清党的谋士吴稚晖，加上西班牙的伊本纳兹，认为是应该师法的“四位革命文学家”！鲁迅尖锐地揭露这些人“从指挥刀下骂出去，从裁判席上骂下去，从官营的报上骂开去”，这种“文学”“妙在被骂者不敢开口”而已。

鲁迅这种对当时新掌权的国民党新军阀所叫嚷的“革命文学”的揭露和批判，正是为发展真正的革命文学运动扫清道路。

11月7日，他到劳动大学讲《关于文学与革命问题》。几天后，到光华大学讲《文学与社会》。12月，到暨南大学讲《文艺与政治的歧途》。在这些讲演中，他论述了文艺的性质。首先他批评了当时文艺界的三种错误倾向：第一种是逃避现实斗争，“为艺术的艺术，换言之就是造象牙之塔”；第二种是“把杀人的事当作歌颂”，这是国民党的帮凶文艺；第三种是“止于叫苦和鸣不平”的消极文学。在分析批判这几种倾向之后，他指出："各种文学，都是应环境而产生的，推崇文艺的人，虽喜欢说文艺足以煽起风波来，但在事实上，都是政治先行，文艺后变。"[①]在这里，他用唯物史观正确地解释了文艺与社会、文艺与政治的关系。他指出："社会停滞着，文艺决不能独自飞跃，若在这停滞的社会里居然滋长了，那倒是为这社会所容，已经离开革命，……"[②]

这就明确地指出了社会对文艺的制约关系。这是符合马克思主义观点的。同他原来的只期望文艺战士（超人与天才）出现，来把社会和国民性改造的看法相比，是从根本上改变了。

他还正确地论述了文艺与政治的关系，指明了它的宣传的作用、斗争工具的性质。这是资产阶级文艺家最害怕承认而竭力反对的。他说：

> 我是不相信文艺的旋乾转坤的力量的，但倘有人要在别方面应用它，我以为也可以。譬如"宣传"就是。
>
> ……一切文艺，是宣传，只要你一给人看。即使个人主义的作品，一写出，就有宣传的可能，除非你不作文，不开口。那么，用于革命，作为工具的一种，自然也可以的。[③]

这也是马克思主义观点的体现。同时，又纠正了他过去把文艺看作唯一能从根本上改变人的精神，夸大了文艺作用的旧观点。

但他又没有忽视文艺的特征，取消文艺之所以为文艺的特质。他说：

> 但我以为一切文艺固是宣传，而一切宣传却并非全是文艺，这正如一切花皆有色（我将白也算作色），而凡颜色未必都是花一样。革命之所以于口号，标语，布告，电报，教科书……之外，要用文艺者，就因为它是文艺。

在论述革命文学时，他正确地指出："真正革命家也是革命文学家，但现在顾不着做文艺，而现在的文艺家呢，只能喊喊、叫叫，还不能作出革命文学来。革命文学只能在革命以后出现，有了苏俄十月革命，才有无产者革命文学。"他认为，"革命以前的好文学，也只是揭露社会黑暗，诉说民众苦楚，呜呜不平"。他很好地说明了革命文学在当

---

① 朱金顺辑录《鲁迅演讲资料钩沉》，湖南人民出版社，1980，第86页。

②③ 《三闲集·文艺与革命》。

时的任务。他还进一步论述了创作方法问题，回答了“写什么，怎样写”的问题：

> 我看还是首先写人生、为人生、为改造这人生。……你有苦闷，就发牢骚；有希望，就去幻想；你痛苦了，就叫唤；看见可哭的，就写可哭的；可笑的，就写可笑的；可恨的，就写可恨的！……[①]

> 我以为根本问题是在作者可是一个“革命人”，倘是的，则无论写的是什么事件，用的是什么材料，即都是“革命文学”。从喷泉里出来的都是水，从血管里出来的都是血。“赋得革命，五言八韵”，是只能骗骗盲试官的。[②]

他在这里批评了那种以为只要“赋得革命”，就可以是革命文学的错误观念，提出了作家自己首先成为革命人的重大问题。因此他在《三闲集 · 文学与革命》中批评了那种“所谓超时代”的“革命作家”。

鲁迅的这些论述，涉及了革命文学的基本问题，这是迎接文化革命新时期的号角和宣言。他的论述，虽然仍然带着旧观点的遗痕，但基本上是符合马克思主义观点的。这就为即将来到的无产阶级革命文学在理论上奠定了一个初步的基础。

这些初到上海时期的言论，表明鲁迅已经较多地掌握了马克思主义，他的思想方向、基本观点和世界观的主导的方面，已经是马克思主

① 杜力夫：《永不磨灭的印象》，载宋庆龄、周建人、茅盾等：《鲁迅回忆录》一集，上海文艺出版社，1978。

② 《而已集 · 革命文学》。

义的了。[①]

四、在“笔尖的围剿”中发展

然而，历史的发展，往往不是走直线的。正当鲁迅如此热情而忠诚地向马克思主义转变了的时候，却遇到来自“马克思主义”方面的批判：《〈创造周报〉复活宣言》刚刚发表，事情便突然起了变化。创造社的后期重要人物冯乃超、李初梨、彭康、朱镜我等，从日本归来了。他们认为《创造周报》的历史使命已经过去了，没有恢复的必要，要另起炉灶，新办刊物。他们反对联合鲁迅，不肯与鲁迅合作，而且，还要批判他。[②]太阳社的钱杏村、蒋光慈等，与创造社关系较密切，也决定要批判鲁迅。他们携起手来，不顾自己真正的敌人，而向着鲁迅开火了。

“笔尖的围剿”

1928年1月，创造社出版的《文化批判》创刊号上，发表了冯乃超的《艺术与社会生活》，揭开了批判鲁迅的序幕。这就是鲁迅所说的

① 有的论者列举了鲁迅这时的一些模糊以至错误的观点，列举一些旧观点的遗痕，说明它的非马克思主义的性质。这都是应该的。但是，由此得出结论，说鲁迅这时还没有实现思想上的飞跃，还不是马克思主义者，只有到1928年末、1929年初以至1930年，才算成为马克思主义者了。这种看法值得商榷。看一个人是否转变成为马克思主义者了，主要应看他在基本立场、主要问题上的观点是否符合马克思主义，而不能要求在一切问题上都做到这一点。我们承认一个人从非马克思主义者转变到马克思主义立场上来了，不能要求他立即成为纯粹的、成熟的马克思主义者。这是不可能的。历史上，不少这种转变立场观点的人，在成为马克思主义者之后，并不立即成为纯粹的、成熟的马克思主义者。这里有一个发展、提高的过程，不能一蹴而就。不少著名的马克思主义者，即有这种情形。如李大钊，当他以最早的马克思主义宣传家的英姿，写出一篇篇宣传马克思主义观点的文章时，其中就有一些非马克思主义观点。而且，我们看到，马克思主义创始人在从革命民主主义者转变成共产主义者时，在他们创立马克思主义学说之初，在一些著作中，也还有一些观点上的“杂质”和旧时观点的遗痕。鲁迅在转变成马克思主义者之后，也有这样一个过程。这正表现了他对自己的思想观点进行马克思主义改造的情况。我们不能因为这个改造和发展过程的存在，而否认他在基本上已经转变。鲁迅的伟大不在于他一经转变，立即完全、彻底、纯净、成熟，而在于他不断前进、从不停滞。

② 郭沫若后来追忆此事，颇感遗憾。他说：“结果我退让了。……和鲁迅的合作，就这样不仅半途而废，而且不幸的是更引起了猛烈的论战，几乎弄得不可收拾。这些往事，我今天来重提，只是表明我自己的遗憾。我与鲁迅的见面，真真可以说是失诸交臂。”（郭沫若：《鲁迅与王国维》，《创造月刊》1928年1月1日第一卷第8期）

“笔尖的围剿”的开始。

创造社、太阳社打出了提倡无产阶级文学的大旗，这适应了中国革命发展的需要，顺乎“五四”以来新文学发展的潮流，它与正在农村深入进行的土地革命是互相配合的。他们力图摆脱资产阶级的影响，开展大规模的马克思主义文艺理论的翻译、宣传。在这方面也的确做了不少工作，有了成绩。这是他们不可磨灭的历史功绩。但是，他们却受到当时党内以瞿秋白为代表的“左”倾错误的影响；从日本回来的冯乃超等创造社的“少壮派”，还受到日本福本和夫“左”倾路线①的影响。他们把整个资产阶级甚至小资产阶级都一概当作革命对象，竟然叫喊“拜金主义派的群小是我们当前的敌人”，“一般的文学家大多数是反革命派”，发出“打倒那些小资产阶级的学士和老爷们的文学”的口号。于是，他们把批判的矛头对准了鲁迅。一顶顶大得可怕的帽子，连篇累牍的文章，倾盆大雨似地抛向鲁迅：“时代的落伍者”、资产阶级“最良的代言人”、“封建余孽”、“对于社会主义是二重的反革命”，等等。而且，他们还对鲁迅进行了不应有的人身攻击。

这种批判是完全错误的。创造社、太阳社对于鲁迅从五四运动以来的战斗和贡献，作了完全错误的估价；对于鲁迅在广州的表现和“四一二”反革命政变后的飞跃变化，也全不顾及。这种来自同一营垒的批判和攻击，很使鲁迅气恼和不平。鲁迅对批判者予以回击。他的回击是有力的，但他始终没有把对方当作敌人来对待，他始终坚持了正确的立场。他这个时期，写了《“醉眼”中的朦胧》《文艺与革命（并冬芬来信）》《我的态度气量和年纪》《革命咖啡店》《文坛的掌故（并徐匀来信）》等。在与创造社的关于革命文学的论争中以及在回答他们其他方面的攻击时，鲁迅阐述了他对于文艺问题的基本观点，这已如前述。另外，特别可贵的是，他对于创造社、太阳社所表现的“左”的错误，他们的不了解中国社会实情、不正视社会的黑暗与落后等方面的错误和弱点，作了尖锐的、有力的批判。在《“醉眼”中的朦胧》中，他针对创造社攻击他讲趣味、有闲暇，是“代表着有闲的资产阶级，或者睡在鼓里的小资产阶级”的论点，指出了他们有严重的宗派情绪，更着重指出

① 福本和夫在1925—1927年间，曾担任日共领导人。日共党史上，将这期间以福本和夫为代表的“左”倾机会主义领导和福本和夫的理论称为福本主义。

他们虽然大肆宣传"革命文学"，但是脱离革命的实际，脱离工农，脱离社会实际，失之于空洞、浮泛，"从无抵抗的幻影脱出，坠入纸战斗的新梦里去了"。他又批判了创造社等的"超时代"，"其实就是逃避"，指出他们的忽视文艺的特质，批评他们只看重挂招牌，"吹嘘同伙的文章"，"而对于目前的暴力和黑暗不敢正视"，因此作品便"往往是拙劣到连报章记事都不如"。[①]

鲁迅又在《太平歌诀》一文中写道：

> 看看有些人们的文字，似乎硬要说现在是"黎明之前"。然而市民是这样的市民，黎明也好，黄昏也好，革命者们总不能不背着这一伙市民进行。……
>
> 近来的革命文学家往往特别畏惧黑暗，掩藏黑暗，但市民却毫不客气，自己表现了。那小巧的机灵和这厚重的麻木相撞，便使革命文学家不敢正视社会现象，变成婆婆妈妈，欢迎喜鹊，憎厌枭鸣，只检一点吉祥之兆来陶醉自己，于是就算超出了时代。
>
> 恭喜的英雄，你前去罢，被遗弃了的现实的现代，在后面恭送你的行旌。
>
> 但其实还是同在。你不过闭了眼睛。……

在批判中，有着对中国社会和市民（城市小资产阶级）的深入的观察与分析；而不敢正视黑暗现实和对于革命胜利的盲目的、空洞的乐观，却表现了"左"的情绪。

在《铲共大观》中，他就长沙市民争看共产党人被杀的现象和关于这件事的新闻纪事，写道："在我所见的'革命文学'或'写实文学'中，还没有遇到过这么强有力的文学。"但他接着又带着幽默与讽刺写道：

> 且住。再说下去，恐怕有些英雄们又要责我散布黑暗，阻碍革命了。一理是也有一理的，……但不是正因为黑暗，正因为没有出路，所以要革命的么？倘必须前面贴着"光明"和"出路"的包票，这才雄赳赳地去革命，那就不但不是革命者，简直连投机家都不如了。虽是投机，成败之数也不能预卜的。

---

① 《三闲集·文艺与革命》。

这种批判，对于基本上还处于从小资产阶级知识分子向无产阶级知识分子转变途中的创造社、太阳社诸人来说，真是正中要害，是一剂良药。这种批判，其意义与作用，已经超出文学的范畴。正当党的第一次“左”倾错误出现时，鲁迅发出这样深刻的议论，既表现了他对中国社会的深刻了解、对实际的深刻观察，又表现了他是真正的、可贵的革命的诤友。同时，也表现了他的思想家的突出的求实精神与敏锐的眼光。

在斗争中被识别

“新兴阶级的文艺思想，往往经过革命的小资产阶级作家的转变，而开始形成起来。”[①]

当时的情形正是如此。正处在这样一个转变和形成的过程中。而鲁迅正是这个转变和形成的代表人物。

但是，出现了一个有趣的历史现象：这支经过转变而形成起来的队伍，却把自己队伍的主将、先驱，当作敌对力量的代表来看待，向他发起了批判。这正表现了当时文学界的幼稚[②]。就像历史上的农民运动和各国无产阶级革命运动，总是要在运动成熟期才产生自己的领袖，而领袖的产生也标志着运动的成熟一样，当时无产阶级革命文学运动的不成熟，也表现在对鲁迅的错误的批判上。在这个批判的过程中，革命作家们逐渐认识了鲁迅，认识了自己阵营的主将和先驱。

首先是党中央出来说话。当时负责党中央军委工作的周恩来同志，曾经对党中央派去说服创造社、太阳社改变与鲁迅的关系的同志说过：我们要同鲁迅团结，搞好团结，像小孩成长，不摔跤是不可能的，一下子希望成熟是不可能的。[③]

① 瞿秋白：《鲁迅杂感选集·序言》，载《瞿秋白选集》，人民文学出版社，1959，第332页。

② 在这次“笔尖的围剿”中，冯雪峰用笔名“画室”发表了《革命与知识阶级》一文，批评了创造社“没有改变向来的狭小的团体主义精神”，“一大本杂志有半本是攻击鲁迅的文章”。他指出：“对于鲁迅的攻击，在革命的现阶段的态度上既是可不必，而创造社诸人及其他等的攻击方法，还含有别的危险性。”他称赞在“五四”“五卅”运动中，“做工做得最好是鲁迅”。（见李何林编《中国文艺论战》，陕西人民出版社，1984，第17-18页）有这样的认识，在当时是难能可贵的。但就是这样文章的作者后来还检讨自己的“肤浅和轻浮”，指出自己“把鲁迅先生派定为所谓‘同路人’就是受的当时苏联几个机械论者的影响”。[冯雪峰：《回忆鲁迅》，载《鲁迅回忆录（专著）》中册，第553页]

③ 《阿英忆左联》，《新文学史料》1980年第1期。

1929年上半年，在党的六大批判了“左”倾盲动的错误之后，上海党的领导人，对创造社、太阳社的同志指出了攻击鲁迅的错误。到1929年的下半年，创造社的彭康、冯乃超、朱镜我对鲁迅的态度开始转变，并尊重鲁迅了。这年的10月份以后，他们开始同鲁迅接触。这标志着革命文学运动的进一步发展。当然，到这时，也并不是所有的人都转变过来了。像太阳社的蒋光慈，一直到后来仍然不尊重鲁迅。

但是，通过这次论争，彼此加强了联系，加深了了解。而且，在互相批判的同时，大家都同样对国民党反动派进行了斗争，同样为发展革命文学做出了贡献。配合着农村革命的深入，在白区，树起了革命文学的旗帜，振奋了人心，鼓舞了斗志，适应了革命的需要。正如鲁迅后来所说：“革命文学之所以旺盛起来，自然是因为由于社会的背景，一般群众，青年有了这样的要求”，“实在具有社会的基础”。[①]创造社、太阳社在打出了革命文学的旗帜以后，便以年青战士的热情，开展了工作和宣传。他们先后出版了多种杂志，开展宣传讨论，形成了盛大的声势。[②]

在这同时，鲁迅虽然遭到他们“笔尖的围剿”，而且也对他们进行了反击，但同时也向国民党反动派进行了斗争，在这个战斗中，他与创造社、太阳社却又是站在同一战阵的了。他在进行文学论争的文章中，对国民党的反革命罪行，进行了巧妙的袭击。《三闲集·头》本是抨击梁实秋借卢骚之头攻击革命作家，但中间忽然“拉扯上去”这样一段：

> 说到挂头，是我看了今天《申报》上载湖南共产党郭亮“伏诛”后，将他的头挂来挂去，“遍历长岳”，……。可惜湖南当局，竟没有写了列宁（或者溯而上之，到马克思；或者更溯而上之，到黑格尔等等）的道德上的罪状，一同张贴，以正其影响之罪也。湖南似乎太缺少批评家。

而在《铲共大观》中，主题仍在批评创造社的不敢正视现实、脱离实际，但同时借叙长沙“挂头”之事，宣布：“但是，革命被头挂退的事是很少有的。”

尤其可贵的是，争论双方，都在这个时期进一步努力学习马克思主

---

① 《二心集·上海文艺之一瞥》。

② 他们先后出版的杂志计有：《流沙》《战线》《戈壁》《洪荒》《我们月刊》《畸形》《摩洛》《澎湃》《泰东月刊》等。

义，而且翻译马克思主义的文艺理论，成为中国普及马克思主义文艺理论最早的一次运动。

鲁迅在《三闲集·序言》中说得很恳切：

> 我有一件事要感谢创造社的，是他们“挤”我看了几种科学底文艺论，明白了先前的文学史家们说了一大堆，还是纠缠不清的疑问。并且因此译了一本蒲力汗诺夫的《艺术论》，以救正我——还因我而及于别人——的只信进化论的偏颇。

鲁迅正是在这个时期加强了自己马克思主义的理论武装。他曾经说过，他希望有操马克思主义枪法的人来批判自己，但是，没有。于是他自己便来学习和掌握这个枪法。

就这样，论争双方，在实际战斗中，在理论上，都日渐接近起来，为实际上的以至感情上的接近，打下了基础。

到1929年10月、11月间，李富春代表党组织找了创造社、太阳社中的共产党员10来人谈话，传达中共中央指示，正式提出解散社团，与鲁迅合作，成立一个新的文学团体的事。

一年多的宣传、组织、论争、学习、了解，终于达到了携手战斗的结果，从而革命文艺新军，也在战斗中认识了鲁迅，尊重他在文艺战线上的崇高地位。

当中国工农红军在井冈山上，在湘赣、鄂豫皖、湘鄂西、广西左右二江的崇山峻岭之中，江湖河港之间，驰骋战斗，胜利发展之时，中国无产阶级革命文艺新军，也在黄浦江畔，在江淮河汉间，勇敢地战斗，胜利地发展。两支军队，两种深入，推动中国革命前进。

而鲁迅以主将的英姿，出现在思想战线的前列。

五、窃得火来煮自己的肉

自从“四一二”反革命政变轰毁了进化论的思路以来，鲁迅一直在寻找自己的“病症”。这种寻找已经完全不同于在北京时期的那种彷徨、矛盾中的探索了，那时虽然要“上下而求索”，但究竟觉得“路漫漫其修远”。那时，是寻找前途的答案，寻找实现这个前途的力量。现在不同了，这两个答案已经有了。现在是寻找自己的“病症”所在：一方面是总结过去的战斗；一方面是确定今后的战斗。

正好，这时候与创造社、太阳社展开了论争。这在原则上他甚至是欢迎的。然而，他失望了：

> 从前年以来，对于我个人的攻击是多极了，每一种刊物上，大抵总要看见“鲁迅”的名字，而作者的口吻，则粗粗一看，大抵好像革命文学家。但我看了几篇，竟逐渐觉得废话太多了。解剖刀既不中腠理，子弹所击之处，也不是致命伤。[①]

> 第四阶级文学家对于我，大家拼命攻击。但我一点不痛，以其打不着致命伤也。以中国之大，而没有一个好手段者，可悲也夫。[②]

于是，他自己动手：一、学习；二、翻译。

他的学习勤奋、认真，他不断购买马克思主义理论书。1929年前后，以上海为中心，出现了翻译和出版马克思主义理论书的热潮，许多重要的马克思主义经典著作都有了中译本。出现了“五四”以后又一个宣传、普及马克思主义的高峰。[③]这给了鲁迅以学习的方便。他这时从日本购买了大量的马克思主义理论书。[④]从中我们看到，他学习的重点是：一、一般马克思主义原理；二、马克思主义的文艺理论（以及一般文艺理论，以为对比）；三、介绍苏联十月革命、国内建设和文艺政策

---

① 《二心集·“硬译”与“文学的阶极性”》。

② 《1928年5月4日致章廷谦》。

③ 这时期出版的马列经典著作主要有：《资本论》（第一卷）、《反杜林论》、《费尔巴哈和德国古典哲学的终结》、《家族私有财产及国家之起源》，以及列宁的《国家与革命》、《帝国主义是资本主义的最高阶段》、《唯物论与经验批判论》等。马克思主义经典著作中的主要篇章，基本上都译介了。这对传播和掌握马克思主义，十分有益。

④ 这里，我们不妨列举一下鲁迅当时所购这方面图书的目录，这对于了解他的学习状况，以及由此理解他的思想、作品，都是有好处的。这些书是《革命艺术大系》、《艺术和社会生活》、《无产阶级之文化》、*The Woodcut of Today*（《今日木刻艺术》）、《劳农俄国小说集》、《革命俄国的艺术》、《现代俄国文豪杰作集》、《俄国文学史》、《最新俄国研究》、《无产阶级的文化》、《俄国革命后的文学》、《苏俄的表里》、《列宁与高尔基通信集》、《什么是阶级意识》、《社会主义从空想到科学》、《俄罗斯劳动党史》、《唯物史观解说》、《阶级斗争理论》、《唯物的历史理论》、《一周间》、《马克思主义与伦理》、《革命后的俄国文学》、《阶级社会之诸问题》、《马克思主义与文艺运动》、《马克思主义的根本问题》、《作为思想家的马克思》、《艺术的唯物史观的解释》、《马克思主义批评论》、《无产阶级艺术教程》、《史的唯物论》、《艺术和无产阶级》等数十种。

的书。

他的学习马克思主义，带着很高的自觉性，而且同自己的思想实际紧密结合，用来解剖自己。他在《“硬译”与“文学的阶级性”》中说：

> 人往往以神话中的Prometheus比革命者，以为窃火给人，虽遭天帝之虐待不悔，其博大坚忍正相同。但我从别国里窃得火来，本意却在煮自己的肉的，……

同时，他还“夹杂着”“慢慢地摸出解剖刀来，反而刺进解剖者的心脏里去的‘报复’”。

“打着我所不佩服的批评家的伤处了的时候我就一笑，打着我的伤处了的时候我就忍疼，……”

这就是说，他要用马克思主义来解剖自己，也解剖别人。他在这方面，是都得到了收获，达到了目的的。

在这时期，鲁迅还先后翻译了不少马克思主义文艺理论著作和介绍苏联文艺政策的书以及苏联文学作品。他曾说：“我只希望有切实的人，肯译几部世界上已有定评的关于唯物史观的书——至少，是一部简单浅显的，两部精密的——还要一两本反对的著作。”[①]他认为，这可以“填一填彻底的高谈中的空虚”。他翻译了《苏联的文艺政策——关于文艺政策评议会速记录》一书，正如他在《〈奔流〉编校后记》中介绍“俄国的关于文艺的争执”时所说的：“从这记录中，可以看见在劳动阶级文学大本营的俄国的文学的理论和实际，于现在的中国，恐怕是不为无益的。”他不但借此以解剖自己，而且，“我也愿意于社会上有些用处，看客所见的结果仍是火和光”[②]。接着他又翻译了好几本同样性质的著作。学习和翻译这些著作，他的收获很大，禁不住欣喜地说：“以史底惟物论批评文艺的书，我也曾看了一点，以为那是极直捷爽快的，有许多昧暖难解的问题，都可说明。”[③]

他经过了广州的血的教训之后，又经过对马列主义理论的学习，思想更进一步提高，更自觉地运用马克思主义世界观来观察社会现象、剖析社会现象，观察革命、民族和国家的命运。他的马克思主义水平大大

---

① 《三闲集·文学的阶级性》。

② 《二心集·“硬译”和“文学的阶级性”》。

③ 《1928年7月22日致韦素园》。

提高了。

鲁迅接受马克思主义，是他的思想发展的必然归宿。这是一个长期渐变过程后的突变。早在“五四”时期，他的思想中就有许多观点、见解同马克思主义相一致或相通的；不同的是，他的观察还不是从辩证唯物主义的世界观出发的。到五四运动后和第一次国内革命战争时期，他不仅对马克思主义接触增多，而且注意学习了。在他以马克思主义之“火”，“煮”过了自己以后，他的政治立场彻底转变了，整个世界观也完全转变了，成了一个成熟的马克思主义者，伟大的共产主义思想文化先驱。

六、从“而已”到“三闲”

《而已集》的名字带着血泪的愤怒控诉与谴责[①]，《三闲集》则以含着微笑的幽默进行讥刺与嘲讽[②]。

《而已集》的作品作于1927年[③]；《三闲集》的文章则跨越3个年度：1927，1928，1929年。前者是鲁迅的思想从前期向后期转变、飞跃的记录和实证；后者则带着前期思想的余绪，而更多地体现着后期的特点。但两者较之《热风》已完全不同；同《坟》中的作品比也已经变化很大；而拿《华盖集》正续篇来比照，也会发现差别不仅表现在思想上、情绪上，而且也表现在艺术上、风格上：总之，都变化了，也都发展了，提高了。

《而已集》共收杂文30篇，它的主题是多方面的，风格也有变化与发展。大别之，内容有三个方面：揭露、抨击封建军阀统治，以及它的

---

① 《而已集》的名字得自作于1926年10月的一首诗（后来做了《而已集》的《题辞》），其中说到又看见了许多血和许多泪，屠伯们则逍遥复逍遥，而他则只有“杂感”而已，当“杂感”也被如陈西滢所诬说的“放进了应该去的地方”时，就只有“而已”而已了。这是对于军阀统治、国民党反动统治以及陈西滢等帮凶帮闲文人的抨击。

② 《三闲集·序言》中说：“我将编《中国小说史略》时所集的材料，印为《小说旧闻钞》，以省青年的检查之力，而成仿吾以无产阶级之名，指为‘有闲’，而且‘有闲’还至于有三个，却是至今还不能完全忘却的。我以为无产阶级是不会有这样锻炼周纳法的，他们没有学过‘刀笔’。编成而名之曰《三闲集》，尚以射仿吾也。”《序言》写于1932年，创造社对鲁迅的“围剿”早已过去，鲁迅与创造社以至成仿吾本人，都建立了战友之情。这里是用过去论争中发生过的事情，来作书名，含着幽默和善意的讥刺。

③ 只有《题辞》和《附录·大衍发微》作于1926年。

帮闲文人；揭露、抨击国民党背叛革命，施行反革命大屠杀的罪行；反击梁实秋等对于革命文学的攻击。在比重上，前两者几乎差不多，第三项则较少：这正反映了当时中国的政治斗争状况，即反对北洋军阀的任务已近结束，反对国民党新军阀的斗争已经开始。1927年，正是中国革命从大革命时期向十年内战时期转变的年代。同时，文学战线上，两个阶级的斗争也已经露出端倪。鲁迅的杂文，正反映了和记录了这个时期斗争的内容与特点。他的作品是中国革命斗争的忠实记录。

这也是他的思想从“旧”向“新”的转变期，表现出思想的活跃、跳跃、发展、前进、提高，丰富而又不免有一点旧时的“杂质”，向前而又不免有些过去的拖累。但却都是活生生的，鲜明，尖锐，泼辣。它是作者忠实的自我剖白。由于它是时代的和自我的忠实记录，因此也就成为中国现代思想史和文学史的宝贵材料。这里有对十月社会主义革命的讴歌，有对工农革命力量的赞赏，有对国共合作时期广州的“红中夹白”的复杂政治状况的剖析，有对国民党反动派叛变革命的旁敲侧击，也有尖锐的直接指斥，更有对于国共合作时期的右派的反动嘴脸的揭露。在政治立场上、政治态度上，他是鲜明，坚定，毫不含糊，决不动摇的。同时，作为一个文化战士，他在文化领域的许多重大问题上，也发表了许多深刻的见解。不过，其中有时留有旧时的遗痕，显出过渡的色彩。在文章中，有时有对文学与社会生活的关系的独到、深刻的分析与论述，闪耀着辩证唯物主义与历史唯物主义思想之光，但同时也遗留着进化论的表述、对革命与文学关系的不确切论述和对于文艺的作用的不适当贬低[①]。这里有对于文学史的精辟、深刻、独创的分析和见解，体现了作者运用历史唯物主义分析历史和文学现象的意图与成绩；但也还不是马克思主义的文学史论，因为他所作的社会分析还没有达到鲜明的阶级分析的程度[②]。他既对文学现象（历史的和现实的）作了很好的社会分析，但又说“创作总根于爱”，然而又说“创作是有社会性的”。不过他这里说的“社会性”却是“总愿意有人看”。[③]他自谦地说：

我是在二七年被血吓得目瞪口呆，离开广东的，那些吞吞吐

① 《而已集·革命时代的文学》。

② 《而已集·魏晋风度及文章与药及酒之关系》。

③ 《而已集·小杂感》。

吐，没有胆子直说的话，都载在《而已集》里。[①]

但数量不多和吞吞吐吐，并不是他不敢写，而是不让写，但他仍然写下了不少并不吞吞吐吐，颇为尖锐的泼辣的战斗文字。如《扣丝杂感》《小杂感》等。

《三闲集》中1927年的作品，算作《而已集》的补遗，其中多数文章写于广州。最重要的是《怎么写》（夜记之一）和《在钟楼上》（夜记之二），它记录了作者在广州、在“四一二”反革命政变前后的生活和思想状况，特别是揭露了国民党反动派施行大屠杀的情况。1928年的作品除了揭露、抨击国民党的反革命大屠杀罪行之外，主要的就是和创造社的论争文字了。1929年之所作，书的序和小引占了主要地位，而重要的是对新月社的批评，它揭开了鲁迅批判资产阶级的文学流派的序幕。这个内容的简况，说明了这第五本杂文集具有过渡性的特点。

这部杂文集里，令人百读不厌的篇章有《流氓的变迁》和两本小说的序言。它们是杂文的精品，表现了鲁迅在杂文写作艺术上达到了令人惊叹的地步。《流氓的变迁》对中国半殖民地半封建社会产生的秽物——流氓，作了历史唯物主义的分析。先是“取巧的侠”，“和公侯权贵相馈赠，以备危急时来作护符之用”，已经有了奴气。再发展而为强盗——受皇家招安的“替天行道”的“强盗”。再变而为“保镳”，他们“虽在钦差之下，究居平民之上，对一方面固然必须听命，对别方面还是大可逞雄，安全之度增多了，奴性也跟着加足”。最后，当强盗吧，“要被官兵所打”，当“保镳”捕盗吧，又“要被强盗所打”：“于是有流氓”。这段简要而深刻的分析，贯穿着阶级观点，揭露了本质，入木三分。接下去对于流氓的依权势而横行，欺压平民百姓的恶行，揭露批判，深入腠理，对社会现实真是了如指掌。鲁迅这篇作品的产生，不是偶然的。当时，在国民党新军阀的统治营垒里，那些党棍、军官、政客，从蒋介石开始，都是流氓出身；而以陈西滢之流为代表的“现代评论派”，以胡适为代表的“新月派”，也都带着流氓的本性，投到青天白日旗下来了。对流氓变迁史的总结和揭露，就撕破了这些文武奴才的假面，现出了丑恶的本相。

《叶永蓁作〈小小十年〉小引》和《柔石作〈二月〉小引》，表现了

① 《三闲集·序言》。

鲁迅运用马克思主义观点分析文艺作品的高度技巧。对《小小十年》，他肯定了这本书的“生命”在于“描出了背着传统，又为世界思潮所激荡的一部分的青年的心”，“将为现在作一面明镜，为将来留一种记录”；又肯定了它是“直说自己所本有的内容的著作”；肯定了作品的反映现实生活的现实主义精神。但又深刻地指出，这是“一部感伤的书，个人的书”，而且，“在这里，是屹然站着一个个人主义者，遥望着集团主义的大纛”，而且，“在‘重上征途’之前，我没有发见其间的桥梁”。委婉地指出了作者只站在个人主义的水平上而没有能够以集体主义精神来反映“十年中的行动和思想”，也批评了作者未能写出从个人主义到集体主义的发展的桥梁。这批评十分中肯，这见解非常深刻。

《柔石作〈二月〉小引》，也同样指出了萧涧秋这种小资产阶级知识分子“并不能成为一小齿轮，跟着大齿轮转动，他仅是外来的一粒石子，所以轧了几下，发几声响，使被挤到女佛山——上海去了”。深刻地分析了未能投身工农的小资产阶级知识分子的空虚的实质和没落的命运。

这两篇杂文都是序跋的上乘之作，是文艺批评的佳品。它们对读者认识社会，了解小资产阶级的前途、命运，都是有益的。它们也都是鲁迅已经熟练地掌握了马克思主义的证明。

《而已集》《三闲集》同《华盖集》正续编明显的不同之处，便是消除了那种由于对前途没有明确的认识而信心不足的情绪。这种思想情绪反映在以前的杂文中，就是鲁迅自己所说的“顾忌还不少”，“说话往往含糊”；同时，还有一种激愤情绪：愿同黑暗一同消灭，“时日曷丧，予及汝偕亡”。现在，在《而已集》《三闲集》中，不再存在这种思想情绪了，信心足了，虽然并不是每篇文章都这样声明，但通篇表现了信心与希望，对光明终必战胜黑暗，坚信不疑，由工农来创造平民的时代和社会，比原先那建立在进化论基础上的、由青年来创造模糊的“第三样时代”，究竟可靠、实在、具体，是从社会实际和革命斗争的实践中产生出来的。这也给艺术风格带来变化：明朗。但是，由于环境的变化，白色恐怖的严重，又在表现手法上，有时是曲折委婉的；因此更加发挥了幽默、讽刺的特长。整个作品在艺术上也更风格多样化了，批评的社会面更广了，内容也更丰富深厚了。

在五四运动中产生的杂文这个新文体，在“五四”以后，只有鲁迅越来越发展了它，使它在思想上和艺术上都日渐提高。这不是个人的爱好使然，而是鲁迅的战斗生涯所决定的。在这两本集子产生的时期，“短短的批评，纵意而谈，就是所谓‘杂感’者，却确乎很少见”。这原因，“恐怕这‘杂感’两个字，就使志趣高超的作者厌恶，避之惟恐不远了”[①]。人们甚至奚落鲁迅，称之为“杂感家”。但鲁迅无视这些，仍然拿着他的笔，当作投枪匕首，向敌人掷去，并不考虑进“艺术之宫”“学术殿堂”的声誉和地位。

这正是鲁迅之所以能成为伟大的文学家、思想家、革命家的根源。

七、擎起左翼文学的旗帜

建立左翼作家联盟

党的干预和指示，很快促使创造社和太阳社决定同鲁迅联合建立一个统一的文学团体。首先由冯雪峰去征求鲁迅的意见。

冯雪峰是由柔石介绍，认识鲁迅的。他在1925，1926年间，曾在北京大学听过鲁迅的课；到上海认识鲁迅后，又同鲁迅一起编译《科学的艺术论丛书》。他住在鲁迅家附近，过从甚密。

冯雪峰来到鲁迅家，转达了潘汉年（当时任中共中央宣传部干事）同他谈的两点意见：一是，共产党中央希望创造社、太阳社和鲁迅（以及在他影响下的人们，包括当时的所谓“语丝”派的一些人）联合起来，成立一个革命文学团体。二是，这个团体的名称拟定为“中国左翼作家联盟”。冯雪峰征询鲁迅的意见，是否同意联合起来，建立一个统一的文学团体？是否同意加上“左翼”二字？如果不同意，那就不用。

鲁迅完全同意。他说，“左翼”二字还是用好，旗帜可以鲜明一点。

党指定创造社的冯乃超和与太阳社关系较好的沈端先（夏衍）以及冯雪峰负责“左联”的筹备工作。鲁迅同他们作了多次接触。创造社、太阳社的同志向鲁迅承认了过去态度上的错误。革命文艺队伍内部经过斗争达到了统一。

1930年2月16日，在条件成熟的情况下，在上海北四川路一家咖啡

---

① 《三闲集·序言》。

馆里，鲁迅和其他11名同志[①]，在一起聚会。会上，创造社、太阳社的同志检讨了原先的小集团主义、对待鲁迅的错误态度和忽视了正面之敌等错误，讨论了今后的战斗和理论建设问题。这就是中国左翼作家联盟的筹备会。

1930年3月2日，在上海北四川路窦乐安路中华艺术大学的一间教室里，聚集了40多位青年作家，举行了“左联”成立大会。会上通过了理论纲领和行动纲领。

我国第一个由中共领导的统一的革命文艺团体，诞生了。它标志着革命文学运动跨进了新的阶段。

大会通过的理论纲领明确地宣布：

“我们的艺术不能不呈献给‘胜利不然就死’的血腥的斗争。”

“我们的艺术是反封建阶级的，反资产阶级的，又反对‘失掉社会地位’的小资产阶级的倾向。我们不能不援助而且从事无产阶级艺术的产生。”

会上，鲁迅发表了重要讲话。他没有拿稿子，侃侃而谈，这就是著名的《对于左翼作家联盟的意见》。[②]

鲁迅首先提出了左翼很容易变成右翼的问题。这个问题很尖锐，也很实际，切中当时左翼文学队伍的弊病。他强调，第一，要“和实际的社会斗争接触”，不能“单关在玻璃窗内做文章，研究问题”。第二，要“明白革命的实际情形”，“革命是痛苦，其中也必然混有污秽和血，决不是如诗人所想像的那般有趣，那般完美；革命尤其是现实的事，需要各种卑贱的，麻烦的工作，决不如诗人所想像的那般浪漫；革命当然有破坏，然而更需要建设，破坏是痛快的，但建设却是麻烦的事”。对于今后的工作的意见，他强调了“对于旧社会和旧势力的斗争，必须坚决，持久不断，而且注重实力。”“在文学战线上的人还要‘韧’”；“要在文化上有成绩，则非韧不可”。其次，他提出“战线应该扩大”。他说：“在前年和去年，文学上的战争是有的，但那范围实在太小，一切

① 这就是被称为“左联”的基本构成员的12人，他们是：鲁迅、冯雪峰、夏衍、阳翰笙、冯乃超、郑伯奇、柔石、蒋光慈、彭康、阿英、沈起予、洪灵菲。另一说无沈起予，而为吴黎平。

② 据冯雪峰回忆，这个讲话，当时并没有记录，他根据记忆记出，并把鲁迅平日同他谈话时说到的一些意见补充进去了。整理成文后，经鲁迅看过，在《萌芽》月刊上发表。记录人署名“王黎民”。（《冯雪峰谈“左联”》，《新文学史料》1980年第1期）

旧文学旧思想都不为新派的人所注意，反而弄成了在一角里新文学者和新文学者的斗争，旧派的人倒能够闲舒地在旁边观战。”

这真是一针见血的中肯意见。现在，成立了革命文学的统一团体，就可以把战线扩大，向敌人进攻了。

第三，他强调了“应当造出大群的新的战士”。这样，“对敌人应战，也军势雄厚，容易克服”。

最后，他提出联合战线要以“有共同目的为必要条件”。“我们战线不能统一，就证明我们的目的不能一致，或者只为了小团体，或者还其实只为了个人，如果目的都在工农大众，那当然战线也就统一了。”

他的讲话，对于当时参加了“左联”的和没有参加的进步文艺工作者来说，都是十分有益的。后来的事实证明，有的人没有做到这些，而沦为右翼了；而后来在左翼文学界发生的一些不愉快的纷争，也与违背这些意见有关。

同志的祝贺与期望

1930年9月17日，在上海法租界吕班路（现在的重庆路）一家小型的荷兰餐室里，聚集着30多人，他们有穿长袍的，有穿西装的，有穿戴整齐并比较华贵的，但多数人衣着朴素。

这是一个庄严而又热烈、简单朴素而又很有意义的集会：庆祝鲁迅五十寿辰。

在“左联”成立以后，在党的领导下，又先后成立了“社联”“美联”“剧联”。所有这些组织都很自然地以鲁迅为他们的精神的领袖和艺术上的导师。当他们想到鲁迅的五十寿辰就要到来时，便决定要庆贺一番。事情由柔石、冯雪峰和冯乃超发起。由柔石[①]去请美国进步记者和作家史沫特莱出面租了这间荷兰餐室。人们都单个地、秘密而机警地来到了。一共有30多人。据正式的记载，出席者有“左联”“社联”“美联”“剧联”的代表及文艺界进步人士：叶绍钧（叶圣陶）、傅东华、茅

① 这次庆寿活动，正式的记载有史沫特莱的《记鲁迅》（载《北方杂志》第5期，1946年10月19日出版）和《纪念鲁迅五十寿辰纪念会》（载《出版月刊》1930年8，9，10月号）。这里据史沫特莱文推测，去找她的可能是柔石。详见上海鲁迅纪念馆周国伟同志作《鲁迅五十寿辰纪念会》一文的考证。此文载淮阴师专《活页文史丛刊》（现代文学专题）第20期。

盾、田汉等人，此外还有柔石、李伟森（李求实）、阳翰笙、冯铿等人。

> 鲁迅，带着他的妻子和幼小的儿子，很早就到了，于是我便第一次的见到了他——一位在以后所有年月中成为我在中国生活中最有力的人物。

史沫特莱在她的《记鲁迅》一文中，这样记述了这历史的场面。她接着写道：

> 他是短小而纤弱的，穿着一件乳白色的长衫，软底的中国式的鞋子。
>
> 他没有戴帽，剪得短短的头发，象一把刷子似的直立着，在结构上，他的脸和普通中国人的脸并不两样，可是他在我的记忆中，却是我以前从未见过的动人心弦的脸。一种富有生命的智慧和先知正从这上面流露出来。……我们使用德文交谈，他的举止，他的语言，以及他的每一姿态，都放射出那种为最完整的人格所独有的一种无法解释的和谐的魔力。

这就是五十岁寿辰时的鲁迅的风貌。感谢史沫特莱这位真诚的美国朋友，她为我们记下了这历史的珍贵一页。而且，她还摄下了鲁迅的身影：在荷兰餐室的花园里，坐在一张藤椅上，侧身靠在右边，两手交叉，潇洒、沉稳、安详，凝视着前方，闪着智慧的目光。这是鲁迅留下来的最好的照片之一。

史沫特莱称参加集会的是“一个知识分子革命的先锋队”。当暮色降临时，有20多人留下来，与鲁迅一同聚餐。

餐后，庆寿的活动开始了。柔石首先致辞。阳翰笙接着代表“左联”向鲁迅致祝贺词。他首先称呼一声：“鲁迅同志！”

这是第一次，而且只能在这种秘密的集会上才能这样称呼。平常，人们都习惯地尊称他“鲁迅先生”或“大先生”[①]。这次，“左联”党组织讨论了这个问题，一致认为，在这样一个严肃而欢乐的会上，应该称“同志”。

鲁迅听了，面带笑容，微微颔首。他内心里是很高兴的。是的，同

---

① 鲁迅在三兄弟中居长，他的亲戚、同乡和一些旧日的学生，都习惯地称他“大先生”，称周建人为“三先生”。

志，他是我们的真正的同志。贺词赞扬了鲁迅一贯反对帝国主义、反对国民党反动派的战斗精神，以及他在“左联”和青年中所起的积极的领导作用；并且衷心祝他健康，为无产阶级和党的事业做出更大更好的贡献。

一个“西服已很旧，头发蓬乱”，“刚从监狱释放出来”的同志报告了狱中的情况。接着《上海报》的编辑，“一个瘦长的青年”[①]，介绍了红军如何成长，以及农民的“秋收暴动”，“这些农民们先和地主们展开战斗，然后小溪汇入巨川似的大批大批的参加了红军”。[②]以后，“一位身材矮短而强壮、头发剪的很短的女子站起来[③]，向大家指出发展普罗文学的需要”。“她向鲁迅呼吁，希望他作左翼作家联盟及左翼艺术家联盟的保护者和盟主。”

鲁迅始终注意地听着。这些，都是他非常关心、非常愿意了解的。最后，鲁迅站起来讲话。今天是他的五十岁的生日，他很自然地讲起了自己从出生到现在的生活经历和战斗历程。他最后说，他是植根于农村中、农民中，以及书斋生活中的一个人。因此，“他若装做一个普罗作家的话，那将是非常可笑的事”。他还表示不相信青年知识分子没有经验过工农的生活、希望和痛苦，就能产生普罗文学。他说：“创作只能从经验中跃出来，并不是从理论中产生出来的。”[④]

这是一次非常有意义的聚会，表达了同志的诚挚的祝贺。鲁迅一生只参加过一次这样的会。它好像是一次总结，而结论是：他终于彻底地背叛了本阶级，走进了无产阶级的战斗的行列，成为伟大的共产主义战士、伟大的共产主义思想文化先驱。他率领着一支文化新军，冲杀在激烈、尖锐、复杂的思想文化战线上。

---

① 据考证，很可能是李伟森（李求实）同志。

②④ 史沫特莱：《记鲁迅》，载《鲁迅回忆录（散篇）》下册，第1589、1591页。

③ 据考证，可能是冯铿同志。

率领文化新军进击

“左联”成立以后，鲁迅成为它的实际上的领导人。[①]而他自己也从“左联”，从年青的战友们那里得到力量。在五四新文化运动的革命统一战线分化后，他曾经有过“成了游勇，布不成阵”的“荷戟独彷徨”的苦恼。以后，赴厦门、到广州，虽然有几个学生跟着，有一些文学青年围随着他，但不断分化、不断改变，甚至使他产生过失望和认为“希望全在未见面的人们”的感想。到广州与创造社结成一条战线的“幻想”破灭，到上海竟又遭到他们的“笔尖的围剿”。现在，这一切都过去了，大家团结在一起，建立了新的战线，向敌人展开了进攻。

在“左联”成立前夕，马克思主义文艺理论由于鲁迅和创造社的努力，已经有了较为广泛的传播，革命作家也日趋团结。这时，“新月派”绅士集团的理论家梁实秋就跳了起来，连续抛出十几篇文章，集中攻击阶级论，宣扬资产阶级人性论。他在《文学是有阶级性的吗?》《论鲁迅先生的硬译》等文中说，无产阶级革命文学的“错误在把阶级的束缚加在文学上面”，“把文学当作阶级斗争的工具而否认其本身的价值”。他坚决反对“共产党人把这理论的公式硬加在文艺的领域上”。在他看来，人是不存在什么阶级性的。

斗争是不可避免的。其实，这斗争是一年前的斗争的继续和发展。

早在1928年初，无产阶级革命文学还是刚刚倡导之时，“新月派”便敏感到这是一股新思潮，而发起了袭击。在《新月》创刊号上，由诗人徐志摩发出了攻击的炮弹。他咒骂文坛上全是一些“功利派”“攻击派”“狂热派”“稗贩派”“标语派”“主义派”，他要的是“健康”与“尊严”两大区别。接着梁实秋教授登场，在他的《文学与革命》中，根本否认“无产阶级文学”的存在和阶级的存在。文学也不是大多数人的。他说：“文学家的心目当中并不含有固定的阶级观念，更不含有为

① 冯雪峰在《回忆鲁迅》中提到：“左联，自然是我们党直接领导和支持的革命文学的团体，而作为一条革命文化的战线，在这战线上进行着文学的、文化的和政治的旗帜鲜明而空前剧烈的斗争，这没有以马克思列宁主义武装起来的我们强大的党在领导和支持是不可能的；但在战线的展开上，在斗争的实际进行上，我们主要的还是依靠鲁迅先生的战斗与领导，依靠他带领着一批年轻的战士在冲锋陷阵的斗争的。”（《回忆鲁迅》，载《鲁迅回忆录（专著）》中册，第585页）

某一阶级谋利益的成见。”他认为，“伟大的文学乃是基于固定的普遍的人性”，“大多数就没有文学”。他的资产阶级贵族老爷式的高傲、横蛮的态度，显而易见。

在这种进攻面前，革命文学阵营，虽然内部仍在论争中，但是立即给予了回击。《战线》这个党所领导的刊物明确地指出，这是“屈服在统治者权威之下的堕落的资产阶级”的叫嚣。而创造社也在《创造月刊》上接上了火，给予了更多的反击和批判。[①]

现在，对方已经不止于叫嚣、恶骂、诅咒，而是提出了一大篇理论了，必须也在理论上还击。鲁迅先后写作了《新月社批评家的任务》、《“硬译”与“文学的阶级性”》和《“丧家的”“资本家的乏走狗”》三篇批判文章。在第一篇文章中，他以短短的篇幅，揭示了“新月派”的阶级实质是“刽子手和皂隶”出来为反动派执行“维持治安的任务”。对于梁实秋的否认人的阶级性和文学的阶级性的论点，鲁迅驳斥道：

> 文学不借人，也无以表示“性”，一用人，而且还在阶级社会里，即断不能免掉所属的阶级性，无需加以“束缚”，实乃出于必然。自然，“喜怒哀乐，人之情也”，然而穷人决无开交易所折本的懊恼，煤油大王那会知道北京捡煤渣老婆子身受的酸辛，饥区的灾民，大约总不去种兰花，像阔人的老太爷一样，贾府上的焦大，也不爱林妹妹的。[②]

鲁迅还有力地揭出了梁实秋的文章本身就表明了人和文学的阶级性：

> 例如梁先生的这篇文章，原意是在取消文学上的阶级性，张扬真理的。但以资产为文明的祖宗，指穷人为劣败的渣滓，只要一瞥，就知道是资产家的斗争的“武器”，——不，“文章”了。无产文学理论家以主张“全人类”“超阶级”的文学理论为帮助有产阶级的东西，这里就给了一个极分明的例证。

当冯乃超在《拓荒者》发表了《阶级社会的艺术》，指出梁实秋是

---

① 彭康发表了《什么是“健康”与“尊严”?》，冯乃超发表了《冷静的头脑》等文，批判了徐志摩、梁实秋。

② 《二心集·“硬译”与“文学的阶级性”》。

"资本家的走狗"时，梁实秋便装出冤苦的脸说："《拓荒者》说我是资本家的走狗，……我还不知道我的主子是谁。"但同时，却又恶毒地含沙射影地说革命作家都是共产党（按：共产党员在当时是要被杀头的）。鲁迅看了梁的文章后，愉快地对同他谈论这个问题的冯雪峰说：

"有趣！还没有怎样打中了他的命脉就这么叫了起来，可见是一只没有什么用的走狗！……乃超这人真是忠厚人。……我来写它一点。"不久，他就写了《"丧家的""资本家的乏走狗"》一文，交给冯雪峰编进《萌芽月刊》，他高兴地笑着说："你看，比起乃超来，我真要'刻薄'得多了。"

这短短的一篇文章，真是犀利泼辣，致敌于死命。不知道主子是谁吗？

> 凡走狗，虽或为一个资本家所豢养，其实是属于所有的资本家的，所以它遇见所有的阔人都驯良，遇见所有的穷人都狂吠。不知道谁是它的主子，正是它遇见所有阔人都驯良的原因，也就是属于所有的资本家的证据。

但它倒确是不知道"主子是谁"，所以是"丧家的""资本家的走狗"。而由于梁实秋在文艺批评中却塞进什么主张"文学有阶级性"的人都是"拥护苏联"、"去领卢布"，用告密手段，"以济其'文艺批评'之穷"，是一条很没有本领的走狗，"所以从'文艺批评'方面看来，就还得在'走狗'之上，加上一个形容字：'乏'。"

由于非常深刻、非常形象而又非常切合实际，从此，梁实秋就被挂上一个"丧家的、资本家的乏走狗"的牌子，在文坛上奔走了。

继"新月派"而起的，是所谓民族主义文艺运动。这么个"文艺运动"的目的，是要以"三民主义文艺"来抵制"共产党的文艺运动"。一批政客、军官、特务、流氓纠合起来，办刊物、发宣言、搞创作，颇为热闹。这样的一次文化发动，是同蒋介石正在积极准备的对红军的军事"围剿"相配合的，这是文化"围剿"的一次进军。

鲁迅的《"民族主义文学"的任务和运命》是一篇洋洋大观的战斗的篇章，给了"民族主义文学"一个彻底的清算。他首先指明了这个"文艺运动"发动者的阶级本质：他们是殖民政策保护、养育的流氓，是"殖民地上的洋大人的宠犬"，是"飘飘荡荡的流尸"。因此，所谓

“民族主义文学”，恰恰是出卖民族的、洋大人的“宠犬派文学”。鲁迅接着具体地剖析了“民族主义文学”的代表作，揭出了他们的卑劣的、反动的丑恶面目。鲁迅以描写蒋（介石）冯（玉祥）阎（锡山）军阀战争的小说《陇海线上》中的一段描写为例[①]揭出了“民族主义文学”的本质：

> 原来中国军阀的混战，从“青年军人”，从“民族主义文学者”看来，是并非驱同国人民互相残杀，却是外国人在打别一外国人，两个国度，两个民族，在战地上一到夜里，自己就飘飘然觉得皮色变白，鼻梁加高，成为腊丁民族的战士，站在野蛮的菲洲了。

鲁迅指出，这“就说明中国的‘民族主义文学家’根本上只同外国主子休戚相关”了。

鲁迅又举出黄震遐的剧诗《黄人之血》来，其中有这样的“诗句”：“死神捉着白姑娘拼命地搂；美人螓首变成狞猛的髑髅；……黄祸来了！黄祸来了！亚细亚勇士们张大吃人的血口。”

原来，“我们的诗人却是对着‘斡罗斯’，就是现在无产者专政的第一个国度，以消灭无产阶级的模范——这是‘民族主义文学’的目标”。

针对着“民族主义文学”中一些调门很高的“诗歌”，鲁迅指出：“落葬的行列里有悲哀的哭声，有壮大的军乐，那任务是在送死人埋入土中，用热闹来掩过了这‘死’，给大家接着就得到‘忘却’。现在‘民族主义文学’的发扬踔厉，或慷慨悲歌的文章，便是正在尽着同一的任务的。”

充当殖民主义者的宠犬，梦想着去攻打苏联，为日本帝国主义灭亡中国尽送丧的职责。——这就是“民族主义文学”的任务！

在这场批判反动的“民族主义文学”运动的战斗中，瞿秋白、茅盾等也都参加了斗争。瞿秋白深刻地分析了这个反动文艺运动的阶级实质：“文艺上的所谓民族主义”，“只是绅商阶级的国家主义”，“只是法西斯主义的表现”。[②]茅盾则逐个分析了《民族主义文艺运动宣言》中所

---

① 这段描写是：“每天晚上站在那闪烁的群星之下，手里执着马枪，耳中听着虫鸣，四周飞动着无数的蚊子，那样都使人想到法国‘客军’在菲洲沙漠里与阿剌伯人争斗流血的生活。”（黄震遐：《陇海线上》）

② 《青年的九月》，载1931年9月13日《文学导报》第一卷第四期。

列举的中外艺术史上的各个例子，指出它们都不是民族意识的表现，而只能证实艺术都是有阶级性的。[①]他们在战斗中与鲁迅紧密配合，各个做出了自己的贡献。

鲁迅从中感受到有组织的、集体战斗的力量和胜利的喜悦。

当无产阶级文学向前迅速发展时，新的分化又开始产生，斗争又开了新生面：自称“自由人”和“第三种人”的胡秋原、苏汶（杜衡）发动了新的攻击。他们和前面两种人不同，一不是资产阶级绅士政客、学者教授，二不是上海滩上飘荡的流尸，而是同“左联”有过交往，甚至参加过“左联”的人，他们曾译过苏联的文艺创作和论著，并自称是拥护马克思主义文艺理论、不反对文艺有阶级性的人。但是，他们向“左联”要“自由”，高喊“勿侵略文艺”，叫嚷“文学与艺术，至死也是自由的，民主的”，“将艺术堕落到一种政治的留声机，那是艺术的叛徒”。对于这场新的进攻，鲁迅和瞿秋白、冯雪峰、周起应、陈望道等革命作家，都起来应战，揭露他们的资产阶级的实质和反对无产阶级文艺的目的，批驳他们对无产阶级文艺运动和左翼作家的种种诬蔑、攻击。在战斗中，鲁迅写了《论“第三种人”》和《又论“第三种人”》两篇文章。他说，“第三种人”是做不成的，“一定超不出阶级的”：

> 生在有阶级的社会里而要做超阶级的作家，生在战斗的时代而要离开战斗而独立，生在现在而要做给与将来的作品，这样的人，实在也是一个心造的幻影，在现实世界上是没有的。要做这样的人，恰如用自己的手拔着头发，要离开地球一样，他离不开，焦躁着，然而并非因为有人摇了摇头，使他不敢拔了的缘故。[②]
>
> 人体有胖和瘦，在理论上，是该能有不胖不瘦的第三种人的，然而事实上却并没有，一加比较，非近于胖，就近于瘦。文艺上的“第三种人”也一样，即使好像不偏不倚罢，其实是总有些偏向的，平时有意的或无意的遮掩起来，而一遇切要的事故，它便会分明的显现。

所以在这混杂的一群中，有的能和革命前进，共鸣；有的也能

① 载1931年9月13日《文学导报》第一卷第四期，署名石萌。

② 《南腔北调集·论“第三种人”》。

乘机将革命中伤，软化，曲解。左翼理论家是有着加以分析的任务的。

如果这就等于‘军阀’的内战，那么，左翼理论家就必须更加继续这内战，而将营垒分清，拔去了从背后射来的毒箭！①

“左联”成立之后，所进行的这样三次大的战役，是在鲁迅参与下并在实际上起了领导作用的情况下进行的。鲁迅，还有瞿秋白②、茅盾以及周起应、冯雪峰等“左联”的年青的理论战士，共同战斗，所向披靡，取得了辉煌的战果。

文艺战线上这三次战役的发生，是中国革命和中国新文化运动发展的生动表现和必然结果。五四运动以后发生了文化统一战线的第一次分裂，资产阶级右翼知识分子没落了，有些人，如胡适之流，虽然披着“五四”的荣光，仍然在文化界游荡，但已经失去了斤两。大革命失败以后，革命深入发展，阶级营垒越加分明，斗争异常残酷。革命战线又产生了第二次分化，民族资产阶级和上层小资产阶级的知识分子退出去了，他们或者拥护国民党反动政府搞黑色文学，或者打起“自由的”“超阶级的”资产阶级文艺旗帜。但是，无产阶级革命文学运动，却随着共产党所领导的农村革命的深入和红色根据地的巩固和发展，而日益发展。虽然这两条战线当时各自为战，但仍然起了配合的作用。在这个新的分化面前，鲁迅又一次经受了严峻的考验，有过痛苦、思考、探索、学习斗争，但却丝毫没有动摇，他带着“五四”以来光荣的革命传统，走进了新的革命行列。这一次，他的自觉性更高，而且经受了被自己营垒中的同志所误解甚至围攻的考验，毫不气馁地走进文艺新军中，而且高擎着左翼文学的旗帜，走在队列的最前面。他已经很明确：新的战友是无产阶级的、左翼文学队伍，力量的源泉是工农大众，前途是无产阶级革命的胜利和社会主义社会以至无阶级社会。

鲁迅这种前后不同的思想状况，反映了中国社会的变化和中国革命的发展。自从五四运动后，中国革命进入新民主主义革命阶段以来，无

① 《南腔北调集·又论“第三种人”》。

② 瞿秋白这时由于王明等人的排挤，离开了党中央的领导岗位，而且患着严重的肺病，未能担负更多的实际工作，但他与鲁迅合作，从事革命文化工作，投入了反文化“围剿”的斗争，写出了一批深刻的文艺论著和杂文，作了有益的贡献。同时，当时“左联”的领导，也经常听取他对开展文化斗争方面的指导性意见。

产阶级担负起领导革命的重任，工人运动、农民运动风起云涌，势如暴风骤雨，武装起义的枪声打响之后，阶级斗争的生死大搏斗进一步开展，敌我阵线十分明显。形势迫使中间阶级在革命与反革命之间做出抉择。鲁迅就是在这样的大时代的风暴中，看清了本阶级的没落和最终溃灭的前途，看清了无产阶级鲜红的旗帜和共产主义的曙光，而投奔过来了。他不是以一个孤独的战士的身份来到共产主义营垒的，他是代表小资产阶级以至一部分资产阶级的革命群众过来的。他的到来理应受到无产阶级的信任和欢迎，因为，这是中间阶级革命化的体现。作为伟大的文化战士，他的进到共产主义营垒，也反映了中国文化发展的趋势，反映了中国文化向革命化迈进的步伐。

鲁迅的可敬和伟大，就在于他义无反顾地承担了这个伟大的历史责任，毫无愧色地完成了这个历史的伟大任务，也毫无愧色地充任了这样一个伟大的代表。他的心永远与人民相通，他的爱永远在大众。这是鲁迅最可尊敬的、最崇高的思想品德。

艰危岁月战犹酣

20世纪30年代是一个革命的年代，战斗的30年代，艰危的30年代，也是充满艰险、困难、斗争的时代。不仅在中国，而且就世界范围来说，也是如此。严重的经济危机，席卷了资本主义世界，通货膨胀，工厂倒闭，失业增多，社会动乱，资本主义制度又一次发生了严重的痉挛。同这相对照的，社会主义的苏联，却显出了生机勃勃、蒸蒸日上的景象。共产主义不再是“幽灵”，而是已经有了一个繁荣、强大的实体。在资本主义大国里，工人运动高涨，共产党在发展，有些著名的科学家和作家、艺术家走向进步，明显左倾。中国左翼文艺运动，在中国共产党的领导下，在鲁迅和他的战友瞿秋白、茅盾以及一大批进步作家的共同奋斗下，也得到蓬勃发展。

这个时期，是鲁迅一生中心情最愉快的时期。这不仅因为他已经摆脱了前期思想上的种种负累，对工农创造历史的伟力和革命的前途具有了充足的信心；而且，因为他已经不再是仅仅有一些志同道合的伙伴，甚至有时是面对强敌，孤军奋战，而是有中国共产党作依靠，身在一个革命的、战斗文学团体“左联”之中，并且率领着这支文艺新军冲锋陷阵。国际、国内环境都给了他以信心与力量，鼓舞他更加斗志昂扬地战斗。对于这种情况，冯雪峰在《回忆鲁迅》一书中有一段叙述："在左联成立初期，鲁迅先生的精神的最显著的表现之一，就是他对于自己斩断了和旧的阶级与旧的思想的葛藤这件事情，是感到无上快乐的；而就在这种快乐上面，反映着他对于中国人民和工农阶级的胜利前途的最大信心和快慰。同时这种快乐也表现在他对于资产阶级、小资产阶级的思想的批判与打击，是那么愉快如意的精神上面。""这快乐，……主要的是反映了鲁迅先生自己在思想上解放了的快乐。""他继续猛烈地反对着封建主义和帝国主义，并且开始明确地反对着资产阶级小资产阶级的个人主义，而他的态度都是非常利落，愉快，充满着胜利信心的。"

他率领左翼文艺新军，迎着国民党反动统治的高压，冲破他们的反革命文化"围剿"，在艰危条件下，开展了多方面的活动，培育着中国革命文艺的新花，培育着中国革命文艺的年青战士。——他曾说："愿有英俊出于中国。"他确实培育了一代人。

当然，鲁迅并未担任"左联"的具体领导工作，这些都由先后担任"左联"党团书记的冯乃超、冯雪峰、周起应（周扬）、夏衍、丁玲等同志负责去做了。但"左联"确实依靠着鲁迅在国际国内的崇高声誉，依靠他的经验与智慧来开展工作。当然，"左联"各项工作的实际效果，也给了鲁迅以鼓舞和影响。

当时，"左联"不仅在国内开展各项工作，而且还建立了国际联系，开展了国际活动。首先，它是无产阶级革命作家联盟的一个支部，萧三是"左联"派驻国际的代表，并在国际局的秘书处远东部工作。"左联"按期向国际报告工作和介绍中国文坛动态。"左联"同苏联、日本、美国、法国、德国、匈牙利的有关团体都有联系。当国民党反动派屠杀革命作家时，"左联"发表了抗议宣言和致国际革命作家和文化团体书；高尔基创作四十周年纪念时，以及悼念日本共产党员作家小林多喜二被害，"左联"都有积极的反应。对这些工作，鲁迅是重视并积极参与的。他与萧三有经常的联系，萧三在国际的会议上也专门介绍了鲁迅的思想与作品。鲁迅还通过当时常驻上海的美国进步记者兼作家史沫特莱把抗议国民党屠杀革命作家的文章发到国外去，对小林的被害，他专门拍发了唁电。他十分关怀把革命文艺"打出中国去"的事业。

鲁迅的主要劳作当然在译著上。在写作上，他娴熟地运用杂文这个投枪和匕首，对帝国主义的侵略和国民党的反动统治，对一切反动、落后、腐朽的社会现象，进行了广泛、深刻的批判。他的杂文写作的数量不断增加，反映了他对当前阶级斗争、思想斗争反应的敏捷和斗争的及时。他的杂文成了当时革命斗争在文化领域里进行的记录。收集在《二心集》里的1930，1931两年的杂文，比《三闲集》里1927—1929年3年所作还要多；而1933年1月底到5月中旬仅仅4个月的时间里所写的杂文，就结集为《伪自由书》一册，分量几乎等于《三闲集》里的三年之作。在这期间，平均每月投稿八九篇。鲁迅的战斗热情多么高昂，而写作又是何等勤奋！

他翻译了大量外国作品和论文。为了传播马克思主义的文艺理论，以武装革命文艺队伍，建设和发展我国的革命文艺理论，为了借鉴外国的文学艺术，他辛勤地培育着这朵花。他主张要了解和吸收外国的有益的东西。在介绍高尔基的一篇小说时，他写道：

> 一切事物，虽说以独创为贵，但中国既然是世界上的一国，则受点别国的影响，即自然难免，似乎倒也无须如此娇嫩，因而脸红。单就文艺而言，我们实在还知道得太少，吸收得太少。[①]

他同冯雪峰一起编译《科学的艺术论丛书》，自己翻译了《艺术论》、《文艺与批评》和《文艺政策》三本书。他认为介绍马克思主义的文艺理论书、苏联的文艺理论和文学状况，既可“解剖自己”，又可“于社会上有些用处”，而了解“劳动阶级文学大本营的俄国的文学的理论和实际，于现在的中国，恐怕是不为无益的”[②]。因此，他自己除了先后翻译了大量的文艺理论论著之外，还翻译了苏联小说《竖琴》《十月》《毁灭》等作品。

为了丰富我国的革命文艺园地，借鉴外国文艺，他还翻译了不少欧美进步的文艺理论著作和文艺作品。他在谈到为什么翻译日本“自由主义”思想作家鹤见祐辅的《思想·山水·人物》时，强调说：“原不过想一部分读者知道或古或今有这样的事或这样的人，思想，言论；并非要大家拿来作言动的南针。”[③]在《〈壁下译丛〉小引》中又说：译此书目的，是要求“读者从这一本杂书中，于绍介文字得一点参考，于主张

① 《〈奔流〉编校后记（二）》。
② 《〈奔流〉编校后记（一）》。
③ 《〈思想·山水·人物〉题记》。

文字得一点领会”。

他不辞辛劳地为青年作家校阅译作。我国翻译家曹靖华译的苏联短篇小说集《烟袋》，是经鲁迅校阅的，他在致友人书中认为这书很好，应赶快出版，因为“中国正缺少这一类书”。翻译家孙用的第一部译作匈牙利爱国诗人裴多菲的长诗《勇敢的约翰》，经鲁迅的大力帮助，才得出版。从1929年11月8日起到1931年11月13日止，他多次同孙用通信，磋商出版问题，又为他多方奔走。而那时，孙用是一个小城市的邮局的年青职员。鲁迅还为柔石译的卢那卡尔斯基的《浮士德与城》写后记、译作者小传。他校阅贺非从德文转译的《静静的顿河》并为之写后记、译作者小传。校阅了许广平译的匈牙利至尔·妙伦写给劳动者子女读的童话《小彼得》并作序。编译了《近代世界短篇小说集（一）》，并作《小引》。他在介绍外国短篇小说时，正确地评价了短篇小说的作用：

> 在巍峨灿烂的巨大的纪念碑底的文学之旁，短篇小说也依然有着存在的充足的权利。
>
> 只顷刻间，而仍可借一斑略知全豹，以一目尽传精神，用数顷刻，遂知种种作风，种种作者，种种所写的人和物和事状，所得也颇不少的。①

他对短篇小说的性质、意义、作用作了精辟的论述，因此也就对翻译短篇小说的作用作了深刻的论述。

这时期，鲁迅为了革命文艺的理论和创作的建设，以广阔的眼界，自己动手或组织、帮助青年，从外国，尤其是苏联，其次是日本、德国，翻译了大批理论著作和文学作品。他几乎是把这件事放在了自己工作的首位，占去了大量的时间。他在1929年3月22日给韦素园的信中说：“近来总是忙着看来稿，翻译，校对，见客，一天都被零碎事化去了。”1930年5月3日给李秉中信中说：“我于《彷徨》之后，未作小说，近常从事于翻译，间有短评……”

鲁迅还不遗余力地扶持革命文艺刊物的出版，或自己主编，或帮助青年作家编，或者以作品和金钱支持。到上海后，他自己主编了《语

① 《三闲集·〈近代世界短篇小说集〉小引》。

丝》，以后交由柔石主编；又于1928年6月同郁达夫合编《奔流》月刊，他亲自审阅、编辑稿件，连校对、联系印刷所的杂务，他也承担。而且，每期精心写作《奔流》编校后记，生动活泼，议论风生，简直成为他的杂文的一种文体。他主编《奔流》直到1929年12月出到第二卷第五本停刊。又主编《译文》，后来黄源接编，但鲁迅一直给予帮助。鲁迅为《奔流》《译文》这两本在中国文学史和出版史上留下影响的刊物，付出不少心血。他还同冯雪峰合编"左联"机关刊物《萌芽月刊》、《十字街头》（四开四版的通俗小报）。同时，他还积极支持了"左联"先后出版的刊物，如《前哨》（《文学导报》）、《北斗》、《文学月报》、《文学新地》、《文艺新闻》、《世界文化》等；对北方"左联"的机关刊物《文学杂志》和《文艺月报》以及东京"左联"主办的《杂文》（《质文》）等刊物，他也给予了支持和关怀。他的许多名文，都分别发表在这些刊物上。

鲁迅对我国新兴美术事业，也付出了辛勤的劳动和无数心血。他一到上海，就开手翻译《近代美术史潮论》，并为之选插图；以后又编选了《近代木刻选集》和《蕗谷虹儿画选》等画集。他与年青的画家司徒乔交往，为他的画展写文章，给予恰当的评价和巨大的鼓舞。以后，更扶持了我国新兴木刻艺术的成长发展。鲁迅是我国新兴美术事业的奠基人、革命美术的开拓者，他是美苑中伟大而辛勤的园丁。

鲁迅在国民党反动派的政治压迫和文化专制主义的统治下，披荆斩棘，英勇搏斗；在金钱和人才都匮乏的条件下，惨淡经营，悉心扶植；在艰难危险的境地中，辛勤劳作，日夜不辍；在斗争尖锐复杂、生活极不安定的时期里，不畏迫害，不惮劳累，不辞细小，写作、翻译、校对、跑书局、垫印资，真可谓呕心沥血。历史证明，他的血汗没有白费，希望没有落空，30年代，在他的率领下，左翼和整个进步文化界，抗击了顽敌，冲破了文化"围剿"，取得了辉煌的胜利和不朽的业绩，为中国文化史、文学史写下了光辉篇章。在他的培育下，无论是在文学界还是艺术界以至出版界、新闻界、教育界，都涌现了英俊之才和英勇的战士群。他们之中许多人已经牺牲于敌人的屠刀之下，或尽瘁于为人民服务的事业之中。而许多今天仍然健在的同志，则成了我国社会主义文学艺术界的领导者和成就卓著的老一代作家和专家、学者。

鲁迅正是在艰危条件下，永不疲倦地工作和战斗，终于成为中国文化革命的伟人。以往的历史和今天的现实，都有力地证明了这个结论。

八、怒向刀丛觅小诗

1930年，井岗山的星星之火，已经从南到北形成了革命烈火，湘、鄂、赣、闽、粤、豫、皖、陕、甘等省都建立了红色根据地。中国革命又进到了一个新的阶段。红旗飘扬在革命人民的心头，也鼓舞着革命文艺运动的发展。红军的迅速发展，引起国民党反动派的震动和惊慌，开始了对红军的反革命军事“围剿”。1930年底，十万反动军队围攻中央苏区的红军，被打得丢盔弃甲而逃，连前敌总指挥都被俘了。转年2月，反动派又增兵到20万人，再次“围剿”，又被粉碎。同年7月，又进行第三次“围剿”，蒋介石亲任总司令，率兵30万人，结果同前两次一样被粉碎。在这同时，徐向前和贺龙领导的红军，也分别在鄂豫皖和湘鄂西取得了许多重大的胜利。

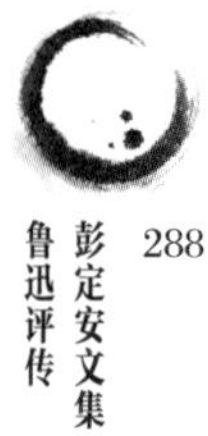

与反革命军事“围剿”相配合，国民党反动派在上海等城市实行了反革命的文化“围剿”。禁图书、停刊物、封书店，审查、删削、涂改，用尽了种种高压手段。“对于左翼文艺，是压迫无所不至。”①鲁迅便在这血雨腥风中、白色恐怖下，横眉冷对，英勇战斗，率领左翼文化军队，抵抗、击破敌人越来越严重的文化“围剿”，取得一个又一个胜利。

同无产者一起受难和成长

起初，1930年前后，反动派还表示了一点点自信，掀起“民族主义文学”运动。但是，正如鲁迅所说，他们只有“运动”而无“文学”，喇叭锣鼓，喧闹一阵之后，便都烟消云散、销声匿迹了。情况如鲁迅所形容：

> 现在，在中国，无产阶级的革命的文艺运动，其实就是惟一的文艺运动。因为这乃是荒野中的萌芽，除此以外，中国已经毫无其他文艺。属于统治阶级的所谓“文艺家”，早已腐烂到连所谓“为艺术的艺术”以至“颓废”的作品也不能生产，现在来抵制左翼文

① 《1931年6月13日致曹靖华》。

艺的，只有诬蔑，压迫，囚禁和杀戮；来和左翼作家对立的，也只有流氓，侦探，走狗，刽子手了。[①]

反动派张开了文化“围剿”的罗网，挥动起沾满血污的屠刀。据记载，自从蒋介石在汉口召开三省“剿共会议”之后，在8月至10月间，就屠杀了共产党员和进步人士14万人之多！1930年“左联”成立以后，左翼戏剧演员宗晖被杀害于南京。接着，国民党反动政府颁布“出版法”四十条，又颁发《出版法施行细则二十五条》。对报刊图书的出版，实行文化专制主义。“左联”刊物《拓荒者》《萌芽月刊》《巴尔底山》等均遭禁止，只好转入地下出版。当时被查禁的进步书刊达228种之多。第二年，国民党反动政府又公布《危害民国紧急治罪法》，加紧法西斯统治。同时，在上海，劫收上海寰球图书公司的进步书，搜查北新、乐群、华通三书店，劫走进步书。这年2月7日，“左联”成员柔石、胡也频、李伟森（李求实）、殷夫（白莽）、冯铿，另外还有何孟雄、林育南等，一共23位革命者，被秘密杀害于上海龙华国民党警备司令部里面的一个荒场里。

柔石是鲁迅最亲密的年青战友之一，他忠厚、朴实、老诚，办事认真负责，被史沫特莱称为“鲁迅的朋友和学生中最能干的也是最受他爱护的”一个。他正在与鲁迅共同编辑文艺、美术的刊物《艺苑朝华》和翻译介绍外国文学的书。殷夫是很有才华的革命诗人，鲁迅曾经送给他德文书，鼓励他翻译外国革命诗歌。鲁迅想着他们的身影，怀念他们，为他们的遭到杀害感到极度的悲愤。这时，由于反动派追捕鲁迅的风声很紧，他得到日本友人内山完造的帮助，住到日本人开的花园庄客栈了。

柔石等被杀害后，冯雪峰来到了客栈。鲁迅脸色相当阴暗，他从抽屉里拿出一张纸给雪峰，说：“凑了这几句。”纸上写着：

惯于长夜过春时，挈妇将雏鬓有丝。
梦里依稀慈母泪，城头变幻大王旗。
忍看朋辈成新鬼，怒向刀丛觅小诗。
吟罢低眉无写处，月光如水照缁衣。

---

① 《二心集·黑暗中国的文艺界的现状》。

这是一首纪实的诗，也是一首抒发了他的悲愤、哀痛和表示抗争的诗。

晚饭时，他仍然很少说话。在很少的话语中，他对雪峰悲愤已极地说：

“这样下去，中国是可以给他们弄完的！”

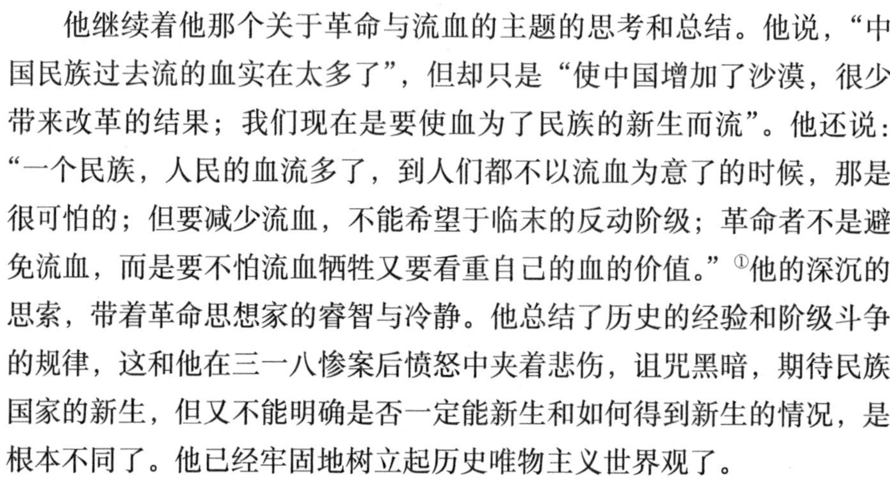

他继续着他那个关于革命与流血的主题的思考和总结。他说，“中国民族过去流的血实在太多了”，但却只是“使中国增加了沙漠，很少带来改革的结果；我们现在是要使血为了民族的新生而流”。他还说：“一个民族，人民的血流多了，到人们都不以流血为意了的时候，那是很可怕的；但要减少流血，不能希望于临末的反动阶级；革命者不是避免流血，而是要不怕流血牺牲又要看重自己的血的价值。”[①]他的深沉的思索，带着革命思想家的睿智与冷静。他总结了历史的经验和阶级斗争的规律，这和他在三一八惨案后愤怒中夹着悲伤，诅咒黑暗，期待民族国家的新生，但又不能明确是否一定能新生和如何得到新生的情况，是根本不同了。他已经牢固地树立起历史唯物主义世界观了。

他对冯雪峰说：“革命者流血，当然是革命方面的牺牲，但反动统治者得到什么呢?”他们收获的只能是：人民的更深的仇恨，革命者更坚决的斗争！

他和冯雪峰等“左联”的同志一起编辑出版秘密刊物，他给取了一个战斗的名字：“前哨”。第一期就出“战死者专号”，以纪念柔石等烈士。他写了《中国无产阶级革命文学和前驱的血》和《柔石小传》。

> 中国的无产阶级革命文学在今天和明天之交发生，在诬蔑和压迫之中滋长，终于在最黑暗里，用我们的同志的鲜血写了第一篇文章。[②]

他这样有力地开始了他的揭露和控诉。他指出，无产阶级革命文学，是革命的“知识的青年们意识到自己的前驱的使命”，“首先发出的战叫”；这“战叫”同“劳苦大众自己的反叛的叫声”汇流在一起，使统治者恐怖，所以他们用种种暗作的、匿名的谣言和侦探手段来行破

---

① 冯雪峰：《回忆鲁迅》，载《鲁迅回忆录（专著）》中册，第623页。

② 《二心集·中国无产阶级革命文学和前驱的血》。

坏，但这“不过证明了他们自己是黑暗的动物”。他揭露了反动派的血腥罪行，最后启示大家：这同志的鲜血所写的革命文学的第一页，“永远在显示敌人的卑劣的凶暴和启示我们的不断的斗争”。

他还写了《黑暗中国的文艺界的现状》，这是为美国《新群众》作的。在这篇文章中，他详细揭露了反动派实行文化“围剿”的罪行，介绍了左翼文学的发展。他说：“左翼文艺有革命的读者大众支持，‘将来’正属于这一面。”

> 惟有左翼文艺现在在和无产者一同受难（Passion），将来当然也将和无产者一同起来。单单的杀人究竟不是文艺，他们也因此自己宣告了一无所有了。

当史沫特莱拿到这篇文章，想到发表后会给鲁迅引来杀身之祸，便担心地说：“你的名字签在这上面是否方便?”

鲁迅毫不犹豫，坚定地回答说：“这几句话，是必须说的。拿去发表就是。”

后来，鲁迅还把那首悼念柔石的诗，书写给一位日本歌人山本初枝了。

“吟罢低眉无写处”，那时在中国，“禁锢得比罐头还严密”，国民党反动派不让透露一点风声。但是，鲁迅用诗文揭露了他们的血腥罪行，宣告了他们的无能和无所有，宣告了唯无产者和无产阶级革命、无产阶级文艺才有将来！

在这同时，“左联”也发出了《中国左翼作家联盟为国民党屠杀大批革命作家宣言》和《为国民党屠杀同志致各国革命文学和文化团体及一切为人类进步而工作的著作家思想家书》，揭露了敌人的罪行，呼吁国际的支援。这些，引起了国际的反响，革命作家国际联盟，发表了《为国民党屠杀中国革命作家宣言》，签名者有苏联的法捷耶夫、法国的巴比塞、美国的辛克莱等世界著名作家。

中国革命文学就这样在冲破文化“围剿”中发展，在浴血的战斗中生长。

鲁迅高擎着左翼文化的大旗。

他所领导的无产阶级革命文艺，他自己，和无产者一同受难，也同无产者一同成长。

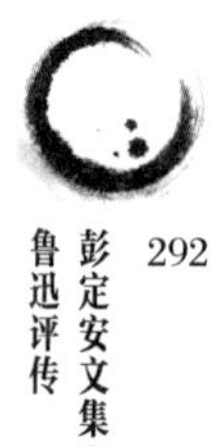

独托幽岩展素心

1931年春，鲁迅有几封给友人的信，叙述了当时苦斗的境遇：

> 然以昔曾弄笔，志在革新。故根源未竭，仍为左翼作家联盟之一员。而上海文坛小丑，遂欲乘机陷之以自快慰。造作蜚语，力施中伤，由来久矣。……上月中旬，此间捕青年数十人，其中之一，是我之学生。（或云有一人自言姓鲁）飞短流长之徒，因盛传我已被捕。通讯社员发电全国，小报记者盛造谰言，或载我之罪状，或叙我之住址，意在讽喻当局，加以搜捕。①

> 我自寓沪以来，久为一班无聊文人造谣之资料，忽而开书店，忽而月收版税万余元，忽而得中央党部文学奖金，忽而收苏俄卢布，忽而往墨斯科，忽而被捕，而我自己，却全不知道有这么一回事。其实这只是有些人希望我如此的幻想，据他们的小说作法，去年收了一年卢布，则今年当然应该被捕了，接着是枪毙。于是他们的文学便无敌了。
>
> 其实是不见得的。②

> 生丁此时此地，真如处荆棘中，国人竟有贩人命以自肥者，尤可愤叹。③

以上几封书信，说明了鲁迅当时处境的艰危。他作为左翼文化运动的旗手和主将，受到国民党反动派的特别严重的迫害。一方面，他们早就以浙江省党部的名义，通缉“堕落文人”鲁迅，在政治上打击和迫害他。对鲁迅的著作、文章则采取禁止、没收、删削等压制手段。如《二心集》虽经削砍，仍不能出售。另一方面，他们又通过反动文人、新闻记者，制造种种谣言，来诬蔑、陷害鲁迅。但鲁迅并未被这些吓倒。虽然他在危急中，有时不得不出走避难，但他仍然战斗不息，照常出外办事，坚持写作、翻译、编刊物，不稍憩息和停顿。对于革命的前途充满了信心。当鲁迅避居花园庄客栈时，偶然遇见了住在那里的日本关西大

① 《1931年2月4日致李秉中》。
② 《1931年2月5日致荆有麟》。
③ 《1931年2月18日致李秉中》。

学的学生长尾景和。长尾景和在25年后追忆当时的情景说：

> 在一个二月的雨天，我们谈了一整天。最初，我是以朋友的身分和先生结识的，现在却以学生的心情来侍奉先生了。我一边听着淅沥的雨声，一边听着先生讲述列宁、高尔基的故事。先生谈起了克扣囚粮的中国监狱，谈起了受金钱左右的审判。对当时中国政治的腐败，先生非常愤慨。当时他肯定地说，中国一定要走向共产主义，通过社会主义来拯救中国，此外没有别的道路可走。将来中国也一定会这样的。[①]

他怀着对敌人的仇恨，对牺牲的同志的怀念，怀着促使反动统治早日灭亡，催促社会主义早日到来的无比热情，在艰危的条件下，夜以继日地工作。在1930年和1931年短短的两年中，他除写了收在《二心集》中的37篇杂文之外，还翻译了苏联著名长篇小说《毁灭》和《十月》以及其他短篇小说多篇，翻译了苏联《文艺政策》一书。校阅了《浮士德与城》、《静静的顿河》、《铁甲列车》、《勇敢的约翰》和《铁流》五部长篇小说，并且为其中的三部写了编校后记，又亲自为它们的出版事务而奔忙（这是很琐碎麻烦的）。修订了旧著《中国小说史略》，重校了《嵇康集》。还编辑了《艺苑朝华》，主编出版了"左联"通俗刊物《十字街头》，筹办翻译出版《现代文学丛书》，自费印行了《梅斐尔德木刻士敏土之图》。他还筹办举行了木刻展览会，请内山嘉吉到木刻讲习班授课，他自任翻译。1930年4月，日本的中国文学研究者增田涉来中国，他每天下午给增田讲解《中国小说史略》，3个月内从未间断。以上，只是一个简略介绍，如果细算，这里面每一件工作都是需要付出艰苦的劳动和不少心血的。

"椒焚桂折佳人老，独托幽岩展素心"。像繁花美树被砍折，像美女佳人青春被摧残，无产阶级革命文学和作家、进步文化和进步文化人，被囚禁、屠杀、禁压，但是，像那素心兰一样，依托巉岩，傲然怒放，撒播幽香。

这是鲁迅的共产主义精神在阶级斗争的狂风暴雨中的发扬，是他的无产阶级革命战士崇高品格在战斗中的体现，也是作为共产主义思想文

① 长尾景和：《在上海"花园庄"我认识了鲁迅》，载《鲁迅回忆录（散篇）》下册，第1524页。

化先驱，在文化史、文学史上英勇奋斗的光辉一页。

二 心

上海的一个报纸，登载起《文坛贰臣传》来了。第一个被放进去的“贰臣”就是鲁迅。

鲁迅说：“去年偶然看见了几篇梅林格（Franz Mehring）的论文，大意说，在坏了下去的旧社会里，倘有人怀一点不同的意见，有一点携贰的心思，是一定要大吃其苦的。而攻击陷害得最凶的，则是这人的同阶级的人物。他们以为这是最可恶的叛逆，比异阶级的奴隶造反还可恶，所以一定要除掉他。……仿《三闲集》之例而变其意，拾来做了这一本书的名目。”[①]这就是鲁迅的第四本杂文集《二心集》的名字的由来。他申明了自己对本阶级的背叛，而进到无产阶级的行列里来了。但他谦虚地说：“然而这并非在证明我是无产者。”他严格地解剖自己说：“而且我时时说些自己的事情，怎样地在‘碰壁’，怎样地在做蜗牛，好像全世界的苦恼，萃于一身，在替大众受罪似的：也正是中产的智识阶级分子的坏脾气。”然而，正是在这之后，他紧接着宣布：

“惟新兴的无产者才有将来！”

这是一个认真的、严肃的总结了半生战斗经历的结论，也是一个公开的宣言。

这样，《二心集》就成为鲁迅著作的一个明显的分界线。如果说《三闲集》里，在思想上、理论上以至世界观上，还有旧思想的余绪，那么，在《二心集》里，却没有这种负累了。在整个文集里，充满着的是战斗的、乐观的、满怀信心的情绪，贯穿着的是马克思主义的阶级分析的方法，放射着辩证唯物主义、历史唯物主义的思想光芒。

鲁迅后期杂文的特点，在《二心集》里第一次突出而鲜明地表现出来了。两篇批判梁实秋的杂文（《“硬译”与“文学的阶级性”》和《“丧家的”“资本家的乏走狗”》），批判“民族主义文学”的文章和两篇关于当时文艺界现状的文章（《黑暗中国的文艺界的现状》和《上海文艺之一瞥》），贯穿的都是阶级分析的方法，无论是对社会政治现象、文艺现象，如梁实秋和“民族主义文学家”等；无论是对现实还是对历史，那

---

① 《二心集·序言》。

剖析，用的仍然是人们熟悉的“鲁迅笔法”：深刻、隽永、幽默、一击而致敌于死命；但是，现在增加了重要的东西，就是马克思主义。

在《二心集》里，体现着鲁迅很鲜明的立场和明确的观点：要运用马克思主义来分析一切问题。他在《我们要批评家》中，指出青年人“去求医于根本的，切实的社会科学”（即马克思主义，这是当时的“隐语”），“是一个正当的前进”。他一再提出，希望出现的批评家就是：“坚实的，明白的，真懂得社会科学及其文艺理论的批评家。”在为《进化和退化》这本谈进化论的译著所写的小引中，他在后面笔锋一转，就落到“接着这自然科学所论的事实之后，更进一步地来加以解决的，则有社会科学在”。他充分认识了马克思主义理论的作用与力量。

对于以工农为主体的人民群众创造历史的作用，也很鲜明地表现出来了，完全脱去了以前对群众的怀疑态度。他说：“多数的力量是伟大，要紧的。”[①]

当然，他也看到并承认群众的落后面——但他指出这是统治阶级不让他们掌握文化，对他们压迫剥削、愚弄的结果——不过，他强调革命者要“深知民众的心，设法利导，改进”，这是一种革命启蒙主义的思想。

特别值得注意的是，这本杂文集的写作年代，正是党内发生两次“左”倾错误的时刻。这两次“左”倾错误的发生，是由于对中国革命的长期性、艰巨性认识不够，对中国社会的实际缺乏了解，因而不顾客观条件，急躁冒进，企图很快取得革命胜利。很可宝贵的，鲁迅在这时期的杂文里，虽然非常猛烈地揭露、抨击国民党反动派，但是，他却没有低估敌人的力量，特别是看透了国民党反动派的背后有着源远流长的旧传统支持着它，因此，在自己的文章中，反复地论述了要深入了解中国社会的实际情形，勇于面对黑暗的现实，坚持作长久的、反复的斗争，也反对总是装出唯自己是无产者、革命者的面孔，拒绝联合、团结多数人，要求队伍纯而又纯的论调和作法。在那篇著名的《非革命的急进革命论者》中，他把这个道理讲得十分清楚。

在《对于左翼作家联盟的意见》等文章中，他都强调了了解社会实际的重要。否则左翼就很容易变成右翼。他说，攻击旧社会的作品，如

① 《二心集·习惯与改革》。

果“知不清缺点，看不透病根，也就于革命有害”。他针对当时的情况说：可惜现在的革命作家和批评家“也往往不能，或不敢正视现社会，知道它的底细”。他特别强调认清敌人底细的重要。他以《列宁青年》有篇评论中国文学界的文章为例，指出它对于他们认为是无产阶级文学派的创造社讲得很多，对被认为是小资产阶级文学派的语丝社就讲得少了，而对作为资产阶级文学派的新月社就说得更短了。他深刻地指出：

> 惟有明白旧的，看到新的，了解过去，推断将来，我们的文学的发展才有希望。①

鲁迅这种反对“左”倾病的思想，来自他对于中国历史和现实的深刻了解，来自他的一贯的、突出的求实精神。

抗击的呼号

自从1931年九一八事变之后，国内形势发生了巨大的变化：由各个帝国主义共同宰割、掠夺、奴役中国，逐渐发展到日本帝国主义要独吞中国了。尖锐激烈的民族矛盾逐渐上升到主要地位，而阶级矛盾则退居次位，但却又和这主要矛盾千丝万缕地纠葛着。因此，斗争也就更加复杂了，它对于民族的和阶级的战士的要求，也就更高了。在这种发生了剧烈巨大变化的形势面前，鲁迅不仅表现了一如既往的勇敢坚强，而且在对形势的认识与分析上，在对斗争的战略、策略的考虑与掌握上，都表现了政治上的敏锐和理论上的成熟，显示了一个无产阶级战士和文化革命主将的远大眼光，显示了一个向敌人冲锋陷阵最英勇顽强正确的民族英雄的风貌。

当时的形势是危急的、错综复杂的：日本帝国主义一心要独占中国，全国人民立即掀起了抗日的高潮，但是，国民党反动派却对日寇实行不抵抗政策，叫嚷“攘外必先安内”，倾全力于“剿共”前线；同时，又把刀枪转向要求抗日的人民群众和爱国人士。他们的口号竟然是：“敢言爱国抗日者杀！”

面对这种形势，鲁迅抓住主要矛盾，高举起抗日的旗帜，投入斗争。首先，鲁迅对日本帝国主义的侵略，及时地、深刻地作了揭露。在

---

① 《二心集·上海文艺之一瞥》。

九一八事变发生后的第二天，他就在《答文艺新闻社问——日本占领东三省的意义》中指出：

> 这在一面，是日本帝国主义在“膺惩”他的仆役——中国军阀，也就是“膺惩”中国民众，因为中国民众又是军阀的奴隶；在另一面，是进攻苏联的开头，是要使世界的劳苦群众，永受奴隶的苦楚的方针的第一步。

这真是最短的一篇文章：只有两句话，不满一百字。但是，它全面地揭露了日本侵华、占领东三省的实质：第一，国民党反动派与日本帝国主义是主仆关系，而不是仇敌；九一八事变是主子对其仆役的惩罚，以便他们更服帖、更温驯地为帝国主义利益服务。第二，国民党反动派代表着帝国主义统治着中国民众，因此，那灾难，最后必然落到中国人民的身上。第三，占领中国的东三省，不是日本帝国主义的最终目的，它还要进一步消灭当时的无产阶级专政国家苏联，以至奴役全世界劳苦群众。日本帝国主义的野心是很大的。在事变发生的当时，鲁迅就有这样明确、尖锐、中肯、深刻的评论，这具有多么锐利的眼光，而这能力正是他掌握了马克思主义的重要体现。

鲁迅从世界全局出发，站在中国、苏联和世界劳动人民的立场上，来看待发生在中国东北的事变。他的爱国主义思想不仅表现了深厚的民族感情，而且，也表现了深厚的阶级感情。他把爱国主义和国际主义统一起来了。他这时期的杂文，以至直到逝世前所写的有关抗日这一主题的杂文，都体现着这种精神。而这种精神正是马克思主义的精神。

当然，鲁迅此时揭露批判的重点是投降卖国的国民党反动派，但不是把它看作孤立的东西，而是把它同帝国主义联系在一起，进行剖析、抨击。在《“友邦惊诧”论》中，他怒斥“友邦人士”和国民党政府：

> 好个“友邦人士”！日本帝国主义的兵队强占了辽吉，炮轰机关，他们不惊诧；阻断铁路，追炸客车，捕禁官吏，枪毙人民，他们不惊诧。中国国民党治下的连年内战，空前水灾，卖儿救穷，砍头示众，秘密杀戮，电刑逼供，他们也不惊诧。在学生的请愿中有一点纷扰，他们就惊诧了！
>
> 好个国民党政府的“友邦人士”！是些什么东西！

这一段连珠炮式的文字，充满了民族正气，代表民心民意，读了令人痛快之至。他同时又斥责了国民党政府：

> 可是“友邦人士”一惊诧，我们的国府就怕了，“长此以往，国将不国”了，好像失了东三省，党国倒愈像一个国，失了东三省谁也不响，党国倒愈像一个国，失了东三省只有几个学生上几篇“呈文”，党国倒愈像一个国，可以博得“友邦人士”的夸奖，永远“国”下去一样。

最后，鲁迅指出：“‘友邦’要我们人民身受宰割，寂然无声，略有‘越轨’，便加屠戮；党国是要我们遵从这‘友邦人士’的希望，否则，……‘即予紧急处置……’。”

在这里，民族恨和阶级情是融为一体的。这正义的抗击的呼号，揭露抨击了民族与阶级的敌人，唤醒人民，鼓舞人民去同他们斗争。

鲁迅最为着力与之斗争的是国民党反动派实行的不抵抗主义，从多方面揭露了它的种种表现和反动本质。1932年，蒋介石自任总司令，出动50万兵卒，对苏区进行第四次反革命“围剿”。他一面向红色根据地进攻，一面则向日寇投降。山海关弃守了，七天之内又把整个热河省丢光。一个偌大的承德市，日本侵略军仅仅出动了100人，不费一枪一弹，唾手而得。蒋介石说：“要以专心一志剿匪，侈言抗日，那就是投机取巧。”他还发出命令：“侈言抗日者杀无赦。”在这种情况下，日军长驱直入，平津华北都处在危急之中了。

鲁迅以他的杂文作为投枪和匕首，给予了揭露和抨击。但由于是不自由的环境下的“自由谈”，所以特别发挥了讽刺的效能，使文章具有特有的力量和味道。他在《逃的辩护》中，以替学生走散辩护的形式，反语相讥地揭露国民党反动派如何屠杀爱国学生。他在《航空救国三愿》中，揭露国民党空军打敌人就“迷失”了，却去杀人民。在《赌咒》中，他尖锐地讥讽了蒋介石一面赌咒发誓说不抗日就杀他的头“以谢天下”，一面却只“剿共”不抗日。他讥刺地写道，赌咒“总之是信不得。他明知道天不见得来诛他，地也不见得来灭他”。在《曲的解放》《迎头经》等杂文中，有力地抨击了国民党政府的不抵抗主义、逃跑主义，刻画了他们的投降卖国的丑相[①]。在《中国人的生命圈》《天上地下》中则揭露了国民党军队和日寇，“一个炸进来”、“一个炸进去”（指炸红色根据地）的罪行。

对于国民党反动派的退和“打”，鲁迅都作了深刻的揭露。当要退时，他们叫嚷“战略关系”“缩短防线”“诱敌深入”，但鲁迅讽刺道：

> 现在一切准备停当，行都陪都色色俱全，文化古物，和大学生，也已经各自乔迁。无论是黄面孔，白面孔，新大陆，旧大陆的敌人，无论这些敌人要深入到什么地方，都请深入罢。[②]

而当他们需要装模作样，欺骗世人时，也不免要“打”一下子，但这“打”，是输赢早就定下了的。鲁迅揭露道：

> 打是一定要打的，然而切不可打胜，而打死也不好，不多不少刚刚适宜的办法是失败。……战争，禁得起主持的人预定着打败仗的计画么？好像戏台上的花脸和白脸打仗，谁输谁赢是早就在后台约定了的。[③]

投降派为了掩饰自己不抵抗的面目，搞了许多假象来欺骗人民，而鲁迅便以讽刺之剑来戳破它。他在《沉滓的泛起》一文中，揭露那些沉滓，借国难之机，提倡什么“强身祛悲观”，搞什么“爱国歌舞表演”，组织御用的“文艺界救国会”，甚至胡说警犬可以救国，推销灵药能够使人“身列戎行”，等等。鲁迅指出，这不是什么救国，这不过是沉滓趁“国难”而“在表面来泛一下，明星也有，文艺家也有，警犬也有，药也有……”但鲁迅说：“但因为泛起来的是沉滓，沉滓又究竟不过是沉滓，所以因此一泛，他们的本相倒越加分明，而最后的运命，也还是仍旧沉下去。”

在这民族危亡之际，资产阶级文人胡适和国民党军师吴稚晖表现出高级奴才的丑恶本质，鲁迅也给了他们以有力的打击。在《出卖灵魂的秘诀》中，揭露了胡适向日本侵略者献策，要他们“征服中国民族的

① 这期间，瞿秋白正避居于鲁迅家中，他写了不少杂文，由鲁迅找人抄写，用鲁迅的笔名发表。《曲的解放》和《迎头经》是其中的两篇。详见本书第307页页下注①。

② 《伪自由书·战略关系》。

③ 《伪自由书·对于战争的祈祷》。

心”的可耻的汉奸行径。在《新药》中，则把吴稚晖比作寓言故事里的“药渣”——医好了宫女们的“病”的、由“壮汉”变成“瘦得不像人样的男人”。

以后，随着形势的变化和斗争的发展，鲁迅在这方面的批判，还有更广泛深入的发展。

在批判日寇与国民党反动派的同时，鲁迅还热情地鼓励人民的抗日热情、斗争意志，指出斗争的目标与策略。他在《二心集·答中学生杂志社问》中，突出地提出了言论自由问题：“我们现在有言论的自由么？假如先生说‘不’，……那么，我说：第一步要努力争取言论的自由。”

他提出的正是动员全民族投入抗日运动的主要问题。

但是，正如鲁迅所说的，“政府似有允许言论自由之类的话，但这是新的圈套，不可不更加小心。”[①]因此而不得不用“钻网法”，运用“曲曲弯弯的讽刺”。他一面鼓舞人民的斗志，一面沉痛地告诉人民：“我们也无须再看什么亡国史。”因为这最多不过告诉你，“一做亡国奴，就比现在的苦还要苦。”同时又鼓励人民，“我们应该看现代的兴国史，现代的新国的历史。”因为，“这里面所指示的是战叫，是活路，不是亡国奴的悲叹和号咷！”[②]

自从九一八事变之后，鲁迅把自己的注意力集中在抗击日寇侵略和批判国民党的投降政策之上，写下了许多战斗的杂文，揭露和抨击了民族的、阶级的敌人，鼓舞了全国人民的斗志。他的杂文，成为当时抗日的最强音，而他自己，则表现了一个伟大的民族英雄的坚强和勇敢。

现在不能离开中国

1932年上海“一·二八”抗战时，鲁迅的家陷于战火中。他的住屋被子弹击中过，他的家也遭到日本侵略军的搜查，他家的对面就是日本海军陆战队的司令部！在危急中，他得到日本朋友内山完造的帮助，搬到内山家里去暂避炮火。而这时，国民党反动政府对他的迫害又变本

① 《1932年1月5日致增田涉》。

② 《“日本研究”之外》，载《文艺新闻》第三十八号，署名乐贲。收入《鲁迅全集（第八卷）·集外集拾遗补编》。

加厉了。他们通缉鲁迅以后，现在又裁撤了他由于蔡元培的帮助而在中央研究院担任的特约撰述员的职务。他写的文章也越来越难得到公开发表的机会了。鉴于中国的白色恐怖愈来愈加重，这时，内山完造正好回国，他同增田涉力劝鲁迅去日本小住，以避风头。但鲁迅谢绝了。他在1932年4月13日给内山完造的信中说：

> 早先我虽很想去日本小住，但现在感到不妥，决定还是作罢为好。第一，现在离开中国，什么情况都无从了解，结果也就不能写作了。第二，既是为了生活而写作，就必定会变成“新闻记者”那样，无论从哪一方面看都没有好处。……依我看，日本还不是可以讲真话的地方。

他不愿为生活而卖文，却要为战斗而写作。他不愿意从一个没有自由的地方，跑到另一个“不是可以讲真话的地方”去。他深深地爱着祖国，而不愿离开她，虽然这里黑暗弥漫。

在上海时期，在同日本友人的交谈中，他常常谈论中国人的缺点。但这已经不再是以前那种关于国民性的探讨了，而是在肯定人民是创造历史主人的前提下，如何改掉中国人民身上的缺点，而更好地发展自己的国家和民族的问题。他不同意外国友人偏重讲中国人的优点。他在为内山完造写的《活中国的姿态》一书作序言时，曾经说明了这个意思。他在同内山交谈时，也曾说：“老板，你的漫谈太偏于写中国的优点了，那是不行的。那么样，不但会滋长中国人的自负的根性，还要使革命后退，所以是不行的。老板哪，我反对。”[①]

他常常猛烈地攻击中国人的缺点，说中国四万万人都患着一个毛病：马马虎虎。他称赞日本人的认真精神。他讲到过，中国有些青年嘴喊抗日救国，或在日常用具上镌着“抗日救国”字样，但不过嘴说而已。在“一·二八”抗战中，日本侵略者见到了就杀人。“‘抗’得轻浮，杀得切实，这事情似乎至今许多人也还是没有悟。”[②]正如内山完造所说，他的对于本国人民的缺点的抨击，是“与热泪俱下的鞭子”！

这正表明了他的深切的爱国主义的热情。这正是他不肯离开中国，发出抗击的呼号的根源。他的声音，代表了中国人民的心声，反映了中国人

① 内山完造：《鲁迅先生》，载《鲁迅回忆录（散篇）》下册，第1492页。

② 《1932年6月18日致台静农》。

民的愿望。他是人民的代言人。他代表的正是中国人民的气节与性格。

九、劫波与恩仇

1933年6月的一天，鲁迅收到日本友人西村真琴博士的一封信，并且附了一张鸽子图。信上说，这鸽子是在“一·二八”抗战后，在上海的一个废墟上捡到的，便带回去养起来，但后来却死去了。日本农民建了一座塔来埋葬它，并请鲁迅题诗。鲁迅便写了《题三义塔》一诗：

奔霆飞熛歼人子，败井颓垣剩饿鸠。
偶值大心离火宅，终遗高塔念瀛洲。
精禽梦觉仍衔石，斗士诚坚共抗流。
度尽劫波兄弟在，相逢一笑泯恩仇。

这最后两句，概括了鲁迅对中日关系的远见。那时，他在文章中，在同日本友人的谈话中，都说到，现在是常在讲“中日提携”“中日共存共荣”什么的。中日两国是要友好相处的，但现在还不是那时候。这是说，现在中日两国正在交战，一方侵略另一方，一方抵抗另一方，连日货都要抵制。这正是一场“劫波”，只有度过这个时期，才会有兄弟们相逢一笑，忘记了昔日的恩恩仇仇的一天。但是，“斗士诚坚共抗流”，就是在这个劫波时期，两国友好人士，也仍然要为抵抗逆流而奋斗的。鲁迅正是在这种国际主义精神支持下，把日本国内的帝国主义侵略者和人民区别开来，正在两国刀兵相见时，却与真正的日本友好人士，保持着深厚的情谊。他把两国人民之间的文化交流，看作沟通友谊的渠道和桥梁。

他与内山完造之间的友谊，经受了严峻的考验而不衰。在鲁迅被通缉，在柔石牺牲之后，鲁迅都曾得到内山的帮助，出外避难。在“一·二八”抗战时，虽然日本侵略军在被十九路军打得大败时连上海日侨都动员起来当日军预备队，但内山完造仍然和以往一样，接鲁迅全家到书店避难。内山书店里的日本店员镰田直和镰田诚一兄弟，在危难中，或冒险推车接鲁迅，或在鲁迅住处挂上自己名牌以保护鲁迅。诚一因受军国主义毒害，曾参加预备队，参与了杀害中国农民的事件。后来在鲁迅精神的感召下，思想发生矛盾，肺病爆发，临回国时，不断低语：“假如能再回上海……”他回国后病逝，鲁迅应镰田直请求，为镰田诚一写了墓碑。

增田涉来中国，鲁迅为他讲授《中国小说史略》，坚持数月。这种师友的情谊是十分感人的：

> 初头的十个月，每天午后在他家度过三小时乃至四小时时间，到了傍晚，也常在他家吃晚饭。……他的著作《中国小说史略》、第一部小说《呐喊》、第二部小说《彷徨》，几乎是一字一句地曾直接地听过他的讲解……。回忆小品文集《朝花夕拾》、散文诗《野草》，或短评、随笔集《热风》、《华盖集》及其《续编》、《而已集》等，也是一面提出字句的疑问，一面在他面前诵读过的。
>
> 大约从午后的两点或三点开始，继续到傍晚的五时或六时。……大概有三个月的时间消费在那本书（《中国小说史略》）的讲读上。……在那宽大的书房兼客厅里，广平夫人在稍远的地方，干着她自己的工作（读书、抄写、织毛线等），（……），没有什么人打扰，我得以充分地接受教导。……后来，《呐喊》和《彷徨》两本小说的讲解完毕，是在那年的岁暮。所以我在那一年里，是春、夏、秋、冬，每天都进他的书房；而且一天约三小时在接受他的个人教授。每天还受到广平夫人给以点心或茶水的招待。每星期还大约有两次在他家吃饭。他没有厌倦，而是把着手谆谆教导，我说不出感谢的话，就是直到现在也还感到他的恩情。

以上是增田涉在《鲁迅的印象》里写下的回忆。而这一切正是发生在日本步步加紧侵略中国之时。鲁迅之所以为增田涉授课，大概在追忆起他留学日本时的老师藤野先生吧。事实上，他的思想、精神，他实际所作，已经远远超过藤野先生了。而他对于藤野的称赞，也完全适用于他自己：“他的性格，在我的眼里和心里是伟大的。”

在这“劫波”时期，鲁迅与山本初枝夫人、滨之上、坪井等日本友人，都保持着友好关系。他的不少著名诗篇都书写成条幅赠给了这些日本友人。如《湘灵歌》、《无题》（“血沃中原肥劲草”）、《所闻》、《无题二首》（“皓齿吴娃唱柳枝”）、《悼杨铨》等诗都是如此。

同时，鲁迅还与日本共产党员作家和进步作家如山上正义（林守仁）、鹿地亘夫妇保持着亲密的关系。山上在广州时期就与鲁迅相识，到上海后又与鲁迅交往甚密，并为“左联”工作。回国后翻译了《阿Q正传》，鲁迅为他校阅，在通信中回答他的疑难问题。鹿地亘被日本政府驱赶出来，初到上海，生活无着，鲁迅便为他寻找材料，帮助他翻译，以得些稿费，维持生活。

鲁迅在这时播下的种子，在最近30年来，不断生长，开出了中日友谊之花，成为现代中日人民友好史上的佳话。

十、鲁迅与党

到上海以后，鲁迅与党的关系又进到一个新的时期，他与党的组织，从党中央到文化界的党组织，从党的重要领导人到一般党员，都发生了亲密的联系，他并且为党担负过重大的任务。他是一个非党的布尔什维克。党给了鲁迅以力量。鲁迅是党最亲密、最可靠的朋友。

“人生得一知己足矣”

1932年上海，一个冬天的深夜，北四川路底一路电车的终点站。一个年青人迅速地走进了鲁迅的住宅，走上了三楼。他是当时担任全国总工会党团书记的陈云。他是来接避居在鲁迅家的瞿秋白的。当许广平把他迎进屋里时，瞿秋白已经一切准备好了：他的几篇稿子和几本书放在杨之华的包袱里，另外一个小包袱装着他们简单的几件换洗衣服。陈云问瞿秋白：“还有别的东西吗?”

瞿秋白答道：“没有了。”

“为什么提箱也没有一只?”

“我的一生财产尽在于此了。”

“远不远?”秋白问。

“很远，我去叫三辆黄包车。”陈云说着，就准备下楼。

这时，一直站在旁边关心地望着他们的鲁迅说：“不用你去。我叫别人去叫黄包车。”说着，就叫许广平去了。

鲁迅的脸色庄重而带着忧愁。他很担心他们在路上被侦探巡捕发现。他问陈云：

“深晚路上方便吗?”

陈云答道：“正好天已下雨，我们把黄包车的篷子撑起，路上不妨事的。”

许广平来告诉车已经雇好了。

他们走下楼去。鲁迅带着庄重和忧愁的神情对瞿秋白说：“今晚上你平安到达那里以后，明天叫人来告诉我一声，免得我担心。”

瞿秋白答应了。他们走下楼去。鲁迅和许广平一同送着他们。瞿秋白回过头，对他们说：“你们进去吧。”鲁迅和许广平默默地点点头，目送着三位战友消失在楼梯口。……

在这默默无言的送别中，蕴含着多少战友的深情呵！

鲁迅和瞿秋白原来并不认识，但神交很久，正如瞿秋白在给鲁迅写的一封信中所说：“我们是**这样亲密的人，没有见面的时候就这样亲密的人。**”[①]当瞿秋白在《前哨》上看到鲁迅写的追悼被害“左联”作家的文章《中国无产阶级革命文学和前驱的血》时，情不自禁地赞叹：“写得好，究竟是鲁迅！”这时期，瞿秋白因在党内受到打击，离开了中央领导岗位，又加肺病严重，没有担负什么实际工作，但他却主动地投入了文艺战线的斗争，在实际上参与了对“左联”的领导。他由冯雪峰安排，避居在同情革命、接近文学而又在钱庄里做事的谢澹如家。他很少外出，隐居中，勤奋地从事翻译工作，系统地介绍马克思列宁主义的文艺理论和苏联文学作品（后来收集在《海上述林》中的翻译作品，即此时所译）；同时还写了不少犀利泼辣、生动深刻的杂文，即以“乱弹”为总名的那一批杂文，论述文学革命、文艺大众化问题，批判与打击“民族主义文学”与“第三种人”、“自由人”[②]。鲁迅看了赞不绝口，说：“何苦[③]的文章，明白畅晓，是真可佩服的！”“真是皇皇大论！在国内文艺界，能够写这样论文的，现在还没有第二个人！”他称赞瞿秋白“真有才华”。

瞿秋白曾三次到鲁迅家避难[④]。每当风声紧，在危急之中又一时无处可去时，瞿秋白便毫不迟疑地说：“周先生家里去罢！”对鲁迅充满了

① 《二心集·关于翻译的通信》。

② 这些论著中，重要的有《学阀万岁！》《鬼门关以外的战争》《普罗大众文艺的现实问题》《“自由人”的文化运动》《文艺的自由和文学家的不自由》等。现均收在《瞿秋白文集》中。

③ “何苦”是瞿秋白的别名，在白色恐怖下，人们都避免说真名。瞿秋白尚有笔名史铁儿、易嘉等。

④ 第一次在1932年11月，第二次在1933年2月，第三次在1933年7月。

信任，而鲁迅虽然自己也身处危境，却也毫不犹豫地尽力保护了战友[①]。在同住一起时，他们经常彻夜畅谈，革命、历史、文学、当前的斗争、中国社会的特点，等等，古今中外，话题广泛，议论风生。他们的观察和分析总是一致的，而又互相启发，互相影响。他们的思想感情交流在一起。许广平这样记述了他们相处时的感人情景："在这期间，他（指瞿秋白）和我们在一起，我们简单的家庭平添了一股振奋人心的革命鼓舞力量，是非常之幸运的。加以秋白同志的博学、广游，谈助之资实在不少。这时，看到他们两人谈不完的话语，就象电影胶卷似地连续不断地涌现出来，实在融洽之极。"[②]

1933年3月到6月，鲁迅与瞿秋白夫妇同住在北四川路底施高塔路（即今山阴路），鲁迅住在大陆新村，瞿秋白住在东照里，相距很近，来往频繁。

"鲁迅几乎每天到东照里去看我们，和秋白谈论政治、时事、文艺各方面的事情，乐而忘返。我们见到他，象在海阔天空中吸着新鲜空气享受着温暖的太阳一样。秋白一见鲁迅，就立刻改变了不爱说话的性情，两人边说边笑，有时哈哈大笑，冲破了象牢笼似的亭子间里不自由的空气。我们舍不得鲁迅走，但他走了以后，他的笑声、愉快和温暖还保留在我们的小亭子间里。特别是鲁迅留下来的书给秋白很多的安慰。"[③]

这时，鲁迅正用各种笔名在《申报》副刊《自由谈》上发表杂文。瞿秋白就模仿鲁迅的风格，写作杂文。写好后，由许广平抄写，用鲁迅的笔名，在《自由谈》上发表。因为他们的思想见解相同，有的杂文又是两人漫谈的结果，而瞿秋白也与鲁迅的才力相当，所以这些杂文，很难为人分辨出是出自何人手笔。后来，鲁迅也一并收入自己的杂文集《伪自由书》中，使之流布。这也说明他们之间那种为了共同事业而战

---

① 杨之华有这样的记述："那时候，许多与我们熟悉的朋友、同学知道我们从事革命工作，都躲避我们，生怕与我们接近会给他们带来麻烦。可是以鲁迅为代表的一些朋友不但没躲避我们，而且关怀我们，掩护我们。难道鲁迅不知道与我们来往是危险的吗？他自己所受的迫害已经够多了；但由于他相信共产主义和拥护共产党的政策，反对国民党反动派的黑暗统治，他对共产党员表现了无限的热情和可贵的友谊。"（《〈鲁迅杂感选集序言〉是怎样产生的》，《语文学习》1958年第1期）据瞿独伊悼念杨之华的文章说，杨之华在遭受"四人帮"残酷迫害，病已垂危时期，经常深情地提到鲁迅，怀念鲁迅。

② 许广平：《鲁迅回忆录·瞿秋白与鲁迅》，作家出版社，1961，第122页。

③ 杨之华：《〈鲁迅杂感选集序言〉是怎样产生的》，《语文学习》1958年第1期。

斗的深厚情谊了[①]。它成为我国文学史上的佳话。他们那种共产主义者之间的无私的战友的情谊，永远温暖着我们的心，教育着后来的人。

这期间，瞿秋白得到一个较为安静的机会，来系统地阅读鲁迅的作品并从直接交谈中了解鲁迅。他对杨之华说："我感到很对不起鲁迅，从前他送的书我都在机关被破坏的时候失去了，这次我可要有系统地阅读他的书，并且为他的书留下一个永久的纪念。"[②]

他果真留下了这样一个永久的纪念，这就是他所编的《鲁迅杂感选集》和他为这本选集写的序言。

他不顾病体的衰弱，避开敌人的追捕和邻居的怀疑，白天就装作病势沉重，躺卧床上，但却在用心研读鲁迅的作品。待到夜深人静，他伏在一张小桌上，挥笔疾书，把那些深刻的见解、透辟的分析记在纸上。一连几夜的辛勤的劳作，一篇《序言》产生了。

在写作过程中，鲁迅来时看到这篇序言，他非常高兴，怀着感激的心情对瞿秋白说："你写作的环境比我坏得多。"

这篇《序言》在我国第一次对鲁迅和他的作品做出了正确的评价，对鲁迅的战斗历程和思想作了透辟的分析。它肯定了鲁迅的杂文"反映着五四以来中国的思想斗争的历史"，**"有中国思想斗争史上的宝贵的成绩，而且也为着现时的战斗"**。他赞美说："杂感这种文体，将要因为鲁迅而变成**文艺性的论文**（阜利通——feuilleton）的代名词"，"它的特点是更直接的更迅速的反映社会上的日常事变"。《序言》正确地指出：鲁迅是**"封建宗法社会的逆子，是绅士阶级的贰臣，而同时也是一些浪漫谛克的革命家的诤友"**。瞿秋白热情地、正确地赞扬鲁迅：

① 这些杂文是：《伪自由书》中的《王道诗话》《伸冤》《曲的解放》《迎头经》《出卖灵魂的秘诀》《最艺术的国家》《内外》《透底》《大观园的人才》等9篇，《南腔北调集》中的《关于女人》《真假堂吉诃德》，以及《准风月谈》中的《中国文与中国人》，计12篇。解放后，又同时收入《瞿秋白文集》。许广平记述这些文章产生的经过说："这些文章，大抵是秋白同志这样创作的：在他和鲁迅见面的时侯，就把他想到的腹稿讲出来。经过两人交换意见，有时修改补充或变换内容，然后由他执笔写出。他下笔很迅速，住在我们家里时，每天午饭后至下午二、三时为休息时间，我们为了他的身体健康，都不去打扰他。到时候了，他自己开门出来，往往笑吟吟地带着牺牲午睡写好的短文一、二篇，给鲁迅来看。鲁迅看后，每每无限惊叹于他的文情并茂的新作是那么精美无伦。"（《鲁迅回忆录·瞿秋白与鲁迅》，作家出版社，1961，第128页）

② 朱正：《鲁迅回忆录正误》，湖南人民出版社，1979，第148页。

他这种为着将来和大众而牺牲的精神，贯穿着他的各个时期，一直到现在，在一切问题上都是如此。

当时，在整个思想界、文艺界，甚至在左翼文学界，对于鲁迅、对于他的思想和作品，特别是对于他的杂文，都还缺乏正确的认识和评价，虽然都很尊敬他，爱戴他，但并不完全理解他。瞿秋白以他的高度的马克思主义理论水平和高度的文学修养，以及他的丰富的实际斗争经验，第一次认识了鲁迅的价值，正确评价了他的历史地位。这篇《序言》，实际上成为从“五四”以来到30年代初的文艺运动和思想斗争的一个总结。这是一个漫长的革命过程。这个过程的总结由共产党人来做出，不是偶然的。在当时的中国，只有共产党人、党所领导的文学运动，能够对鲁迅做出正确的评价，正确地认识鲁迅对革命、对人民的巨大价值；而鲁迅思想的发展，以马克思主义为归宿，最终成为伟大的共产主义战士，也只能由共产党人来对他的思想发展做出全面的评价。当然，这个认识过程当时还没有完成。直到鲁迅逝世以后，毛泽东在1940年的《新民主主义论》和1942年的《在延安文艺座谈会上的讲话》中才如实地对鲁迅做出了全面、正确的评价。

鲁迅对于瞿秋白的文章，是怀着深深的感谢之情的，他很赞赏这篇《序言》。《序言》中对鲁迅前期思想上的缺点作了分析与批评。鲁迅说：“分析的是对的。以前就没有人这样批评过。”大概，这就是他所说的“打着了我的痛处”，找准了“我的症候”，是他在与创造社笔战时就期待着的“操马克思主义枪法”的批评了。他感到愉快。

在两年多的时间里，在激烈复杂的斗争中，鲁迅与瞿秋白，在思想上、政治上负起了对“左联”的领导责任。他们率领左翼文艺队伍，冲破反革命文化“围剿”，展开了对新月派、“民族主义文学”、“第三种人”、“自由人”的批判，他们两人的皇皇巨论是战斗中的克敌制胜的巨炮。他们领导了关于文艺大众化、旧形式的利用、翻译问题、文字改革等重大文化问题的讨论，对我国建立和发展马克思主义文艺理论，并用这个理论武装年青的左翼文艺队伍，都做出了巨大的、不可磨灭的贡献。

鲁迅和瞿秋白成了最亲密的战友。鲁迅书写了一副对联，赠给瞿秋白：

人生得一知己足矣

斯世当以同怀视之

这两行十六字，记录了他们情同手足似的深切情谊，反映了他们彼此了解、共同战斗的战友深情。

1934年1月初，瞿秋白要去江西苏区，临行前来与鲁迅告别。鲁迅特意让出自己的床给秋白夫妇，他与许广平临时在地板上搭个睡铺，以此来表示对战友的尊重与依依惜别之情。

1935年6月18日，瞿秋白在福建长汀罗汉岭前，高唱着《国际歌》，为中国革命流尽了最后一滴血。鲁迅得讯，悲痛不已，一个时期内难于执笔为文。他在书信中，多次对瞿秋白的牺牲表示无限的痛惜。他说："这在文化上的损失，真是无可比喻的。"但他说："人给你杀掉了，但作品是杀不掉的。"1936年，他在紧张的战斗中，在健康状况愈益不好的情况下，亲自经营，收集出版瞿秋白的文集：《海上述林》。从编辑、校对，到封面设计、装帧、题签、拟定广告以及购买纸张、印刷、装订等工作，他都一手经办。在这些细致的工作中，寄托着他对牺牲了的战友的无限深情与怀念。最后，他把书寄到日本，印制了精美的《海上述林》。它永志着这一对共产主义文化战士的不灭的情谊。

党给鲁迅以力量

中国共产党诞生以后，无疑地，产生了一批新的人，他们继承了中华民族的优良传统，又发扬了马克思列宁主义培养的新的思想作风，他们来自工农或者和工农同命运，一起出生入死。他们是民族的精华，在反军事"围剿"的前线，在秘密战线上，以及在文化战线上，英勇奋斗。这些战士的产生和他们所进行的斗争，以及他们在斗争中的英勇表现，鲁迅直接、间接地都看见了。间接的，比如从"五卅"开始，到大革命时期，尤其是"四一二"反革命政变时期和以后一系列轰轰烈烈的、迸射着血花的残酷斗争，他所见所闻都很多。直接的，比如对李大钊、陈延年、毕磊这些他所熟识的战友、学生的牺牲以及后来的柔石和"左联"其他烈士的被害，他把无限的悲痛，凝聚在"忍看朋辈成新鬼"的名句之中。鲁迅是深谙中国历史的，他熟悉历史上那些英雄豪杰的事迹行状，他也见过辛亥革命时期那些"铁打的"英雄、舍身的志士，包括他所敬重推崇的孙中山和同乡、旧友秋瑾女烈士在内。但他们同共产党人相比，都不免逊色。这不是个人品质问题，而是他们思想和世界观上有差别。因此，可以看到，中国共产党的成长壮大和它参与领导北伐战争、领导土地革命战争的战斗业绩，给了鲁迅以信心。他以前对革命的前途究竟如何，对由谁来完成这历史任务，有过怀疑；现在，他看见了工人阶级的先锋队以及它所领导的工人运动、农民运动和军事斗争，他的希望有所寄托了。红军和红色根据地的存在，更使鲁迅获得了极大的力量。他关心红军和苏区，曾经特意邀请秘密在上海养伤的陈赓将军到家里，请他讲述红军作战的事迹。陈赓讲述反"围剿"斗争时随手画下的简略的作战地图，他一直珍藏着。他还曾经想写一部《铁流》式的中国红军的战斗小说，小说虽未写成，却写下了优美感人的诗篇来歌颂红军和苏区：

血沃中原肥劲草，寒凝大地发春华。

一枝清采妥湘灵，九畹贞风慰独醒。

总之，鲁迅从中国共产党，从工农红军和红色根据地，看到了中华民族的希望、革命的前途，他坚信中国共产党是唯一能够领导中国革命取得胜利的党，他自己也愿意在党的领导下从事革命斗争。他完全自觉地把自己的毕生事业完完全全和党的事业紧紧地结合在一起了。1927年他到上海不几天，就同党所领导的群众组织互济会发生了联系，并几次捐款给这个组织，救援受难的同志和他们的家属。以后，他除参加了这个组织以外，又参加了党倡议成立的中国自由运动大同盟，还参加了中国民权保障同盟。当红军长征胜利到达陕北时，他从史沫特莱那里得到这个消息，便立即与茅盾联名给党中央发了贺信：

英勇的红军将领和士兵们，你们的勇敢的斗争，你们的伟大胜利，是中华民族解放史上最光荣的一页，全国民众期待你们更大的胜利，全国民众正在努力奋斗，为你们的后盾，为你们的声援！你们的每一步前进，将遇到极热烈的欢迎和拥护。①

在你们身上，寄托着人类和中国的将来。

---

① 原载1936年10月28日延安出版的油印《红色中华》报。

这质朴而真诚的语言，表达了他对中国共产党的无限崇敬与信仰。

1936年，当他听了参加过长征，从陕北来到上海的冯雪峰介绍了红军作战的情况和取得的胜利时，他深情地说：

“我想，我做一个小兵还是胜任的，用笔！”

当他病情日重，离逝世之日不久，扶病痛斥托洛茨基派对党的污蔑时，正气凛然地、自豪地公开声明：

“那切切实实，足踏在地上，为着现在中国人的生存而流血奋斗者，我得引为同志，是自以为光荣的。”①

党给鲁迅以力量还表现在，他从个别的党员身上受到影响——思想上、理论上、性格上的影响。瞿秋白与鲁迅的交往和共同的战斗，给了鲁迅以不可忽视和不可磨灭的影响。首先，当然是在马克思列宁主义的运用上和为共产主义事业献身的精神上，瞿秋白的言论行动，给了鲁迅以深刻的影响。其次，在文学理论和一般学术观点上，鲁迅也同样受到了瞿秋白的影响，例如，瞿秋白非常强调运用大众口头语，要求文章念出来能够听得懂（他曾认为鲁迅在文章中用“战叫”一词，念起来就听不懂），他还用北方话和上海话写了通俗作品。由于瞿秋白的热烈提倡，鲁迅也更加重视大众口头语。在民间文艺形式的利用与改造和汉字改革问题上，鲁迅也受到瞿秋白的影响。这在他的关于旧形式的利用和汉字拉丁化的文章中，都反映出来了。此外，柔石、白莽、冯雪峰这些年青的共产党人，也同样在思想上、理论上，给了鲁迅以一定的影响。

鲁迅一生的发展，像长江大河，不拒涓涓细流，从各方面、各种人身上吸取有益的、优秀的营养，而又都融汇在他自己的独特的思想性格之中。这些都是他的力量的来源。而给了他以最大的力量的，是中国共产党，是马克思列宁主义②。

党最亲密的战友

1935年夏，在南昌狱中的红军著名将领、红军北上抗日先遣军领

① 《且介亭杂文末编·答托洛斯基派的信》。

② 30年代不少反动文人以及一些资产阶级文人，对鲁迅同共产党结下亲密战斗关系，加以攻击或嘲笑，说鲁迅“转向”、“投降”。这已被历史证明是无耻谰言，他们和他们的这种谰言早已经为人们所遗忘了。但是，近有一些在国外的人，仍然持此观点，这至少是一种严重的误解。

导人方志敏，经受了敌人的严刑拷打，也拒绝了敌人的拉拢收买。知道自己牺牲之日已近，他希望能得到有力的营救，以便再为党工作。他在万难中想起了鲁迅先生。他知道鲁迅虽不是共产党员，但是党最亲密的可靠的战友，是可以信任的革命同志。因此，他便托人带信给鲁迅和宋庆龄，请他们设法营救，同时把写给党中央的密信，托鲁迅转交。

鲁迅这时不仅同个别的共产党员有密切联系，也不仅同“左联”的党组织有密切的联系，而且，和党中央也有着密切的关系。1934年，党中央已经迁往江西中央苏区，留在上海代表党中央联系并指导白区工作的就是党中央特科。党派了在特科工作的吴奚如（原为“左联”成员）为党中央与鲁迅联系的承转人。

1935年秋，共产国际设在上海的一个与我中央特科有工作关系的情报机关，突然遭到中外反动派合谋的破坏。大批人员被捕，其中有教授、文学家、电影明星，也有几个外国人。但一律不披露姓名。因此，情况不明，不知问题出在哪里，难于对付。但是，日本方面宣布被捕者中间有一人是他们的情报人员，吴奚如便又想到鲁迅，请他通过与在上海的日本人的关系查明事件的根底。鲁迅果然以无产阶级国际主义的精神，通过他在上海的日本友人，辗转查明了底细，帮助党，也帮助共产国际解决了一个大问题。

当时，许多失了党的关系的同志，在困难中，总是通过鲁迅为他们找到党组织。其中有红军将领，也有地方干部。比如，1933年，红二十五军跟党中央失去联系一年多，鄂豫皖苏区省委派成仿吾同志去上海找党中央，就是通过鲁迅找到党的。鲁迅见到这个曾经与他“笔墨相争”的共产党人之后，心里非常喜悦，回家告诉许广平说：从外表到内里都成了铁打似的一块，好极了。对成仿吾充满了同志的爱。

1935年“一二·九”运动时期，在北平的东北大学的学生邹素寒，到上海参加全国学联筹备工作，他请曹靖华把他介绍给鲁迅。鲁迅对邹素寒给予亲切关怀，和他长谈。并同许广平一起到旅馆去看望他，知道他因工作需要住的是一家高级旅馆，便送了几十元钱去。第二次，邹素寒受当时北平学联秘书长姚依林同志的指派，送一份给党中央的报告到上海，也是由鲁迅转交的。在两次接谈中，对他的请求，鲁迅都是毫无保留地答应去办，并且关怀他的安全与生活，还赠给这位素不相识的学生不少书，因这些书路上不好带，他又给寄到北平。导师、长者和同志的深情融为一体。为了不能忘怀鲁迅这春风般的温暖，并表示要学习鲁迅这种崇高的风格，这位青年共产党员，便把自己的名字改为：鲁风[①]。

鲁迅在这个时期，经常在经济上帮助党克服困难。他到上海后，多次捐钱给中国济难会，作营救政治犯之用，并救助那些被捕同志的家属和被害烈士的遗属。当柔石牺牲后，他便捐赠100元，作为柔石子女的教育费。有一次，一位被捕同志的爱人，到内山书店找到鲁迅，请求资助，以便拿去营救亲人，鲁迅立即把刚刚收到的100元稿费交给她。“左联”成立后，鲁迅主张不收那些穷苦文学青年的会费，而由自己每月交20元。有时，他收到稿费了，便一次把全年的会费预先交清。

除了这种平时经济上的接济之外，鲁迅还在急需时，给处在地下状态的党组织以经济上的援助。有一次，吴奚如请求鲁迅帮助军委一笔经费，鲁迅得讯后，毫不犹豫地设法弄到款项，如数交给了他。

鲁迅自奉极俭，一生过着艰苦朴素的生活，连别人赠送的好烟他也留着待客，而自己却抽劣质品。但对于帮助文学青年出版作品，他却常常解囊相助，几十元以至数百元，从不吝惜。对于党的需要，更是千方百计，慷慨捐输。在这一笔笔的款项中，都凝聚了鲁迅对于中国共产党的深沉的爱。

十一、旗手、主将、民族英雄

自从1932年“一·二八”淞沪抗战被蒋介石出卖以后，一直到1935年“一二·九”运动爆发，中国革命处于低潮期，中华民族的灾难愈来愈深重，中国人民在死亡线上挣扎。“万家墨面没蒿莱，敢有歌吟动地哀”，日本帝国主义者的铁蹄，步步深入，而反动统治者的屠刀，继续挥舞肆虐，蒋介石在1932年6月出动了90个师50万兵力发动了第四次反革命军事“围剿”，工农红军浴血奋战8个月，粉碎了敌人的进攻。紧接着1933年10月，又以100万军队对红军进行第五次“围剿”。在这次战役中，广大工农红军不惜热血与头颅，苦战整一年，但是，在王明“左”倾错误的坑害下，终于不得不撤出江西根据地，进行

① 邹鲁风。全国解放后，曾任东北人民政府教育部部长、中国人民大学副校长。

史无前例的伟大的长征。在这同时，在国民党统治区，文化“围剿”与军事“围剿”同时在进行。中华民族的健儿与精英，一同被摧残。“高丘寂寞竦中夜，芳荃零落无余春”。“左联”的作家潘梓年、丁玲被捕，左翼剧联的阳翰笙、田汉被拘。革命诗人应修人在被捕时勇敢搏斗，坠楼殒命。1933年11月，特务们捣毁上海艺华影片公司，许多进步书店先后被封闭。1934年2月，国民党中央明令禁售上海149种文艺书，勒令71种刊物停刊。不仅左翼文艺书、苏联文学作品禁出禁售，而且连欧洲19世纪的文学作品也遭忌，甚至书皮是红色的也犯禁。而另一面则是指挥刀下的“文艺”兴起，尊孔读经的调头重唱，还有帮闲文人的起哄。“黄钟毁弃，瓦釜雷鸣”，整个中国成了一座黑暗大牢狱，中华大地万马齐喑。反动派像是红了眼的豺狼，犯了渴血症，残酷地杀害革命的、爱国的文化人，连稍具爱国心的国民党人士也不放过。1933年6月，他们在上海暗杀了中国民权保障同盟的总干事杨杏佛。第二年11月又在沪杭公路上杀害了《申报》主持人史量才。

这是苦难深重的岁月，这是拼死斗争的年代。这也是考验人的关口，锻炼人的时候。

令人痛心的是，就在这样的时期，党内“左”倾错误占了上风。他们拒绝必要的退却和防御，而主张无条件的进攻，反对利用合法形式。他们组织各种“第二党”式的赤色群众团体，他们经常举行游行示威、飞行集会。他们的口号是“斗争就是一切，一切为了斗争”，“不断地扩大与提高斗争”，他们动不动就给人扣上“怕死”“合法主义”“右倾机会主义”的帽子。无数优秀的共产党人、千万民族的优秀儿女，倒在血泊中，他们的牺牲证明了敌人的罪恶和“左”倾错误的危害。这是灾难深重的岁月，也是斗争极艰苦的年代。共产党人和革命人民，就在苦斗中摸索前进！

鲁迅也在这狂涛巨浪中，在战斗的考验中，成为中国文化新军的最伟大和最英勇的旗手，成为“在文化战线上，代表全民族的大多数，向着敌人冲锋陷阵的最正确、最勇敢、最坚决、最忠实、最热忱的空前的民族英雄”[①]。

① 毛泽东：《新民主主义论》，载《毛泽东选集》，人民出版社，1964，第691页。

泪洒江南雨

1933年6月18日上午8时15分，上海法租界亚尔培路三三一号，国民党中央研究院国际出版品交换处的门口，突然响起了枪声。枪弹连续向从门里开出的一辆纳嘉牌篷车射去，坐在车里的杨铨（杨杏佛）[①]听到枪声立即伏身保护身旁的爱子杨小佛，可他自己却为自由与民主献出了生命。15岁的杨小佛，仅腿部受伤，得保安全。

杨杏佛是中央研究院总干事，他与宋庆龄、蔡元培一起发起组织了中国民权保障同盟，任同盟的总干事。民权保障同盟的宗旨是营救一切爱国的革命的政治犯，争取人民的言论自由。同盟成立后，曾先后公开营救过牛兰夫妇[②]、许德珩和著名共产党人罗登贤、余文化、廖承志等。

暗杀杨杏佛是一次预谋的大屠杀的开端。紧接着特务们就放出了风声。有许多人要遭到杨杏佛同样的命运，《中国论坛》上发表了“勾命单”。

鲁迅在单上有名，此外还有宋庆龄、蔡元培、茅盾、胡愈之等。鲁迅参加了中国民权保障同盟上海分会并为执行委员之一[③]。他积极地参加了同盟的活动，关于营救被难者的会议，他都参加了。

自从杨杏佛遇害后，白色恐怖更严重地笼罩在上海上空。鲁迅又一次面临着生命的危险。但他面对危难，屹立不动，满怀悲愤，奋力抗争。

杨杏佛被刺杀的消息，是内山完造首先得到并告诉鲁迅的。他听了，立即说：

“如果是这样的话，那一刻也不能在家里待了。”

---

① 杨杏佛，名铨，江西省清江县人。早年在上海中国公学读书，后留学美国哈佛大学。中国国民党党员，历任国民党中央委员。曾任南京高等师范学校教授、东南大学工学院院长和国民党政府中央研究院总干事。1927年蒋介石发动“四一二”反革命政变，他仍坚持孙中山的三大政策，同情共产党。1932年与宋庆龄、蔡元培等组织中国民权保障同盟，任副会长兼总干事，反对蒋介石的反动统治。次年6月，在上海被国民党特务暗杀。时年41岁。

② 牛兰，原籍波兰，当时是国际革命组织泛太平洋产业同盟秘书。1931年6月17日在上海被国民党政府拘捕。

③ 据陈漱渝同志考证，中国民权保障同盟上海分会成立于1933年1月17日，而“同盟”的总会迄未成立。当时的最高领导机构是临时全国执行委员会。

他迅即赶往法租界出事地点。

内山劝他不要去，说："这太危险了!"

鲁迅说："反正也是一样的事。"

当杨杏佛入殓时，他也毅然前往[①]。临行时，不带门钥匙，以表示此去不准备再回来的决心。

当时，林语堂不敢出面，还有人纷纷离沪，如鲁迅所形容："天下骚然，鸡飞狗走。"[②]

但鲁迅的回答是坚决的：

"只要我还活着，就要拿起笔，去回敬他们的手枪。"[③]

他怀着极度悲愤的心情，参加了杨杏佛的丧礼，归来，他写了一首诗：

> 岂有豪情似旧时，花开花落两由之。
> 何期泪洒江南雨，又为斯民哭健儿。

他赞赏杨杏佛临难的从容。他说："可见他当时是清醒的，首先掩护了自己的孩子。……有后代就有将来!"他对宋庆龄、蔡元培的坚定态度，表示感佩[④]，说："打死杨杏佛，原是对孙夫人和蔡先生的警告，但他们两人是坚决的。"对于老友许寿裳的正直和情谊，他很感动，说："季茀是去的!"（指参加杨铨入殓式）他批评了林语堂，说他没有去参加入殓仪式，而他去，危险却并不大。为人为鬼，为健儿为懦夫，了了分明。

战友的表现，给他增加了力量；而懦夫的所为，却也使他因鄙弃而

---

① 许寿裳记述当时情形说："六月，杏佛被刺，时盛传鲁迅亦将不免之说。他对我说，实在应该去送殓的。我想了想，答道：'那么我们同去。'"

② 《1933年7月11日致曹聚仁》。

③ 《1933年6月25日致山本初枝》，这段全文为："近来中国式的法西斯开始流行了。朋友中已有一人失踪，一人遭暗杀。此外，可能还有很多人要被暗杀，但不管怎么说，我还活着。"同日，在给增田涉的信中说："目前上海已开始流行中国式的白色恐怖。丁玲女士失踪（一说已被惨杀），杨铨氏（民权同盟干事）被暗杀。据闻在'白名单'（按即'黑名单'，鲁迅故意如此写以示讽刺）中，我也荣获入选，而我总算还在写信。"

④ 杨杏佛被刺杀后，宋庆龄即发表抗议声明，内称："我们非但没有被压倒，杨铨为同情自由所付出的代价反而使我们更坚决地斗争下去，再接再厉，直到我们达到我们应达到的目的。杀害杨铨的刽子手们要明白。政治罪行必然会给他们带来应得的惩罚。"（宋庆龄：《为新中国奋斗》，人民出版社，1952，第73页）

激发斗志。

的确，他用笔来回敬敌人的手枪。就在这几天内，他写了《悼杨铨》的名诗。接着，连续写了杂文《华德保粹优劣论》《华德焚书异同论》，对希特勒的“黄脸干儿”们——国民党反动派——的法西斯统治进行了揭露和抨击。接着，又写了《无题》与《悼丁君》诗二首，用“如磐夜气压重楼，剪柳春风导九秋”之句，描绘了国民党反动统治下的中国黑暗重重的景象。

用笔来回敬手枪

> 夜的降临，抹杀了一切文人学士们当光天化日之下，写在耀眼的白纸上的超然，混然，恍然，勃然，粲然的文章，只剩下乞怜，讨好，撒谎，骗人，吹牛，捣鬼的夜气，形成一个灿烂的金色的光圈，像见于佛画上面似的，笼罩在学识不凡的头脑上。
>
> ……高墙后面，大厦中间，深闺里，黑狱里，客室里，秘密机关里，却依然弥漫着惊人的真的大黑暗。
>
> 现在的光天化日，熙来攘往，就是这黑暗的装饰，是人肉酱缸上的金盖，是鬼脸上的雪花膏。……[①]

这真的大黑暗，就是国民党统治下的整个中国，但是，手枪并没有吓住鲁迅，他说：“我有生以来，从未见过近来这样的黑暗，网密犬多，奖励人们去当恶人，真是无法忍受。非反抗不可。”[②]

这种反革命文化“围剿”同对红色根据地的军事“围剿”一样，步步为营，层层设防，统制愈来愈严密。1933年12月，由国民党中央党部和行政院、教育部、内政部负责检查影片，规定凡“足以引起阶级斗争者，均应予取缔”。翌年初，又禁书194种，“理由”是“宣传普罗文艺”“挑拨阶级斗争”“诋毁党国当局”。鲁迅的著译《自选集》《三闲集》《二心集》《伪自由书》《现代新兴文学的诸问题》《毁灭》《艺术论》《文艺与批评》《文艺政策》等共计12种，都在被禁之列。10月，又公布“图书杂志审查办法”，规定刊物、图书在出版前就要送“中央图书杂志审查委员会”审查。在“审查”过程中，由那些着高跟鞋烫发

① 《准风月谈 · 夜颂》。

② 《1934年7月30日致山本初枝》。

的小姐，由那些想当作家而当不成的审查官，用“剥皮抽筋”法，把书报文章“弄得不成样子，像一个人被拆去了骨头一样”[①]。11月9日，又由教育部咨内政部，查禁“不良”书画刊物167种。在这文化“围剿”步步紧逼时，鲁迅是被迫害的重点对象。他的署名文章不能公开发表，只好不断化名，在《申报》副刊《自由谈》上登出，不几次就被“叭儿狗”嗅出，于是狂吠乱咬，或告发，或围攻，或诬陷，必欲置之死地而后快。鲁迅说：“我的全部作品，不论新旧，全在禁止之列。当局的仁政，似乎要饿死我了事。”[②]

环境虽然如此艰危，但鲁迅却进行了从容沉着、坚强不屈、英勇顽强的斗争。他一面自己不断地写作杂文，向敌人刺去；一面率领着左翼文艺队伍，冲锋陷阵。

在这时期，鲁迅显出了他的伟大共产主义战士的战斗品格。他以高度自觉的精神，从事为民族争独立、为人民争生存的艰巨的斗争，始终以杂文为武器，拼杀在斗争的前线，而把创作小说与写作学术论著放在一边。虽然在这方面他心有所系，但却无暇顾及。他在这期间所写的大量杂文，先后收集在七本杂文集中：《南腔北调集》、《伪自由书》、《准风月谈》、《花边文学》、《且介亭杂文》及其二集和末编。这些杂文，由于鲁迅掌握和运用了马克思列宁主义，因而内容更深刻、更正确；在艺术上，也更精到、更成熟。

从当时的战斗需要来看，鲁迅所从事的斗争和所取得的战果，主要在对阶级敌人，对民族敌人，对反动的思想、文化和对种种黑暗的社会相，进行揭露、抨击、分析、批判。

鲁迅不遗余力地揭露、抨击国民党的反动统治。这是加在中国人民头上的枷锁，压在中华民族身上的大山。中国共产党领导的中国工农红军，正在用火与剑来摧毁这黑暗的统治。而鲁迅，则在党的领导下，率领着左翼文化大军，在国民党统治区，用笔墨来与这魔鬼战斗。

鲁迅曾经经历过袁世凯的擅政、北洋军阀的统治，曾与之战斗。在战斗中，他痛斥过这些鬼蜮们的残酷。然而，他现在面临的却是大地主、大资产阶级的封建法西斯专政，它比封建旧统治更凶狠、更残酷。

---

① 《1934年10月13日致杨霁云》。

② 《1933年11月14日致山本初枝》。

鲁迅揭示了这根源。他说，“有些末代的风雅皇帝”，由于“分明的感到，天下已没有自己的东西”了，“所以就杀，杀，杀人，杀……”[①]同样，国民党反动派的大屠杀，杀个没完，正是显示他们已经感到自己没有前途了。他们与封建末代皇帝的心理相同。它要以杀“得天下”，以杀治天下。

鲁迅在揭露、抨击国民党反动派的屠杀政策的同时，还进一步剖析了这个反动政策只能得到与执行者相反的结果。他说，残酷的屠杀和残酷的剥削，一方面固然残害了人民，但是，另一方面却锻炼了人民，他们会“踏着残酷前进”。“这也是虎吏和暴君所不及料”的，而且，“即使料及，也还是毫无办法的”。鲁迅在这里深刻地揭示了历史的辩证法：残酷的统治，只能引起奴隶们的造反；而“要防‘奴隶造反’，就更加用‘酷刑’，而‘酷刑’却因此更到了末路”[②]。

在思想文化战线上，鲁迅一面揭露、打击反动思想文化，粉碎了反动派的文化“围剿”；另一面也揭露批判了帮凶、帮闲的本质。鲁迅指出，在奴隶之外，还有一种人，“从奴隶生活中寻出‘美’来，赞叹，抚摩，陶醉，那可简直是万劫不复的奴才了”。他们是要“使自己和别人永远安住于这生活”。[③]

“因为奴群中有这一点差别”，所以文学上也就有了两个不同的种类：一是奴隶的战斗的文学，一是奴才的麻醉的文学。鲁迅对林语堂、胡适、周作人等人的批判，便是批判麻醉文学的重要战役。在国民党的法西斯血腥统治下，林语堂、周作人，居然提倡晚明小品，大谈性灵、恬淡。鲁迅指出，这是要“从血泊里寻出闲适来”，“彼此说谎，自欺欺人”，“歌颂升平，还粉饰黑暗”。[④]鲁迅说：“明人小品，好的；语录体也不坏”（这都是周作人、林语堂当时提倡的），“但我看《明季稗史》之类和明末遗民的作品却实在还要好”，因为可以“给大家来清醒一下”，知道亡国的苦痛。鲁迅还深刻地剖析了京派、海派帮闲文人的特点——“在京者近官，没海者近商”，而后来京海合流正说明了“帮闲帮忙，近来都有些‘不景气’，所以只好两界合办，把断砖，旧袜，皮

① 《准风月谈·晨凉漫记》。

② 《南腔北调集·偶成》。

③ 《南腔北调集·漫与》。

④ 《且介亭杂文·病后杂谈》。

袍，洋服，巧克力，梅什儿……之类，凑在一处，重行开张”，“来新一下主顾们的耳目罢”。[①]

鲁迅曾经说，反动文艺与革命文艺，看“谁先成为烟埃”。他是怀着完全的胜利信心说这话的。这成为预言了。那些法西斯的、封建复古的所谓文艺，都迅速化为烟埃了，而鲁迅的作品和左翼文艺运动的成果，却成为我国现代文学的不朽的丰碑，永在思想史、文化史、文学史上喷吐光芒。

不可征服的民族的心

反动统治者和侵略者，都想征服人民的心。他们害怕奴隶造反的心，民族抗战的心。而他们似乎获得了可用可信的宝贝似的，发现了孔子这个幽灵。他们各自按照不同的需要，把孔子的亡灵装扮起来，让他登上舞台，串演一番。国民党反动派，掀起了“新生活运动”，而以尊孔读经为它的内核。“新”的外壳，装着一个旧的内囊。鲁迅剥开那外壳，指出：“孔夫子曾经计划过出色的治国的方法，但那都是为了治民众者，即权势者设想的方法，为民众本身的，却一点也没有。”反动统治者想拿孔夫子这块“敲门砖”来愚弄人民，敲开他们的幸福之门，结果没有一个不是死在幸福之门外面[②]。鲁迅的这个思想极为深刻，这里再一次突出体现了他的历史唯物主义的思想光芒：反动统治者想用儒家思想来麻痹人民、愚弄人民，使其驯服，结果总是恰好相反。他把中国历史看透了。他的这个基本观点，贯穿在他这个时期所写的批判尊孔读经的杂文之中。

值得深思的历史现象是：五四运动时期就响亮地提出了“打倒孔家店”的口号，并且取得了战斗的胜利。然而，不过几年，袁世凯登场，却又祭起孔子的灵牌。以后历届军阀政府都举过孔子灵牌，并且也失败了，最后，蒋介石又捡起了这个灵牌。因此，鲁迅这时的战斗，就成为五四运动的继续和深入。不同的是，昔日同一战阵的伙伴，今天有的站到敌对阵营去了，有的则早已退出了战斗。鲁迅作为中国文化革命主将与旗手的作用，在这里也明显地表现出来了。

---

① 见《花边文学·“京派”与“海派”》和《且介亭杂文二集·“京派”和“海派”》。

② 《且介亭杂文二集 · 在现代中国的孔夫子》。

另一个值得深思的现象是，这时候，一心想要独吞中国的日本帝国主义者，在已经炮制了伪满洲国，并步步深入中国腹地之时，也打起了孔夫子的旗号，“仁政”与“王道”是他们兜售的货色。恰恰在这个时候，胡适博士向日本帝国主义者献策了，建议他们要征服民族的心，只有这样，才能征服中国。

这样，中国人民不仅要浴血奋战以反对敌军的武装进攻，而且还要防止敌人的精神毒害。鲁迅在九一八事变以后的斗争，其意义就在于反“征服民族的心”。当国内外都响着“尊孔”的叫嚣声时，鲁迅对日本友人风趣地说：“在中国，也有人说要以孔子之道治国，从此就要变成周朝了罢，而我也忝列皇室了，……”[①]他又说：“日本人带着孔夫子进攻来了。”这些幽默的话语中，深刻揭露了中外反动派的险恶用心。鲁迅这个时期写了火热的杂文，唤起人们的警觉，反对敌人征服我们民族的心。

但是，不管中外反对派怎样拿孔子来征服中国民族的心，而且造成不幸的恶果，但最后还是要失败的。鲁迅为此特意应日本《改造》月刊之约，写了《在现代中国的孔夫子》一文，针对日本提倡尊孔崇儒的情况指出：孔子在他的故国，是从古到今也未成功地征服过人民的心的，中国人民最懂得孔夫子，何况异族来用它作征服的灵药？其失败、破产是必然的。

中华民族的心，不可征服。鲁迅就是代表，就是象征。这里，正表现了他的伟大民族英雄的风貌。

人民是中国的脊梁

当日本帝国主义的侵略日益深入，民族危机日益深重，中国处于生死存亡的关头时，国民党反动派一味妥协退让。中国往何处去？这是全国人民焦虑的问题。鲁迅在这个时期，特别表现了一种坚定的、顽强的民族自信心与爱国主义激情，表现出对于人民力量的坚强信念。为了钻破敌人的文网，为了瞒过敌人的耳目，鲁迅在杂文中，不得不时常引用历史上的人物和事实，借此发挥抨击现实的作用。他以新的眼光，即历史唯物主义的眼光来研究历史，发掘了中国历史的光明面。他回顾历史

① 《1933年10月7日致增田涉》。

来观察现实，更看出中国历代都有反抗外来侵略者和反对本族统治者的光荣传统，而且在这样长期的斗争中，培养了中华民族的刚强、坚毅、深沉和韧性的斗争性格。今日的中华儿女应当继承这种民族的优良品德与性格。

“中国人好像一盘散沙”，当时很流行这样一句话，外国人这样说，中国有些人也跟着说。外国人说的目的是，想要借此说明中国人不能治理中国，而要由他们来统治；中国有人说，意思是自己救不了自己，只好求助外国人。前者是帝国主义者的侵略口实，后者是失败主义者的卖国“道理”。但是，鲁迅说，中国人的像沙，“是被统治者‘治’成功的，用文言来说，就是‘治绩’”。“小民虽然不学，见事也许不明，但知道关于本身利害时，何尝不会团结。先前有跪香，民变，造反；现在也还有请愿之类。”他说：“那么，中国就没有沙么？有是有的，但并非小民，而是大小统治者。”[①]鲁迅批驳了那种说“中国人失去了自信力”的谬论，他以铿锵之言，歌颂历史上的英雄豪杰：

> 我们从古以来，就有埋头苦干的人，有拼命硬干的人，有为民请命的人，有舍身求法的人，……虽是等于为帝王将相作家谱的所谓“正史”，也往往掩不住他们的光耀，这就是中国的脊梁。
>
> 这一类的人们，就是现在也何尝少呢？他们有确信，不自欺；他们在前仆后继的战斗，不过一面总在被摧残，被抹杀，消灭于黑暗中，不能为大家所知道罢了。

他指的自然是李大钊、陈延年、柔石、毕磊这些共产党人以及杨杏佛这些爱国志士，还有那千千万万没有留下姓名的革命群众。他们是今天中国的脊梁。

他有力地斥责：“说中国人失掉了自信力，用以指一部分人则可，倘若加于全体，那简直是诬蔑。”最后，他要人们看到中国社会和中国民族的深处：“要论中国人，必须不被搽在表面的自欺欺人的脂粉所诓骗，却看看他的筋骨和脊梁。自信力的有无，状元宰相的文章是不足为据的，要自己去看地底下。”[②]

---

① 《南腔北调集·沙》。

② 《且介亭杂文·中国人失掉自信力了吗?》。

在这时期，由于日寇步步进逼，国民党卖国投降，国难深重，民族垂危，鲁迅的爱国主义思想表现得特别强烈。当有的日本反动记者提出由列强共管中国时，他驳斥了这种谬见。当时有位日本友人问鲁迅，是否生在中国是他的不幸，他给了完全否定的回答。他的日本友人和学生增田涉，曾经非常生动真实地描写了鲁迅的爱国挚情。他写道："我天天和鲁迅接触，从言论、行动所感受到的，他首先是一个爱国者"，"非常强烈地热爱着中国与中国人"。"他的眼睛什么时候都贯注于中国和中国人的将来，考虑着要怎样做才能使现实的中国和中国人走向更加合理的、幸福的将来。"增田很正确地指出：鲁迅的许多杂文中那种对现实的中国和中国人的辛辣、冷彻的笔锋，是"一个旁观的人……使用不来的"，它是"热烈的爱情的一种变形"。增田非常生动地描写了鲁迅那双眼睛："他那和蔼可亲的、常被泪水湿润的莹亮的眼珠的光辉，绝不是显示他为人的冷酷，（却是）经常……燃烧着爱国的热情。"[①]

鲁迅的亲密的日本友人内山完造，也有不少这方面的记述。他写到鲁迅曾对他说："中国的将来，如同阿拉伯的沙漠，所以我要斗争。"[②]

他终于一直坚持留在上海，在自己的岗位上，任何地方也没去。

很明显，这一时期鲁迅的主要锋芒是反抗日本帝国主义的侵略和揭露国民党反动派的反共投降卖国政策，而他这种爱国主义，即民族感情是同他的深厚的阶级感情紧紧相联，融为一体的。他的因为国土沦丧、民族垂危而引起的深沉的痛苦，是同人民因受难，将要或已经沦为异国的奴隶的痛苦相结合，并以其为主要内容的。他为东北作家萧军的《八月的乡村》和萧红的《生死场》作序，称赞前者是"作者的心血和失去的天空，土地，受难的人民，以至失去的茂草，高粱，蝈蝈，蚊子，搅成一团，鲜红的在读者眼前展开，显示着中国的一份和全部，现在和未来，死路与活路"。这是把亡国之恨和人民的受难联结在一起。后者则写出了沦陷了的"北方人民的对于生的坚强，对于死的挣扎"。他在抨击国民党的反动统治时，总是联系到其卖国罪行。在控诉反动派屠杀革命者的血腥罪行时，他总是从民族生存的角度更深入一层地体味到愤恨与痛苦。他说："为民族，在现在还是首先的事情。反动者只想保留政

① 增田涉：《鲁迅的印象》，载《鲁迅回忆录（专著）》下册，第1355页。

② 内山完造：《回忆鲁迅先生》，载《鲁迅回忆录（散篇）》下册，第1492页。

权甚至可以出卖民族，我们却要革命又要民族，革命就是为了民族。”①同时，他对中国历史上的正义斗争、抗争史实的引用，也正是着眼于发扬民族的优秀传统。

鲁迅的这种思想的深度和高度，反映了他的思想前期与后期的明显的差别，这差别可以也确实是表现在很多方面，但最根本的是：着眼于人民，相信人民。他现在要写的国人的灵魂，就是人民的觉醒，抗争。他说：“‘中国的大众的灵魂’，现在是反映在我的杂文里了。”②

是的，他的不朽的杂文，反映了中国人民的灵魂，也反映了他自己的灵魂。这就是不可被外敌征服的中华民族的心！

鲁迅是“中国空前的民族英雄”，就表现在他以自己的文学反映了民族魂；表现在他代表人民，代表全民族；表现在他的民族感情同阶级感情相融汇，他的爱国主义同国际主义相结合。

当然，鲁迅之所以能够达到这个高度和深度，决不是由于个人的天才。他的思想反映了时代的精神、人民的意志、国际和国内的革命实际。这时期，国内，在中国共产党领导下，建立了红军和红区，拥有几十万人的武装和大片红色区域。这些，对于鲁迅来说，自然成了决定他的思想方向的基础。在国际上，苏联的存在和发展，也给了他信心与希望。他不仅密切地注视着苏联的成就，而且通过萧三、曹靖华等同志保持着同苏联作家、艺术家的联系。他同当时苏联驻我国的外交机构也有联系。当然，还有其他联系渠道。他在这时期写过《祝中俄文字之交》、《答国际文学社问》、《林克多〈苏联闻见录〉序》、《〈引玉集〉后记》、《我们不再受骗了》以及不少苏联文艺作品的序跋小引等许多有关苏联的文章。他通过与瞿秋白的交往，也会得到不少对于苏联的第一手情况，特别是社会、历史、文学艺术的情况。他自己还校阅、翻译了《铁流》《毁灭》《十月》《一周间》《士敏土》等苏联著名小说。“左联”的国际交往与活动，作家国际联盟对中国革命作家的支援，温暖着鲁迅在黑暗中奋战的冷峻的心。给了他力量，给了他鼓舞，给了他信心，使他向国际主义的高度飞翔。

自从九一八事变以后，抗日救亡运动掀起来了，在共产党领导下，

---

① 冯雪峰：《回忆鲁迅》，载《鲁迅回忆录（专著）》中册，第624页。

② 《准风月谈·后记》。

那运动的气势与规模是空前的。鲁迅所在的上海，是运动发展的中心地区，鲁迅不仅亲见了成千上万的学生、市民投入了抗日救亡运动，而且亲见了“一·二八”淞沪抗战，感受到民心民气的空前团结高涨。以后数年中，抗日救亡的歌声传遍了中国的穷乡僻壤，抗日救亡的运动不断发展，直至产生了察绥抗日同盟军，在共产党员吉鸿昌和抗日将领冯玉祥、方振武领导下，英勇抗日，连下名城，威震塞外。这种全民族的奋起与斗争，给了鲁迅以巨大的鼓舞，使他看到了人民的力量，民族的希望，人民是中华民族的脊梁。在这个时期，鲁迅的爱国主义与国际主义相结合的思想发展到这样辉煌的程度，正是我们全民族的民族民主革命运动蓬勃发展的反映。

当然，这里不能否认鲁迅个人的思想品质的作用。最根本的，是他始终如一地热爱人民，没有任何的私念；而且，他始终如一地了解实际，根据实际来思考问题，形成自己的思想观点。因此他的心才能永远与人民相通。

返回北京的战斗

1929年5月13日到6月3日和1932年11月11日到28日，鲁迅曾两次回北京（1928年6月改称北平）探望生病的母亲。但是，这两次回京，实际上成了鲁迅的两次出击。

第一次返京，他对于北京的沉寂颇有感慨。他说，在这里“几乎有‘世外桃源’之感”。“在寂寞之世界里，虽欲得一可以对垒之真敌人，亦不易也。”[①]北大的学生代表邀请他去教书，此外，还“很有几处想送我饭碗”。但他是个战士，仍然不想披上学术的华衮，充当一个安静的学者。他说：“为安闲计，住北平是不坏的”，但是，“来此虽已十天，却毫不感到什么刺戟，略不小心，确有‘落伍’之惧的。上海虽烦扰，但也别有生气”。[②]因此，他谢绝了留京教书的邀请。他不能离开上海的战斗。

这时，他到孔德学校去看旧书，偶然碰上了旧友钱玄同，他们竟无话可谈。时光的流逝，洗去了钱玄同身上“五四”时期的荣光，他们已

① 《两地书·一二二，一三五》。

② 《两地书·一二二》。

经分道扬镳了，昔日的战友今天已成路人。这是何等鲜明的分化[①]。

作为一个学者，鲁迅对文化古城的北平也甚感不满，而且勾起了自己一直深埋心里的对学术研究的深情。他看到北平的学者虽在宁静中做学问，却成就不大。比如小说史，有好几本新出的，但却仍然比不上他早年所著的《中国小说史略》。由此，他引起了无限的感慨。他在给许广平的信中说："即使我大胆阔步，小觑此辈，然而也使我不复专于一业，一事无成。而且又使你常常担心，'眼泪往肚子里流'。……我想，应该一声不响，来编《中国字体变迁史》或《中国文学史》了。然而那里去呢?"他说在北平，有好的图书馆可以利用，但"倾陷""比'正人君子'时代还要分明"，这不免使他踟蹰。[②]

作为一个战士，鲁迅始终表现了他的为国家、民族、人民而战斗不息的崇高品德。但作为学者，他又常常受到学术的"引诱"；因为看到中国学术研究的落后，为了发展我国的文学研究事业，他也想在这个领域中，多所贡献。但是，他最后总是服从了斗争的需要，投身于战斗的洪流，而没有退回到宁静的书斋中去。学术与战斗，两者可以说都是国家与人民所需要的。但在轻重缓急上却大有差别。鲁迅自觉地服从了人民斗争的迫切需要，而放弃了个人在学术上的爱好和志趣。这是鲁迅的伟大之处。正是由于具有这一品德，他才能不断越过他的前辈和同辈，始终走在时代的前列，而不像章太炎、胡适、钱玄同、刘半农那样半途而废。

这次在北京逗留期间，鲁迅先后在燕京大学、北京大学、北京第二师范学院（前身是北京女师大）和北京第一师范学院（前身是北师大）作了四次讲演。他的每次讲演都受到青年学生们格外热烈的欢迎。在北大和北师大讲演时，都是因人多而一再更换场地。

在燕大，他发表了题为《现今的新文学概观》的讲演。讲演中运用历史唯物主义观点，深入地剖析了中国当时的文艺界状况。在北京第二

① 钱玄同直到鲁迅逝世，仍未能正确认识鲁迅，在回忆文中，多所妄评。但自1931年九一八事变后，直到1939年去世，坚持了爱国主义，保持了晚节。九一八后，他拒不与日人往来，甚至不与同席。1938年在敌伪统治下的北平，复用旧名钱夏，寓恢复中华之意，更闭门谢客，寄语大后方友人："钱玄同决不污伪命。"表现了高尚的民族气节，与沦为汉奸的周作人截然不同。

② 《两地书·一三五》。

师范学院的讲演中，他用生动的、具体的日常生活现象，论述女子解放的问题。这是对于青年最切实的教益。

在北京第一师院的讲演，他以幽默和讽刺的语言，揭露和批判了国民党的反动统治。

鲁迅说："……当辗转到革命策源地（广州）以后，却听说革命已经过去了，那里已经变成后方，以致没有见上革命的面。迄至继续追赶革命时，却又说革命已经成功了，天下已经太平无事，以致到底没有遇到革命的缘分。这实在是太不巧也太不幸了！"[①]

国民党反动派把他们背叛革命后在血泊中建立起法西斯政权称为"革命成功"。鲁迅在这里通过自述经历，揭穿它的本质。接着他又更进一步揭露国民党的反革命文化"围剿"，"正在防止赤化和排除异端，甚至从红皮书到红嘴唇都被禁止了"。

在谈到革命文学时，他提出首先要自己成为一个革命家，"不要忙于挂招牌，自称是真正王麻子"；"其次还应多向外国革命文学理论借点光过来，指点我们的创作道路"。这样，才会有真正的革命作家和革命文学作品产生出来。他从思想到艺术，指出了革命文学的发展的道路。

他的讲演，像是巨石，投进了寂寞的死水似的北平，在思想上激起了浪花。

在第二师院讲演后的第二天，6月3日，鲁迅乘车南下，返回上海。

1932年11月11日，鲁迅在前两天收到"母病速归"的电报后，匆匆准备一下，就从上海登车北上了。这是第二次返北平，共待了15天。

这次，他到北平，同中共河北省委和北平市委取得了联系，同北方文总和北方"左联"建立了联系，有的活动，是按党组织和"左联"的安排进行的。

这时的北平，正是"九一八"以后，日寇的枪尖迫在眉睫，人民，尤其是青年学生，已经不像他上次回来时那么沉寂了。鲁迅的到来，使他们受到鼓舞，而反动派则更加感到恐惧。在一次宴会上，鲁迅见到了久违的胡适。胡说："你又卷土重来了。"鲁迅回敬道："我马上卷土重去，绝不抢你的饭碗。"更有甚者，当鲁迅接受学生的邀请到北师大去

---

① 朱金顺辑录《鲁迅演讲资料钩沉》，湖南人民出版社，1980，第110页。

讲演时，学校当局如临大敌，竟把教员休息室和所有办公室都上了锁，而国文系主任钱玄同竟宣布：“我不认识一个什么姓鲁的，……要是鲁迅到师大来讲演，我这个主任就不再当了。”

昔日的战友，而今成了势不两立的对头。这分化和对立比前次返平时更尖锐和明朗了。

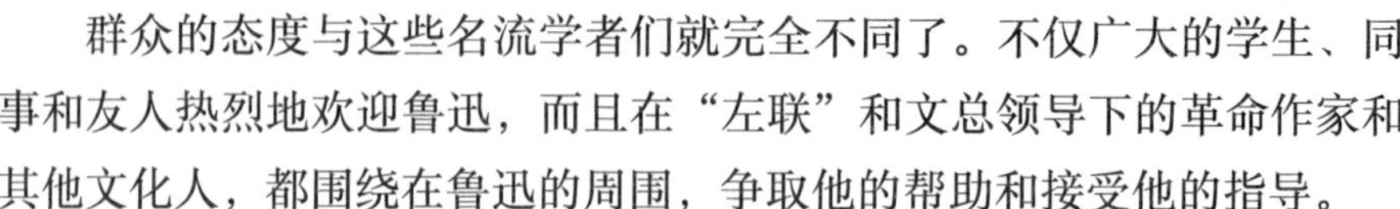

群众的态度与这些名流学者们就完全不同了。不仅广大的学生、同事和友人热烈地欢迎鲁迅，而且在“左联”和文总领导下的革命作家和其他文化人，都围绕在鲁迅的周围，争取他的帮助和接受他的指导。

鲁迅到北平不久，北方文总党团书记陈沂便到鲁迅寓所，汇报了情况，并具体安排了活动（他与范文澜受河北省委委托负责接待鲁迅的工作）。11月24日，鲁迅在女子文理学院讲演后，晚间到范仲澐（文澜）家里，以洗尘宴会的形式开会，首次听了文总、社联、教联、“左联”等左翼团体代表的汇报，鲁迅对如何开展工作发表了意见。第二次，又在鲁迅的学生、未名社成员台静农家，秘密与文总和“左联”的代表会见。

11月27日，应王志之、张松如、谷万川三位师大的学生以师大文艺研究社名义的邀请，到师大讲演，受到学生们的热烈的欢迎，讲演地点一改再改，后来移到露天操场才容下了踊跃的听众。这次讲演，实际上成为进步学生对于北平国民党反动统治者和师大当局的一次示威。

11月28日，赴中国大学讲演。这是中共河北省委和北平市委秘密安排的。讲演后，地下党组织便率领队伍到国民党市党部，要求释放被捕同志。因为猝不及防，国民党党部头头不得不被迫答应了要求。当天晚，鲁迅乘车返回上海。

这次在北平，鲁迅先后做了五次讲演，这就是有名的“北平五讲”。这五篇讲演的题目是：《帮忙文学与帮闲文学》（在北大讲）、《今春的两种感想》（在辅仁大学讲）、《革命文学与遵命文学》（在北平女子文理学院讲）、《再论第三种人》（在师大讲）和《文学与武力》（在中国大学讲）。这几篇讲演，记录稿很不好，“有几句简直和我的话相反”，因此没有要，他想改写也未能如愿，现在留下的只有收在《集外集拾遗》中的两篇：《帮忙文学与帮闲文学》和《今春的两种感想》。在这两个讲演中，他深刻地剖析了“为艺术而艺术”派和不认真的、不切实际的恶劣作风。他指出“为艺术而艺术”在“五四”时代确是革命的，但是现在，却不但没有反抗，而且压制新生文学的发生，“故也变成帮忙柏勒思（plus）[①]帮闲”。对于后一问题，他告诫青年人要认真，“眼光不可不放大，但不可放的太大”。他主张一定要注意“社会上的实际问题”。

在师大的以《再论第三种人》为题的讲演中，他指出了第三种人的“文学是镜子”说，并不能否定文学的阶级性。他说，即使是一面镜子罢，它所照的也会由于实物的不同而各异，何况在阶级社会里的人，因为阶级的地位不同，每一个人的这面镜子早就涂上了自己的颜色，他怎能超阶级呢？他还指出，“五四”时期胡适之、陈独秀穿了皮鞋、西装踏进了文艺园地，霸占了文坛。而目前的时代，又有了发展，不是“皮鞋脚”的时代，而是“泥脚”“黑手”的时代了。因此，我们要接近工农大众，不怕衣裳沾污，皮鞋染土。他说，知识者的事业只有同群众相结合，他的存在，才不是单为自己了。

在中国大学所作的《文学与武力》的讲演中，他指出无产阶级革命文学同旧文学是两个阶级的文学，前者遭到迫害、杀戮是必然的。不过，反动派的暴行决不能把无产阶级革命文学消灭，先驱者的鲜血必将在文艺的园地里浇灌出更多的烂漫的花来。

“北平五讲”，表现了鲁迅以成熟的马克思主义者的姿态，对革命、对文艺、对阶级斗争形势，作了生动、具体、深刻的剖析与阐述。他不是抽象地讲道理，引经据典发议论，而是以生动、具体的事实，结合自己的观察，深入浅出地、以自己独到的见解和方式来表述。这是活的马克思主义。“北平五讲”，可以说是他在马克思主义道路上前进的一个重要里程碑。

十二、艺苑朝华

1930年2月21日，上海中华艺术大学，一间狭长的、光线暗淡的教室里，坐着七八十个艺大学生和美术爱好者，今天他们高兴地来听鲁迅的讲演。鲁迅登上讲台，首先声明：“今天没有讲题，只是随便谈谈。”他简略地讲了一段美术史，说明了美术创作上现实主义和反现实主义的发展概况；然后又就我国艺术界的现状和青年美术家应当注意的

① plus，英语“加”的意思。

问题，发表了意见。结束前，他说：

“谁都承认绘画是世界通用的语言。我们要善于运用这种语言，传播我们的思想。”

“我们应将旧艺术加以整理改革，然后从事于新的创造。”

最后，他说：“今天我带来一幅中国五千年文化的结晶，让大家欣赏欣赏。”[①]说时，他一手伸进长袍，从衣襟里拿出一张纸，打开一看，原来是一幅病态的美女月份牌，大家看了哈哈大笑。讲演便在笑声和掌声中结束了。

这是鲁迅多次美术讲演中的一次。他的每次讲演，都给听讲的人们以深深的启发，难忘的印象。

鲁迅一到上海，就购买了《革命艺术大系》和*The Woodcut of Today*（《今日木刻艺术》）。表现对于革命美术运动和木刻艺术的关心。这是他少年时代对美术的爱好、教育部时期对美育的提倡和“五四”时期对美术创作的关心的继续。而不久，他就同美术界建立了越来越广泛的联系和亲密的交往。他把提倡和发展美术创作和整个美术事业，当作左翼文艺运动的一个重要组成部分。在上海的十年期间，鲁迅在指导美术创作、美术书刊的编辑出版、美术人才的培养以及外国进步艺术的输入等方面，都付出了辛劳，做出了可观的成绩。可以说，鲁迅是我国新兴美术事业的拓荒者和奠基人。

1927年鲁迅一到上海，就和他在北京时期认识的青年画家司徒乔、陶元庆、孙福熙、林风眠、李金发建立了联系，并和上海的画家丰子恺、陈抱一等结识。他同时连续购买了《世界美术全集》等美术作品集，并翻译了《美术史潮论》。简直可以说，鲁迅到沪后的文艺活动，不是从文学而是从美术开始的。在以后的十年中，这一工作也成了他多方面活动中的重要一翼。

他来到上海不久，就看了司徒乔和陶元庆的创作，写文章赞赏了他们的现实主义的作品。司徒乔在《忆鲁迅先生》一文中记述说：

> 他也到过我那巴掌般大的乔小画室看画，为我的展览写文章。

---

① 见刘汝醴的记录稿《鲁迅一九三〇年二月二十一日在上海中华艺术大学的讲演》，刊载于1976年5月南京师院《文教资料简报》（总47，48期合刊），重刊于1979年第4期《美术》杂志。

当我画那天使吻着耶稣的荆冠时，心里无非是对那些为人民献出自己生命的殉难者表示景仰和悼念；但鲁迅先生却说："那是胜利"……这篇文章给我的启示极大。我在当时，由于看不见人民的力量，胜利的观念是薄弱的，先生却一语点醒。文章中还有许多婉转诱导的深意，使我终生不忘。

在对司徒乔的作品的评价中，他赞赏作者"抱着明丽之心"，表现"人和天然的苦斗"，"自己也参加了战斗"。他期望"拂去黄埃的中国彩色"——新的现实和新的美术作品出现。[①]

他在评论陶元庆的作品时，称赞他"以新的形，尤其是新的色来写出他自己的世界，而其中仍有中国向来的魂灵——要字面免得流于玄虚，则就是：民族性"[②]。这里他指出了新兴美术的方向：吸收中外艺术的营养，创造具有新的形和新的色而又具有民族性的新的绘画。

这些活动和这两篇文章，表明了鲁迅提倡新美术的理论方向。

1928年12月，鲁迅同柔石、王方仁、崔真吾合办朝花社，出版《朝花》周刊，同时附出《艺苑朝华》画刊。为了筹集经费，每人一股，鲁迅替柔石垫了一股，又以许广平名义添了一股，五股中他出了三股的钱。《艺苑朝华》出来后，鲁迅亲自起草了广告。他写道：

虽然材力很小，但要绍介些国外的艺术作品到中国来，也选印中国先前被人忘却的还能复生的图案之类。有时是重提旧时而今日可以利用的遗产，有时是发掘现在中国时行艺术家的在外国的祖坟，有时是引入世界上的灿烂的新作。每期十二辑，每辑十二图，陆续出版。

鲁迅还曾说过，办朝花社，"目的是在绍介东欧和北欧的文学，输入外国的版画，因为我们都以为应该来扶植一点刚健质朴的文艺"[③]。

《艺苑朝华》共出了五辑。其中第一、三两辑《近代木刻选集》，是我国最早出版的创作木刻画册，也是我国介绍外国创作木刻的始创。

鲁迅是中国新兴木刻运动的倡导者和创业者，也是年青的木刻艺术

① 《三闲集·看司徒乔君的画》。

② 《而已集·当陶元庆君的绘画展览时》。

③ 《南腔北调集·为了忘却的记念》。

家们的导师。为了在中国艺苑播下木刻艺术的良种，育出鲜花，鲁迅既像辛勤的园丁，又是循循善诱的引路者，更是严格的导师。从1931年开始，在他的扶持下，青年艺术学徒们沿着现实主义的道路前进，使新兴木刻艺术具有了战斗性、群众性和刚健清新的艺术风格。

为了扶植这新生的木刻艺术，鲁迅举办了外国木刻展览会、出版外国版画集，如《引玉集》《凯绥·珂勒惠支版画选集》《一个人的受难》等；又举办了暑期木刻学习会，聘请来上海度假的内山完造之弟、美工教师内山嘉吉担任讲授，鲁迅亲自作翻译。在鲁迅的倡导下，新兴木刻团体如木铃社、野穗社、无名木刻社、M. K. 木刻研究社等，一个个出现，鲁迅实际上担任了他们的艺术指导。我国第一代新兴木刻家，在鲁迅的关怀和培育下成长起来，万湜思、罗清桢、郑野夫、李桦、张望、黄新波、陈烟桥、刘岘等木刻家都亲聆过鲁迅的教诲，或者与他多次通讯。那些书信，从思想到艺术，无所不谈，简直可视为艺术教科书。其中许多宝贵的意见，至今还是我们从事美术及文艺工作必须遵循的原则。

在提倡美术的过程中，鲁迅一面介绍外国进步的有借鉴意义的艺术作品，一面收集出版我国古代的优秀艺术遗产。一面鼓励年青艺术家大胆地、努力地创作，一面对腐朽、没落的资产阶级艺术给以揭露和抨击。为了这个目的，他先后编印、出版了《近代木刻选集》（1）（2）、《蕗谷虹儿画选》、《比亚兹莱画选》、苏联版画集《引玉集》、中国木刻选集《木刻纪程》、《凯绥·珂勒惠支版画选集》等，还出资复印了俄国画家阿庚创作的《死魂灵百图》，此外还与郑振铎（西谛）合作收集、编印了《北平笺谱》《十竹斋笺谱》等。

正因为木刻艺术具有战斗性和群众性，它遭到了国民党反动派的摧残，木刻家遭到逮捕，木刻艺术团体被解散。但是，就像左翼文学一样，木刻艺术也在高压下曲折地但却是健壮地成长。正如鲁迅所说："现在不但已得中国读者的同情，并且也渐渐的到了跨出世界上去的第一步。"[①]他认为："实在还有更光明，更伟大的事业在它的前面。"[②]

鲁迅还提倡连环画，认为这是为大众所易于接受的艺术形式，不应

① 《且介亭杂文·〈木刻纪程〉小引》。

② 《且介亭杂文二集·〈全国木刻联合展览会专辑〉序》。

该轻视。他说，在连环画的创作中，一样会产生米开朗琪罗这样伟大的画家。他特别重视书的插图艺术和封面设计。在“五四”时期，他便十分注意这一工作。在上海时期，更加重视，凡新书出版，尽量选用好的插图。为了推动我国插图艺术和版画的发展，他选编了《死魂灵百图》、《无名木刻集》、《苏联版画集》、《士敏土百图》和《〈母亲〉木刻画集》，供艺术家借鉴。

鲁迅还写作了多篇美术论文，为不少美术书写了序跋，并曾多次给美术青年讲演[①]。通过这些活动，他指导艺术青年沿着革命的思想道路和现实主义的艺术道路前进。这些论著、讲演，都已成为我国艺术理论的宝贵财富。

鲁迅为我国革命美术事业的创业、发展、成长做出了不朽的贡献。他在那时所从事的工作和取得的成绩，正是我国革命艺苑在创业期所开放的一朵朝花。

十三、风号大树中天立

30年代中期，资本主义世界从经济危机的沉重打击下逐渐苏醒过来了。它靠着进一步加强吮吸本国劳动人民和殖民地、半殖民地人民的血汗而缓过气来了，也是靠发展军事工业这针强心剂而活过来的。于是，世界人民面临着法西斯野兽的战争威胁。德、意、日法西斯，向欧洲、非洲，向中国，向苏联发起进攻了。全世界都在动荡中。中国更是风雨飘摇，处于危急存亡之秋。蒋介石强化他的法西斯统治，叫喊“借法西斯之魂，还国民党之尸”，他亲自动手组织了庞大的特务组织“复兴社”，与原有的CC特务组织一起严密地控制着整个中国。同时，又倾全力要消灭红军。四大家族已经形成，掌握了国计民生的命脉，加强了残酷的盘剥。工农红军先是为反第四次、第五次“围剿”而浴血奋战。由于王明的“左”倾错误，第五次反“围剿”没有取得胜利，红军力量损失了百分之九十，白区力量几乎损失百分之百，红军被迫进行了二万五千里长征。国民党对文化的统制也更强化了。革命处于极艰苦的年代。

① 参阅王观泉编著《鲁迅美术系年》，人民美术出版社，1979。

鲁迅在这个时期，遭受到空前未有的压迫。只是慑于他在国际、国内的威望和影响，国民党反动派才未敢杀害他，但却无时无刻不在围困着他。他一再揭露说："去年六月以来，对出版物的压迫步步加紧，出版社也大感困难。对于新的青年作家的作品，压迫特别厉害，常常把有关紧要之处全部删除，只留下空壳。……我们都是带着锁链在跳舞。"[①]

这期间，在革命文学阵营内部也发生了论争和一些恼人的纠纷。当时，由于上海的党组织与中央失去联系，得不到及时的指示；由于白色恐怖笼罩着，论争双方没有便于商量讨论的机会，也由于某些党的组织和党员有宗派主义情绪，这种种原因，使争论发生了一些不正常的现象，产生了消极影响。这种情况，给鲁迅在思想情绪上造成不悦以至痛苦。但鲁迅正确地对待了党、革命和有缺点错误的年轻同志。

1936年，在上海左翼文艺界发生了两个口号的论争：一个口号是1934年提出来的、比较流行的"国防文学"；一个口号是鲁迅、茅盾和冯雪峰共同商量后提出来的"民族革命战争的大众文学"。鲁迅等提出这个口号，是在听了冯雪峰传达中共中央关于建立抗日民族统一战线的瓦窑堡会议精神之后，为了下述两个目的而提出来的：一是"为了推动一向囿于普洛革命文学的左翼作家们跑到抗日的民族革命战争的前线上去"；二是"为了补救'国防文学'这名词本身的在文学思想的意义上的不明了性，以及纠正一些注进'国防文学'这名词里去的不正确的意见"。但鲁迅认为两个口号是可以"并存"的。他"是并没有把它们看成两家的"。[②]"国防文学"的某些倡导者，在解释这个口号时，的确暴露了左的和右的观点。有的说："从今以后，文艺界的各种复杂派别都要消灭了，剩下的至多只有两派：一派是国防文艺，一派是汉奸文艺。"[③]有的则从右的方面解释说：普洛文艺不应"以特殊的资格去要求领导权"（徐懋庸致鲁迅信），甚至说："领导权，并不是谁所专有的，各派的斗士，应该在共同的目标下，共同负起领导的责任来。"[④]鲁迅对这两种错误倾向给予了正确的、深刻的批评。他在这次论争中，先后发表了《答托洛斯基派的信》、《论我们现在的文学运动》和《答徐懋庸并

---

① 《1935年4月9日致增田涉》。
② 《且介亭杂文末编·答徐懋庸并关于抗日统一战线问题》。
③ 《文艺界的统一国防战线》，1936年3月《生活知识》第一卷第十一期。
④ 新认识社同人：《文艺界的统一战线问题》，1936年9月《新认识》。

关于抗日统一战线问题》等文章。鲁迅指出：有些战友放弃革命文学的领导责任，是“极胡涂的昏虫”，“决非革命文学要放弃它的阶级的领导的责任，而是将它的责任更加重，更放大，重到和大到要使全民族，不分阶级和党派，一致去对外。这个民族的立场，才真是阶级的立场”。[①] 鲁迅正确地坚持了统一战线中的独立自主和保证无产阶级领导权的原则。鲁迅同时又批评了“国防文学”某些拥护者的“左”的宗派主义思想。他说：“**文艺家在抗日问题上的联合是无条件的，只要他不是汉奸，愿意或赞成抗日，则不论叫哥哥妹妹，之乎者也，或鸳鸯蝴蝶都无妨**。但在文学问题上我们仍可以互相批判。……‘国防文学’**不能包括一切文学，因为在‘国防文学’与‘汉奸文学’之外，确有既非前者也非后者的文学**，除非他们有本领也证明了《红楼梦》，《子夜》，《阿Q正传》是‘国防文学’或‘汉奸文学’。”[②]

两个口号的争论，不仅是文学问题，而且涉及政治斗争和思想理论斗争，实际上，也是当时的政治斗争在文学领域里的反映。鲁迅在论争中，既批评了“左”倾错误的残余，又批评了右倾的苗头，表现了他的坚定的无产阶级战士的原则立场和马克思主义的理论修养。

1935年共产国际七大以后，在王明的逼迫和康生的“理论”说服下，当时“左联”驻国际作家联盟的代表萧三，给“左联”写了一封信，告诉将“左联”解散[③]。这封信是由萧三秘密发给史沫特莱，又由她转给鲁迅转交给周扬的。这样，“左联”就解散了。解散“左联”是错误的，而且事先没有同鲁迅商量。鲁迅严厉地批评了解散的做法，他说：

> 集团要解散，我是听到了的，此后即无下文，亦无通知，似乎守着秘密。这也有必要。但这是同人所决定，还是别人参加了意见呢，倘是前者，是解散，若是后者，那是溃散。这并不很小的关系，我确是一无所闻。[④]

由于两个口号论争中的不正常情况和论争中形成的对垒形势，鲁迅没有参加“左联”解散后新成立的中国文艺家协会。他因此而遭到“破

① 《且介亭杂文末编·论现在我们的文学运动》。

② 《且介亭杂文末编·答徐懋庸并关于抗日统一战线问题》。

③ 箫三：《我为左联在国外做了些什么?》，载《新文学史料》1980年第一辑。

④ 《1936年5月2日致徐懋庸》。

坏统一战线”的指责。当时“左联”的领导成员，都很年青，他们一方面的确受到过党内“左”倾教条主义错误的影响；另一方面，对鲁迅也还仍然存在认识不足的问题。虽然比1928年时有很大的进步，但对他的伟大仍缺乏足够的估价[①]。因此，发生了一些幼稚的错误的做法。这种情况，给鲁迅的刺激是不小的。他在当时给曹靖华的信件中，曾经多次对这种事情表示愤慨。

此间莲姊家[②]已散，……旧人颇有往者，对我大肆攻击，以为意在破坏。[③]

我因不加入文艺家协会……，正在受一批人的攻击，说是破坏联合战线……[④]

最奇的是竟有同人而匿名加以攻击者。子弹从背后来，真足令人悲愤。[⑤]

这些信里所说到的情况，反映了鲁迅的心境。他难过的是，这不利于战斗，影响了他更好地打击敌人。但他是顾全大局的。他对外人不说这种情况。对外国人更避而不谈甚至“说谎”。当处境非常艰难的时刻，鲁迅屹立着，不稍停止他的斗争。当朋友们为他的健康担忧，力劝他出国休养时，他的回答是：“他要在国内坚持战斗。”“鲁迅之意不能回”，“曾经幽默地说：他们料我要走，我偏不走，使他们多些不舒服。”[⑥]

---

① 周扬在同赵浩生的谈话中说：“他（指鲁迅）在中国文化史上是位空前的伟大人物，伟大的思想家，伟大的文学家，……而且是伟大的共产主义者。但我们当时对于这些不能体会。”（赵浩生：《周扬笑谈历史功过》，《新文学史料》第二辑）夏衍在《左联杂忆〈文艺回忆录〉》中说：“是不是左联成立后，左翼作家，或者说共产党员作家和鲁迅之间就完全没有隔阂了呢？那也不是。因为当时除了鲁迅、郑伯奇年事较高之外，都是二十岁出头，三十岁不到的青年，对中国的历史和现状，都缺乏认真的研究和了解，也不懂得文化斗争的策略。对鲁迅的伟大，他的思想深度和对社会的了解，我们都没有很好的认识。因此即使在左联成立之后，我们中间的宗派主义和教条主义以及那些鲁莽、冒险，所谓‘赤膊上阵’的作风，依然还是存在的。”（《人民日报》，1980年3月1日）

② 隐语，指“左联”。

③ 《1936年5月3日致曹靖华》。

④ 《1936年5月15日致曹靖华》

⑤ 《1935年1月15日致曹靖华》。

⑥ 茅盾：《我和鲁迅的接触》，《纪念鲁迅先生》，载《鲁迅回忆录（散篇）》下册，第1168页，中册，第703页。

1936年6月初，鲁迅正在病床上，收到了陈仲山[①]6月3日的来信。大肆攻击斯大林，攻击毛泽东和党的统一战线政策。鲁迅看过信后，非常愤怒，连连地对在旁边的冯雪峰说："你看，可恶不可恶？等我病好一点的时候，我来写一点。"

6月9日，病仍不见好，他便口授，由冯雪峰笔录，写成了《答托洛斯基派的信》。信中深刻地揭露批判了托派反对共产党的统一战线政策的险恶用心，热烈地表达了他对中国共产党和毛泽东同志的敬佩与深情：

> 你们的"理论"确比毛泽东先生们高超得多，岂但得多，简直一是在天上，一是在地下。但高超固然是可敬佩的，无奈这高超又恰恰为日本侵略者所欢迎，则这高超仍不免要从天上掉下来，掉到地上最不干净的地方去。因为你们高超的理论为日本所欢迎，……你们的高超的理论，将不受中国大众所欢迎，你们的所为有背于中国人现在为人的道德。
>
> 但我，即使怎样不行，自觉和你们总是相离很远的罢。那切切实实，足踏在地上，为着现在中国人的生存而流血奋斗者，我得引为同志，是自以为光荣的。

从敌寇猖獗、民族危难中，从白色恐怖严重，人民苦难深重中，他看到黑暗的浓重。但在抗日救亡运动的兴起中，他看见了光明。

"竦听荒鸡偏阒寂，起看星斗正阑干。"

"心事浩茫连广宇，于无声处听惊雷。"

他以优美的诗句，描写了那个已死和方生的时代。

正如周恩来为鲁迅逝世二周年纪念题词所指出的：

> 鲁迅先生之伟大，在于一贯的为真理正义而倔强奋斗，至死不屈，并在于从极其艰险困难的处境中，预见与确信有光明的将来。

十四、辉煌的十年

上海十年，是鲁迅一生中最辉煌的岁月。无论思想上、艺术上，都

① 陈仲山，陈其昌的化名。河南洛阳人，在北京大学念书时，一度崇拜鲁迅。1925年参加中国共产党，1929年堕落为托派。写此信时，他是托派刊物《斗争》的主要撰稿人。

达到了高度的成熟。其影响的广度与深度，是中国任何一个现代作家所不能比拟的。

登上思想的峻岭

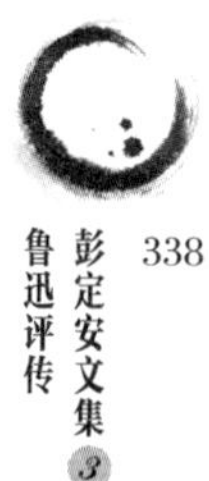

作为一个伟大的思想家，鲁迅有他的耀眼的特色，他的思想随着革命的发展而发展，非常明显地带着每个革命阶段的特有色彩。鲁迅又是一位伟大的文学家，他的深刻的思想，绝大部分都在他的文学著作（小说和杂文）中体现出来。鲁迅的思想观点，都带着鲜明的现实性，它是具体的、生动的，带着浓厚的生活气息，因此，他的思想是活泼、尖锐、泼辣的，带着“人间烟火”气。他在《华盖集》的《题记》中曾批评了那种远离人间，深入山林，坐古树下，静观默想，要洞见三世，观照一切的所谓“天人师”。他所主张的，也是他一生所实践的，是“执着现在”，用他自谦的话来说，就是“救小创伤”，“如沾水小蜂，只在泥土上爬来爬去”，“根柢就在我活在人间，又是一个常人”。这当然都是一种比譬的说法，主要的在于这种精神：切实。他始终植根于中国社会、中国人民的生活里。这些，都是和现实的、具体的、日常的、人们关心的问题结合着的。他在谈论木刻问题时说道：“木刻的最后的目的与价值”“这问题之不能答复，和不能答复‘人的最后目的和价值’一样。”又说：“至于木刻，人生，宇宙的最后究竟怎样呢，现在还没有人能够答复。”[①]鲁迅反对空洞的许诺，也不试图去回答这种抽象的、一般性的哲理问题。

鲁迅之所以能如此，是因为他不仅是一位思想家，而且是革命家和文学家，这是三位一体的、有机地结合着的。因为是革命家，所以他总是优先并且集中注意力去思考如何进行革命的问题，革命遇到了什么问题，他都及时地敏感到并努力用实际行动去解决；而作为文学家，他更能敏锐地感受到现实生活中的种种问题和现象，这些又都是和进行革命相联系的，而且，他也具有“热烈地是其所是和热烈地非其所非”的文学家的那种气质。这样，他的思想就总是密切地联系着人民的、社会的生活实际，因而总是丰富的、生动的和具体的。

鲁迅的思想，主要体现在后期的杂文中，那真是一部百科全书，它

---

① 《1935年6月29日致唐英伟》。

涉及了政治、经济、思想、文化、教育、历史、文学、艺术（包括美术、戏剧、电影）、科学等各个学科和部门；还涉及妇女、儿童、青年、学生、历史人物等各色人等的问题。这里，我们不能够按这些方面全面地来介绍鲁迅的思想，而只就他的主要的思想特点方面，作些简要的介绍。

鲁迅一开始探讨中国革命的问题，是受到当时从国外输入的思想的影响，从“国民性”（即“民族性”）问题入手的，而以进化论为根本指导思想。他在辛亥革命时期和“五四”时期，都是这样。他深深苦恼着的是：中国人的“国民性”或“民族性”为什么这么落后、愚昧、麻木，长期停滞，顽固不化。他甚至激愤地说出“中国人”从世界上消灭了，也好，这从反面证明了进化论的权威：不进化就会灭亡。他在《阿Q正传》中写了“我们国人的魂灵”的一个重要方面：精神胜利法。明明是失败了，却说是“儿子打老子”“老子从前比你阔得多”，一贯地自轻自贱，由失败者主观上化为“胜利者”，却不肯改进自己的缺点、弱点，不愿改革、进化、革命。因此长期冥顽不化。这也许可以说是他找到的一个原因。他提出来了（还提出了其他一些问题），希望“引起疗救的注意”。但是，怎么疗救呢？他的答案是：思想革命。由“精神界之战士”（辛亥革命时期的提法）出来“援救吾人”或从“知识阶级”（“五四”时期的提法）来“先行设法”，“民众俟以后再说”。我们在前面谈到过，鲁迅的这种思想，在当时不仅有其进步意义，而且深刻、有特点：他抓住了人这个根本；他最后还是希望要去唤醒和改造群众。然而，现实证明他的思想有缺陷，他没有认识到革命实践对改造人的决定作用。而且，他也没有认识到：无论“知识阶级”也好，他所认为的“必胜于老人”的青年人也好，都不是一个整体，更不是静止的铁板一块，他们是分成不同的阶级的。五卅运动以后，由于工农、市民群众的崛起，他的认识开始转变。以后，又由于在广州的“事实的教训”，他的思想发生了质变。再以后，到上海，通过革命的实践、马列主义的学习和与共产党的密切联系，他的思想更加向前发展，达到成熟的伟大的马克思列宁主义的高度，达到我们民族的思想文化的高峰。

从在厦门开始，他的语言中出现了“平民”，而且他们在他的思想上所占的地位已经很不一般。以后，他更加认识到，“惟新兴的无产者才有将来”[①]。这话对于鲁迅来说，含有多方面的深刻意义。首先，他是同其他阶级，尤其是他的本阶级对比来说的，即那些剥削阶级是要“溃灭”的（他毫不惋惜它的这种命运），这是历史的必然，而无产阶级是新兴的阶级，是要发展壮大，有光明前途的阶级。其次，它说明创造无阶级社会的力量就是无产阶级。因为剥削阶级是要溃灭的，其他阶级也要改变，惟无产者才有将来，将来是属于它的。这样一个基本认识，属于马克思主义的基本知识范畴。但对鲁迅来说，却有着非常重要的、带根本性质的意义。因为，这是轰毁了他原来的思路，改变了原来的世界观的结果。这是一种世界观战胜另一种世界观，一个阶级战胜另一个阶级的胜利。更值得我们重视的是：鲁迅接受这种马克思主义思想，与一般知识分子很不相同，他不是单纯理论上接受，而是通过自己的漫长的思想经历和战斗历程、通过种种比较，从而改造了原先的思想。黑格尔说，同一个谚语由年青人和有丰富经历的人来说，其含义是大不一样的。还有一点不同，就是鲁迅接受了马克思主义以后，立即运用于实践，把它拿来作为武器，剖析社会，剖析人，剖析文艺现象，也剖析自己。

中国近代史和现代革命史，是一部中国人民由受压迫剥削侵略而起来反抗斗争的历史。人民群众的发动面由小到大、由少到多，人民群众的力量由弱到强地发展。直到20年代末期，工人、农民奋起斗争，而且穿起了军装，建立了自己的军队和政权。好比在一幅历史的画幅上，一棵“工农之树”的幼苗，从出土到长成一棵大树，在历史的大风暴中挺立不拔，刚健多姿。它的巨大的身影，反映在作为伟大思想家鲁迅的思想中，这结果便是鲁迅思想的根本变化和辉煌的发展。

在鲁迅后期的杂文中，也常常以冷峻犀利的笔锋，揭发批判“中国人”的缺点。他的这种揭发批判，达到了非常深刻的程度，可以说曾经教育了我国几代人，至今仍在教育着我们。但是，他这时的这种批判，同前期有了很大的不同：出发点和归宿不同，某些提法也不同。这时，

---

① 鲁迅从五卅运动后开始转变，反映了时代的和历史的现象，即小资产阶级的革命化和资产阶级的进步，革命的知识分子普遍以“五卅”为转变起点。鲁迅作为一个阶级的代表人物，反映了历史的前进脚步和革命的普遍现象。郭沫若也是这时开始转变的，这反映了当时进步知识界、文学界的共性，可看出鲁迅的转变并非一个孤立的、个人的现象，他是时代的、革命的产物，他的思想反映了时代，反映了革命。

已经不是不加区别、不分阶级地笼统地提国民性的改造问题了，也不仅是一般地分治者与被治者了；而是具有鲜明的阶级观点。对于人民群众他有了信心，当中国人民掀起抗日救亡运动，他看到“一二·九”运动中，学生被警察冲击而居民纷纷慰劳时，他深有感慨地写道：

谁说中国的老百姓是庸愚的呢，被愚弄诓骗压迫到现在，还明白如此。

石在，火种是不会绝的。①

在30年代，在全世界范围内，无产阶级革命和工人运动蓬勃兴起。但是，在这个年代里，“左”倾错误也普遍存在：希特勒利用了德国共产党的“左”的错误而上台；日本共产党人由于福本主义的影响，付出了血的代价；中国共产党犯了三次“左”倾错误，其中王明的“左”倾错误，几乎葬送了革命。然而，值得我们深思的是：一个在大革命失败以后，走进无产阶级革命行列、进入到马克思主义者队伍的文学家鲁迅，却相当突出地、一贯地反对了“左”的错误倾向。当然，他不是在政治战线上，而是在文学战线、思想文化战线上这样做的，而且是以他特有的方式来表达的。

1927年大革命失败后，党需要组织正确的退却，局部的武装斗争只是一种特殊形式的防御。然而，当时犯“左”倾错误的领导人却把这种形势估计为革命仍在继续高涨，来了一个盲动主义的继续进攻。接着是第二次“左”倾错误，在艰难的条件下，却要“大干”，否认中国革命的长期性、艰巨性，幻想着在反革命统治相对趋于稳定的情况下，一举取得一省或数省以至全国的胜利，强令红军攻打大城市，“饮马长江，会师武汉”，表现了小资产阶级的急躁情绪和速胜的幻想。几乎是接连着的，又来了第三次“左”倾错误，以王明为首的教条主义者，披着马列主义的外衣，大骂别人“一贯右倾”，他们要来一个“决死斗争”，无视“九一八”以后国内形势的重大变化，继续在根据地和白区实行脱离多数群众的冒险政策。他们的错误给中国革命造成了极大的损失。中国无产阶级革命文学就是在这样的时代背景影响下发生、发展起来的。虽然有时并不是犯“左”倾错误的领导者掌管文艺，直接干预文

① 《且介亭杂文二集·“题未定”草（六至九）》。

学运动，但是，这种“左”的倾向的影响，仍然是严重地存在的。而且，当时的作家主要是小资产阶级知识分子，虽然他们有革命热情，但他们之中有接受“左”的影响的思想基础，他们自身也会滋生“左”倾情绪。

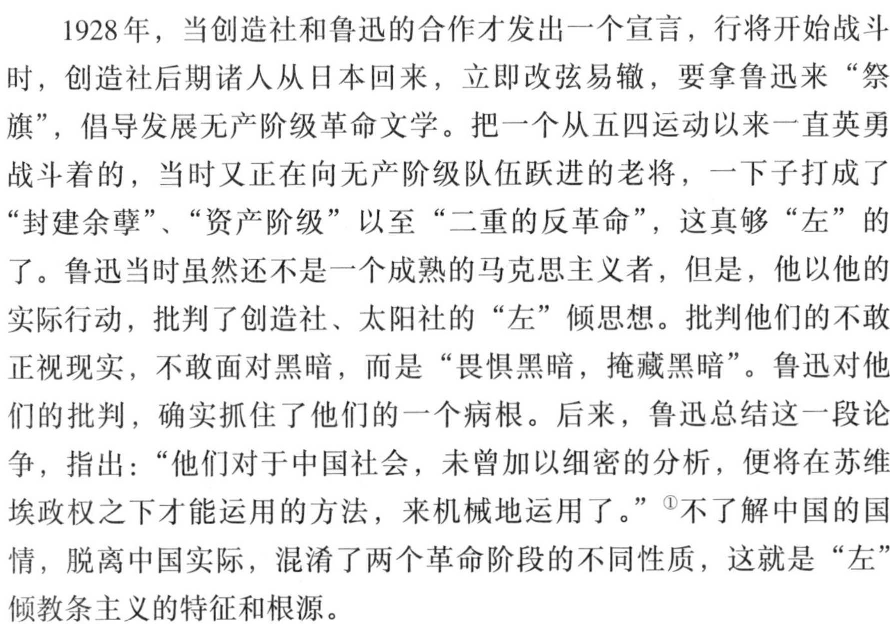

1928年，当创造社和鲁迅的合作才发出一个宣言，行将开始战斗时，创造社后期诸人从日本回来，立即改弦易辙，要拿鲁迅来“祭旗”，倡导发展无产阶级革命文学。把一个从五四运动以来一直英勇战斗着的，当时又正在向无产阶级队伍跃进的老将，一下子打成了“封建余孽”、“资产阶级”以至“二重的反革命”，这真够“左”的了。鲁迅当时虽然还不是一个成熟的马克思主义者，但是，他以他的实际行动，批判了创造社、太阳社的“左”倾思想。批判他们的不敢正视现实，不敢面对黑暗，而是“畏惧黑暗，掩藏黑暗”。鲁迅对他们的批判，确实抓住了他们的一个病根。后来，鲁迅总结这一段论争，指出：“他们对于中国社会，未曾加以细密的分析，便将在苏维埃政权之下才能运用的方法，来机械地运用了。”[①]不了解中国的国情，脱离中国实际，混淆了两个革命阶段的不同性质，这就是“左”倾教条主义的特征和根源。

鲁迅深刻地批判了那种唯我独“左”、唯我独革的，把革命装成可怕面孔的“左”倾分子的可怕相。他说，他们“将革命使一般人理解为非常可怕的事，摆出一种极左倾的凶恶的面貌，好似革命一到，一切非革命者就都得死，令人对革命只抱着恐怖”。他指出：“这种令人‘知道点革命的厉害’，只图自己说得畅快的态度，也还是中了才子+流氓的毒。”[②]

鲁迅后来对于“左联”在实际工作上的搞飞行集会等活动，把“左联”搞成“第二党”的斗争策略也是不赞同的。他还批评了“左联”的关门主义与宗派主义的错误。

1930年5月7日，李立三约见鲁迅。他要鲁迅像法国作家巴比塞那样公开发表一篇宣言，表示拥护他们“左”倾错误政策和各项政治主张。“鲁迅没有同意。……鲁迅说中国革命是长期的、艰巨的，不同意赤膊上阵，要采取散兵战、堑壕战、持久战等战术。”事后，鲁迅对冯

---

①② 《二心集·上海文艺之一瞥》。

雪峰说："今天我们（指他和李立三）是各人讲各人的。要我发表宣言很容易，可对中国革命有什么好处？那样我在中国就住不下去，只好到外国去当寓公。在中国我还能打一枪两枪。"[①]在如何从事战斗上，鲁迅能从实际出发，考虑斗争策略，抵制了"左"倾错误。他说，"俄国……正是劳农专政"，"在日本……究竟还有一点点微微的出版自由，居然也还说可以组织劳动政党"。但中国是没有这个条件的，斗争策略上必须考虑到这种环境，而进行"合法的"斗争。

鲁迅对于芸生[②]在《文学》第四期上发表的讽刺诗《汉奸的供状》一诗的批评，很深刻地批判了"左"的倾向。在这篇题名为《辱骂和恐吓决不是战斗》的文章中，提出了一个无产阶级战斗的原则："无产者的革命，乃是为了自己的解放和消灭阶级，并非因为要杀人，即使是正面的敌人，倘不死于战场，就有大众的裁判，决不是一个诗人所能提笔判定生死的。现在虽然很有什么'杀人放火'的传闻，但这只是一种诬陷。"在思想文化战线上，他指责诬陷、造谣、恐吓、辱骂这些卑劣手段，指出"这一份遗产，还是都让给叭儿狗文艺家去承受罢"。

他指出："战斗的作者应该注重于'论争'；倘在诗人，则因为情不可遏而愤怒，而笑骂，自然也无不可。但必须止于嘲笑，止于热骂，而且要'喜笑怒骂，皆成文章'，使敌人因此受伤或致死，而自己并无卑劣的行为。"[③]在这里，鲁迅深刻地批判了革命队伍中的"左"的思想和作风。

特别值得注意的是，鲁迅深刻地揭露批判了那种以"彻底"的面貌出现的假左派和别有用心的"左"。他称这种以极左面目出现的理论为"毒害革命的甜药"[④]。对张春桥（狄克）在《我们要执行自我批判》中所使用的手法，鲁迅给予了深刻的批判，指出这种以极左面目出现的东西。"那其实是在向'他们'献媚或替'他们'缴械。"[⑤]鲁迅还批判了

---

① 《鲁迅研究资料（一）·谈有关鲁迅的一些事情》。此文根据1972年12月25日在鲁迅博物馆座谈会上的发言记录整理，1975年8月经冯雪峰本人修改定稿。

② 芸生是丘九，"四人帮"时期，一直把他说成是瞿秋白，进行了讨伐，但据冯雪峰等人回忆和具体分析证明，不可能是瞿秋白。据黄源同志介绍，芸生本名邱九如，友人戏称为丘九，浙江宁波人。（朱正：《鲁迅回忆录正误》，湖南人民出版社，1979，第169页）

③ 《南腔北调集·辱骂和恐吓决不是战斗》。

④ 《二心集·非革命的急进革命论者》。

⑤ 《且介亭杂文末编·三月的租界》。

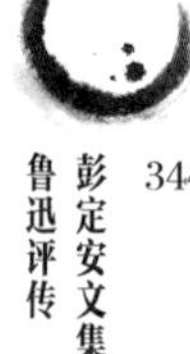

那种取消论的“彻底”论者。这种人说：“现在的一切文艺，全都无用，非彻底改革不可！”他用“彻底”，否定一切，而且使你动弹不得，“闷死，都闷死了。”鲁迅说：“如果遇见这样的大人物而不能撕掉他的鬼脸，那么，文艺不但不会前进，并且只会萎缩，终于被他消灭的。切实的文艺家必须认清这一种‘彻底’论者的真面目！”[①]在整个革命问题上，这种“彻底”论者，也是一种消灭革命的妄论。

鲁迅能够做到这一点，最根本的，就是他总是不脱离现实，他对中国社会有十分深切透彻的了解。他认为中国数千年绵延至今的社会，被过去的东西沉重地压着，一种顽固的、保守的、守旧的思想严重地阻碍着改革的进行。他说，在中国即使要开一个窗户也要流血，而且流了血也未必能行得通。因此，他一向主张“韧”性的战斗，反对赤膊上阵，反对孤注一掷，反对只图一时痛快，急躁冒进。

同时，鲁迅对于中国的历史，有着极为深切的了解。他说，中国几千年的封建社会的上层建筑，经过多次的修补、发展，已经弄得非常的精致细密，要想动它是很不容易的，而且，有的人，甚至是外族（如元、清），想要钻研和改变它，却被它所吞没、同化了。这种历史的传统的惰力是非常顽强，不易攻破的。鲁迅称这为“割头不觉死”的“软刀子”[②]：

> 然而古老东西的可怕就正在这里。倘使我们觉得有害，我们便能警戒了，正因为并不觉得怎样有害，我们这才总是觉不出这致死的毛病来。因为这是“软刀子”。……“几年家软刀子割头不觉死，……”我们的老调子，也就是一把软刀子。

鲁迅还指出，帝国主义侵略中国以后，又利用这种旧的封建意识形态来奴役中国人民。帝国主义要中国“保存旧文化”，“是要中国人永远做侍奉主子的材料，苦下去，苦下去”。

---

① 《花边文学·“彻底”的底子》。

② 《老调子已经唱完》中说：“元朝人起初虽然看不起中国人，后来却觉得我们的老调子，倒也新奇，渐渐生了羡慕，因此元人也跟着唱起我们的调子来了，一直到灭亡。”“清朝又是外国人。中国的老调子，在新来的外国主人的眼里又见得新鲜了，于是又唱下去。还是八股，考试，做古文，看古书。但是清朝完结，已经有十六年了，这是大家都知道的。”（《集外集拾遗》）

鲁迅还深刻地论述了旧的文化、封建的意识形态，往往不仅自己不改变，而且还要新的事物来适合它。它“并非将自己变得合于新事物，乃是将新事物变得合于自己”。[①]

鲁迅这种对于历史的深刻的了解，又是同他对现实的了解相结合的。他从历史看到今天，因此对现实的认识也更深刻。

鲁迅的一生，都是彻底地、无私地为人民的。尤其是最后十年中，他衡量任何事物，都是如他自己所说：“以民众为主体。”他在许多文章中，分析历史的、现实的问题，都是这样做的。在称赞高尔基的时候，他曾说：“他的一身，就是大众的一体，喜怒哀乐，无不相通。”[②]这赞语，也是完全适用于他自己的。他还说：“凡是为中国大众工作的，倘我力所及，我总希望（并非为了个人）能够略有帮助。”[③]这朴实的语言，表达了他的为人民的赤诚的心。

鲁迅这种一贯不脱离实际，深刻地了解中国的历史和无私地为人民，就是他的思想的最大特点。这些特点，不仅构成了他的伟大的思想品德、崇高的人格，而且，很自然地成为他抵制“左”、右倾错误思想的抗毒素。正是循着这个思想途径，他攀登上思想的高峰峻岭。

这是鲁迅为我们做出的榜样。

这是鲁迅留给我们的最珍贵的思想遗产。

杂文艺术的高峰

鲁迅是杂文大师。他把这种中国古已有之，外国也有类似体裁的文学样式，改造发展成为一种完全崭新的文体。说他是一个“文体家”固然是不对的，但他在“杂文”方面，确是具有独创性，创造了一个新的文艺品种。从“五四”时期《新青年》的“随感录”，到且介亭杂文，他把“杂文”这一文体发展到了一个艺术的高峰，成为他得心应手的投枪和匕首。在短短的篇幅中，凝聚着深刻的思想，在幽默与讽刺之中闪耀着智慧与理论的光辉，具有发人深省的魅力。鲁迅说，他的攻击时弊的杂文，没有同时弊一同灭亡，这是他的悲哀。他热望中国进步因而希望自己的杂文“速朽”。这反映了他的革命家的胸怀。作为思想和艺术

① 《华盖集·补白》。

② 《且介亭杂文末编·关于太炎先生二三事》。

③ 《1936年8月2日致曹白》。

遗产，他的杂文却成为中国现代思想史、文化史和文学史上的瑰宝，而留存下来并将永远流传下去。这是他的光荣。

鲁迅杂文的价值，首先就在于它是为现实斗争服务的，“是感应的神经，是攻守的手足”，它是投枪、匕首，“能和读者一同杀出一条生存的血路的东西”。这一点，在他后期的杂文中表现得特别明显、突出，成就也更高。批判新月派、“民族主义文学”、“第三种人”和“自由人”，批判国民党反动派对内反共反人民、对外实行不抵抗主义的反动政策，批判帝国主义的侵略，特别是日本帝国主义的武装侵略，批判革命队伍内部的“左”、右倾错误及小资产阶级的动摇性，批判社会上种种腐朽、落后现象，等等，真是包罗万象，所向披靡。

鲁迅后期的杂文充满了革命的乐观主义、集体主义，充满了对于人民力量的无比信心。这些，在他前期的杂文中，是缺少的。如果说前期杂文的特点，更多地表现了他的“因为从旧垒中来，情形看得较为分明，反戈一击，易制强敌的死命”[①]，那么，后期的杂文，这方面的优点仍然保留着并发展了，而另一方面，又突出地表现了共产主义战士向前突击的特点。他的杂文不仅揭露了封建的、资产阶级的脓疮，起了反戈一击的强大作用，而且发掘了历史上的光明面，如：揭示和肯定民族的正义传统、人民的反抗精神和创造历史的主动性，阐发工人农民是国家、社会的脊梁的作用和意义，阐发社会发展的规律，以及阐述文化、科学、文学艺术的辩证唯物主义观点，等等，都放射出夺目的光彩。并且，这些都以他自己独特的方式，以诗人与战士的精神，以政论与诗相结合的风格来表现，达到了同时代的作家不可企及的高度。

作为丰富的艺术宝库，鲁迅的杂文真是琳琅满目。首先，他的杂文在向敌人冲锋陷阵的战斗中，充分地、高度地发挥了嬉笑怒骂，皆成文章的战斗风格，它是思想性与艺术性高度统一的艺术品，具有很高的美学价值。在他的杂文中，有不少是直接论述美学、艺术规律、创作方法以及文学史的篇章；也有不少对反动的、资产阶级的文学流派以及革命文学内部的错误思想的批判文章；还有不少对中外作家及作品的评论文章，以及为当代作品所作的序跋小引题记等，所有这些，都具有很高的理论意义和学术价值，是启发我们的思路，提高我们的认识水平和创作

---

① 《坟·写在〈坟〉后面》。

水平的宝贵教材。同时，他的杂文本身，就是艺术的精品，给我们以艺术感染。

要懂得鲁迅的杂文，首先要了解这些杂文产生的时代背景和社会环境，也同时要了解鲁迅的革命精神：他怎样英勇、顽强、及时地进行战斗。瞿秋白最早给鲁迅和他的杂文做出了正确的评价，他在《〈鲁迅杂感选集〉序言》中曾经指出：

> 鲁迅的杂感其实是一种“社会论文”——战斗的“阜利通”(feuilleton)。谁要是想一想这将近二十年的情形，他就可以懂得这种文体发生的原因。急遽的剧烈的社会斗争，使作家不能够从容的把他的思想和情感熔铸到创作里去，表现在具体的形象和典型里；同时，残酷的强暴的压力，又不容许作家的言论采取通常的形式。作家的幽默才能，就帮助他用艺术的形式来表现他的政治立场，他的深刻的对于社会的观察，他的热烈的对于民众斗争的同情。不但这样，这里反映着五四以来中国的思想斗争的历史。杂感这种文体，将要因为鲁迅而变成文艺性的论文（阜利通——feuilleton）的代名词。自然，这不能够代替创作，然而它的特点是更直接的更迅速的反应社会上的日常事变。

这段论述比较全面地说明了鲁迅杂文产生的社会原因、鲁迅本人的贡献，以及杂文的特性与作用。

从“五四”到“一二·九”，这是中华民族在苦难中挣扎的黑暗岁月，是中国人民在中国共产党领导下，进行艰苦卓绝的斗争的时代。广大人民同帝国主义和国内反动派进行着殊死的搏斗。这种搏斗，尖锐、激烈、复杂、持久。这伟大的斗争和伟大的时代，造就了为它服务的伟大人物。鲁迅就是这样的人物，并且是这一时代的思想界的杰出代表。从“五四”到“一二·九”，阶级矛盾与民族矛盾交织，同敌人的斗争与同内部错误思想的斗争交织。鲁迅适应了这种形势的要求，配合了这种斗争。从“五四”时期开始写“随感录”起，随着斗争的发展，他写杂文的自觉性越来越高，数量越来越多，目标越来越明确。

鲁迅之所以伟大，正表现在这里：他不仅比别人更敏锐地感受到时代的这种需要，而且，自觉地去承担起这种战斗的任务。从《新青年》杂志上出现“随感录”开始，写作杂文的人确实不少，但只有鲁迅一人坚持写下去。在以后的各个时期，也还有写的人，或者因为怕危险，或者因为弄杂文没有学术的尊位高名，因而停笔不写，或者是用杂文以泄私愤，拿来作攻击个人的手段，目的既达，弃之不顾。还有的人为反动派张目，仅以杂文为诬陷、告密的手段。另有一些人，如周作人、林语堂，则走入歧途，捧晚明小品，鼓吹"费厄泼赖"和幽默，违背时代精神，因而被社会唾弃。

但是，鲁迅却完全不同。他以很高的自觉性来写作杂文，数十年如一日，把主要精力放在写作杂文上面。他并不把杂文当作"爬进高尚的文学楼台去的梯子"。"他的作文，却没有一个想到'文学概论'的规定，或者希图文学史上的位置的，他以为非这样写不可，他就这样写，因为他只知道这样的写起来，于大家有益。农夫耕田，泥匠打墙，他只为了米麦可吃，房屋可住，自己也因此有益之事，得一点不亏心的糊口之资，历史上有没有'乡下人列传'或'泥水匠列传'，他向来就并没有想到。"[①]鲁迅就是在这样高的思想境界上来写作杂文的。鲁迅是清醒地知道自己之所长的。他说过，如果搞创作，"也许于中国不无小好处"，搞学术，"大概也可以说出一点别人没有见到的话来"，他"也并非不知道创作之可贵"[②]，但他却不想去"仰视莎士比亚，托尔斯泰的尊脸"[③]而甘心当大厦中的"一木一石"，做一个速朽的"杂文家"。

这就是鲁迅努力写作杂文的主观原因。没有这一个因素，只有时代的需要，也仍然不能产生鲁迅的杂文。被耽误了的历史任务和课题，在人类史上何尝没有呢?

鲁迅认为写作杂文，"是为现在抗争"，是"为现在和未来的战斗"，因为，"现在是多么切迫的时候，作者的任务，是在对于有害的事物，立刻给以反响或抗争，是感应的神经，是攻守的手足"。[④]他在这里把杂文的性质和作用，讲得透彻、明了、深刻。

他要求写杂文要"言之有物"、"其中有着时代的眉目"[⑤]，同时，"也能给人愉快和休息"，但却不是"抚慰和麻痹"，"它给人的愉快和休

---

① 《且介亭杂文二集·徐懋庸作〈打杂集〉序》。

② 《华盖集·题记》。

③ 《准风月谈·后记》。

④⑤ 《且介亭杂文·序言》。

息是休养，是劳作和战斗之前的准备”。[1]又说：“‘杂文’有时确很像一种小小的显微镜的工作，也照秽水，也看脓汁，有时研究淋菌，有时解剖苍蝇。”[2]所有这些对杂文的要求，他自己都身体力行了，而且最好地、最完满地做到了。

鲁迅杂文的体裁、样式很丰富。鲁迅说：“凡有文章，倘若分类，都有类可归，如果编年，那就只按作成的年月，不管文体，各种都夹在一处，于是成了‘杂’。”鲁迅的杂文集正是这样按作成的年月，不管文体而编成的。这是真正的杂文集。这有一个好处：“编年有利于明白时势，倘要知人论世，是非看编年的文集不可的。”[3]鲁迅的杂文集，正是中国从“五四”到“一二·九”期间的社会、思想、文学艺术的斗争和发展的编年史。“我的杂文，所写的常是一鼻，一嘴，一毛，但合起来，已几乎是或一形象的全体”，再加上一个《后记》，便“见得更加完全”，“更成为完全的一个具象”。[4]鲁迅的杂文勾画了、创造了一个个形象，这是一种特殊的典型。它不同于文学创作中的性格典型。它是形象性的类型，它是用形象性的语言、典型特征的勾画和对本质的深刻揭示来完成的。就像鲁迅的杂文是一种独特的文学样式一样，他的杂文所创造的典型也是一种特殊的典型，不能用一般的文学典型的标准去衡量它。

鲁迅的杂文有几种不同的类型，每种类型在共同的统一风格中，从题材、内容、主题到表现形式、艺术风格又都不相同，有的很不相同。大体来说，有六种类型。

一、理论型。实际是文艺理论文章，但又不是学究式地议论学理，而是紧扣时事，带有尖锐泼辣的风韵。这种类型的杂文在鲁迅的杂文集中，尤其是后期杂文中占有一定的比例。这类杂文在思想内容上不仅在当时是宣传建设马克思主义文艺理论的重要文献，而且今天仍然是我们学习文艺理论的重要教材。同时，这些文章的艺术风格的尖锐、生动、泼辣，以理服人，也仍然是我们今天写作这类文章应该学习的。如《文艺与革命》《文学的阶级性》《现今的新文学的概观》《上海文艺之一

① 《南腔北调集·小品文的危机》。

② 《集外集拾遗补编·做“杂文”也不易》。

③ 《且介亭杂文·序言》。

④ 《准风月谈·后记》。

瞥》《关于翻译的通信》《对于左翼作家联盟的意见》《论旧形式的采用》《论讽刺》《杂谈小品文》《中国文坛上的鬼魅》《论现在我们的文学运动》等都是。

二、论战型。这在鲁迅的杂文中占有突出的地位。他在这类杂文中，既深刻地剖析和批判了种种错误的文艺思潮，又在“批判旧世界中发现新世界”；正面阐发了马克思主义的文艺思想、观点。这类作品的最突出的，当然首推那八篇批判新月社、“民族主义文学”、“第三种人”、“自由人”的论著。

三、批判型。这是鲁迅杂文的主体部分，居于最主要、最突出的地位。它是投枪与匕首，鲁迅以此为武器，向旧社会、旧思想、旧文化、旧风俗冲杀；也以此为解剖刀，剖析种种社会相，剖析反动阶级凶残丑恶的本质；剖析各阶层，特别是小资产阶级知识分子的灵魂。他的批判总是切中要害，深入腠理，而又一针见血，言简意赅。鲁迅这类杂文中的名文真是不少，常为编选鲁迅杂感选集者所选入。

四、象征型。这类杂文，在鲁迅杂文作品中数量不算多，但别具色彩。它以象征的手法，以散文的笔调，揭露、批判了敌人和有害的事物，如《夜颂》《秋夜纪游》等。

五、散文型。这是散文的体态、风格，但又具有杂文的特色。这类文章，多为回忆往事，悼念、追怀友人之作。最著者如《记念刘和珍君》《为了忘却的记念》《我和〈语丝〉的始终》《忆韦素园君》《忆刘半农君》等。

六、学术型。这种文章中，有的基本上是学术论文，它在鲁迅杂文中较少，但弥足珍贵。像《魏晋风度及文章与药及酒之关系》，处理中国文学史上有特点、放异彩的一段，讲来见解独到，深刻透彻而又生动活泼，真正是学术文章的楷模。有些，则是就某一具体学术问题，辩驳论述，也是好文章。如《关于〈三藏取经记〉等》《关于〈唐三藏取经诗话〉的版本》《门外文谈》《关于小说目录两件》《〈中国新文学大系〉小说二集序》，等等。

鲁迅的杂文，在艺术技巧上，也有很多的创造、很高的成就，为我们留下了宝贵的遗产。艺术品有时需要处理矛盾。在矛盾着的双方，只顾及了一方，而丢弃、忽视或者无力顾及另一方，或者是虽想顾及而解决不好，都会成为失败之作或不够成功之作。鲁迅的杂文，非常成功地解决了种种矛盾，妥恰、贴切、融汇，因此而成为精品。我们可以从几个方面来看。杂文的根本特征是强烈的战斗性。取消了或减弱了战斗性，就失去了杂文，而成为鲁迅所说的闲适小品、“小摆设”了。但战斗性的作品，如那时提倡的普罗文学或后来的革命文艺，有时注意到战斗性，然而流于标语口号化、概念化，或如鲁迅批评有些年青木刻家似的，只有一个吓人的外表而无实际内容或只会画工人的大得不适当的拳头。然而，鲁迅的杂文既不是“大拳头”，也不是“小摆设”，却是强烈的战斗性与高度的艺术性的结合，是理论性与形象性的结合、诗与政论的结合。瞿秋白称之为战斗的文艺性论文，是很确切的。鲁迅杂文的丰富、深刻，产生强烈的战斗性，是同艺术性分不开的，他的高强的幽默、讽刺的才能，巧妙的运用比喻，以及富有表现力的语言，还有古今中外的各种知识、材料的运用，等等，都给杂文的思想性、战斗性增强了力量，发挥了极大作用。鲁迅的杂文之所以百读不厌，一方面当然是由于它的高度的思想性，能给人以思想、理论方面的启发；另一方面，也因为具有高度的艺术性，给人以艺术享受。

鲁迅的杂文，也是丰富深厚的内容与短小精悍的形式的高度统一。鲁迅说：“‘杂文’很短……不过也要有一点常识，用一点苦工，要不然，就是‘杂文’，也不免更进一步的‘粗制滥造’，只剩下笑柄。”[①]这苦工，就是下在使短短的篇幅中，能够包含蕴藏着阔大深厚的内容。鲁迅说：“我……好作短文”，“意在简练”。他虽称赞钱玄同的文章“颇汪洋”，但有“少含蓄”之弊。[②]杂文，却正需要简练、含蓄。这正是鲁迅杂文的特色与长处。鲁迅的杂文是高度的“浓缩体”。它使人们在短短的篇幅里，得到很多的东西，而且回味无穷。

在战斗上，鲁迅杂文最独到的风格是抓住要害，一击而致“命”。他在给许广平的信中论及“‘女性’的文章”的缺点时说：“历举对手之语，从头至尾，逐一驳去，虽然犀利，而不沉重，且罕有正对‘论敌’之要害，仅以一击给与致命的重伤者。总之是只有小毒而无剧毒，好作长文而不善于短文。”[③]鲁迅的“匕首”、“投枪”，一击而致“命”者，

---

① 《花边文学·商贾的批评》。

② 《两地书·一二》。

③ 《两地书·一〇》。

如揭露新月社装作公允平正反对嘲骂（即反对对反动统治的抨击），但又嘲骂“做嘲骂文章者”，这就自己撕下了画皮，露出了替反动统治者“挥泪以维持治安”的本相。揭露“民族主义文学”嘴里标榜民族主义，却把本国人民当作殖民地的“下民”，梦想着自己的鼻梁高起来了，毫无民族气息。这都是一击而中要害，致敌于死命的好例子。要做到这一点，是不容易的。需要知己知彼，对论敌的本质有深切的认识，否则是不能抓住要领的。鲁迅的高强正在这里表现出来。

在艺术风格上，幽默与讽刺是鲁迅杂文的基本特色。

讽刺是一种批判的力量。作家以敏锐的观察，揭示一种现象、事实，它“是公然的，也是常见的，平时是谁都不以为奇的，而且自然是谁都毫不注意的”，但它却是“不合理，可笑，可鄙，甚而至于可恶”的。[①]他如实地写出，便成讽刺。这里，既要有锐利的眼光，能够见人之所不能见，又要有笔力，能于平实冷静的白描与直叙中，迸射讽刺的光芒。

讽刺的产生也还由于客观上高压的存在，有话不能直说，不能不是“带着镣铐的跳舞”，因此而有反话隐语。讽刺者有强烈的爱憎，有话而不能平缓地道出，而且好用夸张，“加以精炼，甚至于夸张，却确是‘讽刺’的本领”[②]。讽刺是热情的产物，讽刺的生命是真实。

鲁迅有不少批判“幽默”的言论。然而他的作品中却充满了幽默。这是为什么？原来他所批的是林语堂提倡的欧洲式的幽默。这种幽默，是“只有爱开圆桌会议的国民才闹得出来的玩意儿”[③]，它“不免常常掉到‘开玩笑’的阴沟里去的”[④]。“幽默”（humor）这英语名词输入中国后，逐渐“变质”了，中国化了。中国化的幽默，另有其严肃的含义。它不是穷逗与调笑。它接近讽刺，但比讽刺轻松，它不是含泪的微笑，而是含笑的讽刺。鲁迅杂文中的幽默，正是这种品性。它使文章增加了表现力与趣味，它给人益处，也给人愉快，易为人所接受。讽刺与幽默，是鲁迅杂文艺术性的重要因素。

鲁迅说：“其实‘杂文’也不是现在的新货色，是‘古已有之’的。”鲁迅正是继承了我国古代的类似杂文的作品的优秀传统，而又加

---

①② 《且介亭杂文二集·什么是“讽刺”?》。

③ 《南腔北调集·“论语一年”》。

④ 《花边文学·玩笑只当它玩笑（上）》。

以大大的发扬。他指出："但罗隐[①]的《谗书》，几乎全部是抗争和愤激之谈；皮日休[②]和陆龟蒙[③]自以为隐士，别人也称之为隐士，而看他们在《皮子文薮》和《笠泽丛书》中的小品文，并没有忘记天下，正是一塌糊涂的泥塘里的光彩和锋芒。明末的小品虽然比较的颓放，却并非全是吟风弄月，其中有不平，有讽刺，有攻击，有破坏。"[④]鲁迅首先是继承了我们民族的优秀文化遗产和战斗传统，吸取那抗争的精神，继承那"没有忘记天下"的品德，使自己的杂文有不平，有讽刺，有攻击，有破坏。他的杂文既包含了文化遗产中的精华，又加以发扬光大。鲁迅的杂文，气势宏伟，剖析事物深刻严密，行文流畅，跌宕多姿，风格上有时冷峻、激越，遣词用句有时讲求排偶、对仗，这是受了魏晋文章的明显的影响；同时，也吸收了外国文学中的营养，如欧洲的essay（随笔）和feuilleton（"阜利通"）；也有德国尼采和俄国果戈理的文风的影响。通过对《苦闷的象征》《思想·山水·人物》等著作的翻译，日本文学中的随笔和论文的某些行文方式，也影响了鲁迅，被他加以吸收和利用。但是不论古今中外，哪种优秀文化遗产，在被鲁迅拿来了以后，都要加以消化，变为自己的血肉，凝结成他自己独特的艺术风格，决不生硬地模仿。

我国马列文艺理论的创业者

鲁迅是我国马克思主义文艺理论园地里的垦荒者、开拓者。他是我

① 罗隐（833—910），唐代文学家。字昭谏，余杭（今属浙江）人，一作新登（今浙江桐庐）人。本名横，以十举进士不第，乃改名。光启中，入镇海军节度使钱镠幕，后迁节度判官、给事中等职。其散文小品，笔锋犀利。诗亦颇有讽刺现实之作，多用口语，故少数作品能流传于民间。有诗集《甲乙集》，清人辑有《罗昭谏集》。

② 皮日休（约838—883），唐代文学家。字逸少，后改袭美，襄阳（今属湖北）人。早年住鹿门山，自号鹿门子、间气布衣等。咸通进士，曾任太常博士。后参加黄巢起义军，任翰林学士。旧史说他因故为巢所杀。一说巢兵败后为唐室所害，或谓巢败后流落江南病死。其诗文与陆龟蒙诗齐名，人称"皮陆"。他的部分诗篇，暴露统治阶级的腐朽，反映人民所受的压迫和剥削，继承了白居易新乐府的传统。其散文和辞赋，大都借古讽今，抒写愤慨，亦颇有阐扬封建伦理道德者。有《皮子文薮》。

③ 陆龟蒙（？—约881），唐代文学家。字鲁望，又号天随子，姑苏（今江苏苏州）人。曾任苏湖二州从事，后隐居甫里，自号江湖散人、甫里先生。所作散文《野庙碑》等，对当时社会的黑暗和统治者的腐朽，作了讽刺和揭露。诗以写景咏物为多。有《甫里集》。

④ 《南腔北调集·小品文的危机》。

国革命文艺理论的奠基人。但是，鲁迅并没有写什么《文艺原理》《文学概论》《小说做法》《艺术入门》之类的专著，就像他作为思想家的特点一样，作为文艺理论家，他是在现实的战斗中，在全部的文学活动中，学习着、介绍着马克思主义的文艺理论，同时也是在总结、剖析自己或别人的文艺思想中，运用了马克思主义文艺理论。因此，他的文艺理论思想，是散见于论文、杂文、书信中的。正因为是这种情况，所以鲁迅的文艺理论带着生动、实际、具体、通俗等特点；而且，他的文艺理论，带有强烈鲜明的革命内容。它自成体系，融会贯通。这是他的理论的特点与优点。

在30年代初期，中国无产阶级革命文学还处于草创期，既要继承“五四”以来的新文学的革命传统，又要清除其中欧美资产阶级文学的影响以及本国封建文学遗留下来的杂质，这里有创作实践中的问题，尤其需要理论建设。这两项任务鲁迅都一起担在肩上。在创作实践上，鲁迅做出了辉煌的贡献：《狂人日记》奠定了新文学的基础，而《阿Q正传》是它的丰碑。在理论建设上，鲁迅的贡献也十分突出。他探讨了许多重大的基本的理论问题，如艺术的起源问题，文艺的作用问题，文艺与社会生活、与革命、与政治的关系问题，文艺的阶级性问题以及作家艺术家的地位与作用问题，他们世界观的改造问题，等等。在这些问题上，鲁迅都坚持了辩证唯物论和历史唯物论，他根据马克思列宁主义的基本原理，结合具体的艺术现象和艺术实践，阐述了许多根本理论问题。

在艺术的起源问题上，鲁迅坚持了文学起源于劳动、劳动人民创造了文学艺术的马克思主义基本观点。他指出：

> 我们的祖先的原始人，原是连话也不会说的，为了共同劳作，必需发表意见，才渐渐的练出复杂的声音来，假如那时大家抬木头，都觉得吃力了，却想不到发表，其中有一个叫道“杭育杭育”，那么，这就是创作；……这就是文学；他当然就是作家，也是文学家，是“杭育杭育派”。[①]

> 诗歌起于劳动和宗教。其一，因劳动时，一面工作，一面唱

① 《且介亭杂文·门外文谈》。

歌，可以忘却劳苦，所以从单纯的呼叫发展开去，直到发挥自己的心意和感情，并偕有自然的韵调；……[①]

鲁迅鲜明、生动、通俗地阐明了最早的艺术如何在劳动中由劳动人民创造出来；并且，还指出，劳动人民创造的文化成果，后来被剥削者、统治阶级抢夺了去；而且，以后这种劳动人民精神生产的成果被剥削者所剥夺的情形，周期性地发生。鲁迅说："歌，诗，词，曲，我以为原是民间物，文人取为己有，越做越难懂，弄得变成僵石，他们就又去取一样，又来慢慢的绞死它。"[②]

鲁迅在《门外文谈》中指出："旧文学衰颓时，因为摄取民间文学或外国文学而起一个新的转变"，这是文学史上的一个规律性的现象。

在这个基本观点的基础上，鲁迅提出了人类是先从功利的观念然后才从美的观念去对待事物的这个美学观点，他指出：

社会人之看事物和现象，最初是从功利底观点的，到后来才移到审美底观点去。在一切人类所以为美的东西，就是于他有用——于为了生存而和自然以及别的社会人生的斗争上有着意义的东西。[③]

以上观点，是正确看待文艺与社会生活、与政治和阶级的关系的坚实理论基础。从这里，必然得出结论："各种文学，都是应环境而产生的，推崇文艺的人，虽喜欢说文艺足以煽起风波来，但在事实上，却是政治先行，文艺后变。"[④]

"文学与社会之关系，先是它敏感的描写社会，倘有力，便又一转而影响社会，使有变革。这正如芝麻油原从芝麻打出，取以浸芝麻，就使它更油一样。"[⑤]

鲁迅的这些论述，十分深刻而贴切，成为当时和以后，对文艺与政治的关系、与社会生活的关系的经典性论述。

鲁迅在《文艺与革命》、《文学的阶级性》（《三闲集》），《"硬译"与"文学的阶级性"》、《"丧家的""资本家的乏走狗"》（《二心集》），《帮忙文

① 《中国小说的历史的变迁》。

② 《1934年2月20日致姚克》。

③ 《二心集·〈艺术论〉译本序》。

④ 《三闲集·现今的新文学的概观》。

⑤ 《1933年12月20日致徐懋庸》。

学与帮闲文学》(《集外集拾遗》),以及《看书琐记(二)》(《花边文学》)等文章中,深刻、全面、生动、具体地论述了文学的阶级性,使左翼革命文艺与资产阶级文学划清了界线,从而粉碎了国民党反动派的文化"围剿"和资产阶级文学的进攻,在文艺理论的建设上做出了极大的贡献。

特别可贵的是,鲁迅在强调文学为阶级斗争一翼,文艺受政治的影响的同时,又非常强调艺术的特质,认为失去了艺术的特质也就失去了革命文艺本身。因此,作品的艺术性就不是可有可无、居于次要地位的东西。他说:"一切文艺固是宣传,而一切宣传却并非全是文艺","革命之所以于口号,标语,布告,电报,教科书……之外,要用文艺者,就因为它是文艺。"由此,鲁迅也强调文艺家要在力求"内容的充实"的同时,也力求"技巧的上达"。[①]鲁迅在论述木刻艺术的宣传作用时,深刻地指出:"木刻是一种作某用的工具,是不错的,但**万不要忘记它是艺术**。它之所以是工具,就因为它是艺术的缘故。斧是木匠的工具,但也要它锋利,如果不锋利,则斧形虽存,即非工具,……"[②]

这段论述透彻精辟之至。若"不锋利"(没有艺术性),何以为艺术?不为艺术,又何能起到工具的作用?

在鲁迅的文艺思想中,有一个一贯的、鲜明的优点与特点,这就是文艺为人民和文学艺术家为人民献身的观点和精神。这是同鲁迅的整个世界观相联系的。他在《对于左翼作家联盟的意见》中,批评了那种"以为诗人或文学家,现在为劳动大众革命,将来革命成功,劳动阶级一定从丰报酬,特别优待,请他坐特等车,吃特等饭","劳动者捧着牛油面包来献他"的错误思想,指出不要以文学为敲门砖,而是要"俯首甘为孺子牛",像鲁迅形容自己似的"我好像一只牛,吃的是草,挤出的是牛奶,血"[③]。因此,鲁迅强调革命作家应当首先是一个革命人。"根本问题是在作者可是一个'革命人'"[④],"革命人做出东西来,才是革命文学"[⑤]。

---

① 《三闲集·文艺与革命》。

② 《1935年6月16日致李桦》。

③ 许广平:《欣慰的纪念·献词》,人民文学出版社,1951,扉页。

④ 《而已集·革命文学》。

⑤ 《而已集·革命时代的文学》。

鲁迅对当时从事无产阶级革命文学的作家都是小资产阶级知识分子以至破落户子弟出身这一点，曾经多次指出，他们不能产生真正的无产阶级文艺来。原因是：他们不了解革命的实际情形和工农的生活，与他们思想感情不相通。因此，他特别强调了作家的思想感情的彻底变化。他说："革命文学家，至少是必须和革命共同着生命，或深切地感受着革命的脉搏的。"接着，他称赞了"左联"提出的"作家的无产阶级化"的口号，认为是对于革命作家必须和革命共同着生命"这一点的很正确的理解"。[①]他指出要"从这一阶级走到那一阶级去"，就必须把"脑子里存着许多旧的残滓"去掉，而不能"故意瞒了起来，演戏似的指着自己的鼻子道，'惟我是无产阶级！'"[②]他论证了作家感情彻底改变的重要性："现在很有懂得理论，而感情难变的作家。然而感情不变，则懂得理论的度数，就不免和感情已变或略变者有些不同，而看法也就因此两样。"[③]他提倡作家要严于解剖自己，使自己的感情彻底转变。他对自己就是"更多的是更无情面地解剖我自己"的[④]。

在鲁迅的有关文学艺术的论著中，对中国小资产阶级作家的动摇性，对苏联的"同路人"，有颇多的注意和深刻的、热情的分析与批判。鲁迅指出："翻着筋斗的小资产阶级，即使是在做革命文学家，写着革命文学的时候，也最容易将革命写歪；写歪了，反于革命有害。"[⑤]他称这种一会儿突变过来，一会儿又突变过去的小资产阶级革命文学家，是脚在"革命"和"文学"两只船上，看形势的变化而决定在哪一边踩得重一点。对于"同路人"，他深刻地指出，虽然同革命一起走了一段路，而且在革命胜利后也写革命和建设，但和"获得了文学"以后的革命者相比，"总觉得前者……时时总显出旁观的神情，而后者一落笔，就无一不自己就在里边，都是自己们的事。"[⑥]对这种革命时的小资产阶级的动摇性和革命后"同路人"的旁观态度的批判，鲁迅真是作得入木三分，表现了熟练地运用马克思主义阶级论的本领。

鲁迅所有这些深刻的论述，为革命的现实主义奠定了坚实的理论基

①⑤ 《二心集·上海文艺之一瞥》。

② 《三闲集·现今的新文学的概观》。

③ 《南腔北调集·论"第三种人"》。

④ 《坟·写在〈坟〉后面》。

⑥ 《译文序跋集·〈一天的工作〉前记》。

础。而在对革命现实主义的具体论述中，鲁迅最突出的、出色的论述是革命作家的勇于面对现实、深入现实和以文艺为现实服务。在鲁迅看来，为现实服务是和为大众服务一致的。鲁迅深刻地批判了那种“超现实”的革命作家。他强调正视社会现实包括现实中的黑暗和“惨淡的人生”，这是需要革命的精神和勇气的。要改革现实的革命作家的存在和活动的目的，正是为此而拿起文艺这个武器。

鲁迅在用自己的话转述列宁的意见时，指出，艺术家和革命家是“用了别一种兵器，向着同一的敌人，为了同一的目的而战斗的伙伴”[①]。

鲁迅提出的革命现实主义作家要面对现实生活和触及大众的切身问题，可以说是抓住了现实主义的精髓。而为了上述的目的，作家必须深入生活、深入群众、了解生活、了解群众。

> 现在有许多人，以为应该表现国民的艰苦，国民的战斗，这自然并不错的，但如自己并不在这样的旋涡中，实在无法表现，假使以意为之，那就决不能真切，深刻，也就不成为艺术。[②]

鲁迅反对作家“咀嚼着身边的小小的悲欢，而且就看这小悲欢为全世界”[③]。

鲁迅的文艺理论有一个完整的体系。这个体系的理论基础是辩证唯物主义和历史唯物主义。贯穿这个体系的基本精神是革命现实主义。这个体系的内涵有：关于创作的题材、典型化、人物描写、技巧的运用、各种文学体裁的论述，关于文学遗产的批判、继承与发展，关于对外国文学艺术的借鉴、吸取与引进，关于文艺批评和文学研究，等等。对这些问题，他都有系统的、明确的、精辟的、深刻的、独到的论述。这些论述，贯穿着马列主义的精神，是他自己创作经验的结晶。至今还是指导我们进行文学创作的活教材。

在30年代，鲁迅，还有他的战友瞿秋白等，在马克思主义文艺理论的建设上，为我们开辟了道路，奠定了基础。他所进行的工作，是马克思主义文艺理论的民族化。这个理论武装了革命作家，推动了左翼文学运动沿着正确的道路发展；培育了一大批文学艺术人才。这种贡献和

---

① 《集外集拾遗 · 译本高尔基〈一月九日〉小引》。

② 《1935年2月4日致李桦》。

③ 《且介亭杂文二集·〈中国新文学大系〉小说二集序》。

功绩是永不磨灭的。

在历史镜子中照见的现实

——《故事新编》

鲁迅的历史小说独具风采。他把他的历史小说集命名为《故事新编》是很有道理的，他说这本书是“神话，传说及史实的演义”[①]，“是根据传说等改写的东西”[②]，“叙事有时也有一点旧书上的根据，有时却不过信口开河”[③]。这是说，他的历史小说，不是那种“博考文献，言必有据”的、被人称为“教授小说”式的作品。鲁迅这样来处理历史题材，是他创作历史小说的立意所决定的。在全部八篇历史小说中，最早的一篇《补天》（原题《不周山》）是1922年冬天写成的，“那时的意见，是想从古代和现代都采取题材，来做短篇小说”，他的目的是要扩大小说创作的题材范围。以后，1926年在厦门，住在石屋里，“对着大海，翻着古书，四近无生人气，心里空空洞洞”，而这时又“不愿意想到目前”，便“仍旧拾取古代的传说之类”来创作小说，在这种情况下便写了《奔月》，以后在广州时又写了《铸剑》。1935年，一方面因为“多年和社会隔绝了，自己不在旋涡的中心”，难于创作小说，另一方面又为了“把那些坏种的祖坟刨一下”[④]，又开始创作历史小说。这说明他创作这些历史小说，并不是发思古之幽情，而是要为现实服务。因此，鲁迅的历史小说，并不拘泥于古人古事，而是从历史的镜子里照见现实，甚至直接插入现实的场面：让现代人穿上古人的服装来扮演现实的悲喜剧。在他所歌颂的古人中，我们看见作者对现实的批判和美好的理想；而在对古人的历史审判中，我们也可感到对活人的批判。

《补天》写于1922年冬季，正是五四运动后尊孔读经的复古思潮嚣张嘈杂的时候。作者便选择了女娲炼石补天的神话，“取了茀罗特说[⑤]，

① 《南腔北调集·〈自选集〉自序》。

② 《1936年2月3日致增田涉》。

③ 《故事新编·序言》。

④ 《1935年1月4日致萧军、萧红》。

⑤ 茀罗特，今译弗洛伊德，奥地利心理学家、精神病医师。茀罗特说，即弗洛伊德的精神分析学说。鲁迅对这种学说，虽曾一度注意过，受过它的若干影响，但后来是采取怀疑和批判的态度的。

来解释创造——人和文学的——的缘起”，“原意是在描写性的发动和创造，以至衰亡的”[①]。这立意是很有现实意义的。它批判了复古派压抑天理人欲的假道学，而肯定了、歌颂了人的天性要求的合理性和人的创造精神。虽然，小说依弗洛伊德的精神分析法，来描写性的发动和创造，但在实际描写中，除了女娲的几次慨叹——“唉唉，我从来没有这样的无聊过！”，透露了情意缱绻的慵懒情态外，在这方面几乎没有怎么着笔，却是较为细致地描写了女娲对劳动创造的喜悦和她沉静、宽厚、朴实的性格，从而突破了那主观立意的局限。尤其后面写到，女娲用软泥揉捏出来的“小东西”（即创造了人），后来“怪模怪样的已经都用什么包了身子”，后来又有“遍身多用铁片包起来的”，更后又有“腰间却也围着一块破布片”。这种对于人类发展史上的一个细节的描写，表现了人性的发展过程中的异化现象：知羞耻了，也就失去了最初的纯真，而能干出更不识羞耻的事[②]。最后则更出现了“先前所做的小东西”，“累累坠坠的用什么布似的东西挂了一身，腰间又格外挂上十几条布，头上也罩着些不知什么，顶上是一块乌黑的小小的长方板”，这“小东西”更在女娲两腿之间，叨叨咕咕什么“裸裎淫佚，失德蔑礼败度，禽兽行。国有常刑，惟禁！”他是一个假道学家。关于这样一个“古衣冠的小丈夫，在女娲的两腿之间出现”，鲁迅曾说，是因为写作途中，“不幸正看见了谁——现在忘记了名字——的对于汪静之君的《蕙的风》的批评”[③]，因为《蕙的风》中有“一步一回头瞟我意中人”的诗句，这位批评家就说自己“不可思议的眼泪”“盈眶了”。当时，鲁迅写了杂文《反对“含泪”的批评家》，批判了这种封建卫道士的思想，同时又写了《补天》中“古衣冠的小丈夫”出现的这一情节。鲁迅说：“这就是从认真陷入了油滑的开端。”[④]这“油滑”是指脱离了“博考文献，言必有据”的历史小说创作的常规，而以此进入抨击现实的轨道。这不是对于现实的含沙射影，而是一种由古入今的直接批判。这种形象的描画，比

---

① 《南腔北调集·我怎么做起小说来》。

② 《准风月谈·夜颂》里写到：“夜是造化所织的幽玄的天衣，普覆一切人，使他们温暖，安心，不知不觉的自己渐渐脱去人造的面具和衣裳，赤条条地裹在这无边际的黑絮似的大块里。”

③ 指胡梦华对于《蕙的风》的批评。

④ 《故事新编·序言》。

之投枪匕首的刺杀，又具有另一种力量。

这成为了鲁迅历史小说的鲜明特色。

《奔月》的创作意图，鲁迅在《两地书》中，说得很清楚[1]，是批判高长虹的。这里虽然批判的是一个具体的对象，但正如鲁迅与陈西滢战斗一样，是为了公仇而不是私怨；高长虹也与陈西滢一样，是一种类型的代表。高长虹是鲁迅的学生，曾得鲁迅扶掖培养，但后来又攻击鲁迅，并且一边利用，一边攻击。反映了当时这类恶劣文学青年的特性。鲁迅对此是颇为愤激的。以前，他从进化论出发，"即使青年来杀我，我总不愿还手"，现在，改变了，"无论什么青年，我也不再留情面"，"不再彷徨，拳来拳对，刀来刀当"[2]。于是，写《奔月》。因此，《奔月》的写作，意义远不止于反击高长虹，而是反映了鲁迅思想的巨大变化：此时已经酝酿着对进化论思想的根本否定了。

《铸剑》（亦名《眉间尺》），写于1927年4月初的广州，当时，阶级斗争的大风暴即将来临，鲁迅在文章与讲演中，突出地发出"革命无止境""革命尚未成功""不要忘了前线"等声音，特别提出了"要彻底地消灭敌人"的思想[3]。在《铸剑》中，正是刻画了眉间尺与反动统治者势不两立、不怕流血牺牲、定要斗争到底的英雄形象。这篇古代故事的现实意义是很突出的。此篇鲁迅认为是"确是写得较为认真"的[4]。

此后的五篇，均作于1934—1935年，多数作于1935年。这五篇历史题材的作品，也都是攻击时弊之作。在这里，有对于国民党反动派统治下天灾人祸、民不聊生等惨象的揭露，对于救灾大员和资产阶级学者的嘲弄与讽刺（《理水》）；有对于不顾国家危亡，逃避现实斗争的知识

① 《两地书·一一二》："那流言，是直到去年十一月，从韦漱园的信里才知道的。他说，由沈钟社里听来，长虹的拼命攻击我是为了一个女性，《狂飙》上有一首诗，太阳是自比，我是夜，月是她。……我这才明白长虹原来在害'单相思病'，以及川流不息的到我这里来的原因，他并不是为《莽原》，却在等月亮。但对我竟毫不表示一些敌对的态度，直待我到了厦门，才从背后骂得我一个莫名其妙，真是卑怯得可以。我是夜，则当然要有月亮的，还要做什么诗，也低能得很。那时就做了一篇小说，和他开了一些小玩笑，寄到未名社去了。"

② 《两地书·七九》。

③ 《读书与革命》（未收集，重载于《中山大学学报》1977年第2期）、《黄花节的杂感》、《庆祝沪宁克复的那一边》等。这些讲演、文章均发表于1927年3，4月间，即创作《铸剑》的前后。

④ 《1936年3月28日致增田涉》。

分子的批判（《采薇》）。《出关》，“是我对于老子思想的批评，结末的关尹喜的几句话，是作者的本意，这种‘大而无当’的思想家，是不中用的，我对于他并无同情，描写上也加以漫画化，将他送出去。”[①]。这种“大而无当的思想家”，在30年代，是常见的。鲁迅通过对古代老子孤独形象与落寞心情的刻画，给了现实中类似“老子”的人以猛击。《起死》则对当时流行于文艺批评界的“彼亦一是非，此亦一是非”的观点，以调侃的笔调予以嘲弄，也使庄子式的虚无主义落得个虚无的下场。

在鲁迅的历史小说中，刻画了几个鲜明、突出的历史人物的正面形象。鲁迅说过：

> 我们从古以来，就有埋头苦干的人，有拼命硬干的人，有为民请命的人，有舍身求法的人，……这就是中国的脊梁。[②]

在《理水》中鲁迅成功地刻画了为中国人民所称颂的大禹形象：“面貌黑瘦”，“又不穿袜子，满脚底都是栗子一般的老茧”，他进皇宫时是这样的：

“前面并没有仪仗，不过一大批乞丐似的随员。临末是一个粗手粗脚的大汉，黑脸黄须，腿弯微曲，双手捧着一片乌黑的尖顶的大石头——舜爷所赐的‘玄圭’，连声说道‘借光，借光，让一让，让一让’，从人丛中挤进皇宫里去了。”

禹的随从，是“一排黑瘦的乞丐似的东西，不动，不言，不笑，像铁铸的一样”。

他们都是一心为民，不辞辛劳的实干家。

《铸剑》中的眉间尺，写得浑厚、沉勇、坚毅，当母亲对他说：“你从此要改变你的优柔的性情，用这剑报仇去！”之后，他便答道：“我已经改变了我的优柔的性情，要用这剑报仇去！”当黑色人答应为他报父仇而要他的剑和头时，他便毫不踌躇：“暗中的声音刚刚停止，眉间尺便举手向肩头抽取青色的剑，顺手从后颈窝向前一削，头颅坠在地面的青苔上，一面将剑交给黑色人。”这刚到16岁的少年，何等坚决与勇敢，这形象十分感人，也给人以力量。

---

① 《1936年2月21日致徐懋庸》。

② 《且介亭杂文·中国人失掉自信力了吗》。

此外，对羿、墨子以及黑色人、禽滑厘、管黔敖等的形象描写，也都十分简明、生动、感人。

禹与随从、眉间尺与黑色人以及墨子与禽滑厘这些历史人物的出现，在鲁迅的创作生活中，不是偶然的。这些过去的亡灵被召来登上现实的舞台，体现了作者的积极精神和理想光辉。他们间接地反映了作者内心里的英雄形象的诞生，他难于从现实中去提取素材，便从历史中选取了合适的材料来加以表现。

《故事新编》的风格，就多数来说，正如鲁迅在《序言》中所说，一是只取一点历史的因由，“随意点染、铺成一篇”，因而，虽然并不“言必有据”，却“并没有将古人写得更死”。二是“速写居多”，描写上也加以“漫画化”。因为注进了现代精神，又加作者的高度的艺术技巧，这些古人都十分活跃。而后五篇则豪放、粗犷，似油画笔触，似写意勾勒，那气势颇为宏大。漫画化表现在描写场面和刻画人物，古人今语，甚至“O. K”“古貌林（Good morning）”都采用了，古事中掺进时事，明显地有意为之，并不给人以违反了史实的感觉，却增加了幽默感和讽刺力量。

由于上述的创作意图和艺术特点，也许把《故事新编》称为“以历史故事为题材的小说”，比称为“历史小说”更为合适些。我们当然不应该以什么“历史小说”的模式来硬套每个作家的这类作品，但是，任何一个艺术样式总有其特殊的规定性，无视这种基本特征，也就失去了它与其他样式的界限。鲁迅所说的“油滑”，不能说是纯粹的谦词，而可说是恰当的自我批评。将现实直接楔入历史，在历史描写中出现现实的场景与人物，作为优点，是没有违背历史、把“过去”现代化；但从“历史小说”的角度来要求，不免是一个缺陷，有点出格。鲁迅把这称为“油滑”。

《故事新编》的意义，主要的在于：第一，鲁迅密切结合现实的、战斗的创作态度；第二，在这些“历史小说”中反映了鲁迅思想上新的面貌，在艺术上有新的特色；第三，它是一个转机：鲁迅再次进入创作小说的阶段，这是他酝酿、准备写作长篇巨制的尝试。可惜的是，因为过早的逝世，这个志愿没有实现。

心声绝唱——旧体诗

鲁迅说："我以为一切好诗，到唐已被做完，此后倘非能翻出如来掌心之'齐天大圣'，大可不必动手。"[①]但他仍然写了不少旧体诗。这是因为如他所说："积习难改"，有时凑几句，有时则是因为"有人要我写字时，胡诌几句塞责"[②]。但是，他这偶而为之的旧体诗，却确是翻出了唐诗这个"如来佛"的掌心的。首先，他的诗反映了当时中国人民的迸射着血花的斗争，反映了弥漫着黑暗、充塞着哀号的社会生活，以及"百卉殚""千林暗"的艺苑情景；这一切，都是唐诗所没有也不可能有的。这使鲁迅的诗有了新意境、新风格。正如郭沫若所说："鲁迅先生无心做诗人，偶有所作，每臻绝唱。"[③]

鲁迅的旧体诗现在收集到的共有48题63首，写作时间从1900年到1935年，但大多数是在1930年到1935年之间所作，即大多数作于第二次国内革命战争时期。因此，它们的内容，首先是反映了军事上和文化上的"围剿"与反"围剿"的斗争。"大野多钩棘，长天列战云"，"云封高岫护将军，霆击寒村灭下民"，"洞庭木落楚天高，眉黛猩红涴战袍"，以凝练滞重之句，描绘了血与泪迸射的战争景象，揭露了国民党反动派施行军事"围剿"的罪行。"风生白下千林暗，雾塞苍天百卉殚"，"椒焚桂折佳人老"，"芳荃零落无余春"，"无奈终输萧艾密，却成迁客播芳馨"。这从《离骚》中化出的佳句，愤怒地控诉了像隆冬、恶风、毒雾、荆棘一样的反动统治和文化"围剿"，造成了艺苑的凋零。"华灯照宴敞豪门，娇女严装侍玉樽。忽忆情亲焦土下，佯看罗袜掩啼痕"。"皓齿吴娃唱柳枝，酒阑人静暮春时。无端旧梦驱残醉，独对灯阴忆子规"。以对典型的生活景象的特写手法，勾画了在反动统治下战争频仍，人民生活凄惨的情景。此外，还有揭露、讽刺国民党反动派的诗作（《题赠冯蕙熹》《赠邬其山》），有揭露国民党反动派投降卖国政策的"金风萧瑟走千官"的名句。

鲁迅在这些诗中，表现了他的高度的艺术技巧：在短短的八句或四句诗中，以既富形象又高度概括的语言勾画出一幅幅广阔的画面，创造

---

① 《1934年12月20日致杨霁云》。

② 《1934年10月13日致杨霁云》。

③ 《〈鲁迅诗稿〉序》。

出一种鲜明而深沉的意境。

鲁迅的旧体诗中，最可宝贵的是那些抒写自己情怀的作品。他写了“浩茫连广宇”的“心事”；描绘了辛亥革命后的“故里寒云恶，炎天凛夜长”的景象，又批判了这次革命的失败：“狐狸方去穴，桃偶已登场”；描绘了反革命军事“围剿”血染湘江的情景（《湘灵歌》等），抨击了国民党反动派的罪恶；还描绘了“万家墨面没蒿莱”的中国这座大黑牢的惨状。但是，他的佳词丽句又表现了他的坚强信心：“起看星斗正阑干”、“于无声处听惊雷”。正是在这些诗句中，表现了鲁迅伟大的共产主义战士的胸襟和情怀。“忍看朋辈成新鬼，怒向刀丛觅小诗”，表现了他的宁死不屈、坚持战斗的崇高品性；而“横眉冷对千夫指，俯首甘为孺子牛”，更很好地概括了他的无产阶级的世界观。这种用诗的语言，满含着深情的对于共产主义世界观的表述，具有深刻感人的教育作用。

在中国古代诗人中，鲁迅只将屈原归入他所说的“立意在反抗，指归在动作”的“摩罗诗人”中，称赞屈原“抽写哀怨，郁为奇文”，“放言无惮，为前人所不敢言”[①]。鲁迅的旧体诗，许多诗句以至意境皆从《离骚》化出。由于时势和诗人的处境有某些类似，他对于屈原的赞语，也可适用于自己的诗作。只不过他虽然写了“泽畔有人吟不得，秋波渺渺失离骚”的诗句，以屈原自比，但是他的哀怨比屈原更深广，理想更崇高，斗争精神则远非屈原所及。这也正是鲁迅为伟大的古人所不能比拟的地方。

鲁迅说：“玉谿生清词丽句，何敢比肩，而用典太多，则为我所不满。”[②]他确实运用了李商隐（还有他所喜爱的温庭筠）式的清词丽句，但用典太多的毛病则丢弃了。——他的诗里不可避免地也用些典故，但第一，不故意用生僻之典；第二，力避太多；第三，多是习见或易懂之典。如《阻郁达夫移家杭州》一诗，是他唯一用典多的诗，这些典故却都是比较为人所知或易于理解的。可见，他对文化遗产是批判地继承的，有所继承又有所发展。

鲁迅确实无意做诗人，他甚至说过“不喜欢做古诗”。但是，他的旧体诗却达到了革命的政治内容和完美的艺术形式的高度统一。这种

① 《坟·摩罗诗力说》。

② 《1934年12月20日致杨霁云》。

“信笔写来”“偶一为之”的即兴之作，却实在是精美深湛之至。

十五、千古文章未尽才

鲁迅虽然做了、写了很多，很多，但他准备做的、写的还有很多，很多。然而，过早的离世，将一切夺走了。“千古文章未尽才”，这对我们来说，是不可弥补的损失。

1933年的秋天，当有人约请鲁迅写长篇连载小说时，他回信说：“也很想了一下，终于觉得不行。……我的生活，一面是不能动弹，好像软禁在狱室里，一面又琐事却多得很，……做杂感不要紧，有便写，没有便罢，……”[①]他在《答国际文学社问》里也说：“在创作上，则因为我不在革命的旋涡中心，而且久不能到各处去考察，所以我大约仍然只能暴露旧社会的坏处。”国民党反动派的文化“围剿”和不断的迫害，使鲁迅不能去接触群众，深入生活，为创作获取素材，使他的创作才华的发挥受到限制。鲁迅在《写在〈坟〉后面》中说：“我以为我倘十分努力，大概也还能够博采口语，来改革我的文章。”又说：“以文字论，就不必更在旧书里讨生活，却将活人的唇舌作为源泉，使文章更加接近语言，更加有生气。”

他对于改革自己的文章，寄希望于人民，寄希望于人民的生活。然而鲁迅那时只能通过艰难的“栈道”去接触广阔的社会，了解群众生活的状况和思想的脉搏：一个是他能够接近的年青的左翼作家和进步文化人。他们许多人从事着一种革命工作或社会职业，他们接触到一部分人民、了解某一方面的社会生活，他们能够供给鲁迅一些可贵的材料。而主要的、经常的则是通过报纸。这绝大多数是反动派办的报纸，但其中从反面反映了一些革命者和红军、红色根据地的情况，更多的是曲折地反映了社会生活。鲁迅的许多杂文，就取材于这些反动报纸。从这里，他观察、了解到种种社会相及国际、国内的政治动向，他从中选择了攻击的目标，而举起了投枪、匕首。

鲁迅后期主要写作杂文，这是一个原因。

但是，创作的欲望同样在他心中燃烧。他只在《故事新编》里燃起

---

① 《1933年8月3日致黎烈文》。

了一点火光，其他的创作计划都埋藏在他的心中了。

他曾经想写农民，这是他所熟悉的。过去曾经深刻地描写过他们的生活与灵魂，为他们呐喊过。然而，这是以往的事了。他需要了解当前的农民——觉醒了的农民。当他听到陈赓同志给他讲述红色根据地农民盖房子四面都开了窗户这件小事时，他是多么高兴呵。他兴奋地说："他们生活好了，知道讲卫生了。"他说："要写我还是写农民，我对他们比较熟悉。"然而，他不能去接近农民，他的愿望未能实现。

长期以来，他曾经计划写一部长篇小说，是关于唐明皇与杨贵妃的。写作的动因是：第一，他认为唐代文化很发达，勇于吸收外国的文化。写唐明皇能够反映这一时代文化的风貌。第二，他认为"七月七日长生殿"，唐明皇与杨贵妃盟誓："在天愿作比翼鸟，在地愿为连理枝"，不是说明他们的情意正浓，而是透露他们的爱情已将枯竭。为了写这部小说，在1924年他特意游历了西安，作了考察。①如何写法，他已经有了初步的构思：唐明皇遭遇刺杀，在刀搁在脖子上的时候，在刀光里闪过了他的一生：从这里倒叙这个皇帝的风云变幻的一生。

他曾经饶有兴味地谈起高尔基的巨著《克里木·萨母金的一生》，他也打算写这样的长篇，并且想到长篇小说形式的解放。他认为长篇小说可以夹叙夹议，自由说话，不妨成为社会批评的直剖明示的锐利武器。他计划写的是中国近代、现代历史上的四代知识分子：辛亥革命时期的重要革命家章太炎这一代；辛亥革命时的青年知识分子鲁迅自己这一代；进入新民主主义革命阶段的健儿们，相当于瞿秋白等人的第三代；以及当时（即30年代）的年青革命者们。他说："倘要写，关于知识分子我是可以写的；而且我不写，关于前两代恐怕将来也没有人能写了。"他计算着："这倒可以想想看，如果能够再活十年，慢慢写，一年写一本也可以的。""从一个读书人的大家庭的衰落写起，一直写到现在为止。分量可不小——不过一些事情总得结束一下，也要迁移一个地方才好。"

然而，他没有能够再获得十年的生命，而是在这一年里，就结束了自己的战斗生涯。他那设想中的定能为中国革命文学增添光彩的长篇巨著，都付诸东流了！

---

① 这次实地考察使他失望。他在给山本初枝夫人的信中说："我为了写关于唐朝的小说，五六年前去过长安。到那里一看，想不到连天空都不像唐朝的天空，费尽心机用幻想描绘的计划完全被打破了。"（《1934年1月11日致山本初枝》）

鲁迅一直念念不忘写一部《中国文学史》。为此他做了许多准备工作，购买了必需的大量的书。他的思想上的酝酿当然更多。他的计划是庞大的，构思是宏伟的，他甚至说，终他一生，也不能写出全部，而只能写到宋代。宋以后，还有许多必须阅读的书，到底不可能了。在逝世前不久，在经济不宽裕的情况下，他还花巨资购买商务印书馆预约出版的百衲本《二十四史》。当他病重时，特地从日本来上海看望他的日本友人和学生增田涉问起《中国文学史》的构思是怎样的，他在病床上回答了增田涉的提问。那设想是非常有特色的：

第一章　从文字到文章
第二章　“思无邪”（《诗经》）
第三章　诸子
第四章　从《离骚》到反《离骚》（汉）
第五章　酒、药、女人、佛（六朝）
第六章　廊庙与山林（唐）[①]

他躺卧病榻，对增田涉说：“至少希望写出这些来，以后的，在自己活着的时期内无论如何不能写了。”

然而，写作的愿望没有能够实现。这部设想中的宏伟的学术巨著，随着他的生命的消逝而消逝了。这是中国学术史上的一个无可补偿的损失！

他考虑到客观条件，曾经想先采取另外一种方式：“很想早点动手，先一篇一篇写成速写也好，像《魏晋风度及文章与药及酒之关系》那样。”这样的工作如果进行了，那也是为中国学术界建造了一座丰碑。然而，除了在一次讲演中，讲了“《离骚》与反《离骚》”之外，他终于没有能够写下别的。“这工作没有时间做，可以说成为他精神上的一个负担。”[②]

他还打算过，要写《中国文字变迁史》。他有充分的资料和知识，只待动手。但时间不允许他这样做了。

他写过《朝花夕拾》那样思想与艺术俱佳的回忆散文。当他逝世前几个月，他又开始了这种性质的写作。但不止于回忆。他写了《我的第

① 鲁迅与许寿裳也曾谈到这个计划，内容与这里所记相同，足见鲁迅的这份“大纲”是酝酿得比较成熟的了。

② 冯雪峰：《回忆鲁迅》，载《鲁迅回忆录（专著）》中册，第679页。

一个师父》，回忆的情丝，牵及他出生之际和早年的趣事。然后，又写了《死》和《女吊》。他还想写，写它十来篇，成为一本书。有的题目、主旨都已经酝酿成熟了，其中之一是："母爱"。他从中国农村淳厚的老妇那儿感受过这种纯朴、厚重的爱的温馨；他又从德国著名木刻家珂勒惠支后期作品总离不开母爱这一主题的创作中，领受到知识妇女的崇高深沉的爱的力量；他也为柔石的双目失明的母亲在儿子已洒尽热血永离人世时还望儿归来而写下了"梦里依稀慈母泪"的名句；他还曾为自己的险遭厄运引起"老母饮泣"而心情激动。他说："这以后我将写母爱了，我以为母爱的伟大真可怕，差不多盲目的……"①

他还计划好要写的一篇散文是："关于穷"。他几次地说到：

"穷并不是好，要改变一向以为穷是好的观念，因为穷就是弱。又如原始社会的共产主义，是因为穷，那样的共产主义，我们不要。"

又说：

"个人的富固然不好；但个人穷也没有什么好。归根结蒂，以社会为前提，社会就穷不得。"

所有这些，他计划过，构思过，有的已经成竹在胸，呼之欲出，然而，他没有能够实现这一切。

千古文章未尽才！

这损失，多么巨大；这损失，无法弥补！

十六、无情未必真豪杰

1929年9月，鲁迅的儿子海婴诞生了。他幼小的时候，长得聪明活泼。鲁迅很爱他。然而竟有人发出微词。鲁迅为此而吟成一诗，题为《答客诮》：

> 无情未必真豪杰，怜子如何不丈夫。
> 知否兴风狂啸者，回眸时看小於菟。

知道吗？那吃人的猛虎，在兴风狂啸之外，也有回头看顾、凝望自己的小儿女的时候呢！

① 冯雪峰：《鲁迅先生计划而未完成的著作——片断回忆》（1937年10月15日），载周建人、茅盾等：《我心中的鲁迅》，湖南人民出版社，1979。

在有些伟大人物的传记中，往往只见他的工作、战斗，然而不见他的生活、休息；只见他的“公”，不见他的“私”。严肃的读者想了解一些伟人的与战斗相联系的日常生活的某些细节，是想窥视他的心灵和品性的某一角落、某一片段。在此书行将终卷之时，愿约略介绍一点鲁迅这方面的情况。

当他与许广平在上海同居以后，连相约已久的蜜月也没有闲暇去度过，直到将近一年以后，在朋友们的敦请和催促下，他们才到杭州一游。这是1928年的夏季，他们在章川岛、许钦文等的陪同下，游西湖、逛书店、买旧书，仅仅游玩了4天，便返回上海了。

这是鲁迅一生中，少有的一次游玩。

他的家庭生活，基本上过的是“家庭思想文化作坊”式的岁月。

他的欣喜欢悦，来自地上身旁还有一个“月亮”。

但他确实也很爱天上的月亮。他曾对日本友人说过：

“我最讨厌的是假话和煤烟，最喜欢的是正直的人和月夜。”[①]

孩子是最纯洁正直的。因此他爱孩子与月夜。有的日本友人以“月光与少年”为题来谈鲁迅。增田涉写道：“月亮和少年——在月亮一样明朗，但带着悲凉的光辉里，他注视着民族的将来。……在这两种事物里，不是分散而是联系在一起象征着鲁迅的艺术和为人的纯洁姿态。”

的确，鲁迅在生活中喜爱月亮与少年。在他的作品里，也常常写到这两样他所爱的。

“爸爸可以吃么?”

“吃也可以吃，不过还是不吃罢。”

这是鲁迅与海婴的对话，孩子的天真可爱之态可掬。

当海婴出生后的第二天，鲁迅手里捧着一件礼物，高高兴兴走进产妇的房间：这是一盘小巧玲珑的文竹。它翠绿、苍劲、沉郁。鲁迅把这象征着生命和坚贞的苍绿的云片松，放在许广平床边的小桌子上。这是他的祝愿，他的心意，他的性格。

许广平理解鲁迅对于人民、对于革命的价值。她完全牺牲了自己，尽量照顾好鲁迅。她穿着朴素简单，并且自己缝制。衣裳穿久了，破

---

① 增田涉：《鲁迅的印象 · 鲁迅跟月亮与小孩》，载《鲁迅回忆录（专著）》下册，第1384页。

了，纽扣都掉了。冬天，她穿着自己做的棉鞋。鲁迅的稿子以至鲁迅的朋友、学生的稿子，为了躲避敌人的注意，需要重抄，许广平便认真地抄写。鲁迅要寄一封信，她立即去投邮，雨天，打起伞来，便出去了。朋友们来了，她张罗招待。她整日这样忙着。但她是愉快的，幸福的。

鲁迅时常笑笑地说："看你这样落拓，去买一些新的来吧！"

许广平说："要讲究，你这点钱不够我花呢。"两人都笑了。

当他们一起上街时，许广平要照顾扶持鲁迅，鲁迅却总是要她到对面的马路上去：他怕遭到暗害，避免她的一同牺牲。他们深知生活在一个虎狼当道的世界里。在他们那紧张而充实、温情而严肃的家庭的四周，是弥天的大黑暗。当白色恐怖严重时，鲁迅曾有被捕的思想准备。他多次谈到对付魔鬼的恶毒手段的办法。他说，要紧的是忍住最痛苦的一刹那，过了这一刹那，人就昏迷，失掉知觉了。——哪曾想到，若干年后，许广平在上海日本宪兵队，受到电刑的折磨。那时，鲁迅的话，帮助她战胜了敌人。

生活的溪流，曲折地向前流驶，难免遇到暗礁。他们也偶有小小的冲突。遇到这种时候，"大家就缄默一时。缄默之后，他也常常抱歉似地说：'做文学家的女人真不容易呢，讲书时老早通知过了，你不相信。''世间会有百听百从的好人的吗？我得反抗一下，实地研究研究看。'这有时是我的答复，时常就这样地和气起来了，我们从没有吵闹过。"①

许广平在《十周年祭》一文中写下了这样一段哀词：

> 惟一抔土，长埋爱人。每届凭临，无不感恸：十载恩情，毕生知遇，提携贴体，抚育督注。有如慈母，或肖严父，师长丈夫，融而为一。呜呼先生，谁谓荼苦，或甘如饴，惟我寸心，先生庶知。

鲁迅曾经在《两地书》的序言中慨乎言之：

> 回想六七年来，环绕我们的风波也可谓不少了，在不断的挣扎中，相助的也有，下石的也有，笑骂诬蔑的也有，但我们紧咬了牙关，却也已经挣扎着生活了六七年。

① 许广平：《欣慰的纪念·鲁迅先生的日记》，人民文学出版社，1951，第20页。

这就是鲁迅与许广平之间的生活。

鲁迅的生活的主要内容是工作。他说：

“那里有天才，我是把别人喝咖啡的工夫都用在工作上的。

“什么是休息，我是不懂得的，怎样娱乐，我也不会的。

“我不玩，我把我的时间都用在工作上。”

他视时间如生命，他的生命都付给工作和战斗。转换工作的项目，比如由写作转到看书，便是他的休息。如果他正在工作，有朋友来了，并无正事，聊天而已，就是老朋友吧，他也会毫不客气地说：“唉，你又来了，没有别的事好做吗?”

翻阅图画书，是他的一种休息方式。“聊借画图怡倦眼”，有时他和许广平一同欣赏。在他的书桌旁的镜台上，放着一些绘画集、木刻集。这便是他的精神的“休养所”。

他总是自己动手做那些生活上的琐事：要喝茶了，他从不呼叫女工，而是自己捧着茶壶，走下楼来。他经常赠送自己或别人的著作给各方的朋友，也总是自己捆包，他做得认真、仔细，而且做得很好。因此他也总是把包书纸、细绳等妥善地保存起来。书破了他自己修补。他有一套修补书籍的锥、针、剪、刀等工具。

他从不保留自己的原稿，而用来擦桌子，做手纸。许广平常常偷着保存起来。他奇怪地问：“为什么手纸用得这么快?”女作家萧红在街上小摊上买油条，竟发现包纸是鲁迅的手稿，很惊诧也很感慨。但鲁迅说，还能包东西，这说明它有用场。

他从不把自己看得特殊，更不自视伟大。

他就是这样普普通通地生活着。

> 战士的日常生活，是并不全部可歌可泣的，然而又无不和可歌可泣之部相关联，这才是实际上的战士。[①]

十七、在最后的日子里

当时光进入1936年以来，正是祖国抗日救亡运动高涨，人民斗志

① 《且介亭杂文末编·“这也是生活”》。

勃发的时候，鲁迅的思想也在进一步酝酿着新的发展。他永远是不断地随着时代前进的。自从1935年12月9日北京的学生们发出爱国怒吼，并立即从大江南北响起了巨浪般的回声以来，抗日救亡的运动以空前的排山倒海之势前进，中国革命处于新高潮的前夕。鲁迅从冯雪峰那里了解到党的抗日民族统一战线的政策以后，他完全拥护这个英明正确的决策。他看见了祖国西北上空闪闪的红星，他听见响彻中华大地的抗日吼声，他凝望着东方地平线上露出的曙光。

“心事浩茫连广宇，于无声处听惊雷。”

他已听到了惊雷爆炸前的隆隆声，他看见了曙光到来时的微芒。但是，不幸的是，就在这个时期，他的健康状况大不如以前了。

1936年2月，他打算“汇印旧作”，因为，从1907年发表《坟》中的第一篇文章《人之历史》时起，到现在已经30个年头了。30年来，除了大量的翻译不算，他已经写作了200多万字。他拟集印成册，约分十本，取名《三十年集》，分三大类，那名目是：《人海杂言》《荆天丛草》《说林偶得》。但是，3月初，骤然患气喘病，迁延一个多月，“几乎卒倒”。

然而他没有停歇工作：他为《译文》写复刊词，为自译《死魂灵》第二部第一章写编后附记，为白莽的遗作《孩儿塔》作序，又为他手自经营的瞿秋白的遗著《海上述林》上卷作序，他写了《我的第一个师父》那样优美的回忆散文，还写了《写于深夜里》那样的战斗檄文。他还写了《三月的租界》，揭露了特务张春桥（狄克）的假面。

长年的劳累，使他的身体渐渐地不支了，肺病在恶化。5月末，史沫特莱、茅盾等友人，担心起来，他们商量决定，请了上海唯一的外国肺病专家美国医生来检查。他的结论简直可怕：病情严重，如果是欧洲人，早在5年前就死了。誉他为“最能抵抗疾病的典型的中国人”。6月1日夜，又开始发热，延至5日，从不间断的日记这时也中断写作了。20多天以后补记时，他写道：“自此以后，日渐委顿，终至艰于起坐，遂不复记，其间一时颇虞奄忽。”可见病情之重了。6月5日，宋庆龄给他写了一封情意恳挚的信[①]：

① 转引自《鲁迅研究资料》1980年第四期。这封信，有两种手迹。此处转引的曾载1937年11月1日出版的《宇宙风》旬刊第五十期，现据鲁迅保存的原件抄录。

周同志：

方才得到你病得很厉害的消息，十二分的担心你的病状！我恨不能立刻来看看你，……

我恳求你立刻入医院医治！因为你延迟一天，便是说你的生命增加了一天的危险!! 你的生命，并不是你个人的，而是属于中国和中国革命的!!! 为着中国和革命的前途，你有保存、珍重你身体的必要，因为中国需要你，革命需要你!!!

…………

我希望你不会漠视爱你的朋友们的忧虑而拒绝我们的恳求!!!

他尊重战友们真挚深切的同志式的爱，他曾打算到日本去疗养一段时间，彼处山水明丽，又是他旧游之地，本是可去之处。但是，考虑到日本当局的注意，他自己也不舍得离开正处在斗争激烈、变化急剧的祖国，独自泛海休息。而且，这时国民党反动派也伸出了黑手，“劝告”他说，最好不要去日本而去德国。这么说，即使去德国，也是并不顺利和安全的了。

他就处在这样一个黑色的罗网的笼罩中。

他决定不离开上海，而且要奋力战斗。

他在病中口授了《答托洛斯基派的信》《论现在我们的文学运动》这两篇著名的文章。拖着病体接见了上海《新闻报》记者芬君（即陆诒），发表了关于民族解放斗争的谈话。

他指出：

“随着帝国主义者加紧的进攻，汉奸政权加速的出卖民族，出卖国土，民族危机的深重，中华民族大多数不愿做奴隶的人们，已经觉醒的奋起，舞着万众的铁拳，来摧毁敌人所给予我们这半殖民地的枷锁了！”

关于在抗日救亡高潮中文学创作怎么办，鲁迅指出：

“现在我们中国最需要反映民族危机，鼓励斗争的文学作品，象《八月的乡村》、《生死场》等作品，我总还嫌太少。在目前，全中国到处可闻到大众不平的怒吼声，社会上任何角落里，可以看到大众为争取民族解放而汇流的斗争鲜血，这一切都是大好题材。”①

① 《新东方》第一卷第五期。

这以后，病情渐渐有了转机似的。他觉得险情已经过去了，曾以轻松愉快的心情写了《死》。就在这篇文章中，他记下了病中“引起关于死的豫想”时想留给亲属的话：“不得因为丧事，收受任何人的一文钱。”“赶快收敛，埋掉，拉倒。”对于孩子他叮嘱：“孩子长大，倘无才能，可寻点小事情过活，万不可去做空头文学家或美术家。”他谆谆告诫：“损着别人的牙眼，却反对报复，主张宽容的人，万勿和他接近。”

最后，他再次声明：

“我的怨敌可谓多矣，倘有新式的人问起我来，怎么回答呢？我想了一想，决定的是：让他们怨恨去，我也一个都不宽恕。”

这实际上却成为他的真正的遗嘱了。

他彻底地贯彻了自己一生的信条，坚持了自己的一贯的无私的立场，表现了硬骨头精神。虽然，他的身体衰弱了，但他的意志仍然坚强，他的斗争精神仍然高昂。

接着，他又写了《女吊》，把那个他的故乡人民创造的复仇的女性形象，介绍给国人与世界。他再次表明了一个主题：对敌人勿宽恕。他说：“被压迫者即使没有报复的毒心，也决无被报复的恐惧，只有明明暗暗，吸血吃肉的凶手或其帮闲们，这才赠人以‘犯而勿校’或‘勿念旧恶’的格言，——我到今年，也愈加看透了这些人面东西的秘密。”

进入10月，他的病体仍不好。

但他仍在工作，战斗。8日，他去参观了第二次全国木刻流动展览，高兴地观看展品，并同青年艺术家们热情地交谈。第二天，他又写了《关于太炎先生二三事》，对他的先师做了公正的评价。他深刻地品评太炎先生的最后表现：

> 太炎先生虽先前也以革命家现身，后来却退居于宁静的学者，用自己所手造的和别人所帮造的墙，和时代隔绝了。
>
> 既离民众，渐入颓唐。

章太炎与鲁迅，适成鲜明对比。鲁迅从来不退居于宁静的学者，从来不脱离群众，用自己手造的或别人帮造的墙来把自己同人民隔开。他对自己的先生的这个批评，客观上，恰恰成了从另一面对于自己的赞美。

“俯首甘为孺子牛”，“我以我血荐轩辕”，在最后的日子里，他仍然实践着这两句誓词。

10月16日，写《曹靖华译〈苏联作家七人集〉序》。

10月17日续作《因太炎先生而想起的二三事》，未写完，停笔了。这天的三时半，夜正深，黑暗笼罩着世界。他的病情急变。不能安寝。终夜屈着身子，抱腿而坐。

10月18日，他躺在藤椅上。当天的报纸来了。他问："报上有什么事体?"

许广平说："没有什么，只有《译文》的广告。""你的翻译《死魂灵》登出来了，在头一篇上。《作家》和《中流》的广告还没有。"

他要来眼镜，戴上，自己仔细地看着《译文》的广告：他关心着别人的文章。"这是他最后一次和文字接触，也是他最后一次和大众接触。那一颗可爱可敬的心呀！让他埋葬在大家伙的心之深处罢。"①

深夜，已经是18日与19日之交，他没有睡，几次的抬起头来，看一看斜靠在床脚的许广平，不说什么又躺下了。当替他揩擦手上的汗水时，他紧紧地握了许广平的手。她会意的。但她没有勇气紧紧地回握，装作不知道轻轻地放松了他的手。

时间慢慢地流逝。黑暗在渐渐退去，黎明就要来临了。医生说能度过这一夜就好的。晨5时，他安静了，头稍稍朝内，呼吸轻微。但显然不是情况好转，在黎明到来之前，他……

一颗伟大的心脏，停止跳动了！一盏智慧的明灯，熄灭了！

日历印着：1936年10月19日。

时针指着：5时25分。

中国人民优秀的儿子鲁迅安息了。他一生在为争取中国的光明和人民的幸福而英勇奋战。现在他倒在自己岗位上了。

然而，他的精神永生！他的著作永生！

十八、在中国、世界和历史的波涛中

鲁迅遽然长逝的消息，随着电波传遍全中国、全世界，引起了巨大的震惊和哀痛。群众性的悼念活动如海如潮地展开。

在1936年10月19日以后的一段时间里，至少在最初的一周中，在

---

① 许广平：《最后的一天》，载《鲁迅回忆录（散篇）》中册，第620-621页。

世界的上空穿行的电波中，不断地、大量地负载的是关于鲁迅的讯息。人们不仅哀悼，而且做出了种种评论。了解一下人们的评价，看看30年代的中国人和外国人的鲁迅观，是很有意义的。

首先是中国共产党中央委员会、中华苏维埃人民共和国中央政府发出的电报《为追悼鲁迅先生告全国同胞和全世界人士书》：

> 噩耗传来，中国文学革命的导师，思想界的权威，文坛上最伟大的巨星鲁迅先生，陨落于上海。当此德日等法西斯蒂张牙舞爪挑拨世界大战，中华民族危急存亡之秋，鲁迅先生的死，使我们中华民族失掉了一个最前进最无畏的战士，使我们中华民族遭受了最巨大的不可补救的损失！中国共产党中央委员会、中华人民苏维埃中央政府对于鲁迅先生的死，表示最深沉痛切的哀悼！
>
> 鲁迅先生一生的光荣战斗事业，做了中华民族一切忠实儿女的模范，做了一个为民族解放、社会解放，为世界和平而奋斗的文人的模范，他的笔是对于帝国主义、汉奸、卖国贼、军阀、官僚、土豪劣绅、法西斯蒂，以及一切无耻之徒的大炮和照妖镜，他没有一个时候不和被压迫的大众站在一起，与那些敌人作战。他的犀利的笔尖，完美的人格，正直的言论，战斗的精神，使那些害虫毒物无处躲避。他不但鼓励着大众的勇气，向着敌人冲锋，并且他的伟大，使他的死敌也不能不佩服他、尊敬他、惧怕他。中华民族的死敌，曾用屠杀、监禁、禁止发表鲁迅一切文字、禁止出版和贩卖鲁迅一切著作来威吓他，但鲁迅先生没有屈服；民族的死敌想用“赤化”“受苏联津贴”等捏造的罪状来诬陷他，但一切诬陷都归于失败；民族的死敌，特别是托洛茨基派，想用甜言蜜语来离间他离开大众的救亡阵线，但是鲁迅先生给了他以迎头痛击。鲁迅先生在无论如何艰苦的环境中，永远与人民大众一起，与人民的敌人作战，他永远站在前进的一边，永远站在革命的一边。他唤起了无数的人们走上革命的大道，他扶助着青年们，使他们成为象他一样的革命战士，他在中国革命运动中，立下了超人一等的功绩。
>
> 中国共产党中央委员会、中华苏维埃人民共和国中央政府为了永远纪念鲁迅先生起见，决定在全苏区内：（一）下半旗致哀，并在各地方和红军部队中举行追悼大会；（二）设立鲁迅文学奖金基

金十万元；（三）改苏维埃中央图书馆为鲁迅图书馆；（四）苏维埃中央政府所在地建立鲁迅纪念碑；（五）收集鲁迅遗著，翻印鲁迅著作；（六）募集鲁迅号飞机基金。

中国共产党中央委员会和中华苏维埃人民共和国中央政府已向中国国民党中央委员会和南京国民党政府要求：（一）鲁迅先生遗体举行国葬，并付国史馆列传；（二）改浙江省绍兴县为鲁迅县；（三）改北平大学为鲁迅大学；（四）设立鲁迅文学奖金，奖励革命文学；（五）设立鲁迅研究院，收集鲁迅遗著，出版鲁迅全集；（六）在上海、北平、南京、广州、杭州建立鲁迅铜象；（七）鲁迅家属与先烈家属同样待遇；（八）废止鲁迅先生生前一切禁止言论出版自由的法令。

中国共产党中央委员会与中华苏维埃人民共和国中央政府号召全国民众及全世界拥护和平、同情中国民族解放的人士一致起来，要求国民党中央委员会及南京国民政府执行上列的要求。

1936年10月22日，中国共产党中央委员会、中华苏维埃人民共和国中央政府发出《致许广平女士的唁电》：

上海文化界救国联合会转许广平女士鉴：

鲁迅先生逝世，噩耗传来，全国震悼。本党与苏维埃政府及全苏区人民，尤为我中华民族失去最伟大的文学家、热忱追求光明的导师、献身于抗日救国的非凡领袖、共产主义苏维埃运动之亲爱的战友，而同声哀悼。谨以至诚电唁。深信全国人民及优秀之文学家必能赓续鲁迅先生之事业，与一切侵略者、压迫势力作殊死的斗争，以达到中国民族及其被压迫的阶级之民族和社会的彻底解放。

肃此电达。

中国共产党中央委员会、中华苏维埃人民共和国中央政府1936年10月22日发出《为追悼与纪念鲁迅先生致中国国民党中央委员会与南京国民党政府电》：

中国国民党中央委员会南京国民党政府公鉴：

噩耗传来，鲁迅先生病殁于上海。我国文学革命的导师、思想上的权威、文坛上最灿烂光辉的巨星竟尔陨落，此乃我中华民族之大损失，尤其当前抗日运动的大损失。鲁迅先生毕生以犀利的文章、伟大的人格、救国的主张、正直的言论为中华民族解放而奋斗，其对于我中华民族功绩之伟大，不亚于高尔基氏之于苏联。今溘然长逝，理应予以身后之称荣，以慰死者而示来兹。敝党敝政府已决定在全苏区内实行：（一）下半旗致哀，并在各地方与红军部队中举行追悼大会；（二）设立鲁迅文学奖金基金十万元；（三）改苏维埃中央图书馆为鲁迅图书馆；（四）在中央政府所在地设立鲁迅纪念碑；（五）搜集鲁迅遗著，翻印鲁迅著作；（六）募集鲁迅号飞机基金。贵党与贵党政府为中国最大部分领土的统治者，敝党敝政府敬向贵党贵政府要求：（一）鲁迅先生遗体举行国葬，并付国史馆立传；（二）改浙江省绍兴县为鲁迅县；（三）改北平大学为鲁迅大学；（四）设立鲁迅文学奖金，奖励革命文学；（五）设立鲁迅研究院，收集鲁迅遗著，出版鲁迅全集；（六）在上海、北平、南京、广州、杭州建立鲁迅铜象；（七）鲁迅家属与先烈家属同样待遇；（八）废止鲁迅先生生前贵党贵政府所颁布的一切禁止言论出版自由之法令，表扬鲁迅先生正所以表扬中华民族的伟大精神。敝党敝政府的要求，想必能获得贵党贵政府的同意。特此电达。

在这些庄严的文件中，表达了最沉痛的感情。崇高的评价与深沉的哀痛融汇在一起。

中国共产党中央、苏维埃中央政府对鲁迅的评价，也就是人民对鲁迅的评价。这评价是公正的、恰当的、崇高的。一个伟大的民族英雄、革命作家、共产主义战士的形象，第一次被完整地描绘出来，呈现于全国人民和世界人民面前。

孙中山夫人宋庆龄在上海发表谈话，指出纪念鲁迅的办法，就是“把他的那种求中国民族解放斗争精神，扩大宣传到全世界去而帮助完成他未完成的事迹和伟业”。郭沫若在留日同学的追悼会上说，鲁迅的一贯精神是：“不屈不挠的与旧社会势力奋斗到底。”他说：“鲁迅的精神是永远不死的。”“鲁迅的死是最伟大、最光荣，三代以来，只此一人。”丁玲给许广平的唁函中称鲁迅是“这世界上一颗陨落了的巨星”，他“是中国最光荣的一颗巨星！”曹靖华在北平发表谈话说：“苏联失掉了高尔基损失不若中国死去鲁迅大。”欧阳山、唐弢、王任叔、草明等作家写道："他虽属于父亲的一代，然而他的精神却是属于我们这一代的，……年青一代的人们，我们不要忘记放在他的棺上的那一把鲜血淋漓的匕首。"暹罗（泰国）爱国华侨写道："他不只是一个口头发表理论的人，而是一个实践的人，认识自己与革命很清楚的人。"故都（指北平）文化界人士说："鲁迅的一生，是中国知识分子的伟大模范，指示了中国知识分子应该走的途径。"

每个评价都根据自身的认识，突出了鲁迅的一个方面。这正说明：他是一个在多方面做出了贡献的伟大人物。

中国的一些报纸说：鲁迅的死，"是我们的无数的在苦难中的人们的一个最大的损失！"是"中国民族解放运动失一英勇战士"，是"高尔基逝世后又一震惊世界的噩耗"，"实为中国学术界之一大损失"。

在国外，苏联莫斯科、伯力等地举行了中国的伟大作家、苏联的好朋友鲁迅的追悼会，苏联驻华大使鲍格莫洛夫在致蔡元培信中说：鲁迅"为世界一大著作家，亦系中国之'高尔基'，今遽崩颓，匪唯贵国文学界失一导师，即世界文坛亦受重大损失"。日本作家佐藤春夫说鲁迅于他，"与其说是朋友，勿宁说我是鲁迅的学生"，他称赞鲁迅"不仅对东洋社会有深刻的认识，同时对于西洋社会也有非常深刻的理解，所以鲁迅的作品不仅在中国社会发生着重大的影响，同时在东洋，不，在世界也发生着重大的影响。鲁迅的死，是中国的损失，是东洋的损失，也是世界的损失"。①

这些沉痛哀悼的话语，道出了人们对鲁迅的怀念，也道出了他在历史上的地位。

鲁迅生活和战斗的年代，是中国涌起空前巨大的革命波涛的时期。他跨越旧民主主义革命和新民主主义革命两个时代。经历了太平天国运动、戊戌变法、义和团运动以后，中国的资产阶级民主革命（即旧民主主义革命）进入了高潮。辛亥革命从兴起到失败，历史经过了大的曲折，又过了七八年，爆发了五四运动。中国进入又一个新的革命阶段，即新民主主义革命阶段。在这革命波涛汹涌澎湃的年月中，鲁迅始终在其中搏击。他在30多年的峥嵘岁月中，始终不曾停步，他斗争、冲

---

① 以上引文未注明出处者均见《鲁迅先生纪念集》（鲁迅先生纪念委员会编，1937年初版；上海书店复印，1979年12月出版）。

击、彷徨、展望、探索、追求，从不停息，既随着革命的波涛前进，又推动着革命的波涛前进。他经历两个社会：封建社会和半殖民地半封建社会。他跨越两个革命时代：旧民主主义革命时代和新民主主义革命时代。而在思想文化领域里，他接受过三种教育：封建主义文化、资产阶级民主主义文化和共产主义思想。鲁迅说过，他是“封建社会的最后一个知识分子”。但是，他又是从中国封建的士大夫阶级中分化出来的新知识分子的第一代。如果说，康有为、梁启超这一代，虽然已经接受了西方资产阶级文化思想的熏陶，但身上仍然保留着浓重的封建文化的遗迹，因而是资产阶级思想极不彻底的知识分子；章太炎这一代，虽然更多地接受了西方的思想影响，参加过民主革命，但也仍然保留着传统文化的遗泽，而成为最后一个国学大师和时代隔绝了；鲁迅却是从封建文化的禁锢中走出来，摆脱了“鬼气”，经过留学日本，吸收了资产阶级文化的滋养，成了中国第一批具有民主主义思想的知识分子。

鲁迅在少年时代和青年时代开始阶段，都是受的封建教育，大量吸收的是中国传统的封建文化。这是不应忽视的。但是，同样要注意到，他当时也受到带有若干民主性的民间艺术的熏陶。后来在日本东京时期，他又从一代儒宗、国学大师章太炎受业，但所学的是文字学，所慕的是章先生宣传革命的热忱。这样，我们看到，鲁迅确实是靠封建教育，打下了自己的文化学术基础，所以他才自称是封建社会的最后一个知识分子。但是，鲁迅18岁到南京求学后，接触了西方资产阶级进步的思想、文化、科学知识，从这些来自异域的美树佳卉上，摘取花、摘取果、攀下枝、锯下干，吸取露和蜜，由此而逐步形成了自己新的世界观。由于鲁迅是生长在中国封建社会解体的时期，又由于他经历了“从小康人家而坠入困顿”的家庭悲剧，因而对封建社会、对封建文化怀有极大的反感；更由于鲁迅一到南京，就受到当时维新思潮的影响，所以，鲁迅便在这种“解体”“反感”的刺激下，在维新思想的促进下，原有的封建思想文化被批判、改造。当鲁迅决定东渡留学日本时，已经“绝望于孔夫子和他的之徒”了，就是说，他已决心同以孔子为代表的封建思想文化决裂了。他从此走进中国人向西方寻求真理的先进人们的行列之中。在以后的十几年中（1902—1919），可分为两个阶段：在日本的7年中，他主要的是继续努力攻读西方进步的资产阶级人文科学与自然科学，从而，形成了一个以进化论为特征的思想体系，他的发表在

《浙江潮》和《河南》上的7篇论文，尤其是《人之历史》《科学史教篇》《文化偏至论》《摩罗诗力说》4篇论文，以深厚丰富的思想，成为中国近代思想史上的一块丰碑。后9年（1911—1919），主要是北京的7年中，他“回过头来”努力地钻研了中国传统文化。但是，他的主要目的却是探索民族衰敝的根由，了解国民性败劣的渊源，探索摆脱中国封建文化羁绊的途径。他最后得出的结论是相当尖锐的：

> 我看中国书时，总觉得就沉静下去，与实人生离开；……
>
> 中国书虽有劝人入世的话，也多是僵尸的乐观；外国书即使是颓唐和厌世的，但却是活人的颓唐和厌世。[①]

这个结论不免给人以偏颇的感觉。的确，鲁迅在这个结论里以及当时所写的一些杂文中，都流露了对于传统文化的全盘否定的情绪，这反映了当时新文化运动中存在“好就是绝对的好，坏就是绝对的坏”的形而上学的思想方法。但是这个结论，主要的却是表现了他的革命民主主义的激情与坚定的立场，表现了他对封建文化的痛恨。所以后来他去厦门还说：“去年我主张青年少读，或者简直不读中国书，乃是用许多苦痛换来的真话，决不是聊且快意，或什么玩笑，愤激之辞。”[②]

在五四运动中，如我们所看到的，鲁迅高举彻底地反帝反封建的旗帜，冲锋陷阵，成为文化新军的英勇旗手。

在从1925年五卅运动到1929年的4年中，鲁迅经历了五卅惨案（其中包括女师大事件和三一八惨案），特别是“四一二”反革命政变的事实的教训，又经历了由于与创造社论战而刻苦地学习马列主义的阶段，终于百尺竿头，更进一步，达到了共产主义思想的高度。

从这样一个极简略的历史回顾中，我们看到，鲁迅从封建阶级的最后一个知识分子，进到旧民主主义的知识分子（辛亥革命时期），再进到激进的民主主义的知识分子（五四运动时期的左翼），最后成为共产主义思想文化的先驱。他走过了一段多么曲折、漫长的道路，他经历了多少艰难的战斗，其中也包括不懈的自我斗争。所以，他被称为中国知识分子的最伟大的代表，他的道路，即以封建主义为起点，而以马克思

---

① 《华盖集 · 青年必读书》。

② 《坟 · 写在〈坟〉后面》。

主义为归宿，指出了中国知识分子前进的方向。

俄国的革命民主主义思想家、革命家赫尔岑、车尔尼雪夫斯基，曾经达到了旧唯物主义的高峰，但是却停步在辩证唯物主义和历史唯物主义的面前。然后，是普列汉诺夫引进了马克思主义，特别是列宁，接过了那历史的接力棒，在俄国的条件下，把马克思主义发展到了新的阶段，即列宁主义阶段。俄国伟大作家契诃夫达到了批判的现实主义的高峰，并且在后期的作品中已经透露了新现实主义的消息，但是终于停笔于革命现实主义的面前。伟大的无产阶级作家高尔基接过了他的笔，创造了第一批革命现实主义的文学作品。而中国的鲁迅，却一身而二任焉：完成了在俄国由两代知识分子的代表人物所完成的历史任务。他从旧唯物主义，跨进到辩证唯物主义和历史唯物主义阶段，从旧现实主义跨进到革命现实主义阶段。

鲁迅是伟大的。通读他的全部作品，等于学习了一部生动具体的中国近代现代思想史，我们可以从中吸取教益。

当然，鲁迅之所以能做到这一点，除了他个人的才能和努力之外，最根本的还在于中国的历史条件给他提供了客观基础。这个基础就是中国近代和现代，产生了资产阶级和无产阶级，特别是无产阶级的崛起和它担负起领导中国革命的任务，并且率领同盟军农民，组成了人民武装，展开了群众斗争。正因为工农力量的发展，掀起了革命高潮，鲁迅才得以认识工农的伟大力量，看见了民族的前途而投身于时代洪流，并以战士的身份，推波助澜，从而促进革命更加向前发展。在思想文化战线上，中国传统的封建思想文化，虽然经过戊戌变法和辛亥革命的冲击，但是当时的维新派和革命党都没有掌握新的思想武器，所以不能摧垮封建思想体系。直到五四运动，中国现代革命史才出现了第一次思想解放运动，它明确地提出了民主与科学的口号，否定了中国传统的封建主义思想文化。在这个历史大搏斗中，鲁迅是走在最前列的。

有人认为，鲁迅的思想同陈独秀、胡适一样，也是“全面反传统”“唯文化思想论”；所不同的是，在鲁迅的意识中，对于中国传统中某些好的因素还能有所肯定。因此，鲁迅意识中存在着矛盾。不过鲁迅这矛盾不像胡适似的只是“形式上、逻辑上”的，也不仅是民族感情或实用上的原因，而是一种带根本性的“思想上、道德上的矛盾”。他认为鲁迅没有超过这种矛盾，所以往往陷入苦恼和思想上的分裂。这是不符合

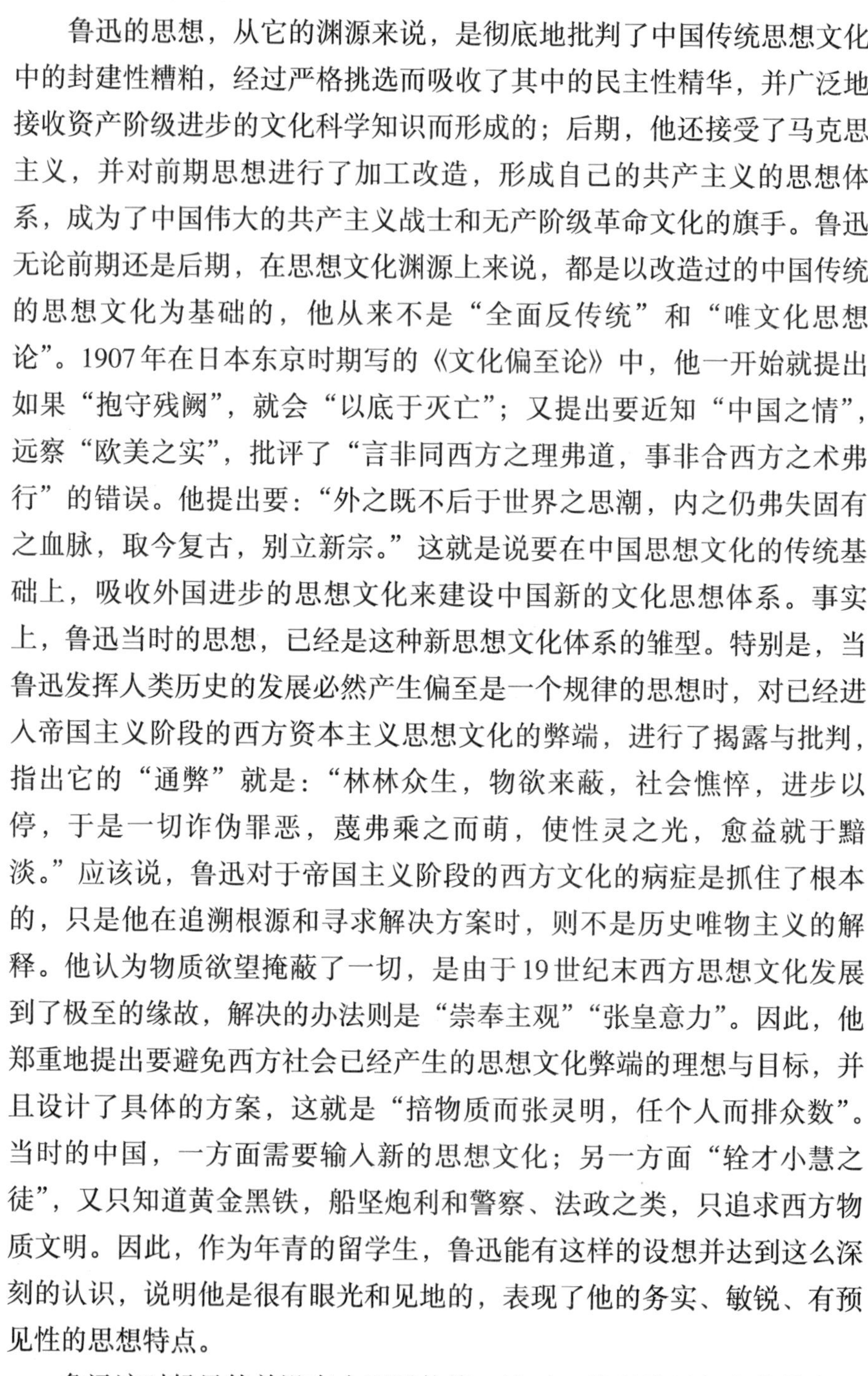

鲁迅的思想实际的。

鲁迅的思想，从它的渊源来说，是彻底地批判了中国传统思想文化中的封建性糟粕，经过严格挑选而吸收了其中的民主性精华，并广泛地接收资产阶级进步的文化科学知识而形成的；后期，他还接受了马克思主义，并对前期思想进行了加工改造，形成自己的共产主义的思想体系，成为了中国伟大的共产主义战士和无产阶级革命文化的旗手。鲁迅无论前期还是后期，在思想文化渊源上来说，都是以改造过的中国传统的思想文化为基础的，他从来不是"全面反传统"和"唯文化思想论"。1907年在日本东京时期写的《文化偏至论》中，他一开始就提出如果"抱守残阙"，就会"以底于灭亡"；又提出要近知"中国之情"，远察"欧美之实"，批评了"言非同西方之理弗道，事非合西方之术弗行"的错误。他提出要："外之既不后于世界之思潮，内之仍弗失固有之血脉，取今复古，别立新宗。"这就是说要在中国思想文化的传统基础上，吸收外国进步的思想文化来建设中国新的文化思想体系。事实上，鲁迅当时的思想，已经是这种新思想文化体系的雏型。特别是，当鲁迅发挥人类历史的发展必然产生偏至是一个规律的思想时，对已经进入帝国主义阶段的西方资本主义思想文化的弊端，进行了揭露与批判，指出它的"通弊"就是："林林众生，物欲来蔽，社会憔悴，进步以停，于是一切诈伪罪恶，蔑弗乘之而萌，使性灵之光，愈益就于黯淡。"应该说，鲁迅对于帝国主义阶段的西方文化的病症是抓住了根本的，只是他在追溯根源和寻求解决方案时，则不是历史唯物主义的解释。他认为物质欲望掩蔽了一切，是由于19世纪末西方思想文化发展到了极至的缘故，解决的办法则是"崇奉主观""张皇意力"。因此，他郑重地提出要避免西方社会已经产生的思想文化弊端的理想与目标，并且设计了具体的方案，这就是"掊物质而张灵明，任个人而排众数"。当时的中国，一方面需要输入新的思想文化；另一方面"辁才小慧之徒"，又只知道黄金黑铁，船坚炮利和警察、法政之类，只追求西方物质文明。因此，作为年青的留学生，鲁迅能有这样的设想并达到这么深刻的认识，说明他是很有眼光和见地的，表现了他的务实、敏锐、有预见性的思想特点。

鲁迅这时候显然并没有全面反传统。这时，他以为思想文化的发展决定了历史的发展，这种看法当然是唯心主义的。但是他认为某个时期的思想文化发展到极致时，就要产生与它相反的思想文化，表现为物极必反。这都是一种辩证的观点，只不过正如恩格斯所说，是一种倒立的辩证观点：不是如实地把客观的、物质的历史发展的辩证性看作基础，却把只是作为表现形式的思想文化看作了原因。

确实，鲁迅在“五四”时期曾经说过“要少——或者竟不——看中国书”。在《狂人日记》中，他指出中国社会历史只不过是一部吃人的历史，对中国传统的思想制度持彻底的否定态度。这似乎在证明他是“全面反传统”。但是，有两点，我们必须辨明；而且辨明之后，也就证明了“全面反传统”和“唯文化史观”的命题，是不合鲁迅的实际情况的。

无可否认地，鲁迅这时也存在好就一切皆好，坏就一切皆坏的认识论上的形而上学的缺点。这是当时五四新文化运动中普遍存在的问题。但是，鲁迅这时的这种思想观点和方法论方面的缺陷，不仅在同时代人中不是最严重的，而且他这时的思想上却仍然有着朴素辩证法的因素，这是在辛亥革命时期的几篇论文中和“五四”时期的文章中都表现出来了的。这说明在他的思想上，形而上学与辩证法的因素都存在。鲁迅这时的许多对于传统思想文化的论述，主要表现了他的彻底地否定封建文化的革命精神，表现了他在感情上的痛恨与愤激。这里，更多的是对自己的痛苦经验的总结，而不是科学的论证。他写的是带着情感的匕首式的杂文，而不是说理的学术论文。在这方面，我们还要看到，在实践上，鲁迅却是很明显并不是“全面反传统”，主张凡中国的、传统的都是坏的，都必须抛弃。比如，在辛亥革命、“五四”时期，他在收集整理中国古籍方面，做出了巨大的成绩，他收集整理了《会稽郡故书杂集》，校核了《嵇康集》《云谷杂记》《岭表录异》等古籍，特别是从大量古籍中搜集了中国古代小说和唐宋传奇，后来出版了，成为学术界有首创价值的著作，即《古小说钩沉》和《唐宋传奇集》两部书。同时，他还不惜花费巨资，收集了汉代画像的拓本，计有千幅之多。特别是，“五四”时期，他还写了第一部《中国小说史略》，这些实际工作方面的突出成绩，正是他对传统文化所作的剔除糟粕取其精华的工作的有力证明。后来，他在广州作《魏晋风度及文章与药及酒之关系》的学术讲演，论述了我国魏晋时代的文学，对曹操父子，对建安七子和竹林七贤，都有中肯的评价，对魏晋文学在理论和创作上的特色与优点作了充分的肯定。而且，鲁迅本人在杂文写作和古诗创作上，也深受魏晋文学的影响。——此外还有《离骚》、《庄子》以及李商隐、温庭筠等人对他的影响。这证明了鲁迅对中国优秀文化传统是继承了的，而并不是“全面反传统”。

至于到了后期，他对于批判地继承传统，更有许多极为精辟的论述。鲁迅曾经庄严地宣布，同时也颇为深刻地论证过：

我已经确切的相信：将来的光明，必将证明我们不但是文艺上的遗产的保存者，而且也是开拓者和建设者。[①]

鲁迅深切地指出：

因为新的阶级及其文化，并非突然从天而降，大抵是发达于对于旧支配者及其文化的反抗中，亦即发达于和旧者的对立中，所以新文化仍然有所承传，于旧文化也仍然有所择取。[②]

这里充满了革命的辩证法：新文化与旧文化是对立关系，是要反抗旧文化的。但新文化并不能从天上掉下来，它要吸取、利用旧文化的资料，因此会有承转，有择取。

鲁迅还具体地指出了发展新文化的两条路径。他说：

采用外国的良规，加以发挥，使我们的作品更加丰满是一条路；择取中国的遗产，融合新机，使将来的作品别开生面也是一条路。[③]

鲁迅打了一个深刻的比喻，他说：“一道浊流，固然不如一杯清水的干净而澄明，但蒸溜了浊流的一部分，却就有许多杯净水在。”[④]这比喻很是贴切：中国传统的思想文化固然被大量的封建性糟粕所污染而含污纳垢，但是，把秽浊的杂质除去之后的蒸馏水，却是干净而澄明的。这说明干净澄明的蒸馏水来源之一是浊水。而新的思想文化也必须继承传统的思想文化。

鲁迅在《且介亭杂文 · 拿来主义》一文中，说到对旧文化要“占有，挑选”，然后决定“或使用，或存放，或毁灭”。他指出：“没有拿

---

① 《集外集拾遗·〈引玉集〉后记》。

② 《集外集拾遗·〈浮士德与城〉后记》。

③ 《且介亭杂文·〈木刻纪程〉小引》。

④ 《准风月谈 · 由聋而哑》。

来的，人不能自成为新人，没有拿来的，文艺不能自成为新文艺。”

这就不仅说到继承传统的必然性，而且强调了必要性。

这里有一点“全面反传统”的影子吗?

我以为是没有的。

十九、哺育一代又一代革命人

作为伟大的文学家，同时又是伟大的革命家、思想家，半个多世纪以来，鲁迅用他的作品不仅哺育了一辈又一辈的革命的文学家、艺术家，而且培养了一批又一批革命者。这些作品，特别是杂文，是一部社会知识的百科全书，也是一部生活的教科书。我们读鲁迅的杂文，首先强烈而又亲切地感受到的，是作者那炽烈的热情、深刻的思想、宽广的胸怀，而尤其突出地感到面前站着一个顽强的、坚毅的、崇高的、奋战的和深情的作者的形象，他鼓舞着我们的斗志，洗练着我们的灵魂。几十年来，有多少革命志士，吟诵着鲁迅的名句“寄意寒星荃不察，我以我血荐轩辕”和“忍看朋辈成新鬼，怒向刀丛觅小诗”，昂首走向战场；又有多少革命者，时时记住鲁迅的名句“横眉冷对千夫指，俯首甘为孺子牛”，与敌人抗争搏斗，为人民尽心尽力。他们都是历史前进的推动力量，他们掀起了汹涌的民族革命战争和人民解放战争的波涛；他们同帝国主义的、封建主义的、资产阶级的思想文化进行了不屈不挠的斗争，他们为中国革命的文学艺术的建设和发展、为新文化的建设和发展贡献了自己的力量。鲁迅的方向，成了中华民族新文化的方向。

鲁迅的作品，早在20世纪20年代就翻译成外国文字了。50多年来，在亚洲、欧洲、美洲、非洲广泛流传着鲁迅的作品。据目前不完全统计，已有30多个国家50多个语种翻译出版了鲁迅的作品。一位拉丁美洲的作家在谈到鲁迅的作品时说：“这些作品的丰富的创造力，不仅照耀着本国的人民，同时也照耀着全世界。”鲁迅的著作不仅属于中国，而且属于世界，他的作品在世界文苑中占有独特的地位，并放射出熠熠光芒。

鲁迅的思想，植根于中国社会，植根于中国近代历史，渊源于中华民族几千年文化传统，同时，又吸取了西方思想文化的营养。到后期，更接受了马克思主义，在辩证唯物主义和历史唯物主义的高度上，对自

己的思想进行了改造、锤炼，达到更正确、更精粹、更成熟的阶段。鲁迅的思想，是东西方文化交流的产物，是马克思主义同中国传统思想文化相结合的产物。鲁迅思想，在中国几千年文化发展史上，是一个伟大的里程碑，是中华民族文明发展史上的一座丰碑。我们民族的精神文明的前进和发展，必然地，要以鲁迅思想为重要基础之一。鲁迅的方向，不仅以其民族的、科学的、大众的丰厚深邃宽广的内容和精神，代表了我国新民主主义文化的方向，而且也是社会主义新文化的基础、前导与指针。

鲁迅的思想，充满了爱国爱民的激情，蕴含着丰富的内容，涉及哲学、政治、历史、教育、道德、伦理、文学、艺术等，体现着作者自己崇高的精神品德、崇高的人格。这一切，都是我们最好的精神食粮、思想营养。它提高我们的思维能力，增强我们的斗争意志，培育我们的高尚品质，加强我们的美学修养，增广我们的各科知识，总之，培养着思想、文化与道德上健全发展的共产主义新人。

鲁迅的思想作品，更直接地培养了我们一代又一代文学家、艺术家，促进了、指导着他们思想上、艺术上的成长。而且，还将继续和永远培养我们文学艺术事业上一代又一代的后继者。

鲁迅，进入了中华民族文化伟人的光荣行列中，也进入世界文化伟人的行列中。

鲁迅是我们民族的光荣与骄傲！

鲁迅是中国人民的光荣与骄傲！

鲁迅的名字，他的伟大的思想与作品，将随着历史的波涛，随着中国和世界的进步的、革命的波涛和思想文化的高涨，永远流传！

1980年11月3日写毕

1980年11月20日改毕

1981年9月1日改于北京

我心中的鲁迅

——写在《鲁迅评传》后面

在一个北国寒冷的深秋的夜晚，我写完了《鲁迅评传》的最后一行，不禁长长地嘘了一口气，感到如释重负。自从1956年为纪念鲁迅逝世二十周年写了《鲁迅的一生》在报上连载后，写作鲁迅评传的愿望就在我的心头萌生了。然而刚刚开始工作，便不得不停止了。接着便是长期的、曲折的、经受严酷考验的艰难岁月。这个愿望，始终没有实现的可能。但却存留在心的深处。它成为一种潜在的力量，催我不断地学习鲁迅的作品，促我尽力去理解它的精深博大的内容。渐渐地，有关的资料和学习心得的材料，碎片似的日积月累地多起来了。但是，同时也就像刮下的鱼鳞似的，沾着“血丝”而飘散于尘封的笔记里和芜杂的记忆中。在十载风狂雨骤的年月里，我颠簸于风沙漫天的塞外僻乡，思想与生活一样的简陋。在那苦闷的日子里，除了马克思主义经典著作之外，精神上的绿洲就只有一部已经残缺了的《鲁迅全集》了。记得在为无名的浮肿纠缠，而以炕头为主要活动地带的一年左右时间里，在悠闲然而苦痛的岁月里，心灵的伴侣就是这部不全的《鲁迅全集》，它使我的思想越过卷起漫天黄沙的呼啸狂风，搅得周天寒彻的、翻飞的、“如席”雪花，驰骋于世界、中国、历史、文学、人生、社会的广阔天地里。研读这部已经残破的书，却不断得到常新的收获。它像一泓清泉一样，流淌在像我所居住的半沙漠地带一样荒凉的心田中。于是，有关理解、认识鲁迅的思想与材料，又野花杂草似的，不时地出现在那片由于鲁迅的存在而存在的精神的绿洲之上了。鲁迅感叹过他对于自己旧时的生活的记忆，不能带露折英，而只得朝花夕拾，而我对于这些“野花杂草”则只能“忙里偷闲”或闲里寻忙地采摘以至编制小小的花环。这种“工作”，不仅使荒寒的岁月平添了些热气，而且使简陋和凝滞的思想有了生机。于是，整理了各样分类的笔记，随时写下了零碎、片断、似乎稍纵即逝的心得、随想，甚至动笔写出了少年时代，并且有了一个副产品——《鲁迅诗注释》。那时，是仅仅作为一种精神上的寄托而当作一件工作在做的。当那风沙滚滚的假日的白天，或朔风呼啸积雪压得枯枝与泥屋顶发出呻吟声的雪夜，抚摸着那些“鳞片”，编制着野花杂草的小花环时，那思想上的振奋和心灵上的慰藉，倒真正是十分意外的收获，甚至是一种精神上的享受了。当1976年的10月，迎来了那个划时代的“秋天里的春天”的时候，这种工作居然带着“野心”和希望的欢欣，怀着一种奢望去进行了——也许能够允许它奉献给读者。以后，我竟如愿以偿地来到研究机关工作，而且将这个久蓄心中却从未敢放在正式工作日程上的计划，订入科研规划，以后更在一个有关写作的座谈会上纳入纪念鲁迅诞生百周年的论著写作计划里了。于是，这成为一种工作任务、一项科研计划、一个不可推卸的责任了。我于是感到有一种新的压力。不过，它不同于过去的那种压力，不再带着辛酸、哀愁和“只管辛劳耕耘，岂敢过问收获”的情怀，而是带着欢欣、责任感和跃跃欲试的心情了。

然而写完草稿，我随即感到惶恐。我想：我是否准确地描绘了鲁迅的形象呢？我是否正确地评价了他的思想与创作呢？回答只能是：期望前辈、师长、专家和广大读者，给予评断。而我自己只能说：我写出了我心中的鲁迅。

我坚持地信守一条原则：如实地描绘，而不添加任何主观的臆测和各种方式的歪曲——无论拔高或贬低都是一种歪曲。把鲁迅当作一个人——当然，是伟大的、革命的人——来写，而不是当作一个“天才”和尊神来描画。这是我的一个基本的想法。我想，这是符合鲁迅的意思的。鲁迅一生厌恶别人把他看作一个非凡的人来对待。他是一个从来不把自己看作伟大人物的伟大人物。他是由衷地这样做的。然而这正是鲁迅真正伟大的地方。因此，我没有过多地去渲染他如何聪慧过人、如何少年时代就显出不凡的气质和光芒，更不愿如有人所形容，他在出生时就像神明降临人世一样，给家庭人间带来欢欣与朝气，在很小的时候，就几乎能够“六亲不认”地反封建。而是，尝试着探索：是哪些条件和事实，在鲁迅的少年时代，影响了他的思想，铸成了他的性格雏形，规范了他的未来的发展途径与事业；在以后的战斗一生中，历史、时代、社会、同时代人、族人、亲人、朋友、学生、劳动者以及敌人等诸种因素，又如何影响了他。他是一个伟大的吸吮者，所以他才能成为一个伟大的给予者；他是一个伟大的受教育者，所以才是一个伟大的教育者。另一方面，对于一向为人们所回避、写得甚少的他的恋爱、婚姻和家庭生活，我却用了一些篇幅来介绍，并且试图探索它们在鲁迅思想与事业上所造成的积极的和消极的影响。

鲁迅从辛亥革命的酝酿期走上战斗的道路，直到1936年倒在战斗岗位上，前后30年。鲁迅在这段漫长、曲折、艰苦、复杂的战斗道路上，经历了中国革命的两个时期、几个重大阶段。作为一个伟大的文学家、思想家和革命家，他的这段经历，反映了中国革命的漫长、曲折、艰苦、复杂的发展过程。因此，我试图把鲁迅的思想创作道路，同中国人民革命的发展结合起来探索，把它作为一个伟大斗争造就伟大人物，伟大人物又给予影响、做出贡献于伟大斗争的过程来探索和描写。尽量具体一些地记叙中国革命的发展，特别是工人、农民与青年知识分子的发动与革命化过程以及投身革命洪流的情景，并结合着鲁迅的思想演变过程，来勾画其间的联系与轨迹。一方面，探寻中国革命对鲁迅的影响；另一方面，说明鲁迅如何在这个时代、历史、革命斗争的影响下，思想变化，其中反映了中国革命的发展和群众革命化的程度。总之，把鲁迅的思想发展作为中国革命发展过程的表现来描述。同时，从另一方面看，鲁迅新的世界观又是东西方文化交流、结合的产物，也是外来的共产主义思想文化与中国固有的优秀文化相结合的产物。鲁迅是中国封建社会的末代知识分子，又是共产主义思想文化的先驱。鲁迅以马克思主义为归宿，最终成为共产主义者，是历史的必然。他由此而更伟大，在思想上发展得更深刻、更丰富、更辉煌，在创作上更丰厚、更成熟、更光华四射。有人却以鲁迅后来“创作力衰退”相讥，这不是有意的诅咒，就是曲解与误会。虽然由于种种原因，鲁迅在后期创作小说少，但是那些数量与质量都远远超过前期成就的杂文，是何等高超的思想与艺术的精品、珍品。它们是艺术的瑰宝，足以在世界艺苑放射特异的耀眼光华。基于这种认识，我在评传中，把鲁迅的思想发展过程，作为一个中国知识分子的伟大代表，由民主主义者到共产主义者、由以进化论为指导思想到树立马克思主义世界观的前进过程来写。我感到，这是中国知识分子的正确的发展道路，鲁迅的榜样，至今保持着现实的教育意义。

鲁迅的伟大人格，同他的作品一样，始终感动着后人，启发教育着我们一代又一代的后辈。他的人格的伟大，既表现在对待国家民族的挚爱与献身上，也表现在对待亲人、朋友、后辈、学生的情谊、关怀和帮助上；既表现于对事业的忠诚与执着上，也表现于待人接物的诚恳与热情上。他像真理一样吸引人，也像真理一样朴素；他具有战士的坚贞与勇毅，又具有学者的深沉与稳健；他始终具有亲切、热忱、谦逊、平易近人的风貌。他是伟大的，也是平凡的。人们往往只是注目和描绘他的一个方面，在文学与图画中，都表现为“怒目金刚”式。这只能使鲁迅令人敬畏而缺乏亲近感。只有如实地叙述他整个的品格，才是完满的形象，使人们感到他是我们大家中间的一员。我感到遗憾的是，这方面的资料不足，因此不能更多更好地去描述。但我觉得，即此一点点琐事、生活的记录和“私情”的流露，也足以让我们窥见鲁迅伟大人格的一面了。

鲁迅是一位伟大的历史人物。他同任何历史上的伟大人物一样，从平凡到伟大，经历了一个发展过程。他刻苦学习，努力奋斗，接受各种影响，抵制各种诱惑，遭受了挫折与考验，历经了各种风浪和打击，达到了最后的成就。在跌宕变幻的人生道路上，鲁迅是怎样对待国家、民族、人民、世界以至人类的？又是怎样对待敌人与朋友、革命与反动、前进与落后、生与死的？怎样对待爱情、婚姻、家庭的？我感到，从这一切中，我们可以看到一个伟大人物的宽宏博大的心胸与性格、崇高俊美的灵魂与情操。它令人敬佩、景仰，启人深思，引人向上。这是一股热流，给人们心灵里增添力量，提高人的精神境界。我试图尽力来收集和描述这些动人的事迹，并且熔铸进我自己的理解，其中流泻着我的诚挚的敬仰，响着我的真心的赞美。

鲁迅主张讲学术艺文的文章，也要有点闲枝蔓叶，他赞赏外国著作的这种风貌，而批评在翻译时删尽枝叶使之失去生机的做法。本此，我不避枝杂叶蔓拖泥带水之嫌，而掺杂了一些闲文，行文不刻意追求简略概括，却尽量运用一些形象思维和所谓文艺笔法，同时，还把记述与评论适当地分开和交错进行。这一点用心，都是为了读起来不那么枯燥和令人烦腻，内容较易为人所接受，特别是奢望能争取到更多年青的读者。但成败得失，则不暇计及了。

前面记述了这本评传产生的艰辛经历。它留下了作者自己生活的印记。这种生活经历，也许对于理解鲁迅的思想作品，更产生了有益的效果：在跌宕的生活中，更深地去感受鲁迅的为人和他教我们如何做人，感受到鲁迅思想的深邃，对人生、社会的剖析的深入、准确、明晰，感受到他的文字的精美、人格的伟大。于是而形成一个“我心中的鲁迅”。我更不揣冒昧，不顾浅陋，写下了这个“我心中的鲁迅”。我想，其中是否也蕴含着我自己的生活的印记呢？

彭定安

1981年5月于沈阳